权威·前沿·原创

皮书系列为
"十二五""十三五"国家重点图书出版规划项目

智库成果出版与传播平台

公共安全感蓝皮书

BLUE BOOK OF PUBLIC SECURITY SENSE

中国城市公共安全感调查报告（2019）

REPORT OF URBAN PUBLIC SECURITY SENSE IN CHINA (2019)

主 编 / 王义保 许 超 曹 明

社会科学文献出版社
SOCIAL SCIENCES ACADEMIC PRESS (CHINA)

图书在版编目(CIP)数据

中国城市公共安全感调查报告.2019/王义保,许超,曹明主编.--北京:社会科学文献出版社,2020.1
(公共安全感蓝皮书)
ISBN 978-7-5201-6010-0

Ⅰ.①中… Ⅱ.①王… ②许… ③曹… Ⅲ.①城市-公共安全-安全管理-调查报告-中国-2019 Ⅳ.①D630.8

中国版本图书馆 CIP 数据核字(2020)第 012905 号

公共安全感蓝皮书
中国城市公共安全感调查报告(2019)

主　　编/王义保　许　超　曹　明

出 版 人/谢寿光
责任编辑/薛铭洁　陈　颖　桂　芳

出　　版/社会科学文献出版社·皮书出版分社(010)59367127
　　　　　地址:北京市北三环中路甲29号院华龙大厦　邮编:100029
　　　　　网址:www.ssap.com.cn

发　　行/市场营销中心(010)59367081　59367083

印　　装/三河市东方印刷有限公司

规　　格/开　本:787mm×1092mm　1/16
　　　　　印　张:27.25　字　数:409千字

版　　次/2020年1月第1版　2020年1月第1次印刷

书　　号/ISBN 978-7-5201-6010-0

定　　价/158.00元

本书如有印装质量问题,请与读者服务中心(010-59367028)联系

▲ 版权所有 翻印必究

中国应急管理学会蓝皮书
系列编写指导委员会

主任委员
  洪　毅　中国应急管理学会会长、教授

副主任委员
  范维澄　清华大学教授、中国工程院院士
  闪淳昌　国务院应急管理专家组组长、国家减灾委专家委副主任
  刘铁民　中国应急管理学会副会长、研究员
  马宝成　中国应急管理学会常务副会长、中共中央党校（国家行政学院）应急管理培训中心主任、教授
  陈兰华　中国应急管理学会副会长、原国家铁路局副局长、高级工程师
  吴　旦　中国应急管理学会副会长、上海交通大学原副校长，教授

秘书长
  杨永斌　中共中央党校（国家行政学院）应急管理培训中心副主任、中国应急管理学会秘书长

委　员（按姓氏笔画排序）
  丁　辉　北方工业大学校长、教授

王义保	中国矿业大学公共管理学院副院长、教授
王金玉	中国应急管理学会标准化专业委员会主任委员
王郅强	华南理工大学公共管理学院院长、教授，华南理工大学地方风险治理研究中心主任
李显冬	中国应急管理学会法律工作委员会主任委员、中国政法大学国土资源法律研究中心主任、教授
李雪峰	《中国应急管理科学》执行副主编，中共中央党校（国家行政学院）教授
李湖生	中国安全生产科学研究院副总工、研究员
全　勇	太和智库高级研究员，国防大学研究生院原副院长、教授
张　强	北京师范大学社会发展与公共政策学院教授
张海波	南京大学政府管理学院教授、南京大学社会风险与公共危机管理研究中心执行主任
赵和平	中国地震局原副局长，研究员
钟开斌	中国应急管理学会副秘书长，中共中央党校（国家行政学院）教授
高　山	中国应急管理学会校园安全专业委员会主任委员、教授
彭宗超	清华大学公共管理学院党委书记、教授
程曼丽	中国应急管理学会舆情专业委员会主任委员、北京大学教授
曾　光	中国疾病预防控制中心原流行病学首席科学家
魏明海	中山大学副校长、教授

公共安全感蓝皮书编委会

主　　编　　王义保　许　超　曹　明

编委会成员　　王义保　韦长伟　刘　蕾　许　超　杨　超
　　　　　　　　张　辉　陈　静　陈世民　周云圣　施　炜
　　　　　　　　曹　明　曹惠民　翟军亮

学术顾问
　　　　　　范维澄　清华大学公共安全研究院院长　中国工程院院士
　　　　　　彭苏萍　中国矿业大学（北京）中国工程院院士
　　　　　　刘彦伟　江苏省安全生产科学研究院院长、教授
　　　　　　黄　弘　清华大学教授
　　　　　　周福宝　中国矿业大学教授
　　　　　　孙连英　北京联合大学教授
　　　　　　杨　科　安徽理工大学教授
　　　　　　段鑫星　中国矿业大学教授
　　　　　　杨思留　中国矿业大学教授
　　　　　　张长立　中国矿业大学教授

主编简介

王义保 博士后，教授，博士生导师，江苏省城市公共安全创新中心主任，中国矿业大学城市公共安全管理智库主任、公共管理学院副院长。主要研究领域：城市公共安全、危机管理、政府改革等。发表《大安全观下的城市发展》《近年来我国公共安全研究热点与趋势分析》等高水平学术论文40余篇，专著2部，编著4部，主持国家社科基金、教育部社科基金项目等课题8项，荣获省部级成果奖励2项。

许超 博士，教授，中国矿业大学公共管理学院公共管理系主任，PPP绩效评估中心主任。主要研究领域：公共安全治理、行政体制改革、PPP绩效研究等。在《中国行政管理》《社会科学战线》等期刊发表学术论文20余篇。承担国家级课题1项，参与国家级课题2项，承担和参加省部级课题12项，荣获教学科研奖励多项。

曹明 博士，副教授，中国矿业大学公共管理学院系副主任。主要研究领域：公共安全管理、能源经济与政策、社会治理等。近年来主持国家社科基金课题1项，参与国家社科基金重大课题1项，参与国家自然科学基金和国家社科基金课题多项。在《科学学研究》《中国人口资源与环境》等刊物上发表学术论文20余篇，出版专著1部，获省部级教学科研奖励2项。

摘　要

城市安全是国家安全的重要组成部分，更是经济社会发展的重要前提。伴随着后工业时代城市化进程的不断推进，城市人口和规模持续扩大，各类隐性安全风险因素转变为显性因素，城市的脆弱性日益加剧。不平衡不充分的城市发展不能满足新时代人民群众对于美好生活的需要，居民安全感越发成为衡量城市公共安全状况、体现政府治理能力、评价政府城市公共安全治理成效的一项重要指标。

为了客观真实地反映我国城市居民公共安全感的现状及问题，课题组在2018版蓝皮书指标框架基础上进一步优化了城市公共安全感量表。指标涵盖城市自然安全、生态安全、公共卫生安全、食品安全、交通安全、公共场所设施安全、治安安全、社会保障安全、信息安全等9项传统与非传统城市安全。并于2018年7~8月组织18队调查小组200余名师生赴全国省会城市进行大规模调查，收集全国城市居民公共安全感的第一手数据和资料，完成全面翔实的城市公共安全感调查报告，为我国城市公共安全发展的战略决策和学术研究提供重要依据。

第一部分为总报告。总报告在优化全国城市公共安全感调查指标体系基础上，根据科学的全国城市公共安全感调查数据，测算得出全国城市公共安全感指数并进行排名，进而全面分析了全国城市公共安全感存在的结构性、区域性不平衡等问题，指出了提升我国城市居民公共安全感的有关对策和建议。

第二部分为专题报告。专题报告共9篇，分别为中国城市自然安全感调查报告（2019）、中国城市治安安全感调查报告（2019）、中国城市食品安全感调查报告（2019）、中国城市交通安全感调查报告（2019）、中国城市

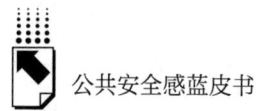

医疗卫生安全感调查报告（2019）、中国城市生态安全感调查报告（2019）、中国城市公共场所设施安全感调查报告（2019）、中国城市社会保障安全感调查报告（2019）、中国城市信息安全感调查报告（2019）。专题报告对城市公共安全感的调查数据进行分析，发现当前城市公共安全感存在的主要问题与挑战，并提出相应的对策建议，以提升突发事件防范应对能力，为城市公共安全治理提供重要参考。

第三部分为附录。该部分收录了2018年城市公共安全感认知与行为问卷题目、全国城市公共安全感调查小组信息及后记内容。附上问卷题目、调研人员名录及后记用以更好地介绍2019版蓝皮书的科研团队和成书过程。

关键词： 城市安全　安全感　城市居民　安全治理

Abstract

With the advent of a risk society, new types of public security problems unlike traditional ones are emerging in the critical stage of China's transformation. Security problems in various fields such as nature, ecology, public health, food, transportation, public facilities, information and so on have increasingly aggravated urban vulnerability. It is an inexorable demand for the modernization of national governance system and governance ability to meet the multi-level and diversified needs of people, so that the achievements of reform and development can more fairly benefit all people, especially to enhance people's sense of achievement, happiness and security. In order to objectively and truly reflect the current situation and problems of urban residents' sense of public security in China, the research group further optimized the index framework on the basis of the *Blue Book 2018*, and organized a nationwide urban public security survey in summer vacation. In this large-scale survey, the research team collected first-hand data of urban residents' sense of public security. The research group has also completed a comprehensive and detailed investigation report on the sense of urban public security in 2019, which provides an important basis for the development strategy and academic research of urban public security in China.

The first part serves as a general report. On the basis of optimizing the previous national urban public security survey indicators, the general report calculates and ranks the national urban public security index according to the national urban public security survey data in year 2019, and then comprehensively analyzes the structural and unbalanced problems in national urban public security. On this basis, suggestions and countermeasures are pointed out to improve China urban residents' sense of public security.

The second part in composed of thematic reports. This part explores people's sense of security from nine aspects, including nature, public order, food, traffic, health care, ecology, public facilities, social security and information, in year 2019. By analyzing the sense of urban public security from different perspectives, these 9 reports point out problems with corresponding suggestions in each aspect of urban public security, which provides an important reference for the modernization of urban public security governance system and governance capacity.

The third part is the appendix which includes the questions from the questionnaire on cognition and behavior of urban public security sense in 2018, the information of the national urban public security sense survey group, and the postscript. Questions from the questionnaire, the list of researchers, and the postscript have been attached for better introducing the scientific research team and the process of completing the Blue Book 2019.

Keywords: Urban; Public Security; Sense of Security; Modernization of Governance

目 录

Ⅰ 总报告

B.1 中国城市公共安全感的状况与评价（2019）
　　……………………………… 王义保　许　超　刘　蕾　杨　超 / 001
　　一　城市公共安全感的评价指标及分析 ………………………… / 002
　　二　中国城市公共安全感指数与排名 …………………………… / 027
　　三　中国城市公共安全感存在的问题与挑战 …………………… / 062
　　四　提升中国城市安全感的对策与建议 ………………………… / 075

Ⅱ 专题报告

B.2 中国城市自然安全感调查报告（2019）
　　……………………………………… 曹惠民　邓婷婷　杨怡文 / 093
B.3 中国城市治安安全感调查报告（2019）…………… 韦长伟 / 125
B.4 中国城市食品安全感调查报告（2019）…………… 陈世民 / 169
B.5 中国城市交通安全感调查报告（2019）……… 张　辉　王天宇 / 203
B.6 中国城市医疗卫生安全感调查报告（2019）
　　……………………………………………………… 曹　明　赵文秀 / 232

B.7　中国城市生态安全感调查报告（2019）
　　　……………………………………翟军亮　饶梦彤　王　艳 / 256
B.8　中国城市公共场所设施安全感调查报告（2019）
　　　…………………………………………………施　炜　李　欣 / 305
B.9　中国城市社会保障安全感调查报告（2019）…………陈　静 / 336
B.10　中国城市信息安全感调查报告（2019）………………周云圣 / 376

Ⅲ　附录

B.11　2018年城市公共安全感认知与行为问卷题目 ……………… / 402
B.12　2018年全国城市公共安全感调查小组名单 ………………… / 406

B.13　后　记 ………………………………………………………… / 410

CONTENTS

I General Report

B.1 Status and Evaluation of Public Safety in Chinese Urban (2019)

Wang Yibao, Xu Chao, Liu Lei and Yang Chao / 001

    1. Evaluation index and analysis of Sense of Pubic Security

       in Urban / 002

    2. Index and Ramking of Sense of Public Seamrin in Chinese Urban / 027

    3. Problems and Challenges of Sense of Public Security

       in Chinese Cities / 062

    4. Methods and Suggestions to Upgrade Sense of Public Security in

       Chinese Urban / 075

II Research Reports

B.2 Report on Sense of Natural Security in Chinese Urban (2019)

Cao Huimin, Deng Tingting and Yang Yiwen / 093

B.3 Report on Sense of Social Security in Chinese Urban (2019)

Wei Changwei / 125

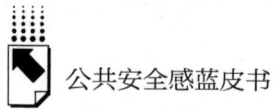

B.4 Report on Sense of Chinese Urban Sense of Food Security in
Chinese Urban (2019) *Chen Shimin* / 169

B.5 Report on Sense of Chinese Urban Traffic Security in Chinese
Urban (2019) *Zhang Hui, Wang Tianyu* / 203

B.6 Report on Sense of Public Health Security in Chinese Urban (2019)
Cao Ming, Zhao Wenxiu / 232

B.7 Report on Sense of Ecological Security in Chinese Urban (2019)
Zhai Junliang, Rao Mengtong and Wang Yan / 256

B.8 Report on Sense of Public Facilities Security in Chinese Urban (2019)
Shi Wei, Li Xin / 305

B.9 Report on Sense of Social Assistance Security in Chinese Urban (2019)
Chen Jing / 336

B.10 Report on Sense of Information Security in Chinese Urban (2019)
Zhou Yunsheng / 376

Ⅲ Appendix

B.11 Behavior-Cognition Questionnaire of Sense of Public Security
in Chinese Urban of 2018 / 402

B.12 List of Members in Investigation Groups of 2018 / 406

B.13 Postscript / 410

总 报 告

General Report

B.1 中国城市公共安全感的状况与评价（2019）

王义保　许超　刘蕾　杨超*

安全是城市发展永恒的主题，希腊建筑师萨迪亚斯曾指出："人类城市发展的目标之一就是要保证城市在自由、安全的条件下，为公众提供最好的发展机会。"急剧扩张的城市规模带来的城市单位面积安全风险日增，在快速城市化进程中的多种灾害承载体的城市，需要应对来自日益频繁的自然灾害、相对脆弱的城市基础设施、屡见不鲜的食品安全问题、信息安全问题，以及极端组织和恐怖事件等多重冲击和挑战，这些不仅在客观上

---

* 王义保，博士后，中国矿业大学公共管理学院教授、博导副院长，研究方向为城市公共安全、政府改革等；许超，博士，中国矿业大学公共管理学院公共管理系主任，教授，研究方向为公共安全治理、PPP绩效研究等；刘蕾，博士，中国矿业大学公共管理学院副教授，研究方向为社会组织与社区治理；杨超，博士，中国矿业大学公共管理学院讲师。

增加了城市运行的风险水平，还从主观上影响着居民对社会安全状况的评价。

一 城市公共安全感的评价指标及分析

居民作为城市生活的主体，是城市公共安全的神经，其对公共安全状况的直观感受即安全感，反映了人们对社会治安的肯定程度及相应的居住状况，是对公共安全客观状况的主观反馈。因此，构建我国城市公共安全感的评价指标体系，调查国内省会城市公共安全感的现状及其背后的影响因素，有助于从居民的角度出发破解当前我国的城市发展难题，对稳定社会生活、提高城市安全管理水平有重要意义。

（一）评价目标与意义

从内在选择上来看，城市居民安全感直接受制于社会公共安全的总体状况，是城市居民对特定社会环境条件下公共安全问题普通的社会心理感受和现实反映。

它作为城市公共安全的"晴雨表"，反映的是公众对整个城市环境的安全感知程度，关系政府角色、公共政策、行政管理行为、人民生活、社会稳定等多个层面。既是各个地方政府了解和提高居民的心理安全水平的重要媒介，同时也是推动社会社区建设、构建稳定社会生活的重要步骤。

公众对所居住城市的公共安全状况的评价能够反映具体公共部门的工作绩效与行政管理活动的效率，是当下推进社会风险治理、构建和谐社会的重要因素。本调查致力于持续性的全国调查，以社区的居民为入口，每年暑期通过问卷、访谈向居民了解相关信息并进行打分，搭建中国城市公共安全感的评价框架，结合理论和数据分析的技术过程与方法，撰写调查报告，以展示全国31个省会城市（含直辖市）居民的公共安全感的动态变化与静态守恒，并试图从居民对各类公共安全问题的担心中挖掘显性和隐形问题，为我国城市发展营造良好的社会心理氛围和安全环境提供改进方向。其评价的具体目标和意义如下。

1. 调查城市公共安全感的目标

（1）掌握全国公共安全状况的动态数据，确保城市公共安全建设的及时性。

城市是一个复杂、开放的动力学系统，公共安全的现实境况与主观感受变动不居，居民对社会治安、食品、卫生、交通、社会保障等各个方面的实时评价，能够呈现目标城市当下的公共安全形势、面临的挑战以及所存在的问题。

本调查以年为周期，定时定量地对各省份居民的安全感展开调研，将原本一维的静态数据多维化动态化，以此推动公共安全问题的暴露与解决。即持续更新的全国数据为有关公共部门整改自身工作提供改进方向，同时结合城市灾害理论、系统工程理论等知识，为后续的城市公共安全建设提出科学、准确、及时的建议，增进城市公共安全的决策、管理和建设水平。

（2）增强居民的安全责任感，增进民众的参与行为。

城市公共安全感的调查为民众评价所居住城市当前的安全状况、指出存在的安全隐患提供了一个科学有效的途径，公众能对相关城市的公共安全问题形成系统的了解，进而增强居民对改进目前城市公共安全状况的愿望和责任，促进公众更加积极地参与城市公共安全建设；同时，大范围的安全感调查能够很好地了解公民对于城市公共安全的各方面意见与建议，为公共安全问题的民主参与、多元治理奠定良好的基础。

（3）推进城市公共安全感的混合研究，创新学术研究成果。

过往对城市公共安全的研究中，通常以客观数据为测算指标，对居民安全感等主观评价类的关注停留在了解而非测量阶段，而本次对居民公共安全感的调查在结合问卷与访谈数据的基础上进行混合研究，一方面，通过居民对城市公共安全状况的担心程度打分，量化主观层面的安全感；另一方面，从深入的访谈中感受居民的安全感水平、挖掘城市公共安全中的隐性信息。这种结合定量与定性的混合研究不仅能够增强研究结果的说服性，还有利于推进社会科学研究成果的创新性探索，为今后从多维度研究公共安全感提供参考。

2. 评价的意义

（1）有利于保障公民对公共事务的知情权。

公民对于公共事务的知情权是社会生活中最基本的权利之一。公民的知情权，又称为知悉权、了解权。即公民对于国家的重要决策、政府的重要事务以及社会上当前发生的与普遍公民权利和利益密切相关的重大事件，有了解和知悉的权利。由于当代社会公共部门的行为及其相关事务越来越强调从公共服务的立场和基点出发，并将增进公共利益定为行为模式的根本目标，因此重视并满足社会公众的知情权，成为公共部门接受监督、建设威信和公信力的重要举措。对全国31个省会城市（含直辖市）公共安全状况的担心程度打分，即综合选取指标完成对城市公共安全感的整体测评，而后对调查和研究结果进行一定程度的公开，有助于全国人民对自己日常生活相关的城市公共安全信息形成一个整体的了解，合理规避公共安全中常见的问题，减少城市公共危机的冲击；同时有利于人民更加深层次地了解和理解政府部门的公共事务，消除谣言的负面影响，使人民客观公正地认识政府机关及其工作。

（2）有利于公共部门（政府）的信息公开。

与公民知情权相对应的是公共部门的信息公开。一方面，信息公开是政府开展公共管理活动的重要环节。由于公共管理活动涉及的影响主体包括但不限于政府、企业、社会组织、社区和公民，为了协调各方的活动和利益，信息的传递、公开和披露过程必不可少，只有在信息透明、充分的基础上，各方主体才能得以调整自己的行为，有序地在多元合作的公共管理和社会治理格局中活动。另一方面，必要的信息公开是政府的责任和义务。在公共选择理论中，政府同样具有"经济人"的特征和取向，行政人员及其行为有时会重私利而忽视公利，导致以权谋私、寻租腐败，对公共秩序造成了混乱的一系列窘况。为了规范政府行为，让行政过程处于社会公众的监督下，政府必须依照相关法律和制度规范披露信息、接受监督。对城市公共安全感的调研，需要收集大量客观、主观的，涵盖政府机关工作、城市经济与社会发展相关的资料和信息，并且能够应用严谨的理论分析对数据和资料进行整理，事实上增强了政府信息公开的系统性、逻辑性和技术性，其中的理论、技术和方法对政府信息公开工作的完善具有参考意义。

（3）有利于人民有序参与到社会治理中。

党的十九大报告指出，"经过长期努力，中国特色社会主义进入了新时代，这是我国发展新的历史方位"。在这个新时代，要"提高保障和改善民生水平，加强和创新社会治理"，必然需要发挥人民群众在社会主义建设以及社会治理中的主体地位，广泛动员组织群众参与政治以及社会事务。本次通过居民问卷调研，形成城市居民安全感以及满意度的整体评价，并将其作为主观指标纳入城市公共安全感的评价指标体系，形成以居民安全感为中心的"公共安全蓝皮书"，并提交给各级政府部门，作为政策制定的咨询参考资料。蓝皮书作为一项城市调查的成果，体现了居民对社会问题治理过程的参与，居民对于各项问题的反应、回答表达出他们对于公共政策和城市公共环境等方面的意见和看法——在地方城市公共安全发展的过程中，居民的诉求和建议能够且理应成为政府"查缺补漏"的重要意见。而公共利益诉求的表达，正是公众有序参与到社会多元治理的体现，也是现代社会和政治文明的标志之一。

（4）有利于改进政府工作，增强政府公信力。

政府职能包括经济职能、政治职能、文化职能和社会职能四个部分，不同的职能反映政府在不同领域中的权责与义务。政府在履行职能、开展工作的过程中，要始终坚持"为人民服务"的指导思想，将自身定位及塑造为服务者，追求公共利益的实现。政府履行职能的基本前提是进行公共决策，即依赖丰富、准确、科学、系统的信息和数据，对公共事务的方向、行动、流程等进行规划，并确定开展各项公共活动所需要的方法和技术。然而，信息搜集、分类和整理在任何时候都不是一个简单的事情，其中涉及各种专业知识、技术和理论，因此政府时常与各种咨询机构、智库和公共组织合作，以获取更多服务于决策行为的信息和建议报告。城市公共安全调查，在全国范围内广泛聚合一手资料，并对资料进行专门的加工处理，以形成"公共安全感蓝皮书"。将蓝皮书呈交给各级政府，能够为政府部门的科学决策起到不容忽视的参考作用，从而改进政府工作，更好地回应和满足公众需求，增强政府公信力。

(5) 有利于形成政府 - 高校合作的社会公共问题治理新模式。

政府部门的资源禀赋在整个社会占有先天优势，同时，公权力的加持、庞大的层级体系、信息获取的便利性使得政府部门在整个社会治理过程中完全能够发挥主导作用。而高校作为教育科研单位，相对于政府，其领先之处则体现在人才、技术和研究经验等方面。在很多技术问题和社会问题上，高校固有的结构特征和资源利用模式，决定了它们能够在更小的代价下实现更高的效率，从而在政策咨询领域占据并保持一定的优势地位。在西方国家，高校智库已然是政策咨参的重点对象，而我国的一些高校也正在朝着智库建设的方向前进，与商业性咨询公司各自体现出自身的优点。本次关于城市公共安全感的调研，将地方政府与重点高校联结起来，有利于政府公共事务管理的科学化，也有助于推动高校日益参与到社会问题的治理中，构建政府与高校合作的社会公共问题咨询与治理的新模式。

（二）指标设计的基本原则

近年来，随着对城市公共安全建设实践的深化，关于城市公共安全的评价指标体系的研究也日益增多。城市公共安全建设的评价研究涉及面广，牵涉多角度、多要素，其衡量标准的确定过程也将是相对复杂和综合性的。即想要全面反映城市公共安全建设，需要的不是一两个指标，而是一整套评价指标体系。① 此外，由于本调查构建的评价指标是持续性的全国调查，构建的城市居民安全感评价指标体系需要满足时间与空间的双重要求，具体来看，城市公共安全感评价指标体系的建立过程应该遵循以下原则。

1. 科学性

科学性是任何指标体系建立的核心宗旨，当指标体系缺乏科学性时，便失去了继续评价的意义。城市居民安全感的评价是否科学很大程度上依赖其指标、标准、程序等方法是否科学。按照科学性的要求，指标体系需具有高度的逻辑性与紧凑性，结构严谨，思路清晰，即指标的物理意义必须明确。

---

① 许力飞：《我国城市生态文明建设评价指标体系研究》，中国地质大学博士学位论文，2014。

城市公共安全感指标体系的科学性具体体现在度量标准的有效性、指标内涵的明确性以及分类归纳的合理性，即避免指标的重叠和缺漏，并使得评价目标和评价指标有机地联系起来，组成一个层次分明的整体，从而能够全面、客观、准确地反映目标城市安全系统的状态、效用、变化趋势和主体的内心感受。

2. 系统性

系统性是层次性与有序性的结合，城市公共安全内容涵盖的多重性决定了居民安全感的测算体系的多层次，将公共安全细化成自然安全、生态安全、公共卫生安全、食品安全、交通安全、公共场所设施安全、社会治安安全、社会保障安全、信息安全9个子系统，并以此设置问卷问题，自上而下、从宏观到微观反映出居民各个方面的安全感；同时各指标间相互独立，又彼此联系，围绕公共安全的整体性这一逻辑关系共同构成一个有机统一体。

3. 目标性

指标是目标的具体化描述。因此，评价指标要能真实地体现和反映综合评价的目的，能准确地刻画和描述对象系统的特征，要涵盖为实现评价目的所需的基本内容。居民公共安全感的全国调查目标鲜明，整个指标体系以居民的主观感受为中心，选取了城市公共安全的九个维度，既为城市管理者点出公共安全的重要主体——居民，又以具体的评价指标为其改善公共安全状况提供努力的方向。[1] 即评价指标的目标性使评价的目的与手段不再分离，研究的方向与道路不至偏颇，是评价指标意义化的关键。

4. 可测性

指标体系实现评价功能的关键即确保指标的可测性，无论是面向评价者、决策者，还是公众的指标，都要尽可能简单明确、便于测量。对于本文，即考虑定量与定性结合的可行性、建模的复杂性以及数据的可靠性和可获得性。指标并不是越多越好，研究人员必须在指标的全面性与效用性间找

---

[1] 彭张林、张爱萍、王素凤等：《综合评价指标体系的设计原则与构建流程》，《科研管理》2017年第1期，第209~215页。

到平衡点。目前，在各类指标体系的建立方面，为了追求对现实状态的完整描述，指标数量往往较多。同时，由于城市公共安全感的非客观性，一些传统的指标在描述时，往往是较难测量的定性指标较多，而可操作的定量指标则较少，或者即使有一些定量指标，其精确计算或数据的取得也比较困难。因此，本文在构建指标体系时，以量表为基础，通过居民对城市公共安全的担心程度打分，将城市的公共安全感水平具体化为居民的评价分数，即所构建的指标体系可测性强，能较好地将调查结果转化为居民安全感，并能帮助研究者依据指标体系对公共安全做出最有利的调节。

5. 动态追踪性

城市的公共安全管理是动态、持续改进的过程，相应地安全感的测量因而也不能一劳永逸，这就需要指标体系的动态调整与持续追踪。

动态调整是由于事物发展的变化以及评价目标的改变，具体可分为主动调整和被动调整，主动调整是根据新的评价目标和评价要求，调整或重新设计评价指标体系。被动调整是根据评价结果的反应效果，可对评价指标体系中的某些指标进行动态修正，剔除或增加某些指标。[①] 本文在首次全国公共安全调研的评价体系基础上进行了调整，删去了公共安全满意度的调查，以居民对公共安全的担心程度为轴，并辅以定性访谈。

此外，城市公共安全感持续的追踪调查，有助于暴露潜在的公共安全问题，以此不断地发现问题、分析问题、解决问题，即动态追踪性是根据现实状况不断地改进和更新，筛选出符合实际情况的合理的指标体系，保证公共安全感评价结果的准确与有效。

（三）问卷指标体系的构建

评价指标体系的构造是一个"具体—抽象—具体"的辩证逻辑思维过程，一般来说，这个过程可大致分为以下四个环节：理论准备、评价指标初

---

① 彭张林、张爱萍、王素凤等：《综合评价指标体系的设计原则与构建流程》，《科研管理》2017年第1期，第209~215页。

选、指标体系修正、指标体系试用。

首先是理论准备,在构建一套测算城市公共安全感的评价指标之前,应对城市公共安全、安全感等有关基础理论进行一定深度的了解和整理,以全面掌握该领域描述指标体系的基本情况。调研组查阅后发现,对城市公共安全的评价指标体系的研究,主要以一系列的客观指标进行综合评价,而缺少主观感受层面的代表性指标。因此,调研组更多结合了有关安全感衡量的相关理论和方法,进行了城市公共安全感评价指标的初选。

其次,在评价指标初选环节中,调研组采用了综合法与分析法相结合的方式来构造指标体系的框架。即先对已存在的一些安全感指标按一定的标准(与城市公共安全相关的)进行聚类,使之系统化,构建出一级指标;再将归类整理的一级指标划分成若干个子系统即二级、三级指标,使得城市公共安全感的每一个部分和侧面都可以用具体的统计指标来描述和实现。

最后,调研组基于中国居民生活安全感量表[1]以及公共安全感研究[2],综合过往"公共安全感蓝皮书"的经验,编制了一套衡量城市居民对公共安全状况担心程度的量表,共涵盖了城市公共安全九个重要的维度(自然安全、生态安全、公共卫生安全、食品安全、交通安全、公共场所设施安全、社会治安安全、社会保障安全、信息安全),并以32个问题的十级量表(极为担心~完全不担心)测量居民的安全感。

(四)问卷指标体系的修正

1. 指标体系修正的方法

在对社会中很多问题进行决策时,关键问题通常是对问题所涉及的对象进行评价。国内外对各种类型的决策评价已有大量的研究,主要集中在如何根

---

[1] 夏春、涂薇:《中国居民生活安全感量表的编制》,《中国健康心理学杂志》2011年第9期,第1126~1128页。
[2] 王俊秀:《面对风险:公众安全感研究》,《社会》2008年第4期,第206~221页。

据问题和已有的评价指标体系创造方法或应用已有方法进行决策评价。在关于安全感的研究中，大量学者已经构建了评价指标体系，本文在此基础上，综合此次调查的目的，重新设计了城市公共安全感的评价指标体系，但仍然存在不能实现当前的评价目标的可能性。因此，本着增强问卷科学性、合理性的考量，就需要对设计的评价指标体系进行修正，课题组采用了专家打分法。

专家打分法是指通过匿名方式征询有关专家的意见，对专家意见进行统计、处理、分析和归纳，客观地综合多数专家经验与主观判断，对大量难以采用技术方法进行定量分析的因素做出合理估算，经过多轮意见征询、反馈和调整后，完成对评价指标体系的修正的一种方法。完整的指标体系既包括指标遴选，又涉及指标权重的科学确定。在城市公共安全满意度评价的研究中，课题组将构建的城市公共安全满意度评价指标体系交与相关部门专家，通过各位专家根据自己的判断赋予分值，从而获得各指标权重，剔除分值很低的指标，并根据权重高低确定指标顺序，指向性地对指标体系进行修正，深信修正后的指标体系其评价结构将更加合理、更便于课题组科学地了解各个指标对于表现居民城市安全感的重要性。

专家打分方式如下。

二级指标打分表

填表说明：

表1是"城市公共安全满意度"调查的各个指标，分为"自然安全、生态安全、公共卫生安全、食品安全、交通安全、公共场所设施安全、社会治安安全、社会保障安全、信息安全"九个一级评价指标，每个一级指标下含有若干二级指标，以期较为全面、准确地反映居民对于所在城市的公共安全感，请各位专家凭自己的理解和判断，根据各个二级指标对于反映居民城市公共安全感的重要性，在"1~10"分别打分，重要性越强，赋值越大。

请您在分值后面打"√"；电子版请复制、粘贴即可，如"9√"。

如果您认为有"重要的评价指标"未被列入，请您添加并赋值。

表1 "城市公共安全满意度"调查

总目标	一级指标		重要性评价 非常不重要← →非常重要									
			1	2	3	4	5	6	7	8	9	10
城市公共安全感	自然安全	您担心本市自然灾害会给您造成生命财产损失吗？	1	2	3	4	5	6	7	8	9	10
		您担心本市防范自然灾害的设施有缺陷吗？	1	2	3	4	5	6	7	8	9	10
		请添加：您认为重要的评价要素并赋值	1	2	3	4	5	6	7	8	9	10
	生态安全	您担心本市的空气污染会损害您的身体健康吗？	1	2	3	4	5	6	7	8	9	10
		您担心本市的饮用水源被污染吗？	1	2	3	4	5	6	7	8	9	10
		您担心本市生活垃圾最终得不到妥善处理吗？	1	2	3	4	5	6	7	8	9	10
		您担心本市"绿化状况"会逐渐恶化吗？	1	2	3	4	5	6	7	8	9	10
		请添加：您认为重要的评价要素并赋值	1	2	3	4	5	6	7	8	9	10
	公共卫生安全	您担心本市周围会发生传染性疾病吗？	1	2	3	4	5	6	7	8	9	10
		您担心本市孩子会接种假疫苗或劣质疫苗吗？	1	2	3	4	5	6	7	8	9	10
		您担心本市抗生素滥用吗（包括对人、牲畜）？	1	2	3	4	5	6	7	8	9	10
		疫情发生时，您会担心得不到及时有效控制吗？	1	2	3	4	5	6	7	8	9	10
		请添加：您认为重要的评价要素并赋值	1	2	3	4	5	6	7	8	9	10
	食品安全	在本市饭店就餐时，您会担心饭菜不干净吗？	1	2	3	4	5	6	7	8	9	10
		您担心在农贸市场购买的生鲜食品不卫生吗？	1	2	3	4	5	6	7	8	9	10
		您担心本市食品污染会损害身体健康吗？	1	2	3	4	5	6	7	8	9	10
		您担心本市食品安全会越来越糟糕吗？	1	2	3	4	5	6	7	8	9	10
		请添加：您认为重要的评价要素并赋值	1	2	3	4	5	6	7	8	9	10

续表

总目标	一级指标		重要性评价 非常不重要←→非常重要									
			1	2	3	4	5	6	7	8	9	10
城市公共安全感	交通安全	市内出行时您担心遭受交通意外伤害吗？	1	2	3	4	5	6	7	8	9	10
		您担心市内公共交通系统出现严重事故吗？	1	2	3	4	5	6	7	8	9	10
		发生交通事故时，会担心伤者得不到及时有效的救助吗？	1	2	3	4	5	6	7	8	9	10
		请添加：您认为重要的评价要素并赋值										
	公共场所设施安全	在人员密集场所，您担心发生严重的突发事件吗？	1	2	3	4	5	6	7	8	9	10
		您会担心这些市政设施出现故障吗？	1	2	3	4	5	6	7	8	9	10
		您担心学校及周边环境不安全吗？	1	2	3	4	5	6	7	8	9	10
		遭遇突发事件时，您担心得不到及时的疏散或救援吗？	1	2	3	4	5	6	7	8	9	10
		您对本城市"水电煤气"总体担心吗？	1	2	3	4	5	6	7	8	9	10
		请添加：您认为重要的评价要素并赋值										
	社会治安安全	一个人夜晚出行时，您担心人身安全吗？	1	2	3	4	5	6	7	8	9	10
		陌生人随意进入所居住的小区，您会担心吗？	1	2	3	4	5	6	7	8	9	10
		您担心本市会发生暴力冲突事件给您造成伤害吗？	1	2	3	4	5	6	7	8	9	10
		您担心本市会发生暴力冲突事件给您造成伤害吗？	1	2	3	4	5	6	7	8	9	10
		发生治安事件时，您担心市民会得不到及时的保护吗？	1	2	3	4	5	6	7	8	9	10
		请添加：您认为重要的评价要素并赋值										

续表

总目标	一级指标		重要性评价 非常不重要←　重要　→非常重要									
城市公共安全感		请添加：										
	社会保障安全	您担心年老后的经济来源及生活照顾问题吗？	1	2	3	4	5	6	7	8	9	10
		您担心看不起病吗？	1	2	3	4	5	6	7	8	9	10
		家庭因意外陷入困境时，市民会得到必要的救济吗？	1	2	3	4	5	6	7	8	9	10
		您担心个人隐私信息被盗取，并被用于商业或犯罪目的吗？	1	2	3	4	5	6	7	8	9	10
		请添加：您认为重要的评价要素并赋值	1	2	3	4	5	6	7	8	9	10
	信息安全	您担心个人账户密码被盗取吗？	1	2	3	4	5	6	7	8	9	10
		您担心个人信息犯罪会更猖獗吗？	1	2	3	4	5	6	7	8	9	10
		请添加：您认为重要的评价要素并赋值										
		请添加：										

2. 经修正的指标体系

根据专家的打分和建议，我们对指标体系进行了修正：对一级指标的重要性进行了合理排序，对问卷问题进行了适当的增加与删减，并分别以10级量表和5级量表测量了居民对城市公共安全的担心程度和满意度，经修正后的指标体系见表2。

表2 修正后的指标体系

一级指标	二级指标	三级指标
		具体问题的赋分情况（极为担心~完全不担心:1~10）
自然安全	自然灾害	您担心本市自然灾害会给您造成生命财产损失吗？
		您担心本市防范自然灾害的设施有缺陷吗？
	灾害救援	自然灾害发生时，市民会得到及时有效救助吗？
生态安全	生态污染	您担心本市的空气污染会损害您的身体健康吗？
		您担心本市的饮用水源被污染吗？
	生态环境治理	您担心生活垃圾最终得不到妥善处理吗？
		您担心本市生态环境状况会逐渐恶化吗？
公共卫生安全	疾病传播	您担心周围会发生传染性疾病吗？
	疾病防治	您担心孩子会接种假疫苗或劣质疫苗吗？
		您担心抗生素滥用吗（包括对人、牲畜）？
		疫情发生时，您会担心得不到及时有效控制吗？
食品安全	食品安全	在本市饭店就餐时，您会担心饭菜不干净吗？
		您担心在农贸市场购买的生鲜食品不卫生吗？
		您担心食品污染会损害身体健康吗？
		您担心本市食品安全会越来越糟糕吗？
交通安全	交通安全	市内出行时您担心遭受交通意外伤害吗？
		您担心市内公共交通系统出现严重事故吗？
		发生交通事故时，会担心伤者得不到及时有效的救助吗？
公共场所设施安全	公共场所安全及市政设施安全	在人员密集场所，您担心发生严重的突发事件吗？
		您会担心这些市政设施出现故障吗？
	学校安全及突发事件救援安全	您会担心学校及周边环境不安全吗？
		遭遇突发事件时，您会担心得不到及时的疏散或救援吗？
社会治安安全	自身安全	一个人夜晚出行时，您担心人身安全吗？
		陌生人随意进入所居住的小区，您会担心吗？
	公众安全	您担心本市会发生暴力冲突事件给您造成伤害吗？
		发生治安事件时，您担心市民会得不到及时的保护吗？

续表

一级指标	二级指标	三级指标
		具体问题的赋分情况（极为担心~完全不担心:1~10）
社会保障安全	社会保障安全	您担心年老后的经济来源及生活照顾问题吗？
		您担心看不起病吗？
		家庭因意外陷入困境时,市民会得到必要的救济吗？
信息安全	信息安全	您担心个人隐私信息被盗取,并被用于商业或犯罪目的吗？
		您担心个人账户密码被盗取吗？
		您担心信息犯罪会更猖獗吗？

即自然安全一级指标下，新增了"自然灾害发生时，市民会得到及时有效救助吗"，以测量居民对公共部门应急救援能力的评价；生态安全指标下，将"绿化状况"精准定义为"生态环境状况"，从而测量居民对整个生态安全的担心程度；公共场所设施安全指标中，删去了"您对本城市的水电煤气担心吗"，因为其更多地作为生活设施而非公共场所设施的身份出现。

（五）最终指标体系的设置与分析

最终的城市公共安全感指标体系囊括了公共安全的9个维度，以对全国31个省区市的居民公共安全感进行主观测量和深入调查，分为居民问卷和访谈问卷，具体指标的设计如下。

1. 居民问卷

居民问卷对于城市公共安全感的调查不可或缺，因为城市居民是城市公共安全状况最直接的感受主体，居民对于所居住城市公共安全的担心程度和行为表现是评价一个城市公共安全状况的最重要的主观参照因素。

本次居民问卷主要分为受调查人概况、公共安全问题的担心程度、行为表现的细节测量三个方面。

（1）受调查人概况

受调查人概况共包括性别、政治面貌、年龄、户口类型、文化程度、工作职业、个人月收入九个项目，能够较全面地反映受调查居民的基本情况，

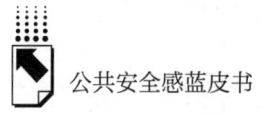

使得居民问卷的数据分析更有科学性和针对性。

(2) 居民安全感

在城市居民安全感的测算中，调查组共设了三个级别的指标以进行全面、系统的衡量。

它总共囊括了城市公共安全九个重要的维度：自然安全、生态安全、公共卫生安全、食品安全、交通安全、公共场所设施安全、社会治安安全、社会保障安全、信息安全，并将其作为一级指标，按权重纳入分析；二级指标即依据9个一级指标下的细化，包括自然灾害、灾害救援、生态污染、生态环境治理、疾病传播、疾病防治、食品安全、交通安全、公共场所安全及市政设施安全、学校安全及突发事件救援安全、自身安全、公众安全、社会保障安全、信息安全14个方面，并作为下设的32个问题的公因子以权重纳入计算；三级指标即居民对于这32个问题的具体赋分情况，以打分的方式直观地体现居民对于城市公共安全各个方面的担心程度。

具体的三级指标设置如下。

①自然安全

表3 自然安全

自然安全	自然灾害	您担心本市自然灾害会给您造成生命财产损失吗？
		您担心本市防范自然灾害的设施有缺陷吗？
	灾害救援	自然灾害发生时，市民会得到及时有效救助吗？

自然安全是由自然因素造成人类生命、财产、社会功能和生态环境等损害的事件或现象，其发生往往给公众的生命财产造成巨大损失，使生态环境和社会稳定造成严重威胁，公共部门能否有效预防、治理、救援自然灾害极大地影响着居民的安全感。

因此，在自然安全的一级指标下，指标体系从灾害的防治和救援两个层面出发，设置了3个问题测量居民对所居住城市的自然灾害的担心程度，以评价目标城市防范自然灾害的硬件设施和救援能力。

②生态安全

表 4　生态安全

生态安全	生态污染	您担心本市的空气污染会损害您的身体健康吗？
		您担心本市的饮用水源被污染吗？
	生态环境治理	您担心生活垃圾最终得不到妥善处理吗？
		您担心本市生态环境状况会逐渐恶化吗？

生态安全是指生态系统的健康和完整情况，是人类在生产、生活和健康等方面不受生态破坏与环境污染等影响的保障程度，包括饮用水、空气质量与绿色环境等基本要素。

因此，在一级指标下，设置生态污染和生态环境治理2个二级指标、4个三级指标，以检验目标城市生态环境基本要素的情况和公共部门治理生态的能力。

③公共卫生安全

表 5　公共卫生安全

公共卫生安全	疾病传播	您担心周围会发生传染性疾病吗？
	疾病防治	您担心孩子会接种假疫苗或劣质疫苗吗？
		您担心抗生素滥用吗（包括对人、牲畜）？
		疫情发生时，您会担心得不到及时有效控制吗？

公共卫生安全涉及对重大疾病尤其是传染病（如结核、艾滋病、SARS等）的预防、监控和医治，以及相关的卫生宣传、健康教育、免疫接种等，能否对食品、药品、公共环境卫生进行有效的监督管制，不仅考验着城市的公共安全管理能力，还影响着居民的安全感。

因此，公共卫生安全的一级指标从疾病出发，设置疾病传播和防治两个二级指标，并围绕传染性疾病、假疫苗、抗生素滥用和疫情控制等热点问题设计了4个三级指标。

④食品安全

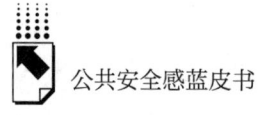

表6　食品安全

食品安全	在本市饭店就餐时,您会担心饭菜不干净吗?
	您担心在农贸市场购买的生鲜食品不卫生吗?
	您担心食品污染会损害身体健康吗?
	您担心本市食品安全会越来越糟糕吗?

食品安全是指食品无毒、无害,符合应当有的营养要求,对人体健康不造成任何急性、亚急性或者慢性危害。[①] 根据世界卫生组织的定义,食品安全属于公共卫生问题的分支,而基于食品安全在城市公共安全中的独特性,课题组将其作为独立的一级指标,并设置了有关饭店就餐、食品购买和食品污染等食品安全方面的4个问题作为居民对于食品安全担心程度的测量依据。

⑤交通安全

表7　交通安全

交通安全	市内出行时您担心遭受交通意外伤害吗?
	您担心市内公共交通系统出现严重事故吗?
	发生交通事故时,会担心伤者得不到及时有效的救助吗?

交通安全是指人们按照交通法规的规定,安全地行车、走路,避免发生人身伤亡或财物损失。随着城市交通的快速发展,全年事故起数、死亡人数、万车死亡率和特大交通事故起数均呈上涨趋势,严重地影响着居民的安全感。

因此,将交通安全作为一级指标,并围绕市内的公交系统、出行以及交通事故救助方面设置3个问题衡量居民对城市交通安全状况的担心程度。

⑥公共场所设施安全

---

① 《中华人民共和国食品安全法》第十章附则第九十九条。

表 8 公共场所设施安全

公共场所设施安全	公共场所安全及市政设施安全	在人员密集场所,您担心发生严重的突发事件吗?
		您会担心这些市政设施出现故障吗?
	学校安全及突发事件救援安全	您会担心学校及周边环境不安全吗?
		遭遇突发事件时,您会担心得不到及时的疏散或救援吗?

公共场所设施安全是城市公共安全中一个重要且独特的指标,它关系公共部门应对突发事件的能力。在此一级指标下,设置公共场所安全及市政设施安全、学校安全及突发事件救援安全两个二级指标,将突发事件、市政设施以及学校这一重要的公共场所等要素融入4个三级指标中。

⑦社会治安安全

表 9 社会治安安全

社会治安安全	自身安全	一个人夜晚出行时,您担心人身安全吗?
		陌生人随意进入所居住的小区,您会担心吗?
	公众安全	您担心本市会发生暴力冲突事件给您造成伤害吗?
		发生治安事件时,您担心市民会得不到及时的保护吗?

社会治安安全与社会治安紧密相关,居民在此方面的安全感来自对自身安全和公众安全的评价。因此,在一级指标下,设置了2个二级指标,并通过夜行、陌生人、暴力冲突事件等社会治安问题设计了4个三级指标测量居民的社会治安安全感。

⑧社会保障安全

表 10 社会保障安全

社会保障安全	您担心年老后的经济来源及生活照顾问题吗?
	您担心看不起病吗?
	家庭因意外陷入困境时,市民会得到必要的救济吗?

作为公民的最后一张"安全网",社会保障安全无疑时刻牵动着居民的心,生活在城市中的居民能否获得必要的社会救济、完善的社会保险,甚至一定量

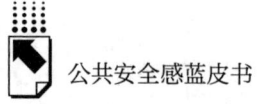
公共安全感蓝皮书

的社会福利，不仅影响其生活、消费，对提升居民安全感也至关重要。课题组围绕养老、医疗、贫困设置了3个问题，以测量居民在社会保障层面的安全感。

⑨信息安全

表11　信息安全

信息安全	您担心个人隐私信息被盗取,并被用于商业或犯罪目的吗?
	您担心个人账户密码被盗取吗?
	您担心信息犯罪会更猖獗吗?

随着信息技术的深入发展，信息给人们带来便捷的同时，其安全问题也日益凸显，即信息的保密性、真实性、完整性、未授权拷贝和所寄生系统的安全性能否得到保证越来越影响着居民的安全感。指标体系从个人隐私、密码和信息犯罪等方面设置了3个问题，通过测量居民对其担心程度，测算居民在信息安全方面的安全感。

2. 访谈问卷

访谈问卷的设置很大程度上是对居民问卷广度及深度的扩充。居民问卷虽对受调查者的安全感以及城市公共满意度有了较为细腻的量化，但访谈所能带来的信息回馈无疑将使评价体系更加丰富。访谈是管理咨询获取信息的一个常用方法。咨询顾问即本例中的调研人员，通过与客户组织中各类人员即受调查的居民的接触谈话，能够获取受调查人重要的主观问题，受调查的居民也能感到他们在为项目做贡献，是很好的公民意识、主人翁精神的体现；因此尽管访谈是一个耗时耗力的过程，但为了调研的价值，调查者并未将这关键一环省去，反而做了充足而翔实的访谈。

访谈问卷由受调查人基本概况和对本市公共安全的认识组成，在内容方向上与居民问卷所设的九个方面一致（包括自然安全、生态安全、公共卫生安全、食品安全、交通安全、公共场所设施安全、社会治安安全、社会保障安全、信息安全）。访谈提纲作为对城市公共安全状况的一个补充评价，是将居民问卷中安全感客观量化后的主观回溯，通过居民的叙述、评论将测量计算转向分析了解，以探寻受访人对于城市公共安全状况的内心真实看法及建议，了解居民对公共安全知识的基本认知，最终得到对于所在城市公共安全评价的细致回馈，这不仅有助于补充和完善城市公共安全评价，访谈中得到的部分信息还将对后期工作提供一些意想不到的建设性方向。具体访谈提纲内容如下。

基本概况：

1. 您是本市人吗？（如果不是，您从哪里来的？来这里多长时间了？对于居住半年以下的人停止访谈）

2. 您是做什么工作的？您大概有30多岁吧？（根据估计询问年龄、根据目测确定性别）

3. 您是本科毕业吧？（根据回答追寻学历）您一个月能挣1万元肯定没有问题吧？（这里一般人能收入多少？估计访谈对象的收入水平）

对本市公共安全的认识：

1. 自然安全

（1）你们这里发生过地震（台风）吗？你们收到过防震抗震（台风）的宣传和知识教育吗？您知道最近的防震抗震（台风）的有关设施和场所吗？

（2）这个城市发生过雨涝水淹吗？您觉得这个城市的排水设施怎么样？您见到的城市积水大约多久能够得到处理？

（3）对本市自然安全状况满意吗？

2. 生态安全

（1）这个城市的空气污染大不大？有多么严重？比以前怎么样？政府有什么控制空气污染的措施吗？（绿化、水炮、关闭污染企业、工地喷水……）

（2）这个城市的河流（湖泊）水污染大不大？什么原因造成的？（企业排污、水生物污染等）污染到什么程度？你看到有人清理水污染吗？怎么清理的？现在有没有改善？

（3）您居住小区有没有生活垃圾分类处理设施？您觉得生活垃圾分类处理的困难在哪里？您觉得如何才能解决生活垃圾分类处理的问题？

（4）您对本市生态安全状况满意吗？

3. 公共卫生安全

(1) 您在本市生活有没有遇到过传染性疾病？有几次？具体情况是怎样的？您认为我们应该怎样防治传染病？

(2) 您担心孩子接种到假疫苗或者劣质疫苗吗？在本市听说过这种事件吗？您认为毒疫苗、抗生素滥用出现的原因是什么？我们应该怎么办？

(3) 您担心抗生素滥用吗？去医院看病医生会优先使用抗生素吗？您担心医院或社区医疗点的卫生状况吗？您认为应该怎么办？

(4) 您平时在本市有没有接触过公共卫生安全方面的宣传？有过几次？内容都是关于哪些方面的？

(5) 您对本市公共安全状况满意吗？

4. 食品安全

(1) 您去买菜的时候是否担心食材卫生状况？有没有自己出现过或听说过食材不安全的事件？具体情况是怎样的？

(2) 外出就餐时餐厅的卫生状况如何？在外面吃饭或者订外卖有没有出现过不卫生的情况？有几次？具体情况是怎样的？您认为如何使外卖食品更加安全卫生？

(3) 您担心本市地沟油、农药残留、食品添加剂等问题吗？您认为它们出现的原因是什么？您觉得如何解决这些问题？

(4) 本地政府在食品安全方面有没有什么政策或措施？您觉得本市食品安全状况怎么样？

5. 交通安全

(1) 您觉得目前市内的整体交通状况如何？是否存在拥挤现象？是否有违章驾驶现象？（酒驾、违章、超载等）

(2) 您是否亲身经历过交通事故？市内公共交通系统是否出现过问题？具体情况是怎样的？您认为目前市内的交通事故救援状况如何？

(3) 您平时会严格遵守交通规则吗？您是否有过闯红灯、不走人行道等行为呢？您认为如何解决这种问题？

(4) 政府对非机动车辆的管理情况如何呢？

（5）政府部门在维护城市交通安全方面有哪些政策措施？您对目前政府部门在交通安全方面的管理状况满意吗？您觉得如何解决交通安全问题？

6. 公共场所设施安全

（1）您居住的城市市政设施（井盖、下水道、公用电梯、高压电线、燃气管道、高层水箱等）能够满足日常生活需要吗？是否会经常出现故障？会定期检修吗？

（2）城市市政设施（井盖、下水道、公用电梯、高压电线、燃气管道、高层水箱等）出现故障后，您看到多久有人去维修？效率如何？

（3）您生活的城市发生过严重的突发事件（火灾、爆炸、暴力袭击、拥堵踩踏等）吗？具体情况是怎样的突发事件发生后，救援的及时性及效果如何呢？

（4）您是否收到过/接受过社区关于"安全用电、用气、乘坐电梯、火灾防范"等方面的安全知识宣传或者培训呢？

（5）您对本市公共场所设施安全状况满意吗？您认为政府如何解决其中的问题？

7. 社会治安安全

（1）您晚上敢独自出行吗？您在夜晚出行的时候遇到过什么治安上的问题吗？最后是怎么解决的？

（2）您觉得发生安全事件的时候，警力能及时到场吗？您对目前警力状况有什么建议吗？

（3）您所在的社区有发生过群体类的事件吗？（是否经常发生、造成的损失程度、处理结果）具体是什么事情？时间的过程和结果如何？政府如何处理的？本市发生过重大刑事案件吗？

（4）您在本市生活期间有没有遇到过小偷、抢劫或其他治安事件？有过几次？具体情况是怎样的？您觉得如何解决这种问题？

（5）您对本市治安状况满意吗？发生过治安问题吗？具体情况是怎样的？政府在治安治理方面有什么措施吗？

8. 社会保障安全

（1）您有社会保险吗？有哪些？（视被访者身份而定：如学生的医

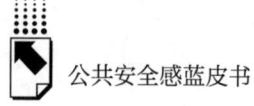

保与其他保险，劳动者的五险一金，老年人的医保与养老保险等）由谁来缴费？您觉得这些保险的覆盖面足够广泛吗？您觉得有用吗？除此之外，您身边是否有人参与或接受过社会组织（如工会、妇联、慈善机构）的救助？

（2）您家中老人的养老方式是什么？（家庭养老，社区居家养老，机构养老，自我养老）假如是您或您的家人，会选择什么样的养老机构？您担心以后自身的养老问题吗？认为如何来解决这种问题？

（3）您工作的地方有哪些保障？（五险一金）您认为缴纳的比例如何？足以解决您的保障问题吗？

（4）您认为本市的工资水平如何？您觉得在本市找工作困难吗？

（5）您对本市社会保障安全满意吗？政府方面可以有什么措施来改善这种情况？

9. 信息安全

（1）您自己或其他人是否出现过信息诈骗、信息泄露（骚扰电话、推销电话、网络诈骗、各种信息被盗用）等安全事件？您认为信息泄露的主要原因是什么？

（2）案件发生（如电子银行中钱款被盗、个人重要信息泄露）后，您会怎么处理？相关部门的处理态度、流程、结果如何？

（3）您所处的环境中有没有固定的信息安全宣传展示？平时大家会去看吗？有没有收到过政府宣传信息安全的信息？您所知道的政府或企业的信息安全保护措施有哪些？

（4）您对本市信息安全状况满意吗？您认为政府应如何解决信息安全问题？

3. 细节测量

在居民问卷的最后，调查组设置了23个问题对城市公共安全进行一个主观层面的细节测量。具体问题如下：

1. 您会经常关注本地天气预报吗？

①基本不看　②想知道的时候问别人天气情况　③需要的时候看一看　④每天都看

2. 您所在的社区或单位有没有组织过自然灾害应急演练？

①没有　②没印象　③偶尔有　④经常有

3. 在雾霾或空气质量差的日子里，您会戴口罩出行吗？

①从来不带　②偶尔会带　③经常带

4. 您周围的邻居会将垃圾分类之后再放入垃圾桶吗？

①几乎没有　②有少部分人这样做　③大多数人都这样做　④都会这样做

5. 您会使用酒店、宾馆提供的清洁用品吗？

①自带用品　②偶尔会使用　③经常使用

6. 据您观察，市民随地吐痰的现象多吗？

①几乎没见到　②偶尔见到　③经常见到　④十分普遍

7. 当您在超市购买食品时，您会根据生产日期和保质期选择商品吗？

①不会特别留意保质期　②只要在保质期内都行　③会仔细比较保质期，选择最新鲜的

8. 当您买到问题食品后，您会怎么处理？

①怕麻烦，就当自己倒霉　②找卖家要求退款或赔偿　③向有关行政部门投诉

9. 在过马路等红灯时，如果没有车辆通行，你会提前过马路吗？

①不会，等绿灯亮了再过　②看情况，抢时间的时候会提前过　③会，观察确定没车就提前过

10. 据您观察周围的人开车过程中接打电话的情况普遍吗？

①很少见到　②少部分人会　③很多人会　④十分普遍

11. 当进入陌生的公共场所时，您是否会留意逃生通道或避险标识吗？

①从不关注　②偶尔会去观察　③经常留意

12. 如果发现道路上的窨井盖不见了，您会怎样做？

①避开绕行　②口头提醒后面的人　③放个东西提醒大家　④提醒

大家，并向市政部门反映

13. 在人群中走路时，您会把包背在前面吗？

①一般不会　②偶尔会这样做　③经常这样做

14. 您是否看到小区保安在夜间巡逻？

①经常见到　②偶尔见到　③很少见到　④从没见到

15. 您买过商业性人寿保险或大病保险吗？

①没买过，不清楚　②还没买，打算购买　③购买过

16. 您有社会养老保险和社会医疗保险吗？

①都有　②只有养老保险　③只有医疗保险　④都没有　⑤不清楚

17. 您是否在银行卡账户、邮箱、QQ等涉及个人信息安全的服务上使用相同的密码？

①完全一样　②大部分相同　③少部分相同　④都不一样　⑤记不清

18. 您的社区有没有防范网络、电话诈骗的提醒和宣传？

①没看到过　②有一些简单提醒　③有针对性的宣传和培训

19. 在过去一年内，您有几次吃坏肚子的情况（如拉肚子、肚子痛甚至上医院）？

①无　②1次　③2次　④3次　⑤4次以上

20. 您认为目前的食品安全违法信息公开程度怎么样？

①非常不透明　②不太透明　③比较透明　④非常透明

21. 当出现食品安全事件时，您认为消费者维权容易吗？

①非常麻烦　②比较麻烦　③比较容易　④非常容易

22. 在最近一年时间内，您所知道的公共场所不安全事件多吗？（如电梯伤人、火灾、踩踏等）

①极少　②偶尔　③经常　④极为普遍

23. 如果在公共场所遇到突发事件（如电梯故障、火灾、拥挤踩踏），您第一时间会怎么做？

①随人群走　②拍照　③自己找逃生出口　④打电话求助　⑤救助他人

以上问题覆盖了城市公共安全的各个层面、涉及了与城市公共安全相关的多元主体以及遭遇的各种安全事件和问题，通过居民问卷的方式，从主观上完成对城市公共安全状况的细节测量，它与居民对公共安全的担心程度一起构成城市公共安全的居民问卷。

问卷中各个指标下的问题一方面涉及了城市公共安全的各个维度，平衡性强，但每个都有较强的针对性，总体题量并不臃肿；在选项设置上也相应全面并且可多选，能很好地反映受调查者的心声。以此问卷调查统计所得的数据能够有指向地发掘城市公共安全问题，从而给相关部门提供一些务实的参考。

二 中国城市公共安全感指数与排名

2018年7~8月，中国工程院咨询研究项目子课题组、江苏省公共安全创新研究中心、中国矿业大学城市公共安全管理智库开展全国城市公共安全感调查活动。此次调查以"城市公共安全感"为主题，组织了18队调查小组（18位教师和150余名本科生）分赴全国31个省会城市（含直辖市）对目标城市的居民进行了大规模地问卷调查。调查采用多阶段随机抽样方法，以城市与市辖区为普查层，抽样从街道一级开始，按照街道办事处、社区居委会、居民小区、居民楼、家户、被调查者的逻辑层次展开抽样，末端调查采取"敲门入户"的方式，进行"问答式"或在调研员陪同下由居民填写问卷的方式获得第一手数据和资料。

（一）全国城市公共安全感指数测算

1. 数据状况

本次调查活动在每个调研城市发放超过300份居民调查问卷。在各小组艰苦细致地完成调查工作及问卷资料收集工作后，课题组进行了为期两个月的数据整理和先后三次的集中式数据清洗工作。为减少缺失值和极值对分析结果的影响，清洗工作中共剔除变量缺失较多和少数极值的无效问卷92份。

最终，在调查回收的9619份问卷中，得到实际测算全国城市公共安全感指数的有效样本9527个，问卷有效率为99.04%，各城市样本量见表12，各城市被试者具体情况见表13。

表12 调查城市及各城市实际样本量

直辖市	北京(287)	上海(299)	天津(298)	重庆(298)	
省会城市	广州(303)	南宁(311)	武汉(315)	长沙(303)	海口(301)
	石家庄(314)	太原(319)	哈尔滨(321)	长春(299)	合肥(319)
	南京(319)	西安(299)	郑州(307)	兰州(314)	西宁(307)
	成都(294)	杭州(321)	沈阳(332)	济南(300)	银川(301)
	贵阳(318)	昆明(320)	福州(295)	南昌(298)	呼和浩特(308)
	乌鲁木齐(307)	拉萨(300)			

表13 各城市被试者具体情况

项目	选项					
性别	男(4990)	女(4489)	缺失(48)			
政治面貌	中共党员(1647)	民主党派(158)	共青团员(2183)	群众(5465)	缺失(74)	
年龄	18~29岁(4209)	30~44岁(2822)	45~59岁(1694)	60岁以上(746)	缺失(56)	
户口类型	本地城市(5241)	本地农村(1485)	外地城市(1639)	外地农村(1108)	缺失(54)	
文化程度	小学及以下(285)	初中(1060)	高中(中职、中专)(2523)	大学(大专)(5056)	研究生以上(548)	缺失(55)
身份职业	公务员(328)	事业单位人员(1196)	公司职员(2442)	进城务工人员(505)	学生(1845)	自由职业者(1356)
	离退休人员(703)	其他(1090)	缺失(62)			
个人月收入	2000元以下(2144)	2001~3500元(1889)	3501~5000元(2787)	5001~8000元(1715)	8001~12000元(570)	12001元以上(225)
	缺失(197)					

同时，为避免存在不适合进行因子分析或难以有效辨识的变量，运用统计软件 SPSS20.0 对 9527 个样本进行一致化处理，计算变量的相关系数矩阵，检验原始变量是否适合因子分析。

2. 数据处理

通过探索性因子分析对城市居民公共安全感的 9 个方面、41 个变量进行分析，最终提取出 15 个公因子作为测量指标（见表14）。

对 15 个因子得分用"min-max 标准化"方法进行标准化处理，以 15 个公因子的方差贡献率作为权重，计算出每一个有效样本的个体得分。计算出 9527 个有效样本个体得分的平均数，即为全国城市公共安全感指数。

表 14 城市公共安全感测量公因子

目标	一级指标	公因子	变量
城市公共安全感	自然安全	灾害损失	自然安全总体满意度
			自然灾害造成生命财产损失
		灾害救援	防范自然灾害的设施的缺陷
			自然灾害发生时市民得到及时有效救助
	生态安全	空气水源污染	生态安全总体满意度
			空气污染会损害身体健康
			饮用水源污染
		垃圾噪声污染	生活垃圾得不到妥善处理
			噪声污染问题
	公共卫生安全	疾病传播	公共卫生安全总体满意度
			周围发生传染性疾病
		疾病防治	孩子接种假疫苗或劣质疫苗
			抗生素滥用
			疫情发生时得不到及时有效控制
	食品安全	食品安全	食品安全总体满意度
			饭店就餐饭菜不干净
			农贸市场购买生鲜食品不卫生
			食品污染损害身体健康
			食品安全会越来越糟糕

续表

目标	一级指标	公因子	变量
城市公共安全感	交通安全	交通事故	交通安全总体满意度
			市内出行时遭受交通意外伤害
			您担心市内公共交通系统出现严重事故
		事故救援	发生交通事故时伤者得不到及时有效救助
	公共场所设施安全	设施安全	公共场所设施安全总体满意度
			人员密集场所发生严重的突发事件
			市政设施出现故障
		设施应急	学校及周边环境不安全
			遭遇突发事件时得不到及时疏散或救援
	社会治安安全	社会治安安全	社会治安总体满意度
			一个人夜晚出行时人身安全
			陌生人随意进入所居住小区
			暴力冲突事件造成的伤害
			发生治安事件得不到及时的保护
	社会保障安全	总体状况	社会保障总体满意度
		社会保障安全	年老后的经济来源及生活照顾问题
			看不起病问题
			家庭因意外陷入困境时得到必要救济
	信息安全	信息安全	信息安全总体满意度
			个人隐私信息被盗用于商业或犯罪目的
			个人账户密码被盗取
			信息犯罪会更猖獗

3. 指标权重构建

首先计算原有变量的相关系数矩阵，然后进行统计检验，剔除了不适合进行因子分析的问题（在对原始变量进行降维的过程中发现，问卷条目"总体上，您是否担心本市的社会治安问题？"越出指标体系预设维度，且该条目在两个公因子上均有较大载荷，最终决定删除该条目）。剩下可以有效反映城市公共安全程度的40个问题，如表15所示。这41个问题涵盖了影响城市公共安全的主要方面，可以有效体现"自然安全、生态安全、公共卫生安全、食品安全、交通安全、公共场所设施安全、社会治安安全、社会保障安全、信息安全"这9个方面的内容。结合对城市公共安全已有研究、官方政策文本等的分析,从40个问题中提取的15个公因子能够较好地衡量城市公共安全的总体状况。

表15 全国城市公共安全感指标权重

一级指标	权重	二级指标	权重	三级指标 (极为担心~完全不担心:1~10)
自然安全	0.1303	灾害损失	0.0708	自然安全总体满意度
				自然灾害造成生命财产损失
		灾害救援	0.0595	防范自然灾害的设施的缺陷
				自然灾害发生时市民得到及时有效救助
生态安全	0.1307	空气水源污染	0.0662	生态安全总体满意度
				空气污染会损害身体健康
				饮用水源污染
		垃圾噪声污染	0.0645	生活垃圾得不到妥善处理
				噪声污染问题
公共卫生安全	0.1300	疾病传播	0.0616	公共卫生安全总体满意度
				周围发生传染性疾病
		疾病防治	0.0684	孩子接种假疫苗或劣质疫苗
				抗生素滥用
				疫情发生时得不到及时有效控制
食品安全	0.0755	食品安全	0.0755	食品安全总体满意度
				饭店就餐饭菜不干净
				农贸市场购买生鲜食品不卫生
				食品污染损害身体健康
				食品安全会越来越糟糕
交通安全	0.1286	交通事故	0.0709	交通安全总体满意度
				市内出行时遭受交通意外伤害
				您担心市内公共交通系统出现严重事故
		事故救援	0.0577	发生交通事故时伤者得不到及时有效救助
公共场所设施安全	0.1270	设施安全	0.0643	公共场所设施安全总体满意度
				人员密集场所发生严重的突发事件
				市政设施出现故障
		设施应急	0.0627	学校及周边环境不安全
				遭遇突发事件时得不到及时疏散或救援

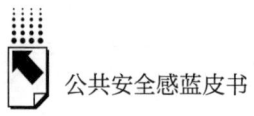

续表

一级指标	权重	二级指标	权重	三级指标 （极为担心~完全不担心：1~10）
社会治安安全	0.0716	社会治安安全	0.0716	社会治安总体满意度
				一个人夜晚出行时人身安全
				陌生人随意进入所居住小区
				暴力冲突事件造成的伤害
				发生治安事件得不到及时的保护
社会保障安全	0.1295	总体状况	0.0607	社会保障总体满意度
		社会保障安全	0.0688	年老后的经济来源及生活照顾问题
				看不起病问题
				家庭因意外陷入困境时得到必要救济
信息安全	0.0769	信息安全	0.0769	信息安全总体满意度
				个人隐私信息被盗取用于商业或犯罪目的
				个人账户密码被盗取
				信息犯罪会更猖獗

4. 相关系数分析

在进行因子分析前，先对样本数据进行 KMO 检验和 Bartletts's 球形度检验，以判断是否适合进行因子分析。KMO 检验用于检验变量之间的偏相关系数大小，一般来说 KMO 指数 >0.900 时效果最佳；如果 KMO 指数 <0.500 时则不适合进行因子分析。Bartletts's 球形度检验用于检验相关系数矩阵是否为单位矩阵，如果结果不拒绝原假设，则说明各变量之间是相互独立的。

表 16 检验结果表明，KMO 指数为 0.979 >0.900，表明适合做因子分析；Bartlett's 球形度检验的 Sig. 取值为 0.000，拒绝原假设，即各变量之间不是相互独立的，因子模型合适。

表 16 KMO 和 Bartlett's 球形度检验

取样足够度的 Kaiser-Meyer-Olkin 度量		0.979
Bartlett's 球形度检验	近似卡方	368409.2
	df	780
	Sig.	0.000

5. 因子分析结果

（1）方差贡献率

运用因子分析中常用的主成分分析法，提取累计方差贡献率大于85%的公因子来反映原有变量的绝大部分信息。如表17所示，15个公因子可以反映40个原变量85.803%的信息。

表17 公因子解释原有变量总方差的情况

公因子序号	特征值	方差贡献率(%)	累积贡献率(%)
fac1	2.639	6.599	6.599
fac2	2.590	6.475	13.073
fac3	2.458	6.146	19.219
fac4	2.434	6.086	25.305
fac5	2.431	6.077	31.382
fac6	2.362	5.906	37.288
fac7	2.348	5.870	43.158
fac8	2.271	5.677	48.835
fac9	2.213	5.534	54.369
fac10	2.207	5.516	59.885
fac11	2.150	5.376	65.261
fac12	2.114	5.285	70.546
fac13	2.082	5.206	75.751
fac14	2.042	5.104	80.856
fac15	1.979	4.947	85.803

（2）变量共同度

变量共同度指某一变量在所有因子上的因子载荷的平方和，反映所有公因子对该变量的总方差所做的贡献。变量共同度越接近于1，表明抽取的公因子能够说明几乎全部的原始信息。变量共同度越接近于0，则表明公因子对该变量的影响也越小。通常，如果因子分析结果中大部分变量的共同度都＞0.800，则说明所提取的公因子能够反映该变量80%以上的信息，这表明因子分析效果较好。表18的变量共同度计算结果显示，40个原变量的共同度均在0.800以上，原变量中100%变量的信息丢失率在20%以下，表明提取15个公因子的总体效果较为理想。

表18 变量共同度

变量	初始	提取	变量	初始	提取
X_1	1.000	0.883	X_{21}	1.000	0.878
X_2	1.000	0.892	X_{22}	1.000	0.831
X_3	1.000	0.840	X_{23}	1.000	0.851
X_4	1.000	0.861	X_{24}	1.000	0.848
X_5	1.000	0.873	X_{25}	1.000	0.853
X_6	1.000	0.892	X_{26}	1.000	0.829
X_7	1.000	0.840	X_{27}	1.000	0.905
X_8	1.000	0.851	X_{28}	1.000	0.843
X_9	1.000	0.874	X_{30}	1.000	0.824
X_{10}	1.000	0.866	X_{31}	1.000	0.854
X_{11}	1.000	0.891	X_{32}	1.000	0.843
X_{12}	1.000	0.856	X_{33}	1.000	0.839
X_{13}	1.000	0.875	X_{34}	1.000	0.876
X_{14}	1.000	0.819	X_{35}	1.000	0.856
X_{15}	1.000	0.823	X_{36}	1.000	0.884
X_{16}	1.000	0.864	X_{37}	1.000	0.856
X_{17}	1.000	0.854	X_{38}	1.000	0.866
X_{18}	1.000	0.835	X_{39}	1.000	0.871
X_{19}	1.000	0.843	X_{40}	1.000	0.867
X_{20}	1.000	0.867	X_{41}	1.000	0.848

(3) 因子命名

对因子载荷矩阵用最大平衡值法进行正交旋转,得到每个变量在该因子上的最大载荷,进而对15个公因子进行命名。旋转后的因子载荷矩阵,每个变量都只在一个公因子上具有较大的因子载荷(>0.450),而在其他的公因子上的因子载荷较小,只有变量 X_{29} 在两个公因子上有较大的因子载荷,且该变量在降维过程中越出指标体系预设维度,查阅相关资料后决定将变量 X_{29} 剔除,该变量的剔除不影响指标体系的完整性。再次旋转后得到因子载荷矩阵表(见表19),每个变量都只在一个公因子上具有较大的因子载荷(>0.450)。最终,根据因子载荷矩阵表对变量进行分类,将40个变量分为15类,结合城市公共安全相关研究对15个因子进行重新命名。因子命名

表 19 旋转成分矩阵

	成分														
	1	2	3	4	5	6	7	8	9	10	11	12	13	14	15
X_1	0.024	0.063	0.095	0.122	0.829	0.026	0.072	0.167	0.108	0.109	0.098	0.138	0.182	0.196	0.104
X_2	0.061	0.067	0.121	0.117	0.817	0.095	0.107	0.169	0.135	0.134	0.104	0.159	0.091	0.205	0.130
X_3	0.086	0.126	0.075	0.123	0.549	0.150	0.121	0.189	0.207	0.114	0.160	0.133	0.070	0.560	0.066
X_4	0.048	0.075	0.110	0.093	0.391	0.116	0.134	0.216	0.157	0.101	0.156	0.185	0.110	0.654	0.262
X_5	0.057	0.108	0.094	0.140	0.252	0.046	0.089	0.682	0.147	0.167	0.091	0.203	0.243	0.350	0.103
X_6	0.103	0.151	0.105	0.102	0.176	0.158	0.173	0.735	0.318	0.097	0.169	0.172	0.074	0.135	0.139
X_7	0.113	0.172	0.081	0.106	0.184	0.165	0.191	0.565	0.456	0.115	0.165	0.214	0.092	0.136	0.208
X_8	0.116	0.136	0.105	0.102	0.141	0.135	0.192	0.328	0.655	0.130	0.140	0.212	0.119	0.214	0.208
X_9	0.123	0.141	0.120	0.142	0.148	0.092	0.157	0.233	0.725	0.135	0.127	0.239	0.177	0.180	0.116
X_{10}	0.086	0.152	0.111	0.156	0.145	0.068	0.178	0.215	0.335	0.145	0.148	0.628	0.210	0.301	0.102
X_{11}	0.100	0.148	0.126	0.129	0.208	0.159	0.332	0.185	0.183	0.177	0.140	0.687	0.092	0.104	0.194
X_{12}	0.138	0.167	0.098	0.105	0.122	0.152	0.733	0.165	0.168	0.108	0.16	0.250	0.129	0.127	0.160
X_{13}	0.174	0.213	0.114	0.103	0.094	0.159	0.730	0.147	0.225	0.129	0.143	0.200	0.134	0.162	0.123
X_{14}	0.115	0.184	0.100	0.107	0.099	0.116	0.567	0.159	0.134	0.134	0.178	0.327	0.178	0.265	0.323
X_{15}	0.150	0.611	0.100	0.160	0.105	0.127	0.264	0.215	0.171	0.148	0.151	0.227	0.213	0.232	0.156
X_{16}	0.164	0.695	0.146	0.156	0.094	0.153	0.227	0.175	0.181	0.177	0.122	0.189	0.148	0.183	0.152
X_{17}	0.132	0.685	0.139	0.138	0.127	0.130	0.192	0.172	0.187	0.172	0.156	0.208	0.176	0.154	0.208
X_{18}	0.210	0.645	0.147	0.121	0.092	0.193	0.262	0.177	0.232	0.154	0.153	0.181	0.053	0.124	0.203
X_{19}	0.135	0.524	0.056	0.134	0.120	0.064	0.122	0.164	0.146	0.038	0.278	0.260	0.282	0.139	0.450
X_{20}	0.095	0.129	0.136	0.749	0.134	0.101	0.080	0.151	0.128	0.137	0.209	0.197	0.199	0.178	0.125
X_{21}	0.127	0.148	0.176	0.732	0.151	0.159	0.143	0.123	0.158	0.217	0.200	0.132	0.086	0.123	0.194

续表

	成分														
	1	2	3	4	5	6	7	8	9	10	11	12	13	14	15
X_{22}	0.091	0.077	0.145	0.633	0.149	0.089	0.107	0.122	0.128	0.297	0.168	0.161	0.212	0.125	0.346
X_{23}	0.089	0.093	0.146	0.455	0.095	0.143	0.156	0.100	0.144	0.352	0.127	0.105	0.165	0.247	0.531
X_{24}	0.104	0.104	0.147	0.272	0.138	0.087	0.074	0.166	0.101	0.601	0.228	0.235	0.309	0.189	0.247
X_{25}	0.116	0.120	0.218	0.194	0.166	0.154	0.133	0.135	0.139	0.650	0.303	0.193	0.138	0.120	0.218
X_{26}	0.147	0.142	0.159	0.199	0.138	0.176	0.141	0.116	0.205	0.562	0.443	0.124	0.141	0.172	0.141
X_{27}	0.135	0.094	0.201	0.204	0.120	0.157	0.155	0.149	0.128	0.255	0.719	0.166	0.206	0.144	0.145
X_{28}	0.135	0.088	0.225	0.165	0.088	0.159	0.144	0.132	0.131	0.318	0.574	0.149	0.183	0.267	0.305
X_{30}	0.106	0.105	0.681	0.189	0.166	0.121	0.047	0.149	0.064	0.138	0.264	0.225	0.235	0.106	0.156
X_{31}	0.186	0.132	0.719	0.161	0.132	0.168	0.147	0.121	0.160	0.188	0.196	0.112	0.185	0.125	0.124
X_{32}	0.186	0.109	0.686	0.142	0.107	0.210	0.145	0.102	0.166	0.216	0.173	0.144	0.145	0.179	0.204
X_{33}	0.144	0.076	0.539	0.124	0.076	0.175	0.154	0.088	0.166	0.215	0.186	0.108	0.294	0.286	0.388
X_{34}	0.090	0.072	0.198	0.130	0.159	0.362	0.096	0.115	0.126	0.147	0.185	0.137	0.694	0.116	0.209
X_{35}	0.116	0.089	0.155	0.099	0.148	0.596	0.131	0.112	0.125	0.139	0.155	0.118	0.523	0.057	0.209
X_{36}	0.199	0.101	0.138	0.101	0.087	0.785	0.148	0.141	0.107	0.113	0.143	0.129	0.229	0.11	0.116
X_{37}	0.238	0.131	0.158	0.126	0.017	0.697	0.139	0.102	0.143	0.152	0.172	0.139	0.214	0.257	0.148
X_{38}	0.646	0.147	0.137	0.162	0.052	0.149	0.134	0.102	0.134	0.205	0.122	0.125	0.426	0.233	-0.051
X_{39}	0.746	0.160	0.159	0.122	0.055	0.224	0.194	0.129	0.164	0.153	0.150	0.127	0.141	0.144	0.113
X_{40}	0.733	0.159	0.182	0.098	0.090	0.215	0.168	0.128	0.139	0.144	0.163	0.140	0.113	0.084	0.237
X_{41}	0.713	0.124	0.157	0.101	0.078	0.213	0.134	0.104	0.138	0.082	0.197	0.160	0.111	0.096	0.311

注：①提取方法：主成分分析法。
②旋转法：具有 Kaiser 标准化的正交旋转法。

结果见表15，表中的二级指标即是根据公因子命名的结果。

6.计算得分

（1）标准化因子得分

15个公因子的因子得分既有正值也有负值，其均值为0，标准差为1。计算总分之前，需将各因子的得分进行指数化处理，即将所有的因子得分值映射在[0,1]内。这里运用"min-max标准化"方法对因子得分原始数值进行线性变换。将公因子A的因子得分的最小值和最大值设为minA和maxA，将公因子A的一个因子得分的原始值X通过"min-max标准化"映射在[0,1]中，得到指数化后的值X'，其公式为：

$$X' = (X - minA)/(maxA - minA)$$

由于有9527个有效样本，15个公因子在各个有效样本中的具体得分不便在此一一呈现。

（2）确定权重

因子分析法是客观赋权中常用的方法，通过公因子的方差贡献率可以计算出指标的相对权重。这里评价因子的权值即为用最大平衡值法旋转后的因子载荷。公因子的方差贡献率是该公因子对各变量的全部贡献水平，所以因子载荷可以看作公因子对变量的重要系数，符合权值的意义。对15个公因子的方差贡献率进行归一化处理，即用每一个公因子的方差贡献率除以这15个公因子的累积方差贡献率，得到相应的公因子权重。计算得到的权重即为各二级指标的权重，再将二级指标的权重直接相加，得到各一级指标的权重。

（3）城市公共安全感指数的测算结果

如果用H_i表示居民城市公共安全感指数，用F_i来代表公因子（i=1,2,3,4,…,12,13,14,15）标准化之后的得分，用W_i（i=1,2,3,4,…,12,13,14,15）代表各因子的权重，那么每位居民城市公共安全感指数的函数公式如下：

$$H_i = F_1W_1 + F_2W_2 + F_3W_3 + F_4W_4 + \cdots + F_{14}W_{14} + F_{15}W_{15} \quad (H \subseteq [0,1])$$

通过上述式可计算出单个居民城市公共安全感指数：

$H_1 = 0.5499 \times 0.0769 + 0.5007 \times 0.0754 + 0.4396 \times 0.0716 + 0.5318 \times 0.0709$
$+ 0.3936 \times 0.0708 + 0.5219 \times 0.0688 + 0.3334 \times 0.0684 + 0.5483 \times 0.0662$
$+ 0.3503 \times 0.0645 + 0.4678 \times 0.0643 + 0.4239 \times 0.0627 + 0.4240 \times 0.0616$
$+ 0.5651 \times 0.0607 + 0.4559 \times 0.0595 + 0.4470 \times 0.0577 = 0.4647$

$H_2 = \cdots = 0.4605$
$H_3 = \cdots = 0.4352$
$\cdots$
$H_{9525} = \cdots = 0.5194$
$H_{9526} = \cdots = 0.5150$
$H_{9527} = \cdots = 0.4965$

在9527个个体城市公共安全感指数得分中，0.4218出现76次、0.5455出现14次、0.4768出现9次、0.5317出现5次……即每个得分出现的频数不同，需要采用加权平均数。即9527个样本城市公共安全感指数的加权平均数，方为全国城市公共安全感指数。公式如下：

$$H = (X_1F_1 + X_2F_2 + X_3F_3 + X_4F_4 + \cdots + X_kF_k)/(F_1 + F_2 + + F_3 + F_4 + \cdots + F_k)$$
$$(H \subseteq [0,1])$$

X_1，X_2，X_3，X_4，$\cdots X_k$表示在个体分数中出现的数值；F_1表示X_1出现的次数，F_2表示X_2出现的次数……以此类推，F_K表示X_K出现的次数。代入上式得：

$H = (0.4218 \times 76 + 0.5455 \times 14 + 0.4768 \times 9 + 0.5317 \times 5 + \cdots + 0.4693 \times 3$
$+ 0.4246 \times 3)/(76 + 14 + 9 + 5 + \cdots + 3 + 3)$
$= 4556.7080/9527$
$= 0.4783$

即2018年全国城市公共安全感指数为0.4783。

（4）城市安全各分项指数测算

对总体样本中自然安全分项的四个变量进行因子分析，KMO指数为0.812，表明适合作因子分析；Bartlett's球形度检验的概率显著性为0.000（df=6），故拒绝原假设，即认为总体变量间的相关矩阵为非单位矩阵，因子模型合适。以累计方差贡献率大于85%为标准，进一步提取公因子，提取出2个公因子，计算其因子权重分别为0.5202和0.4798，对因子得分用最大最小值法进行标准化处理。各样本的因子权重与相应的标准化后的因子得分相乘得到每个样本的自然安全感指数，再求取每一个样本的自然安全感指数均值，得到全国自然安全感指数。具体计算过程如下。

如果用 H_i 表示居民自然安全感指数，用 F_i 来代表公因子（i=1, 2）标准化之后的得分，用 W_i（i=1, 2）代表各因子的权重，那么每位居民城市自然安全感指数的函数公式如下：

$$H_i = F_1 W_1 + F_i W_i \qquad H \subseteq [0, 1]$$

通过上述公式可计算出单个居民自然安全感指数。

$$H_1 = 0.5136 \times 0.5202 + 0.4008 \times 0.4798 = 0.4595$$
$$H_2 = \cdots = 0.6216$$
$$H_3 = \cdots = 0.3931$$
$$\cdots$$
$$H_{9527} = \cdots = 0.5089$$

在9527个个体自然安全感指数得分中，0.4595出现28次、0.6216出现5次、0.3931出现90次……即每个得分出现的频数不同，需要采用加权平均数。9527个样本自然安全感指数的加权平均数即为全国自然安全感指数。公式如下：

$$H = (X_1 F_1 + X_2 F_2 + X_3 F_3 + \cdots + X_k F_k) / (F_1 + F_2 + F_3 + \cdots + F_k),$$
$$H \subseteq [0, 1]$$

X_1，X_2，X_3，…，X_k 表示在个体分数中出现的数值；F_1 表示 X_1 出现的次数，F_2 表示 X_2 出现的次数……以此类推，F_k 表示 X_k 出现的次数。代入数值得：

$$H = (0.4595 \times 28 + 0.6216 \times 5 + 0.3931 \times 90 + \cdots + 0.5316 \times 1) /$$
$$(28 + 5 + 90 + \cdots + 4)$$
$$= 4848.4278 / 9527$$
$$= 0.5089$$

即2018年全国城市自然安全感指数为0.5089。

同理，可以分别计算出城市公共安全感九个分项指标的指数：自然安全感指数0.5089、生态安全感指数0.4880、公共卫生安全感指数0.4895、食品安全感指数0.4972、交通安全感指数0.4939、公共场所设施安全感指数0.4978、社会治安安全感指数0.4957、社会保障安全感指数0.4782、信息安全感指数0.4670。

（二）城市公共安全感指数排行

1. 城市公共安全感指数总体排行

如表20所示，在全国城市公共安全感方面，各城市2018年的公共安全感指数排名由高到低依次是：昆明、拉萨、贵阳、济南、西宁、福州、乌鲁木齐、南昌、南京、杭州、天津、长沙、上海、合肥、银川、沈阳、兰州、武汉、西安、重庆、长春、太原、成都、海口、郑州、北京、石家庄、哈尔滨、呼和浩特、广州、南宁。城市公共安全感指数越高，排名越靠前，表明该城市居民的公共安全感越高。

结合2017~2018年城市公共安全感指数及排名，其中昆明、拉萨、西宁、福州、杭州排行前列，两年排名均为前10位，保持了较高的水平。石家庄、哈尔滨、呼和浩特、南宁排名靠后，两年排名均位后10位。贵阳、济南、乌鲁木齐、南昌、上海排名上升幅度较大，名次上升10名以上；海口、郑州、广州下降幅度较大，名次下降10名以上。合肥、兰州、重庆、长春等城市排名相对稳定，变化幅度不大。

表20 2017~2018年全国城市公共安全感排名

城市	2018年			2017年	
	城市公共安全感指数	排名	排名变化	城市公共安全感指数	排名
昆 明	0.4946	1	+6	0.4955	7
拉 萨	0.4926	2	-1	0.5350	1
贵 阳	0.4907	3	+15	0.4703	18
济 南	0.4892	4	+15	0.4670	19

续表

城市	2018 年			2017 年	
	城市公共安全感指数	排名	排名变化	城市公共安全感指数	排名
西 宁	0.4868	5	-3	0.5192	2
福 州	0.4868	6	-2	0.5034	4
乌鲁木齐	0.4853	7	+24	0.4096	31
南 昌	0.4851	8	+20	0.4328	28
南 京	0.4827	9	+5	0.4823	14
杭 州	0.4825	10	-7	0.5052	3
天 津	0.4825	11	-1	0.4892	10
长 沙	0.4806	12	-4	0.4912	8
上 海	0.4800	13	+11	0.4532	24
合 肥	0.4793	14	+3	0.4760	17
银 川	0.4790	15	-9	0.4976	6
沈 阳	0.4772	16	+5	0.4634	21
兰 州	0.4762	17	-1	0.4767	16
武 汉	0.4748	18	-9	0.4903	9
西 安	0.4742	19	-8	0.4875	11
重 庆	0.4740	20	+3	0.4597	23
长 春	0.4740	21	+1	0.4629	22
太 原	0.4736	22	+8	0.4261	30
成 都	0.4730	23	-8	0.4793	15
海 口	0.4724	24	-12	0.4873	12
郑 州	0.4710	25	-12	0.4869	13
北 京	0.4707	26	-6	0.4653	20
石 家 庄	0.4704	27	-2	0.4477	25
哈 尔 滨	0.4691	28	-2	0.4466	26
呼 和 浩 特	0.4686	29	-2	0.4383	27
广 州	0.4684	30	-25	0.5007	5
南 宁	0.4620	31	-2	0.4296	29

2. 全国城市分项公共安全感排行

如表21所示，在全国城市分项公共安全感方面，各分项指标指数由高到低排名依次是：自然安全、公共场所设施安全、食品安全、社会治安安全、交通安全、公共卫生安全、生态安全、社会保障安全、信息安全。分项

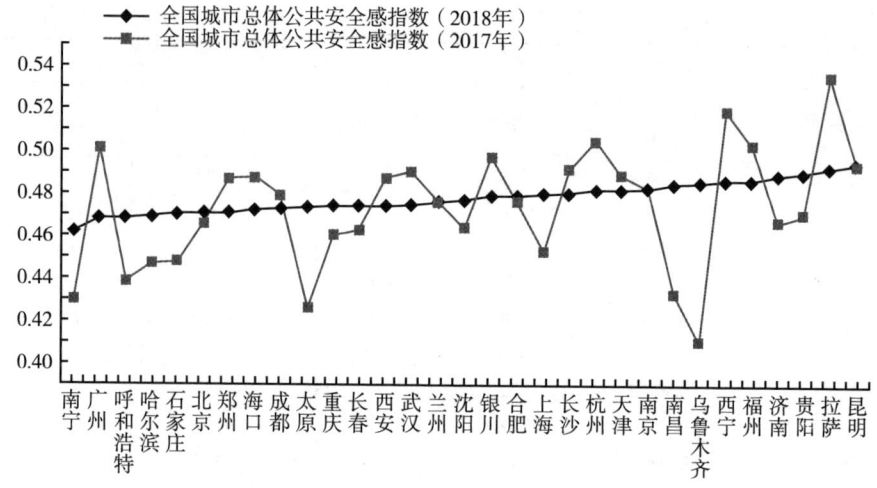

图1　全国城市总体公共安全感指数（2017~2018）

公共安全感指数越低表明全国城市居民对该项公共安全最为担忧。

结合2017~2018年全国城市分项公共安全感指数及排名，其中自然安全、公共场所设施安全连续两年位居前二，保持了较高水平，而信息安全则连续两年排名垫底。食品安全排名上升幅度较大，由2017年的第8位攀升到2018年的第3位。社会保障安全排名则由第5位滑落至第8位。社会治安安全、交通安全、公共卫生安全、生态安全排名相对稳定，变化幅度不大。

表21　全国城市分项公共安全感排名

分项指标	2018年			2017年	
	指数	排名	排名变化	指数	排名
自然安全感	0.5089	1	0	0.5091	1
公共场所设施安全感	0.4978	2	0	0.4941	2
食品安全感	0.4972	3	+5	0.4693	8
社会治安安全感	0.4957	4	-1	0.4934	3
交通安全感	0.4939	5	-1	0.4917	4
公共卫生安全感	0.4895	6	+1	0.4799	7
生态安全感	0.4880	7	-1	0.4840	6
社会保障安全感	0.4782	8	-3	0.4843	5
信息安全感	0.4670	9	0	0.3835	9

中国城市公共安全感的状况与评价（2019）

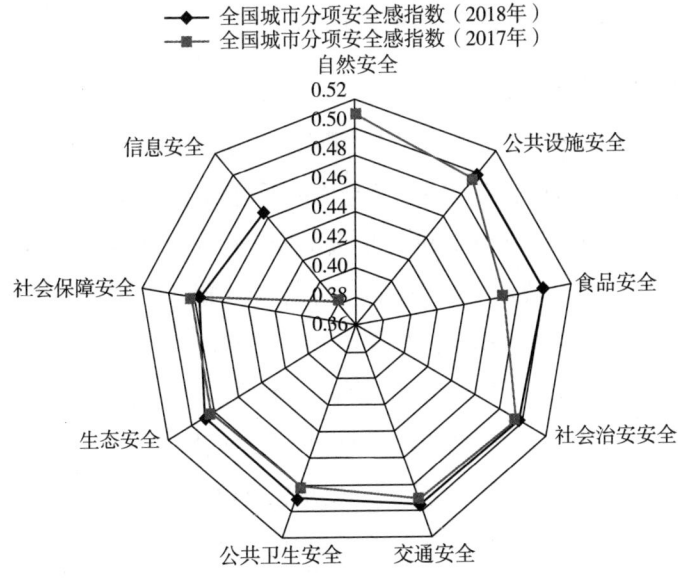

图2　全国城市分项安全感指数（2017～2018）

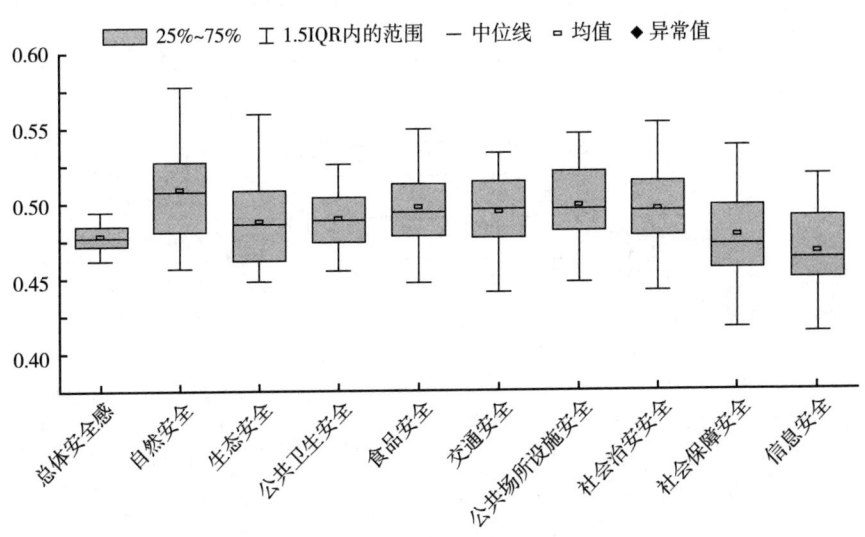

图3　全国城市分项安全感指数（2018）

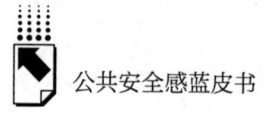

（三）各城市分项安全感指数比较

1. 自然安全感指数排行

与全国自然安全感指数估算原理相同，利用求取的全国自然安全分项指数，可以得出各城市自然安全感这一分项指标指数。如表22所示，在全国城市自然安全感方面，各城市2018年的公共安全感指数排名由高到低依次是：昆明、贵阳、南昌、拉萨、沈阳、杭州、南京、银川、济南、西宁、上海、乌鲁木齐、天津、福州、郑州、西安、合肥、长沙、重庆、北京、呼和浩特、成都、石家庄、长春、兰州、太原、海口、武汉、广州、南宁、哈尔滨。城市自然安全感指数越高，排名越靠前，表明该城市居民的自然安全感越高。

结合2017~2018年全国城市自然安全感指数及排名，其中贵阳、拉萨、杭州、西宁排名较高，两年排名均为前10名，保持了较高的水平。石家庄、兰州、太原、南宁、哈尔滨排名靠后，两年均位居后10名。昆明、南昌、沈阳、银川、乌鲁木齐排名上升幅度较大，名次上升均达到15名以上。广州、武汉、海口、长春、成都、重庆、长沙、西安排名下降幅度较大，名次下降10名以上。上海、福州、合肥等城市排名相对稳定，变化幅度不大。

表22　全国城市自然安全感排名

城市	2018年			2017年	
	自然安全感指数	排名	排名变化	自然安全感指数	排名
昆　明	0.5768	1	+18	0.5045	19
贵　阳	0.5592	2	+3	0.5598	5
南　昌	0.5506	3	+17	0.5023	20
拉　萨	0.5496	4	+4	0.5451	8
沈　阳	0.5387	5	+22	0.4761	27
杭　州	0.5326	6	-4	0.5814	2
南　京	0.5298	7	+8	0.5156	15
银　川	0.5273	8	+18	0.4764	26
济　南	0.5265	9	+7	0.5125	16
西　宁	0.5260	10	0	0.5330	10
上　海	0.5256	11	-2	0.5343	9

续表

城市	2018年			2017年	
	自然安全感指数	排名	排名变化	自然安全感指数	排名
乌鲁木齐	0.5226	12	+16	0.4754	28
天 津	0.5177	13	+9	0.4999	22
福 州	0.5139	14	+3	0.5081	17
郑 州	0.5137	15	6	0.5001	21
西 安	0.5076	16	-15	0.5930	1
合 肥	0.5068	17	+1	0.5061	18
长 沙	0.5032	18	-15	0.5808	3
重 庆	0.5013	19	-12	0.5453	7
北 京	0.4995	20	-6	0.5157	14
呼和浩特	0.4969	21	+8	0.4709	29
成 都	0.4933	22	-10	0.5260	12
石家庄	0.4886	23	+7	0.4632	30
长 春	0.4813	24	-13	0.5323	11
兰 州	0.4786	25	-1	0.4959	24
太 原	0.4743	26	+5	0.4461	31
海 口	0.4719	27	-14	0.5219	13
武 汉	0.4718	28	-24	0.5653	4
广 州	0.4706	29	-23	0.5580	6
南 宁	0.4607	30	-7	0.4982	23
哈尔滨	0.4570	31	-6	0.4777	25

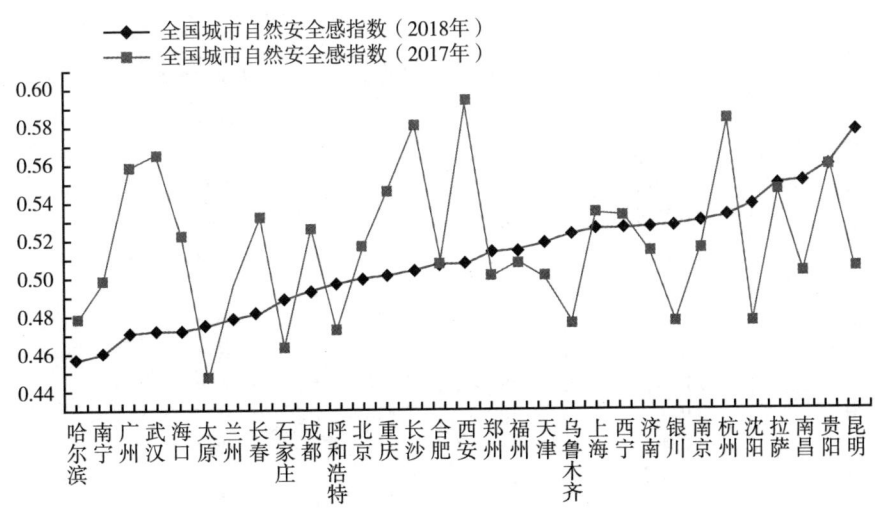

图4　全国城市自然安全感指数（2017～2018）

2. 生态安全感指数排行

与全国生态安全感指数估算原理相同，利用求取的全国生态安全分项指数，可以得出各城市生态安全感这一分项指标指数。如表23所示，对2018年各城市的生态安全感指数按高低排名，排名第1到第31的城市分别是：昆明、拉萨、贵阳、福州、西宁、南昌、济南、乌鲁木齐、杭州、南京、银川、合肥、海口、上海、长沙、天津、沈阳、兰州、重庆、成都、武汉、长春、西安、太原、广州、哈尔滨、北京、呼和浩特、郑州、南宁、石家庄。城市生态安全感指数越高，排名越靠前，表明该城市居民的生态安全感越高。

结合2017~2018年城市生态安全感指数及排名，其中昆明、拉萨、西宁、杭州排行前列，两年排名均为前10名，保持了较高的水平。西安、太原、呼和浩特、石家庄排名靠后，两年排名均位居后10名。贵阳、济南、南昌、乌鲁木齐、南京、银川、合肥排名上升幅度较大，名次上升达到10名以上；重庆、武汉、长春、广州、哈尔滨、北京、郑州、南宁下降幅度较大，名次下降达到10名以上。西宁、长沙、沈阳、兰州等城市排名相对稳定，变化幅度不大。

表23　全国城市生态安全感排名

城市	2018年			2017年	
	生态安全感指数	排名	排名变化	生态安全感指数	排名
昆　明	0.5588	1	+8	0.5057	9
拉　萨	0.5477	2	+2	0.5374	4
贵　阳	0.5405	3	+23	0.4446	26
福　州	0.5330	4	+9	0.4900	13
西　宁	0.5228	5	+2	0.5218	7
南　昌	0.5186	6	+12	0.4709	18
济　南	0.5153	7	+14	0.4583	21
乌鲁木齐	0.5075	8	+21	0.3996	29
杭　州	0.5032	9	-8	0.5859	1
南　京	0.4970	10	+14	0.4527	24
银　川	0.4967	11	+17	0.4284	28
合　肥	0.4923	12	+15	0.4440	27
海　口	0.4894	13	-7	0.5226	6
上　海	0.4877	14	-3	0.4964	11

续表

城市	2018年 生态安全感指数	排名	排名变化	2017年 生态安全感指数	排名
长沙	0.4859	15	-1	0.4857	14
天津	0.4856	16	+4	0.4603	20
沈阳	0.4810	17	+2	0.4623	19
兰州	0.4778	18	-1	0.4711	17
重庆	0.4752	19	-16	0.5426	3
成都	0.4698	20	+5	0.4478	25
武汉	0.4683	21	-11	0.4992	10
长春	0.4671	22	-10	0.4944	12
西安	0.4626	23	-1	0.4565	22
太原	0.4623	24	+6	0.3954	30
广州	0.4596	25	-23	0.5584	2
哈尔滨	0.4585	26	-11	0.4754	15
北京	0.4543	27	-11	0.4717	16
呼和浩特	0.4540	28	-5	0.4537	23
郑州	0.4540	29	-24	0.5338	5
南宁	0.4504	30	-22	0.5129	8
石家庄	0.4488	31	0	0.3878	31

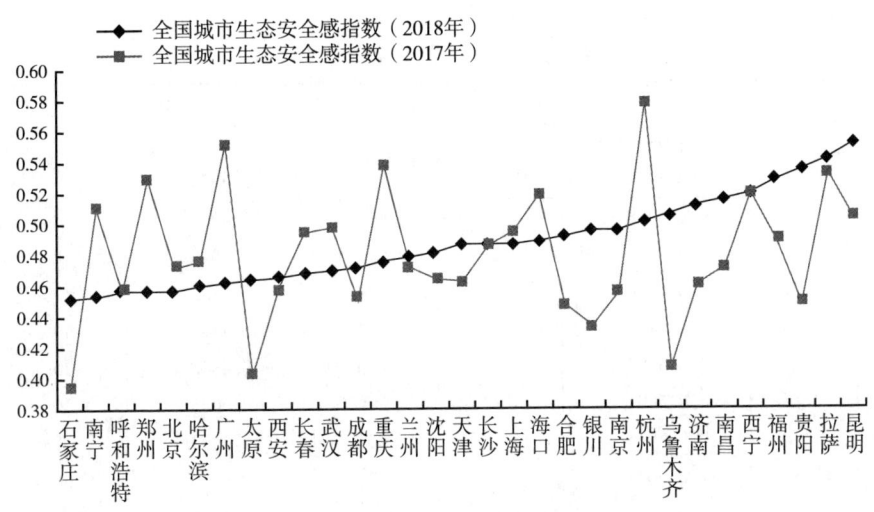

图5 全国城市生态安全感指数（2017～2018）

3. 公共卫生安全感指数排行

与全国公共卫生安全感指数估算原理相同，利用求取的全国公共卫生安全分项指数，可以得出各城市公共卫生安全感这一分项指标指数。如表24所示，对2018年全国各城市的公共卫生安全感指数按照高低进行排名，排名第1到第31的城市分别是：福州、贵阳、济南、昆明、南昌、拉萨、天津、乌鲁木齐、西宁、南京、上海、银川、长沙、杭州、合肥、沈阳、兰州、长春、成都、海口、重庆、武汉、西安、太原、哈尔滨、北京、广州、石家庄、郑州、呼和浩特、南宁。城市公共卫生安全感指数越高，排名越靠前，表明该城市居民的公共卫生安全感越高。

结合2017～2018年城市公共卫生安全感指数及排名，其中济南、拉萨、西宁排行前列，两年排名均为前10名，保持了较高的水平。太原、哈尔滨、北京、石家庄排名靠后，两年排名均位居后10名。福州、贵阳、昆明、南昌、天津、乌鲁木齐、南京、银川、长沙、沈阳、兰州排名上升幅度较大，名次上升达到10名以上；杭州、合肥、成都、重庆、西安、广州、呼和浩特、南宁下降幅度较大，名次下降达到10名以上。西宁、长春、太原等城市排名相对稳定，变化幅度不大。

表24　全国城市公共卫生安全感排名

城市	2018年			2017年	
	公共卫生安全感指数	排名	排名变化	公共卫生安全感指数	排名
福　州	0.5258	1	+13	0.4907	14
贵　阳	0.5215	2	+16	0.4820	18
济　南	0.5198	3	+4	0.5132	7
昆　明	0.5158	4	+15	0.4782	19
南　昌	0.5097	5	+10	0.4895	15
拉　萨	0.5091	6	+4	0.5055	10
天　津	0.5074	7	+21	0.4392	28
乌鲁木齐	0.5035	8	+22	0.4270	30
西　宁	0.5021	9	-3	0.5342	6
南　京	0.4983	10	+15	0.4552	25

续表

城市	2018年			2017年	
	公共卫生安全感指数	排名	排名变化	公共卫生安全感指数	排名
上 海	0.4946	11	-9	0.5669	2
银 川	0.4941	12	+11	0.4593	23
长 沙	0.4936	13	+11	0.4559	24
杭 州	0.4927	14	-13	0.5946	1
合 肥	0.4905	15	-12	0.5525	3
沈 阳	0.4889	16	+13	0.4332	29
兰 州	0.4863	17	+14	0.4260	31
长 春	0.4823	18	-1	0.4832	17
成 都	0.4813	19	-10	0.5093	9
海 口	0.4813	20	-4	0.4883	16
重 庆	0.4810	21	-13	0.5116	8
武 汉	0.4792	22	-9	0.5017	13
西 安	0.4755	23	-18	0.5367	5
太 原	0.4739	24	+3	0.4462	27
哈 尔 滨	0.4708	25	-4	0.4633	21
北 京	0.4707	26	-4	0.4598	22
广 州	0.4693	27	-23	0.5444	4
石 家 庄	0.4682	28	-2	0.4531	26
郑 州	0.4678	29	-9	0.4703	20
呼和浩特	0.4662	30	-19	0.5050	11
南 宁	0.4549	31	-19	0.5036	12

4. 食品安全感指数排行

与全国食品安全感指数估算原理相同，利用求取的全国食品安全分项指数，可以得出各城市食品安全感这一分项指标指数。如表25所示，对2018年全国各城市的食品安全感指数按照高低进行排名，排名第1到第31的城市分别是：昆明、福州、贵阳、济南、西宁、拉萨、南京、上海、南昌、天津、杭州、合肥、长沙、兰州、乌鲁木齐、银川、重庆、武汉、长春、海口、成都、西安、太原、沈阳、北京、石家庄、哈尔滨、郑州、广州、南宁、呼和浩特。城市食品安全感指数越高，排名越靠前，表明该城市居民的

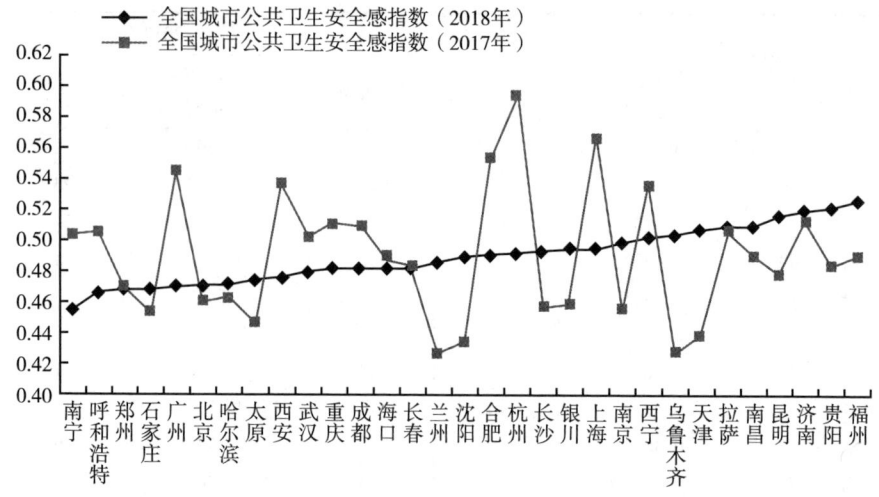

图 6　全国城市公共卫生安全感指数（2017~2018）

食品安全感越高。

结合 2017~2018 年城市食品安全感指数及排名，其中昆明、西宁、南京、上海排行前列，两年排名均为前 10 名，保持了较高的水平。太原、沈阳、郑州、南宁、呼和浩特排名靠后，两年排名均位居后 10 名。福州、贵阳、济南、拉萨、南昌、杭州、银川排名上升幅度较大，名次上升达到 10 名以上；武汉、北京、石家庄、哈尔滨、广州下降幅度较大，名次下降达到 10 名以上。西宁、南京、合肥、长沙、兰州、海口等城市排名相对稳定，变化幅度不大。

表 25　全国城市食品安全感排名

城市	2018 年			2017 年	
	食品安全感指数	排名	排名变化	食品安全感指数	排名
昆　明	0.5485	1	+6	0.5159	7
福　州	0.5419	2	+27	0.4158	29
贵　阳	0.5373	3	+19	0.4708	22
济　南	0.5358	4	+26	0.4069	30
西　宁	0.5293	5	-1	0.5415	4

续表

城市	2018年			2017年	
	食品安全感指数	排名	排名变化	食品安全感指数	排名
拉 萨	0.5270	6	+10	0.4826	16
南 京	0.5173	7	+2	0.5057	9
上 海	0.5120	8	-7	0.5564	1
南 昌	0.5117	9	+10	0.4781	19
天 津	0.5103	10	+8	0.4800	18
杭 州	0.5098	11	+17	0.4238	28
合 肥	0.5030	12	-1	0.4922	11
长 沙	0.5018	13	0	0.4854	13
兰 州	0.5009	14	+1	0.4841	15
乌鲁木齐	0.4983	15	+9	0.4583	24
银 川	0.4939	16	+11	0.4310	27
重 庆	0.4912	17	-7	0.4971	10
武 汉	0.4905	18	-15	0.5466	3
长 春	0.4895	19	-7	0.4862	12
海 口	0.4887	20	0	0.4770	20
成 都	0.4877	21	-4	0.4812	17
西 安	0.4844	22	-8	0.4844	14
太 原	0.4785	23	0	0.4687	23
沈 阳	0.4783	24	-3	0.4712	21
北 京	0.4760	25	-19	0.5207	6
石 家 庄	0.4737	26	-18	0.5085	8
哈 尔 滨	0.4729	27	-22	0.5265	5
郑 州	0.4657	28	-2	0.4379	26
广 州	0.4600	29	-27	0.5563	2
南 宁	0.4514	30	+1	0.4059	31
呼和浩特	0.4471	31	-6	0.4510	25

5. 交通安全感指数排行

与全国交通安全感指数估算原理相同，利用求取的全国交通安全分项指数，可以得出各城市交通安全感这一分项指标指数。如表26所示，对2018年各城市的交通安全感指数按高低排名，排名第1到第31的城市分别是：昆明、西宁、拉萨、乌鲁木齐、济南、南京、杭州、合肥、福州、天津、上海、

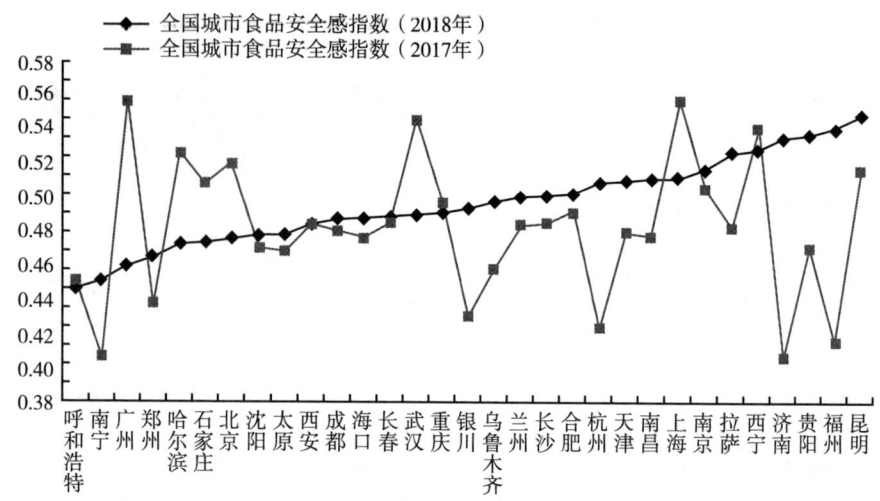

图7　全国城市食品安全感指数（2017~2018）

贵阳、兰州、南昌、长沙、银川、沈阳、成都、太原、武汉、重庆、石家庄、西安、北京、呼和浩特、长春、海口、广州、哈尔滨、郑州、南宁。城市交通安全感指数越高，排名越靠前，表明该城市居民的交通安全感越高。

结合2017~2018年城市交通安全感指数及排名，其中西宁、南京、杭州、合肥排行前列，两年排名均为前10名，保持了较高的水平。西安、呼和浩特、长春、郑州排名靠后，两年排名均位居后10名。昆明、济南、福州、沈阳、太原排名上升幅度较大，名次上升达到10名以上；成都、武汉、重庆、北京、海口、广州、哈尔滨、南宁下降幅度较大，名次下降达到10名以上。合肥、南昌、长沙、西安、呼和浩特等城市排名相对稳定，变化幅度不大。

表26　全国城市交通安全感排名

城市	2018年			2017年	
	交通安全感指数	排名	排名变化	安全感指数	排名(2017)
昆　明	0.5330	1	+27	0.4362	28
西　宁	0.5296	2	+4	0.5376	6
拉　萨	0.5221	3	+8	0.5185	11

续表

城市	2018年			2017年	
	交通安全感指数	排名	排名变化	安全感指数	排名(2017)
乌鲁木齐	0.5209	4	+9	0.5033	13
济南	0.5182	5	+22	0.4502	27
南京	0.5165	6	-5	0.5565	1
杭州	0.5160	7	-5	0.5548	2
合肥	0.5140	8	+2	0.5209	10
福州	0.5115	9	+17	0.4505	26
天津	0.5101	10	+8	0.4775	18
上海	0.5086	11	-7	0.5495	4
贵阳	0.5077	12	+7	0.4753	19
兰州	0.5003	13	+7	0.4702	20
南昌	0.4995	14	+1	0.4845	15
长沙	0.4994	15	-3	0.5056	12
银川	0.4962	16	+8	0.4598	24
沈阳	0.4933	17	+13	0.4260	30
成都	0.4923	18	-15	0.5497	3
太原	0.4921	19	+12	0.3942	31
武汉	0.4917	20	-13	0.5310	7
重庆	0.4888	21	-12	0.5242	9
石家庄	0.4881	22	-5	0.4776	17
西安	0.4768	23	-1	0.4643	22
北京	0.4767	24	-16	0.5278	8
呼和浩特	0.4690	25	-2	0.4611	23
长春	0.4681	26	+3	0.4320	29
海口	0.4656	27	-13	0.4974	14
广州	0.4566	28	-23	0.5415	5
哈尔滨	0.4557	29	-13	0.4816	16
郑州	0.4483	30	-5	0.4522	25
南宁	0.4414	31	-10	0.4684	21

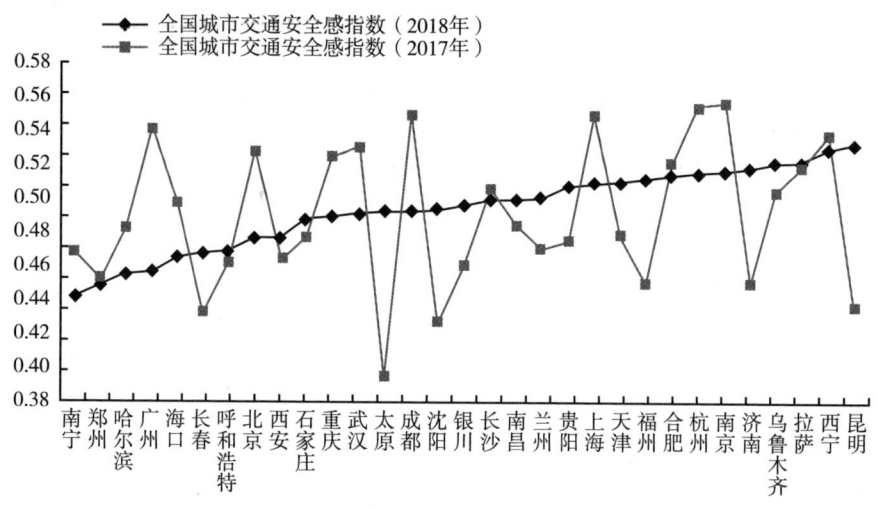

图 8　全国城市交通安全感指数（2017～2018）

6. 公共场所设施安全感指数排行

与全国公共场所设施安全感指数估算原理相同，利用求取的全国公共场所设施安全分项指数，可以得出各城市公共场所设施安全感这一分项指标指数。如表27所示，在全国城市公共场所设施安全感方面，各城市2018年的公共场所设施安全感指数排名由高到低依次是：昆明、福州、拉萨、乌鲁木齐、贵阳、济南、西宁、南昌、杭州、南京、合肥、天津、上海、兰州、银川、长沙、成都、沈阳、太原、重庆、北京、武汉、石家庄、长春、西安、海口、呼和浩特、郑州、哈尔滨、广州、南宁。城市公共场所设施安全感指数越高，排名越靠前，表明该城市居民的公共场所设施安全感越高。

结合2017～2018年城市公共场所设施安全感指数及排名，其中福州、贵阳、南昌排行前列，两年排名均为前10名，保持了较高的水平。郑州、哈尔滨排名靠后，两年排名均位居后10名。昆明、拉萨、乌鲁木齐、济南、杭州、兰州、太原排名上升幅度较大，名次上升达到10名以上；沈阳、重庆、西安、海口、广州、南宁下降幅度较大，名次下降达到10名以上。南京、合肥、天津、石家庄等城市排名相对稳定，变化幅度不大。

表27 全国城市公共场所设施安全感排名

城市	2018年			2017年	
	公共场所设施安全感指数	排名	排名变化	公共场所设施安全感指数	排名
昆 明	0.5457	1	+26	0.4488	27
福 州	0.5349	2	+4	0.5276	6
拉 萨	0.5315	3	+11	0.5087	14
乌鲁木齐	0.5243	4	+19	0.4759	23
贵 阳	0.5241	5	-3	0.5475	2
济 南	0.5227	6	+11	0.4983	17
西 宁	0.5216	7	+8	0.5083	15
南 昌	0.5208	8	-1	0.5251	7
杭 州	0.5152	9	+19	0.4417	28
南 京	0.5147	10	+2	0.5099	12
合 肥	0.5090	11	+2	0.5093	13
天 津	0.5078	12	-2	0.5151	10
上 海	0.5026	13	-4	0.5155	9
兰 州	0.4972	14	+16	0.4365	30
银 川	0.4963	15	+7	0.4786	22
长 沙	0.4955	16	-5	0.5122	11
成 都	0.4937	17	+7	0.4721	24
沈 阳	0.4916	18	-10	0.5155	8
太 原	0.4894	19	+12	0.4105	31
重 庆	0.4881	20	-19	0.5641	1
北 京	0.4862	21	+8	0.4381	29
武 汉	0.4852	22	-4	0.4909	18
石家庄	0.4812	23	-2	0.4834	21
长 春	0.4809	24	-8	0.5080	16
西 安	0.4764	25	-22	0.5445	3
海 口	0.4728	26	-22	0.5385	4
呼和浩特	0.4720	27	-7	0.4853	20
郑 州	0.4684	28	-2	0.4537	26
哈尔滨	0.4681	29	-4	0.4599	25
广 州	0.4663	30	-25	0.5277	5
南 宁	0.4477	31	-12	0.4861	19

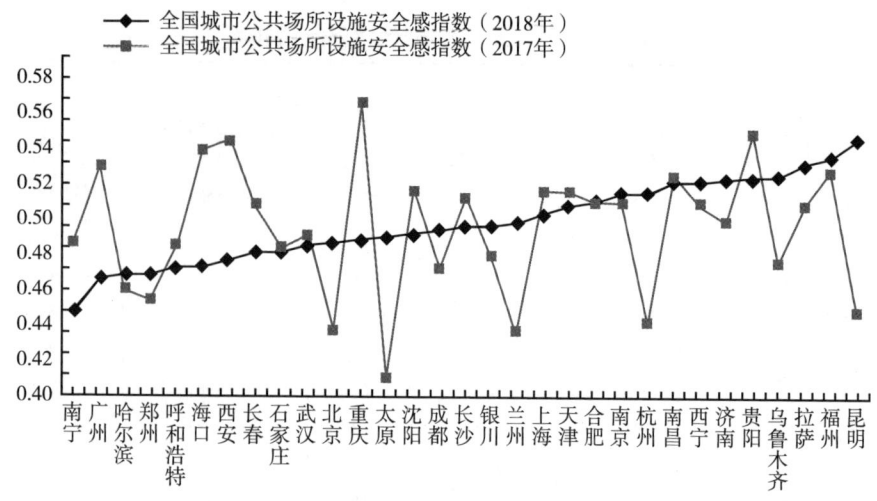

图 9　全国城市公共场所设施安全感指数（2017～2018）

7. 社会治安安全感指数排行

与全国社会治安安全感指数估算原理相同，利用求取的全国社会治安安全分项指数，可以得出各城市社会治安安全感这一分项指标指数。如表 28 所示，在全国城市社会治安安全感方面，各城市 2018 年的社会治安安全感指数排名由高到低依次是：拉萨、乌鲁木齐、济南、昆明、福州、南京、西宁、杭州、贵阳、南昌、天津、合肥、上海、沈阳、长沙、银川、兰州、长春、太原、北京、武汉、成都、石家庄、重庆、郑州、呼和浩特、西安、海口、哈尔滨、广州、南宁。城市社会治安安全感指数越高，排名越靠前，表明该城市居民的社会治安安全感越高。

结合 2017～2018 年城市社会治安安全感指数及排名，其中拉萨、济南、南京、杭州排行前列，两年排名均为前 10 名，保持了较高的水平。郑州、呼和浩特、南宁排名靠后，两年排名均位居后 10 名。乌鲁木齐、昆明、福州、西宁、天津、合肥、沈阳、兰州排名上升幅度较大，名次上升达到 10 名以上；石家庄、重庆、西安、哈尔滨、广州下降幅度较大，名次下降达到 10 名以上。贵阳、上海、银川、长春等城市排名相对稳定，变化幅度不大。

表28 全国城市社会治安安全感排名

城市	2018年			2017年	
	社会治安安全感指数	排名	排名变化	社会治安安全感指数	排名
拉萨	0.5523	1	+1	0.5438	2
乌鲁木齐	0.5425	2	+22	0.4569	24
济南	0.5272	3	+6	0.5126	9
昆明	0.5255	4	+24	0.4423	28
福州	0.5222	5	+15	0.4737	20
南京	0.5159	6	+4	0.5101	10
西宁	0.5157	7	+10	0.4765	17
杭州	0.5143	8	-4	0.5281	4
贵阳	0.5127	9	+2	0.5079	11
南昌	0.5081	10	+4	0.4822	14
天津	0.5077	11	+16	0.4425	27
合肥	0.5062	12	+13	0.4561	25
上海	0.5027	13	-1	0.4996	12
沈阳	0.4967	14	+12	0.4532	26
长沙	0.4956	15	-8	0.5155	7
银川	0.4943	16	-1	0.4816	15
兰州	0.4908	17	+12	0.4412	29
长春	0.4868	18	+1	0.4741	19
太原	0.4865	19	+4	0.4677	23
北京	0.4841	20	-7	0.4872	13
武汉	0.4835	21	-5	0.4788	16
成都	0.4834	22	-16	0.5158	6
石家庄	0.4799	23	-20	0.5417	3
重庆	0.4790	24	-23	0.5572	1
郑州	0.4722	25	-3	0.4691	22
呼和浩特	0.4719	26	+5	0.4323	31
西安	0.4705	27	-19	0.5134	8
海口	0.4689	28	-7	0.4720	21
哈尔滨	0.4653	29	-11	0.4748	18
广州	0.4613	30	-25	0.5258	5
南宁	0.4416	31	-1	0.4405	30

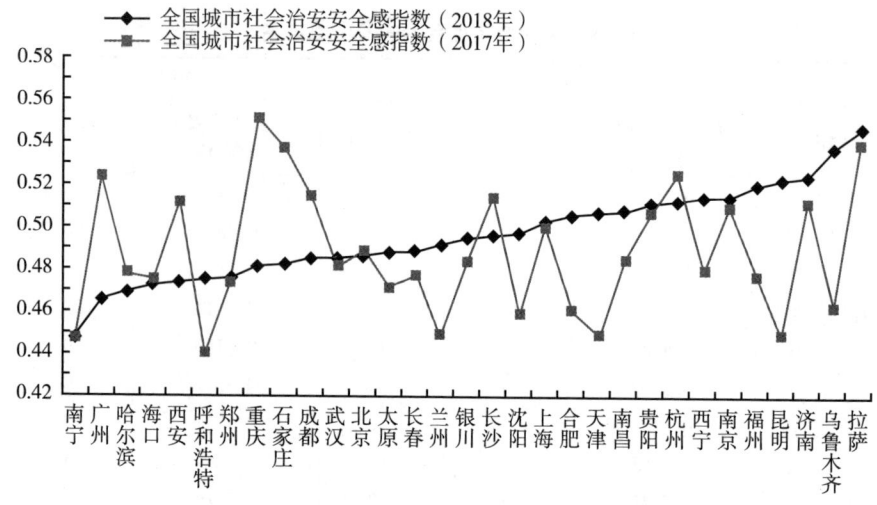

图10　全国城市社会治安安全感指数（2017～2018）

8. 社会保障安全感指数排行

与全国社会保障安全感指数估算原理相同，利用求取的全国社会保障安全分项指数，可以得出各城市社会保障安全感这一分项指标指数。如表29所示，在全国城市社会保障安全感方面，各城市2018年的社会保障安全感指数排名由高到低依次是：拉萨、福州、贵阳、乌鲁木齐、昆明、济南、南昌、天津、杭州、西宁、南京、合肥、长沙、上海、银川、长春、成都、西安、兰州、武汉、太原、海口、重庆、北京、沈阳、广州、郑州、哈尔滨、呼和浩特、石家庄、南宁。城市社会保障安全感指数越高，排名越靠前，表明该城市居民的社会保障安全感越高。

结合2017～2018年城市社会保障安全感指数及排名，其中拉萨、杭州、西宁排行前列，两年排名均为前10名，保持了较高的水平。北京、沈阳、广州、哈尔滨、呼和浩特、南宁排名靠后，两年排名均位居后10名。福州、贵阳、乌鲁木齐、昆明、济南、天津、银川排名上升幅度较大，名次上升达到10名以上；成都、西安、武汉、海口、重庆、石家庄下降幅度较大，名次下降达到10名以上。合肥、长春、广州等城市排名相对稳定，变化幅度不大。

表 29 全国城市社会保障安全感排名

城市	2018 年			2017 年	
	社会保障安全感指数	排名	排名变化	社会保障安全感指数	排名（2017）
拉 萨	0.5373	1	+8	0.5091	9
福 州	0.5249	2	+19	0.4681	21
贵 阳	0.5237	3	+10	0.4899	13
乌鲁木齐	0.5227	4	+27	0.3722	31
昆 明	0.5207	5	+10	0.4896	15
济 南	0.5109	6	+13	0.4756	19
南 昌	0.5056	7	+5	0.4931	12
天 津	0.4979	8	+17	0.4517	25
杭 州	0.4950	9	-8	0.5831	1
西 宁	0.4936	10	-7	0.5353	3
南 京	0.4932	11	-5	0.5212	6
合 肥	0.4859	12	-2	0.5033	10
长 沙	0.4841	13	+4	0.4851	17
上 海	0.4794	14	-9	0.5259	5
银 川	0.4764	15	+13	0.4464	28
长 春	0.4719	16	0	0.4890	16
成 都	0.4703	17	-15	0.5768	2
西 安	0.4689	18	-10	0.5142	8
兰 州	0.4686	19	-5	0.4898	14
武 汉	0.4646	20	-13	0.5156	7
太 原	0.4600	21	+8	0.4444	29
海 口	0.4599	22	-18	0.5344	4
重 庆	0.4568	23	-12	0.5004	11
北 京	0.4566	24	+6	0.4167	30
沈 阳	0.4558	25	-1	0.4519	24
广 州	0.4511	26	-3	0.4647	23
郑 州	0.4510	27	-7	0.4728	20
哈尔滨	0.4483	28	-6	0.4660	22
呼和浩特	0.4460	29	-3	0.4498	26
石家庄	0.4307	30	-12	0.4805	18
南 宁	0.4173	31	-4	0.4492	27

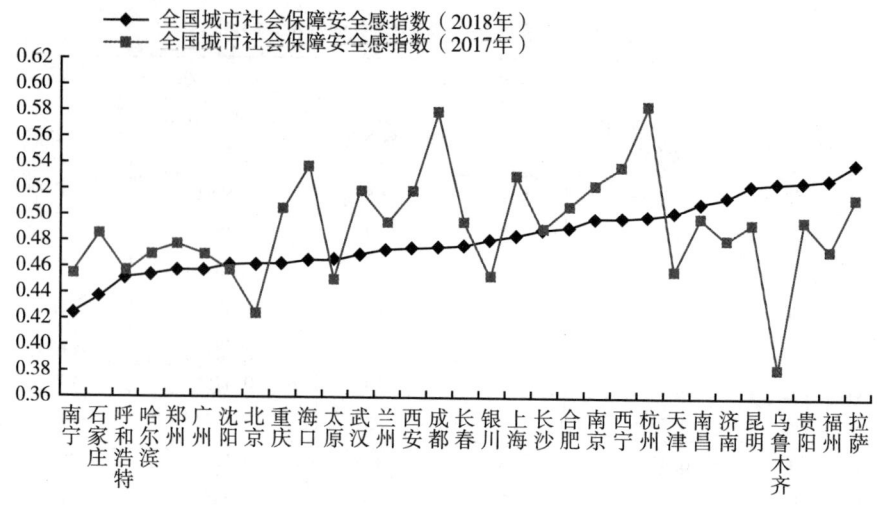

图11　全国城市社会保障安全感指数（2017~2018）

9. 信息安全感指数排行

与全国信息安全感指数估算原理相同，利用求取的全国信息安全分项指数，可以得出各城市信息安全感这一分项指标指数。如表30所示，在全国城市信息安全感方面，各城市2018年的细腻些安全感指数排名由高到低依次是：昆明、济南、拉萨、福州、西宁、贵阳、长沙、南昌、乌鲁木齐、杭州、兰州、天津、合肥、太原、长春、武汉、银川、南京、哈尔滨、上海、海口、成都、北京、石家庄、西安、广州、郑州、沈阳、重庆、呼和浩特、南宁。城市信息安全感指数越高，排名越靠前，表明该城市居民的信息安全感越高。

结合2017~2018年城市信息安全感指数及排名，其中昆明、拉萨、西宁、贵阳、杭州排行前列，两年排名均为前10名，保持了较高的水平。北京、石家庄、郑州、南宁排名靠后，两年排名均位居后10名。济南、福州、长沙、南昌、乌鲁木齐、太原排名上升幅度较大，名次上升达到10名以上；南京、上海、西安、广州、沈阳、重庆、呼和浩特下降幅度较大，名次下降达到10名以上。兰州、武汉、银川、成都等城市排名相对稳定，变化幅度不大。

中国城市公共安全感的状况与评价（2019）

表30 全国城市信息安全感排名

城市	2018年			2017年	
	信息安全感指数	排名	排名变化	信息安全感指数	排名
昆　明	0.5182	1	+9	0.4538	10
济　南	0.5134	2	+10	0.4439	12
拉　萨	0.5023	3	-2	0.5153	1
福　州	0.5008	4	+21	0.3603	25
西　宁	0.4953	5	+3	0.4618	8
贵　阳	0.4922	6	-1	0.469	5
长　沙	0.4920	7	+19	0.3550	26
南　昌	0.4896	8	+20	0.3398	28
乌鲁木齐	0.4883	9	+21	0.3040	30
杭　州	0.4789	10	-6	0.4766	4
兰　州	0.4733	11	0	0.4501	11
天　津	0.4686	12	+6	0.4196	18
合　肥	0.4666	13	-7	0.4644	6
太　原	0.4651	14	+15	0.3309	29
长　春	0.4645	15	+6	0.3936	21
武　汉	0.4616	16	-2	0.4393	14
银　川	0.4596	17	+2	0.3975	19
南　京	0.4594	18	-16	0.5013	2
哈尔滨	0.4577	19	+4	0.3717	23
上　海	0.4558	20	-11	0.4601	9
海　口	0.4546	21	-4	0.4271	17
成　都	0.4516	22	-2	0.3947	20
北　京	0.4509	23	+4	0.3507	27
石家庄	0.4495	24	-2	0.3863	22
西　安	0.4475	25	-18	0.4618	7
广　州	0.4452	26	-10	0.4337	16
郑　州	0.4446	27	-3	0.3667	24
沈　阳	0.4432	28	-13	0.4356	15
重　庆	0.4403	29	-26	0.4920	3
呼和浩特	0.4319	30	-17	0.4438	13
南　宁	0.4143	31	0	0.2979	31

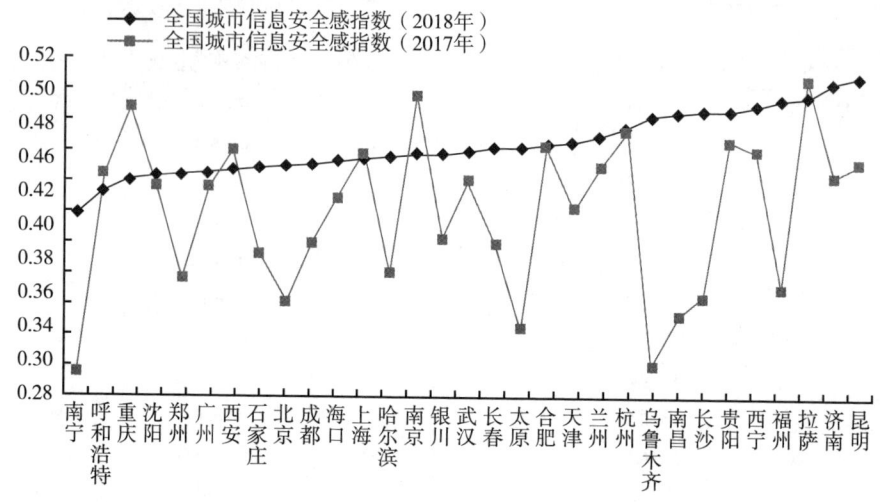

图 12　全国城市信息安全感指数（2017～2018）

三　中国城市公共安全感存在的问题与挑战

党的十九大报告明确了以总体国家安全观为指导，坚持国家利益至上，以人民安全为宗旨，以政治安全为根本，统筹外部安全和内部安全、国土安全和国民安全、传统安全和非传统安全、自身安全和共同安全。城市公共安全是总体国家安全观的重要内容之一。国家统计局数据显示，2018年我国的城镇化率已达59.58%，比上年末提高了1.06%，预计到2019年末将达到60%，这意味着我国将提前一年达到《国家新型城镇化规划（2014）》的目标。然而，当前的城市运行管理还不能满足快速增长的城镇化水平带来的诸多问题。化解安全风险涉及城市运行管理的方方面面，成为人民美好幸福生活的迫切诉求。通过对比研究城市公共安全感的调查数据，并综合了各主要城市公共安全相关的数据等多方面资料，归纳出目前中国城市公共安全感方面存在的主要问题。

（一）总体城市公共安全感指数有所提升，呈现"两头小、中间大"的趋势

城市公共安全是世界性问题。城市公共安全问题往往是自然问题和社会问题的交织，既有极端天气和全球变暖等世界性人类难题，也有犯罪率高、暴力冲突等社会性难题。习近平总书记多次强调，要"不断提高维护公共安全能力水平，有效防范、化解、管控各类风险"。中央和各省份地方政府都高度重视城市公共安全风险的防范，重在提升城市公共安全感。经过对全国各省主要城市的公共安全感调查发现，2018年全国主要城市的公共安全感指数有所提升，开始呈现"两头小、中间大"的"趋中"状态。所谓"两头小"，指的是排名靠前的城市在指数值上明显退步，排名靠后的城市在指数值上明显进步，在取值区间的两头都向中间收缩；"中间大"指的是不少城市的指数值都在中间，城市间的安全感差异在缩小。这在一定程度上反映出城市公共安全治理初见成效，但排名靠前的城市公共安全感指数不升反降，说明当前城市公共安全的形势仍然严峻，推进城市公共安全指数迈向新的高度成为新目标。

排名最靠前的部分城市的公共安全感指数远低于2017年排名较高的区间。从2018年全国公共安全感指数来看，排名前十的城市依次为：昆明、拉萨、贵阳、济南、福州、西宁、乌鲁木齐、南昌、南京、杭州，其指数区间为[0.4825, 0.4946]，而2017年排名前十的城市依次为：拉萨、西宁、杭州、福州、广州、银川、昆明、长沙、武汉、天津，指数区间为[0.4892, 0.5350]。2018年昆明的城市公共安全感指数为0.4946，这在2017年的城市公共安全指数中仅能排到第8位。研究表明，城市公共安全感指数的提升应亟须在自然安全、生态安全、公共卫生安全、食品安全、交通安全、公共场所设施安全、社会治安安全、社会保障安全和信息安全等九个方面的薄弱环节上下功夫。不难看出，这一轮调查中的排名靠前城市也发生了不少变化，连续两年位居前十的城市仅有昆明、拉萨、西宁、福州和杭州。仅有福州和杭州两个东部城市保持住了前十的位置，但这两个城市的排

名相较2017年也出现了明显的下降，福州市下降了2名，取值从0.5034下降到0.4868，而杭州市下降了7名，取值从0.5052下降到0.4825。2018年排名前十的城市也存在区域性差异，东部城市占4个，中部城市占1个，西部城市占5个；2017年排名前十的城市中，东部城市占4个，中部城市占2个，西部城市占4个。这里可以看出中部城市数量明显下降，城市公共安全感指数排名主要被东部和西部城市把持。

城市公共安全感居中的城市数量明显增加。2017年城市公共安全感排名中间十位的城市依次为：西安、海口、郑州、南京、成都、兰州、合肥、贵阳、济南、北京，其指数区间为［0.4875, 0.4653］。那么按照这个区间范围在2018城市公共安全感排名中，包含的城市为福州、西宁、乌鲁木齐、南昌、南京、杭州、天津、长沙、上海、合肥、银川、沈阳、兰州、武汉、西安、长春、重庆、太原、成都、海口、郑州、北京、石家庄、哈尔滨、呼和浩特、广州等26个城市。"中间大"的趋势，反映出目前城市公共安全感相较2017年有了明显提升。但值得注意的是，在这一区间范围内，一些城市的排名变动较大，如乌鲁木齐较2017年上升了24名，南昌上升了20名，上海上升了11名，而广州下降了25名，海口和郑州下降了12名。城市公共安全感区值上升，但城市排名波动大，说明各城市在这一年从生活体验上看，城市公共安全感的提升水平不均匀，而并非是一些城市公共安全感下降所致。例如，乌鲁木齐市政府与清华大学公共安全研究院已经开展合作，推动智慧安全城市领域合作，推进建立城市应急指挥管理机制，共建了"智慧安全城市研发中心"和"乌鲁木齐市城市公共安全运行监测中心"，建设了"1+2+3+N"模式的公共安全管理平台，将公共安全监测和物联网、大数据系统、地理信息服务系统、标准规划系统以及智慧公共安全专项系统全面结合，取得了良好的成效。

排名靠后的城市数量明显下降，2018年城市公共安全感指数低于0.4653的城市只有南宁，而2017年低于这一数值的城市有10个，2017年排名最末的城市为乌鲁木齐，城市公共安全感指数为0.4096，而南宁2018年的指数值在2017年的排名中列第23位，这说明城市公共安全感排名靠后的城市有了较大的提升，很多城市已经从靠后的区间进入了居中区间的序列。南宁在九个城市公共安全感指标中基本上都处于末位或次末位，其中信息安全感非常低，这或许和当地网络信息诈骗猖獗等因素有关。

我国城市公共安全感在2018年出现上述变化的原因来自多个方面。第一，2018年排名靠前的城市中，西部城市的进步名次和排名位次都有非常大的提升，而东部城市则出现了较明显的下滑，这很可能与东部城市人口密集、公共安全意识更为敏感等因素有关。一方面，东部地区经济社会环境相对发达，对公共安全事件的关注度高，即使是一次较小的公共安全事件，其传播度会更快，不安全感很可能会被放大，造成很多东部城市在城市公共安全感排名上不占优势；另一方面，东部地区人口密集，生活成本高，经济压力大，社会保障也无法消除东部城市居民的不安。第二，城市公共安全感排名居中的城市明显增多，但城市排名波动很大，城市和城市之间的公共安全水平差异在不断缩小。当前国家正在推进扫黑除恶等社会治安行动，各省份都非常重视生态安全保护，推进"绿水青山"工程，增强"防灾抗灾"意识，推动应急管理体系建设，这些足以解释城市公共安全感得到大幅度提升的现象。不少城市居民已经能够从政府的公共安全相关项目推进中提升对城市公共安全的信心。

（二）超大城市公共安全感指数仍然较低，安全形势有待提升

根据2014年国务院发布的《关于调整城市规模划分标准的通知》，新标准以城区常住人口数量为依据将城市分为五类：超大城市、特大城市、大城市、中等城市以及小城市。以超大城市的城区人口数超过1000万人为标准，除港澳台地区外，我国目前的超大城市包括上海市、北京市、重庆市、广州市、天津市、深圳市和武汉市。截至2019年，国家明确提出或支持提出建设的国家中心城市包括北京、天津、上海、广州、重庆、成都、武汉、郑州和西安等九个城市。在上述超大城市或国家中心城市中，除深圳市外，均为本次调查涉及的城市。2018年上述城市的排名和城市公共安全感指数值如下：天津0.4825（第11位）、上海0.48（第13位）、武汉0.4748（第

18位)、西安0.4742（第19位）、重庆0.4740（第20位）、成都0.4730（第23位）、郑州0.4710（第25位）、北京0.4707（第26位）、广州0.4684（第30位）。从整体排名上看，在前十名中，九个超大城市或国家中心城市的城市公共安全感均无上榜，公共安全感的表现整体不佳。

超大城市居民缺乏城市公共安全感还表现在这些城市相较于2017年的位次上，这些城市的名次也都出现了不同程度的下滑，下降位次最大的城市为广州（下降25位），在本年度列居第30位，其他下降位次较多的城市有郑州（下降12位）、武汉（下降9位）、西安（下降8位）、成都（下降8位）、北京（下降6位）、天津（下降1位），只有上海排名上升了11位、重庆上升3位。而在排名靠前的城市中，西部省会城市具有很强的优势，譬如拉萨、西宁等城市的规模和人口都相对较小。

超大城市公共安全感偏低且位次出现下滑的现象的原因是来自多个方面的。第一，超大城市公共安全感位次下滑并不能说明城市公共安全感下降，从城市公共安全感指数的变动可知，除广州市的城市公共安全感指数从0.5007下降到0.4684之外，其他超大城市的公共安全感都有一定的提升，名次下滑的原因主要在于部分城市的公共安全感的提升速度相对较慢，而其他主要城市的公共安全感提升很快，这就造成了普遍下滑的现象。第二，超大城市的公共安全感提升相对于其他主要城市是更为困难的，由于城市经济发达，工作机会多，外来流动人口数量大，相对而言就会给城市公共安全感带来很大的威胁，而一些规模小的西部城市，外来人口流入少，在公共安全管理上具有很好地条件，成效也会更加显著。第三，超大城市的信息曝光率高，使得生活在这里的人更容易获取城市公共安全突发事件，这就会使一次突发性事件的传播范围大，在微博和微信等新媒体传播中，超大城市的公共安全事件发酵速度会更快。第四，超大城市在公共安全管理上的难度更大，多数超大城市都是全国性或者区域性的经济中心，人口众多，在实施公共安全管理的措施上，需要耗费更大的人力、物力和财力，且不安全因素存在的可能性要高于其他城市，再加上在这些城市工作生活的压力较大，很容易给人一种不安全感。第五，超大城市的公共卫生安全风险更大，由于特大城市人口密集，疫情传播扩散更为便利，如非典型肺炎（SARS）、H7N9型禽流感疫情等。①

造成超大城市公共安全感缺乏的原因很多，这种现象必须引起管理者的高度重视，超大城市的公共安全问题不仅关系城市的经济发展，更是中国国际城市形象的代表，减少超大城市的自然灾害、事故灾难和群体性事件，推动城市公共安全管理体系的建立，成为中国城市公共安全的领航者，是超大城市的城市担当和责任。

（三）中部城市食品安全感指数普遍低于东、西部城市

食品安全关系居民的日常生活，是备受关注的公共安全领域。这两年在食品安全上也发生了一些重大事件，使得很多民众非常担心食品安全问题。尤其是近年来，随着手机移动支付的兴起，"互联网+餐饮服务"成为互联网经济中的新业态，但网购外卖的食品安全问题被媒体频频曝光。2018年1月1日起，国家食品药品监督管理总局颁布了《网络餐饮服务食品安全监督管理办法》，重点排查入网餐饮服务存在的安全隐患问题，发现网络餐饮服务涉及信息发布、手机应用平台、餐饮配送等多个方面，可能引发食物问题的环节非常多，这成为网络餐饮监管难的主要原因，在责任归咎上很难确认责任人。

在2018年全国城市公共安全感调查中发现，虽然食品安全感整体进步较大，但在2017年，食品安全感在九项安全感中位列次末位，说明民众对食品安全的担忧严重，这在本次调查中有了明显进步，整体列居第三位。但中部地区城市的食品安全感普遍低于东、西部地区。中部六个省会城市的食品安全感指数值依次为南昌0.5117（第9位）、合肥0.5030（第12位）、长沙0.5018（第13位）、武汉0.4905（第18位）、太原0.4785（第23位），仅仅只有南昌进入了食品安全感指数的前十名，且列居第9位。中部

---

① 韩新、丛北华：《超大城市公共安全风险防控的主要挑战——以上海市为例》，《上海城市管理》2019年第4期。

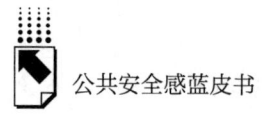

城市中仅有南昌市的排名位次上升了10位。

而东部和西部地区城市的食品安全感在前十名中占九个。不少东部城市的食品安全感的进步非常大,比如福州从去年排名倒数第3,上升为排名第2,上升了27位;济南从去年排名倒数第2,上升为排名第4,上升了26位;杭州从去年排名倒数第4位,上升为第11位,上升了17位。西部城市占据了食品安全感排名中最靠前的城市,比如昆明0.5485(第1位)、贵阳0.5373(第3位)、西宁0.5293(第5位)、拉萨0.5270(第6位)。

昆明市为什么能够在2018年的食品安全感中排名第一?昆明市被国务院确定为第三批国家食品安全示范城市试点城市,构建了政府主导、部门协作、企业和社会广泛参与的食品安全工作格局,正在打造"中国健康之城"。昆明市政府多项举措宣传食品安全,努力创建国家食品安全示范城市。例如,昆明市举办了食品安全主题宣传活动、食品安全主题文艺巡演、食品安全"你点我检"等宣传活动,发放宣传材料,开展现场食品安全咨询服务等,尤其是回收了60多万份食品安全"问计于民"调查问卷,找出群众最为关心的食品安全问题。这些宣传和监管活动已经有阶段性进展,比如昆明市在云南省食品安全考核中一直位列A等。具体实施的工程包括肉菜市场放心工程、餐饮食品安全放心工程、食品"三小"行业放心工程、实施粮油放心工程、农村自办宴席放心工程、餐厨废弃物收运处置放心工程等"六大放心工程"。建立省级食品安全县区2个、餐饮服务食品安全示范县区6个,创建国家现代农业示范区2个、省级高原特色农业示范县3个、国家级蔬菜生产基地质量安全示范区58个,标准化的果园、菜园以及标准化畜禽养殖场、水产健康养殖场68个。在重点关注的网络外卖问题上推行了"食安封签",如有破损可以投诉。由此可见,这些食品安全举措大大提升了群众的食品安全满意度。有研究表明,食品安全城市创建行动对居民的食品安全满意度有显著影响,在城镇地区的影响更为明显。①

---

① 马亮、王洪川:《示范城市创建与食品安全感:基于自然实验的政策评估》,《南京社会科学》2018年第9期。

（四）缺少信息安全感仍是普遍现象，信息风险防范亟待加强

随着互联网时代的推进，个人信息安全已经成为城市公共安全的重要指标，虽然移动互联网极大地便利了人们的生活，但是大量手机应用在注册和使用过程中都会获取个人信息，加上现代生活中物流已经扮演着更加重要的角色，导致信息泄露渠道的增加，而针对新兴技术的信息安全管理尚不健全，这使得很多人的信息未经同意就被使用。个人信息泄露后，就会伴随着诈骗电话、垃圾邮件的频繁骚扰，个人、亲友及同事都可能成为网络诈骗的目标。在全国城市公共安全感调查中，几乎所有城市受访者都收到过各类骚扰和诈骗信息，信息安全感缺失成为普遍现象。

在2018年城市公共安全感调查中，信息安全感的位次成为各项城市公共安全感指标中倒数第一，是城市公共安全感最薄弱的项目。信息安全感上升名次达10名以上的城市有济南、福州、长沙、南昌、乌鲁木齐、太原。上述城市除太原之外，都已经位居全国前十名。而信息安全感下降名次达10名以上的城市有南京、上海、西安、广州、沈阳、重庆和呼和浩特。北京、石家庄、郑州和南宁连续两年排名为倒数十名。这反映出北京、上海、广州等超大城市的居民信息安全感非常低且表现出下滑的趋势，南宁已经连续两年位列信息安全感指数的倒数第一。在国家深入打击电信诈骗专项行动中，河南、广西、四川、辽宁等地也是电信诈骗的重点地区。

信息安全感在当前中国社会环境下如此薄弱，经调查研究发现，主要原因包括五个方面：第一，大数据时代的到来，移动互联网的快速发展，城市居民在使用网络资源时，会经常使用到个人信息，这些信息很容易被互联网终端获取，一些不良企业就会利用个人用户信息，换取经济利益，另外，信息交换过程中软件硬件设备的漏洞，使得个人信息很容易被非法利用；第二，网络监管非常困难，随着物联网、大数据、物流业的深度融合，个人用户的信息会流动到很多具体的环节，在任何阶段都有信息泄露的可能，防范和监管存在较大困难；第三，目前国家在信息安全方面的管理仍然有很多不到位之处，加上个人的法律意识不强，在遇到信息泄露时，只

有存在财产损失时才会考虑采用法律手段维护自身合法权益;第四,个人隐私数据防护手段不到位,很多人在使用个人信息时,不会过多地考虑信息泄露等问题,没有采用一些数据安全保护技术,不愿意安装电脑、手机杀毒软件,最终导致电子设备中毒,个人重要隐私数据被窃取;第五,个人信息诈骗方式不断升级,近年来很多诈骗集团行骗方式千奇百怪,这让很多人不能很快识别诈骗行为,比如,利用借款人急于用钱的心理,推出网络无抵押贷款,在快速获得信任感后,寻找各种理由收取借款人的费用进行行骗。

尽管信息安全感仍然排在城市公共安全感各项目的末位,但是从各个城市的具体指数值而言,相较于2017年的数据,对应的信息安全感都有一定的增长。这也说明各方机构在信息安全方面的宣传已经有一些成效,例如国家持续推进的"净网2018"系列行动,全国公安机关通过加大违法犯罪信息的巡查力度,清理网络诈骗、色情、赌博网站等。信息安全感的提升还需要政府、企业、个人和社会的共同监督,如何在数字时代保护城市居民的信息安全感应成为未来工作的一个重点。

(五)社会保障安全感明显下降,医疗和购房压力仍然很大

社会保障是社会发展的稳定器,是民生问题的关键和基础。虽然我国已经初步形成了以基本养老、基本医疗和最低生活保障制度为重点的社会保障体系,但是城乡社会保障制度分割,很多进城务工人员无法在发达地区买房置业,无法平等地享受子女教育;在2016年有黑龙江、辽宁、河北、吉林、内蒙古、湖北和青海等七省的养老金收不抵支;人口老龄化严重,增加生育又和女性就业存在矛盾。这些制度问题和现实难题都会导致社会保障安全感的缺乏。如何妥善处理好社会保障问题,直接关系社会的稳定和人民生活的幸福感。

在本次城市公共安全感调查中,社会保障安全感排在九项城市公共安全感的倒数第二位,比2017年下降了3位,反映出城市居民日渐缺少社会保障安全感。调查结果显示,北京、沈阳、广州、哈尔滨、呼和浩特、南宁在

2017 和 2018 年的调查中均排名靠后,而拉萨、杭州、西宁连续两年均为前十。值得注意的是,乌鲁木齐从去年的倒数第一位上升为第四位,上升了 27 位,福州、天津等城市也有较大幅度提升。由于社会保障安全感本身涉及的问题包含多个方面,不同城市在社会保障上存在的问题也不相同。比如,一些超大城市,社会保障制度相对健全,社会保障的覆盖率也非常高,但是,这些城市的生活成本非常高,每平方米房价是人均个人收入的数倍,这些城市的社会保障在不同人群中的满意度存在很大差异,比如在享受低保的人群中,部分地区低保收入能够勉强在当地生活,而在超大城市低保收入则难以维持基本的生计;又比如,在教育方面,北京、上海、广州等城市吸纳了大量的外来人口,而拉萨、贵阳、乌鲁木齐、昆明等城市外来人口相对较少。从数据结果显示,在外来人口较多的城市,往往社会保障安全感低,这可能与外来人口在教育、医疗、住房等多方面的需求很难得到满足有关。

进一步分析发现,城市居民反映的社会保障安全感缺乏,在医疗和购房压力两个方面的呼声最高。很多受访者认为,虽然基本医疗保险已经覆盖了一些医疗费用,但是不能满足一些大病所需的医疗费用,很多药品和检查项目都在医疗报销范围之外,医疗仍然是很多家庭突然贫困的重要原因。购房压力大也是社会保障安全感缺失的一个重要原因。虽然国家目前在房价调控上采取了不少措施,也在抑制房价上涨和投资性炒房上初见成效,但大中城市的房价仍然较高,比如广州、呼和浩特、武汉、长沙等城市存在"房价过热"的情况,买房压力成为缺乏社会保障安全感的原因之一。

近年来各地政府也在社会保障安全方面做了大量工作,比如实施了《社会救助暂行办法》,① 推动建立社会救助体系,提供重特大疾病医疗救助等,提升城市和农村低保标准的年均增长率。据不完全统计,2018 年城乡农村的低保标准均超过 10%。在房价控制方面,很多城市为了抑制投资性

---

① 《社会救助暂行办法》根据宪法制定,由国务院 2014 年发布并于当年开始实施。

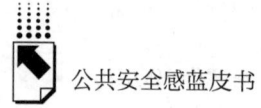

购房,采用了全域限购的政策,比如北京、上海、广州、杭州、南京、济南、福州、南昌、郑州、合肥、天津、石家庄、海口、成都、武汉、沈阳等城市都在不同程度上执行了限购政策,遏制房价上涨。

总体而言,社会保障安全感的提升还需要政府管理者在教育、医疗、住房等诸多方面寻找解决之道。提升居民的社会保障安全感需要构建一张强大的社会保障安全网。

(六)生态安全感略有下降,应更加重视生态治理

党的十九大报告提出"建成富强、民主、文明、和谐、美丽的社会主义现代化强国"。习近平同志在2018年全国生态环境保护大会上也提出"良好生态环境是最普惠的民生福祉,坚持生态惠民、生态利民、生态为民"。生态安全型社会是充分保障生态权益的社会,是人民充分感受到人与自然和谐理念的社会。但随着中国工业化的大步推进,经济蓬勃发展已经牺牲了不少地区的生态环境,雾霾、水污染、生活垃圾处理等问题正在成为新时期城市公共安全的威胁。加强生态安全建设,推动社会在治理空气污染、水污染、光污染、噪声污染、海洋污染、土地污染、生活垃圾污染等是当前保护生态环境的紧迫任务。

在本次城市公共安全调查中,生态安全感比2017年略有下降,但排名已经列为倒数第三,城市居民的生态安全感较为薄弱。连续两年位于倒数十名的城市包括西安、太原、呼和浩特、石家庄;保持前十名的城市有昆明、拉萨、西宁、杭州;进步名次超过10名的城市包括贵阳、南昌、济南、乌鲁木齐、南京、银川、合肥,其中进步最大的城市为贵阳,从2017年的倒数第6名上升到全国第三名;而重庆、武汉、长春、广州、哈尔滨、北京、郑州和南宁都下降了超过10名以上。以空气污染为例,2018年生态环境部发布的《中国生态环境状况公报》中,全国空气质量倒数20名的省会城市包括石家庄、太原、西安、郑州,排名前20的省会城市包括海口、拉萨、福州、贵阳、昆明、南宁。空气质量就能部分解释城市居民的生态安全感,一些城市在这次调查中的表现就不足为奇了。

排名靠前的城市中,昆明、拉萨、贵阳、福州、西宁位于全国前五,这些数据总体而言和生态环境部公布的调研报告数据基本吻合。石家庄连续两年的生态安全感指数排名倒数第一。河北省也是全国空气污染的重灾区,根据河北省生态环境厅的数据,全省平均重污染天数为 17 天,同比减少 12 天,全省平均优良天数为 208 天,同比增加 6 天。由于产业、能源和交通结构,秋冬季节的污染物排放一直位居全国前列。虽然一些数据表明,河北省在生态环境保护上已经做了大量工作,从数据上看生态环境已经有所好转,但是在调查中,城市居民的生态安全感仍然是非常低的。一个城市的生态安全感的变化需要一定的时间,只有城市居民能够明显感受到生态环境提升,才能够表现在生态安全感指数上。生态环境保护工作需要长期的坚持和系统治理。

在这次调查中,贵阳的生态安全感指数从去年的 0.4446 上升到 0.5405,取得了非常大的进步。贵阳曾是全国酸雨污染最严重的城市之一,但经过十多年的环境保护工作,2018 年底贵阳的森林覆盖率达到 52%,空气质量优良率达到 97.8%,集中式饮用水源地水质 100% 达标,这些都是贵阳市长期努力的结果。贵阳市从 2002 年就率先提出建设循环经济生态城市,严格落实了"水十条""大气十条"等政策。在调查中,很多受访者都认为,贵阳的生态环境明显改善,生态安全感有较大提升,这应该离不开政府及社会各界在生态工作上的长期努力。

推进生态安全型社会,需要树立生态文明理念,强化生态安全管理,完善生态安全制度建设,落实城市生态安全责任,形成全民生态意识,加强生态安全教育。采用新兴技术手段推动生态安全预警系统建设,是城市生态安全预警的评价方法,例如采用情景分析法,设置不同的情景模式,模拟和预测一个城市的生态安全发展情景,分析资源调整和利用的方式,制作科学的生态安全型城市规划。①

---

① 熊建华、唐将伟:《基于情景分析法的城市土地生态安全预警研究——以深圳为例》,《安全与环境学报》2018 年第 3 期。

（七）社会治安和交通安全感相对稳定，稳中有升成为目标

习近平总书记在2019年全国公安工作会议上指出"要努力创建更高水平的平安中国"，在中央政法工作会议上提出，"要紧盯涉黑涉恶重大案件、黑恶势力经济基础、背后'关系网''保护伞'不放，在打防并举、标本兼治上下真功夫、细功夫，确保取得实效、长效"。近年来，国家正在加快推进社会治安防控体系建设。社会治安和交通安全感在本次调查中保持相对稳定，总体指数值分别为0.4957和0.4939，虽然都比2017年下降一名，但是在指数值上看都有小幅提升。

在2018年城市公共安全感调查中，大部分城市的社会治安安全感指数值都比2017年有了一定的提升，但也有少部分城市指数值下降，比如广州在2017年该项目值为0.5258，2018年降到0.4613，下降名次为25名，是下降名次最大的城市；重庆从2017年的0.5572下降到2018年的0.4790，下降了23名；石家庄从2017年的0.5417下降到2018年的0.4799，下降了20名。也有一些城市，上升幅度非常大，昆明、乌鲁木齐分别上升了24名和20名，已经位列全国前五。连续两年排名进入前十的城市是拉萨、济南和杭州。总体而言，在调查的31个城市中，社会治安安全感的表现较好，也基本上保持稳定。

本次调查的交通安全感指数的结果显示，西宁、南京、杭州和合肥再次进入全国前十，交通安全感指数很高，西安、呼和浩特、长春、郑州则连续两年处于倒数十名，交通安全感表现较差。一些城市交通安全感指数的进步很大，昆明、济南都较2017年上升了20名以上，昆明从2017年的0.4362上升到2018年的0.5330，排名从倒数第4跃居到全国第一，济南从2017年的0.4502上升到2018年的0.5182，从排名倒数第5跃升到全国第五。交通安全感的整体表现相对平稳，波动幅度很小。

济南在社会治安安全感和交通安全感的排名均非常靠前，分别为全国第三和全国第五，在交通安全感上进步很明显。那么，济南在这两个方面有哪些经验值得借鉴？济南推动了"安全社区"管理模式，比较典型的是在

2006年建立的槐荫区青年公园街道,以"信息化引领、网格化管理、心贴心服务"为目标,现在已经成为老旧城区开放式治理街区的代表。建立了信息平台,动态监控小区的安全风险,在防范工作上建设了社会管理信息指挥平台。网格化管理使得社区的治安案件发生率极低。虽然已经改造为开放式社区,社区中的交通管理良好,交通安全水平高。不仅如此,还专门成立了社区老年人动态台账,重点帮扶孤寡老人和空巢低收入老人。这种安全社区的推广模式,为公安部门和消防部门排除安全隐患、维护城市社会治安和交通安全感、提供了便利地管控方式。

党的十九大提出,要建设平安中国,加强和创新社会治理,维护社会和谐稳定。尤其是当前,全国各地都在进行"扫黑除恶"行动,并已经取得了很大的成效。社会治安安全和交通安全是近年来国家重点贯彻落实的安全管理方面。党和国家高度重视社会治理,推进平安中国建设,中国在社会治安和交通安全方面均表现较好,城市居民在这两个方面的安全感指数保持住相对稳定,今后的目标在于稳中有升。

四 提升中国城市安全感的对策与建议

安全感对于城市居民及城市发展来说是一个极具意义的评价标准。对于居民来说,安全感是幸福感的基础和保障;对于城市发展来说,所有的安全举措最终都要回归到居民安全感,居民也只能根据安全感来评判城市安全度,因此提升居民安全感就成为城市发展的核心任务。需要指出的是,提升城市安全感不等于提升城市安全度,安全感是建立在客观城市安全度之上的主观感受,因此提升城市安全感不仅要提升城市安全度,还要把这些安全度传递给公众,进而提升城市安全感。提升城市安全感可以从两个层面展开:一是提升城市的客观安全度,这是城市安全感的基础。缺乏客观安全度的安全感是虚假的安全感,也是不稳定的安全感。二是加强客观安全度向主观安全感的转化,这是城市安全度的归宿和目标。没有转化为主观安全感的安全度是无意义的安全度。基于这个思路,结合本次附表：

附表1 各省会城市分项安全感指数

城市	自然安全感指数（排名）	生态安全感指数（排名）	公共卫生安全感指数（排名）	食品安全感指数（排名）	交通安全感指数（排名）	公共设施安全感指数（排名）	治安安全感指数（排名）	社会保障安全感指数（排名）	信息安全感指数（排名）	总体公共安全感（排名）
昆明	0.5768(1)	0.5588(1)	0.5158(4)	0.5485(1)	0.5330(1)	0.5457(1)	0.5255(4)	0.5207(5)	0.5182(1)	0.4946(1)
拉萨	0.5496(4)	0.5477(2)	0.5091(6)	0.5270(6)	0.5221(3)	0.5315(3)	0.5523(1)	0.5373(1)	0.5023(3)	0.4926(2)
贵阳	0.5592(2)	0.5405(3)	0.5215(2)	0.5373(3)	0.5077(12)	0.5241(5)	0.5127(9)	0.5237(3)	0.4922(6)	0.4907(3)
济南	0.5265(9)	0.5153(7)	0.5198(3)	0.5358(4)	0.5182(5)	0.5227(6)	0.5272(3)	0.5109(6)	0.5134(2)	0.4892(4)
福州	0.5139(14)	0.5330(4)	0.5258(1)	0.5419(2)	0.5115(9)	0.5349(2)	0.5222(5)	0.5249(2)	0.5008(4)	0.4868(6)
西宁	0.5260(10)	0.5228(5)	0.5021(9)	0.5293(5)	0.5296(2)	0.5216(7)	0.5157(7)	0.4936(10)	0.4953(5)	0.4868(5)
乌鲁木齐	0.5226(12)	0.5075(8)	0.5035(8)	0.4983(15)	0.5209(4)	0.5243(4)	0.5425(2)	0.5227(4)	0.4883(9)	0.4853(7)
南昌	0.5506(3)	0.5186(6)	0.5097(5)	0.5117(9)	0.4995(14)	0.5208(8)	0.5081(10)	0.5056(7)	0.4896(8)	0.4851(8)
南京	0.5298(7)	0.497(10)	0.4983(10)	0.5173(7)	0.5165(6)	0.5147(10)	0.5159(6)	0.4932(11)	0.4594(18)	0.4827(9)

续表

城市	自然安全感指数（排名）	生态安全感指数（排名）	公共卫生安全感指数（排名）	食品安全感指数（排名）	交通安全感指数（排名）	公共设施安全感指数（排名）	治安安全感指数（排名）	社会保障安全感指数（排名）	信息安全感指数（排名）	总体公共安全感（排名）
杭州	0.5326 (6)	0.5032 (9)	0.4927 (14)	0.5098 (11)	0.5160 (7)	0.5152 (9)	0.5143 (8)	0.4950 (9)	0.4789 (10)	0.4825 (10)
天津	0.5177 (13)	0.4856 (16)	0.5074 (7)	0.5103 (10)	0.5101 (10)	0.5078 (12)	0.5077 (11)	0.4979 (8)	0.4686 (12)	0.4825 (11)
长沙	0.5032 (8)	0.4859 (15)	0.4936 (13)	0.5018 (13)	0.4994 (15)	0.4955 (16)	0.4956 (15)	0.4841 (13)	0.4920 (7)	0.4806 (12)
上海	0.5256 (11)	0.4877 (14)	0.4946 (11)	0.5120 (8)	0.5086 (11)	0.5026 (13)	0.5027 (13)	0.4794 (14)	0.4558 (20)	0.4800 (13)
合肥	0.5068 (17)	0.4923 (12)	0.4905 (15)	0.5030 (12)	0.5140 (8)	0.5090 (11)	0.5062 (12)	0.4859 (12)	0.4666 (13)	0.4793 (14)
银川	0.5273 (8)	0.4967 (11)	0.4941 (12)	0.4939 (16)	0.4962 (16)	0.4963 (15)	0.4943 (16)	0.4764 (15)	0.4596 (17)	0.4790 (15)
沈阳	0.5387 (5)	0.4810 (17)	0.4889 (16)	0.4783 (24)	0.4933 (17)	0.4916 (18)	0.4967 (14)	0.4558 (25)	0.4432 (28)	0.4772 (16)
兰州	0.4786 (25)	0.4778 (18)	0.4863 (17)	0.5009 (14)	0.5003 (13)	0.4972 (14)	0.4908 (17)	0.4686 (19)	0.4733 (11)	0.4762 (17)
武汉	0.4718 (28)	0.4683 (21)	0.4792 (22)	0.4905 (18)	0.4917 (20)	0.4852 (22)	0.4835 (21)	0.4646 (20)	0.4616 (16)	0.4748 (18)
西安	0.5076 (16)	0.4626 (23)	0.4755 (23)	0.4844 (22)	0.4768 (23)	0.4764 (25)	0.4705 (27)	0.4689 (18)	0.4475 (25)	0.4742 (19)
长春	0.4813 (24)	0.4671 (22)	0.4823 (18)	0.4895 (19)	0.4681 (26)	0.4809 (24)	0.4868 (18)	0.4719 (16)	0.4645 (15)	0.4740 (21)

续表

城市	自然安全感指数（排名）	生态安全感指数（排名）	公共卫生安全感指数（排名）	食品安全感指数（排名）	交通安全感指数（排名）	公共设施安全感指数（排名）	治安安全感指数（排名）	社会保障安全感指数（排名）	信息安全感指数（排名）	总体公共安全感（排名）
重庆	0.5013 (19)	0.4752 (19)	0.4810 (21)	0.4912 (17)	0.4888 (21)	0.4881 (20)	0.4790 (24)	0.4568 (23)	0.4403 (29)	0.4740 (20)
太原	0.4743 (26)	0.4623 (24)	0.4739 (24)	0.4785 (23)	0.4921 (19)	0.4894 (19)	0.4865 (19)	0.4600 (21)	0.4651 (14)	0.4736 (22)
成都	0.4933 (22)	0.4698 (20)	0.4813 (19)	0.4877 (21)	0.4923 (18)	0.4937 (17)	0.4834 (22)	0.4703 (17)	0.4516 (22)	0.4730 (23)
海口	0.4719 (27)	0.4894 (13)	0.4813 (20)	0.4887 (20)	0.4656 (27)	0.4728 (26)	0.4689 (28)	0.4599 (22)	0.4546 (21)	0.4724 (24)
郑州	0.5137 (15)	0.4540 (29)	0.4678 (29)	0.4657 (28)	0.4483 (30)	0.4684 (28)	0.4722 (25)	0.4510 (27)	0.4446 (27)	0.4710 (25)
北京	0.4995 (20)	0.4543 (27)	0.4707 (26)	0.4760 (25)	0.4767 (24)	0.4862 (21)	0.4841 (20)	0.4566 (24)	0.4509 (23)	0.4707 (26)
石家庄	0.4886 (23)	0.4488 (31)	0.4682 (28)	0.4737 (26)	0.4881 (22)	0.4812 (23)	0.4799 (23)	0.4307 (30)	0.4495 (24)	0.4704 (27)
哈尔滨	0.4570 (31)	0.4585 (26)	0.4708 (25)	0.4729 (27)	0.4557 (29)	0.4681 (29)	0.4653 (29)	0.4483 (28)	0.4577 (19)	0.4691 (28)
呼和浩特	0.4969 (21)	0.4540 (28)	0.4662 (30)	0.4471 (31)	0.4690 (25)	0.4720 (27)	0.4719 (26)	0.4460 (29)	0.4319 (30)	0.4686 (29)
广州	0.4706 (29)	0.4596 (25)	0.4693 (27)	0.4600 (29)	0.4566 (28)	0.4663 (30)	0.4613 (30)	0.4511 (26)	0.4452 (26)	0.4684 (30)
南宁	0.4607 (30)	0.4504 (30)	0.4549 (31)	0.4514 (30)	0.4414 (31)	0.4477 (31)	0.4416 (31)	0.4173 (31)	0.4143 (31)	0.4620 (31)

调研所反映出的实际问题，我们认为提升中国城市安全感应当从以下几方面着力。

（一）大力发展城市经济，夯实城市安全治理的物质基础

城市安全感的提升需要有充分的物质基础以及物质基础之上的资源分配机制。有了充足的物质基础，城市才有充分的财政资金投入到城市公共安全设施建设，才有充分的人财物资源用于城市公共安全管理，才能提升城市的公共安全度。比如城市进行公共场所安全设施改造、提高养老金金额、社会治安和交通安全设备更新，雇佣更多社区人员投入治安管理工作。从调研结果来看，整体上支持了这一结论，各城市居民公共场所设施安全感指数与城市建设维护资金投入整体呈正相关关系，即城市经济发展水平越高，城市建设维护资金投入占GDP比重越大，城市居民公共场所设施安全感指数就会越高。在社会保障方面也显示了这一点，即居民收入水平和社会保障紧密相关，两者呈正相关关系，居民收入越高，在养老、医疗、社会救助等方面的安全感就越高。对于城市居民来说，有了物质基础，也可以通过自身主动的安全消费活动给自己塑造更大的安全感。需要指出的，城市居民个人安全感和公共安全感并不等同，两者甚至可能呈负相关关系，即个人安全感高，公共安全感低。因为只有当公共安全感比较低时，个人才需要投入更多的安全消费用于个人安全感的塑造。比如，个人感觉社会治安差，个人就会投入更多钱进行家庭安全设施消费。食品安全感低，个人就会花更多钱去买更贵的安全食品。对于政府来说，应当投入更多资源用于公共安全，这样才能有效降低个人的安全消费，所谓"路不拾遗，夜不闭户"，道理就在于此。

基于上述认识，若要提升城市安全感，首先就要大力促进城市的经济发展，夯实城市公共安全的物质基础。城市发展不可以唯GDP，但也不可以去GDP。需要指出的是，安全本身就是一个产业，随着人们安全意识的提升和城市安全投入的增大，安全产业也在逐渐发展壮大，并逐步成为国家的一个战略新兴行业。国家四部门曾专门发文要求各地支持安全产业发展，

提出到2020年达到万亿元产业规模。当前国内已经有徐州安全产业园、合肥安全产业园等一大批百亿级安全产业示范园区。其次要处理好发展和安全的关系。我们所追求的是发展中的安全,应当以发展的视野来看待安全,没有发展的安全是不可能的,也是毫无意义的。要在发展的前提下来审视发展中的城市安全问题,正确处理好发展与安全的关系。城市安全水平要与整个城市发展水平相适应,既不能牺牲发展来一味追求城市公共安全,也不能牺牲安全来追求发展,两者应当是相辅相成、相互促进的关系。各地应根据实际发展情况搞生态安全建设,不要搞一刀切政策。对于经济条件具备的地区可以搞产业发展的升级改造,实现高环保水平的经济发展。对于经济条件还不具备的地区,也不应一味对企业关停并转,引发失业潮,从而带来更大的社会不稳定。环保问题非一夕形成,环保治理也非一日之功,在治理过程中要注意维护企业的合法权益,要注意不能牺牲人民群众的生存权,要注意不能带来更大的社会不稳定。否则,所谓的安全治理也就成为本末倒置的治理。治理过程中要尊重科学,尊重法治,尊重群众利益,不要搞运动式治理,更不要搞政绩工程。像2018年北方很多城市搞轰轰烈烈的"煤改气"工程,没有做好论证便匆匆上马,数九寒冬老百姓却没有暖气,结果燃气价格疯涨,医院学校都不能正常运行,最后又不得不匆匆下马。更有甚者,很多地方政府禁止家庭燃煤,甚至很多城市的早餐店都给关掉,严重影响城市居民的正常生活。

(二)构筑公平公正的资源分配机制,实现城市发展的全民共享

"不患寡而患不均",城市居民的安全感不仅来自物质资源是否充裕,还来自资源的分配机制是否公平公正。可以说,资源分配的公正性和安全感关系更为密切,因为人们对资源分配公平度的感受更为强烈。资源分配的公平度包括两个方面:一是个人资源分配的公平度,即个人在城市安全相关资源配置中的所得感受是否公平。二是地区资源分配的公平度,即个人对本人所在城市在整个国家资源配置中的所得感受是否公平。这方面所影响的主要是社会保障和社会治安等方面的安全感。虽然我国经过改革后40年的高速

发展取得了举世瞩目的成就,但也存在发展不平衡问题。有些是缘于资源禀赋差异,但同时也存在很多资源配置问题,包括不同行业、不同身份所导致的个人收入差异,不同地区所导致的城市间经济差异等。这些差异也直接导致城市居民关于城市安全感的阶梯性评价。学者王绍光曾指出,在社会发展的过程中,不可片面追求国民经济总量提升,分配不平均和两级化现象引发的冲突性分配现象慢慢需要引起我们的重视,因为冲突性现象很有可能对国家的经济增长、政治决策产生严重的影响。[①] 在这次调研中就反映出这一点,东北三个城市由于改革的滞后,基于身份差异所带来的收入差异日益增大,人们普遍愿意去有保障的体制内单位,而体制外人群对社会保障的安全感普遍较低。同时东北由于原体制下遗留的"老人"过多,新增人口缓慢,养老金储备水平普遍较低。根据2016年人社部发布的《中国社会保险发展年度报告2016》,有多个省份养老金告急,最为严重的当属黑龙江省,不仅当期收不抵支,而且累计结余已经"穿底"。黑龙江成为全国首个养老金结余被花光的省份。在调研中还发现,当地城市居民并不把该问题归咎于东北体制变革滞后所带来的问题,而更多地归咎于国家资源分配体制不公平所带来的问题。很多人认为东北在计划经济时代为国家发展做出了重大贡献,一是贡献了大量的廉价资源,东北煤炭、木材源源不断运往全国各地;二是东北重工业的发展为中国经济腾飞打下了很好的基础,有"共和国长子"之誉。但东北本身并没有从这些贡献中获得应有的收益,反而承担了资源衰退后的所有负担,包括这些资源类企业衰落后造成的生态负担、养老负担等。很多大型重工业国企当时采用的"企业办社会"体制,对当时职工负有养老承诺和责任。现在转轨后,负担全部由当地承担并不公平。从访谈及调研结果分析中可以看出,这种不公平感进一步降低了当地的安全感指数。

若要推进资源分配的公平配置,首先要在城市发展的过程中坚持"共享"理念。正如"十三五"规划所指出:"共享是中国特色社会主义的本质

---

① 王绍光:《饼做大以后》,载《读书》2002年第2期。

要求，必须坚持发展为了人民、发展依靠人民、发展成果由人民共享，做出更有效的制度安排，使全体人民在共建共享发展中有更多的获得感，增强发展动力，增进人民团结，朝着共同富裕的方向稳步前进。""共享"理念已经成为今后社会建设的一个指导性要求，也应该体现在今后我国的城镇化建设和城市发展的要求中。在城市发展过程中，要进一步帮助东北老工业基地城市实现振兴，只有从根本上缓解并逐步解决东北老工业基地城市中存在的实业发展不充分、贫富两极分化、社会分配不公等问题，才能推动城市居民的安全感稳步向好。同样，应该更加坚定地坚持西部大开发战略，只有确保西部城市的基础建设水平能够达到一定的水平才能保证西部城市居民在城市公共安全方面的获得感有所提高。

其次要构建社会资源配置的新机制。传统上社会资源的配置由政府主体通过单一的行政化手段来统一调配资源以实现社会资源的最大效用；或者营利组织运用单一市场化手段按照价值规律自发地调动社会资源分配；又或者社会组织自发提供资源与服务，但以上方式都随着实践发展而被认为不能与社会生活的实际需求相适应。在城市发展的资源配置过程中，由于城市地理位置的不同和政策上的不同侧重，依靠过去单一的资源配置方式并不能改变城市与城市之间在资源配置方面的差距。因此，要想在城市发展中构建公平公正的社会资源分配机制，必须促使政府、市场和社会三驾马车相互协作，使政府、市场和社会在资源配置过程中能够形成一股合力，共同构建社会资源配置的新机制，使三方面在各自领域间能相互借鉴相互渗透，形成互补关系。

（三）强化政府责任，构建高效有力的城市公共安全治理体制

城市安全作为一种公共产品，无法完全由市场提供，也无法完全由社会组织提供，政府作为最重要的主体，必须肩负起治理的主体责任。需要指出的是，强化政府责任并不意味着政府大包大揽。而是在确立政府主体责任的前提下，充分利用市场机制和社会组织力量，实现城市公共安全的善治。

1. 凝聚共识，创造城市安全治理的良好氛围

这种良好氛围体现为城市居民对城市公共安全管理体系的信任。过去，在食品安全、医疗卫生安全事件中之所以产生远高于事件本身的社会影响，均是由于广大城市居民对城市公共危机治理体系的不信任，从而产生了一种极易蔓延的"负面氛围"，这种"负面氛围"给城市公共管理者在治理食品安全、医疗卫生安全、生态安全问题时造成了诸多困扰。现在需要居民、企业和社会组织等主体认识到城市公共安全的重要性，承担其应有的责任，共同构建和谐、稳定、安全的城市公共安全环境，从而进一步实现城市公共安全预防的重心下移，发挥基层网络健全机制和广泛动员社会力量的优势，抓紧形成广泛动员的长效机制，打造群防群治的社会基础。

以城市生态安全为例，改革开放以来，我国经济和社会各个领域所取得的长足进步，部分是以资源和能源的巨大消耗为代价的。在传统粗放型经济发展模式下，我国生态环境遭到严重的破坏，空气污染、水污染、固体废弃物污染、土壤污染形势十分严峻。随着人民生活水平的提高，人民群众对于美好生活需求的内涵越来越丰富，其中，公众对于生态环境质量改善的呼声越来越强烈。清新的空气、洁净的水资源、充满生机的土壤、垃圾无害化处理、绿色生态产品、清洁生产等，绿色发展、绿色生活方式已经成为越来越多人们的集体共识。只有城市居民充分认识到城市生态安全的治理与自身的生产生活息息相关，才能使最广大的城市居民投入到城市生态安全的治理当中。尤其是近年来随着污染企业向中西部城市的转移带来的中西部城市居民对城市生态安全感的骤降问题，其关键仍是需要凝聚共识，共同致力于清洁能源开发、传统工业升级等举措，这个过程中政府对生态危机的治理能力和城市居民对城市生态安全的重视呈现着相辅相成的关系。政府通过提高环保标准、减少污染物排放、控制环境和交通噪声、严禁在城市生态脆弱的区域兴建工程等举措保持良好的生态状态，在这个过程中城市居民会自然而然地进行积极的生态回应。比如，选择公共交通出行，自觉进行垃圾分类等。

2. 做好预案,实现安全管理从"事后处置"向"事前预防"转变

城市公共风险治理最好的办法就是将着力点和重心前移,在事故的源头上下功夫,及时发现事故征兆,立即消除事故隐患。这就要求政府强化风险意识,凝聚共识,建立以政府为核心的全方位、立体化治理体制,从根本上转变政府各机构领导干部以及工作人员应对风险的落后意识,改进工作方法,由原先的"事后处置"向"事前预防"转变,从而更好地防患于未然,将在城市范畴内可能发生风险的可能性降到最低的程度。实现风险的"事后处置"向"事前预防"几乎适用于治理所有类别的城市公共安全事件。在城市生态安全方面,可以通过控制人口密度、注重城市绿化、发展循环经济、转变经济发展方式等"事前预防"手段防止灾难性城市生态安全事件发生;在医疗卫生安全方面,城市公共管理者可以通过深化药品监管组织改革、理顺监督管理体制、整合监管职能等方式构建医疗卫生领域的监督管理体制这一"事前预防"手段,并大力宣传,提高城市居民的医疗卫生安全意识,实现医疗卫生安全的"事前预防"。在对城市居民的医疗卫生知识的培训过程中,应该拓宽其专业医疗卫生方面知识的获取渠道,并着重介绍如何分辨真伪医疗卫生知识的方法。

3. 整合资源,集中力量突破重点风险源

由于现代城市风险的日趋复杂性和多样性,在应对风险的尝试过程中,无论是对风险的事前预测、事中处置还是事后安置,都不是哪一个政府部门可以单独应对的。这就要求政府在哪一个风险应对阶段都能够依靠高效、良性的风险应对网络来整合资源,整合不同政府部门以及社会力量,从而因时制宜、因地制宜地规避风险,将风险可能带来的影响降到最低。资源整合需要做好以下几个方面。

一是城市资源的横向整合,打破部门的藩篱,探索建立各部门的横向合作机制。做好顶层设计,提升公共安全管理的决策层次,做好事故的分级预警和管控体系。

二是城市间的合作。在处置城市公共安全事件的过程中,高效的"府际

合作"是应对危机事件的基础,同时这种"府际合作"也是城市公共安全治理网络中最基本的构成部分,只有政府各职能部门、不同地域之间的政府职能部门能够实现高效率的沟通与合作,才能在应对城市公共安全事件的过程中保障多元主体的参与,才能保证危机应对的高效率。以江苏省城市治安管理为例,南京、苏州、扬州等城市已经实现警务平台"110"和政务平台"12345"的联动对接,双方协商划分"紧急"和"非紧急"范围。"110"指挥中心接到有关公共设施、市容等非紧急求助电话,会将报警内容进行受理,然后通过系统内部转给"12345"政务平台;当"12345"政务平台接到属于公安类的紧急求助电话,也会转给警方,由公安机关快速处置。这样的成功经验可以推广到其他城市公共安全领域,各政府在食品安全、生态安全、医疗卫生安全等方面展开通力合作,以联动的方式解决可能发生或者已经发生的风险。在转型时期,城市公共安全形势复杂多变。面对错综复杂的形势,必须改变旧有的城市安全体系,打破条块分割模式,增强区域间横向系统交流,在部门间、城市政府之间积极创造伙伴型合作关系,建立起全方位、立体型的整体联动型公共安全体系。以"府际"关系为主导的公共安全治理体系的首要目标应考虑建立起城市安全公共治理事务部或者是城市公共安全治理委员会作为该体系当中的统筹协调者,从而实现在更高层面整合现有的公共安全管理资源的目标。其次,增强城市政府内部之间的相互合作,重新制定新的城市公共安全治理的流程与条例,优化工作流程,明确责任意识,落实公共安全体系整体联动,推动公共安全治理发展由部门独立管理向多部门联合治理的方向转变。最后,组建区域城市政府公共安全治理委员会,或组建区域政府之间公共安全联席会议,通过科学的数据评估城市安全状况,促进区域城市政府间协同治理,推动单一城市单独管理的治理模式向区域政府间合作治理的模式转变,并且运用法律法规手段来规范。

4. 重视规划,探索应对风险的综合管理体系建设

从系统论的角度看,城市公共安全体系的构建需要长期的规划以及慎重的考虑,立足于城市的整体性发展,做到防患于未然。在制定城市整体发展

战略的过程中,不仅要将社会结构建设和经济发展作为基础性建设,更是应把公共安全战略提升到同等高度,赋予其基础性地位。

建立健全全方位、立体化的应对城市公共安全的领导责任制和综合治理的工作责任制,各部门之间必须相互协调合作,明晰权责,各部门领导更应权责一致,紧抓责任落实。用制度来为相关政策的推行保驾护航。由于现代城市风险的发生往往呈现"牵一发而动全身"的特点,因此要做好城市公共安全的应对工作并不是哪一个单位、部门的单独责任,而应该健全应对风险的全套配套设施,探索建立应对风险的总体管理体系建设。在这个体系当中应该包含对风险的事前预判、事中处置和事后安置的详尽过程,形成一体化、动态立体的城市公共安全应急网络,以应对较大自然灾害、环境污染、生产安全、公共卫生、食品安全、社会治安等公共安全事件。这个过程中也彰显了在城市规划设计之前,将风险预控嵌入城市规划与建设的重要性,综合考量城市建设和发展过程中对于人口、经济和社会资本的集聚效应,克服持续扩张的城市规模与有限承载力之间的矛盾,这些都有赖于应对风险的总体管理体系的建立与实现。比如,在应对城市交通安全的尝试当中,在新城区规划设计之前,能够提前认识到加大城市交通安全设施的投资和建设,认识到改善和提升城市道路条件和养护的资金投资力度的重要性,将对保障城市基本交通安全起到无可替代的作用。

5. 充分利用社会和市场力量,构建城市安全治理的多元治理模式

政府负责不等于政府将责任大包大揽,由于在社会资源调配等方面存在缺陷,此外公共政策牵扯面广、涉及之多,很容易造成政府失灵现象。因此政府需要和基层社区、社会组织、企事业单位、公民等社会力量进行合作共治,构建多元治理模式。

(1) 在城市公共安全治理的过程中引入第三方组织

维护公共安全、为百姓提供公共安全环境是政府职能的重要部分,但公共安全服务的提供者并不只有城市政府。因此,在综合治理城市公共安全的过程中,不仅要发挥政府在公共安全治理方面的优势,更要重视第三方组织

的专业性和技术性优势。这类第三方社会组织根植于社会，贴近社区，反应迅速，机制灵活，能为公众提供多样化、个性化的公共服务。由于政府和市场都存在局限性，因此第三方的引入就成为部分政府管理领域的重要举措，城市公共安全治理的过程也不例外。第三方组织能够发挥自身专业性、客观性和公平性的优势，提高风险识别能力，更精准地分析风险来源，从而评估风险损失，将不利影响降至最低。例如，在食品安全、水污染、空气污染等领域引入第三方组织，允许其相关的企业、研究团体以及个人建立对应领域的行业协会，可以保障检测结果的权威性和客观性。在政府和第三方组织的合作过程中，通常表现为政府以"购买"或"半购买"的方式从第三方组织处购买特定的公共服务，并且政府在第三方组织发挥功效的整个过程中都扮演着领导者和综合协调纽带的角色。例如，中国红十字会、中华慈善总会等社会团体有政府与社会的广泛支持，其宗旨之一就是针对公共安全事件展开人道主义救助，可以对之给予更大的支持，赋予其更大的责任；在城市中的重大事项社会稳定风险评估中引入第三方评估机构，可以确保稳评的客观性和有效性。

（2）拓宽公民参与城市公共安全治理的方式和途径

现如今，社会处在转型时期中，公共安全受到的挑战也是错综复杂的，譬如犯罪、环境污染、生产安全、卫生安全等。普通市民往往处在公共安全风险的最前列，对公共安全风险的反应十分敏感，并且很快会做出应对，因此公民在城市公共安全治理的体系中有着独特的优势。首先，城市居民公共安全意识的提高是保障公民积极参与城市公共安全治理的基础。城市居民公共安全意识的增强，对提高政府公共安全管制水平，加强政府相关职能部门及专门的第三方机构在保障城市公共安全方面的表现，都具有十分重要的作用。在这个过程中，政府及第三方组织需要通过各类宣传手段努力提高城市居民关于城市公共安全的意识，鼓励城市居民对危害城市公共安全的事件进行监督和举报。在食品安全、信息安全、生态安全、交通安全等公共安全领域的治理过程中最大限度地保障居民的知情权、选择权。其次，由于城市居民在公共安全事件中大多扮演着弱势群体的角色，因此要想在政府和城市居

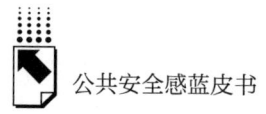

民中间就城市公共安全问题建立一种"群防群治"的责任共担机制就需要在城市居民群体中建立相应的利益驱动机制,这样才能激励城市居民积极行使自身的监督权。

(3)鼓励新闻媒体充分发挥监督作用

新闻媒体的舆论监督是发挥其雷达作用,对社会环境进行监测监管。随着社会的全面进步,人们对舆论监督越来越关注。这种高度关注渐渐形成社会压力,并引起政府的重视,政府要督促司法机关公平公正地执行。在应对城市公共安全事件中,我国应该大力鼓励新闻媒体投入舆论监督的工作当中。以食品安全为例,新闻媒体在公共安全事件中的存在感可以表现为:一方面将经营单位的食品生产销售情况、卫生状况、信誉等级、对涉事公司的行政处罚、食物中毒发生的具体情况以及主要奖惩记录,以户为单位归档记录在案,并运用新闻媒体曝光的方式,向社会公布事实状况,从而提高社会公众监督力度,并促使企业自律;另一方面,积极鼓励媒体提供生产者、经营单位存在安全隐患的线索,鼓励对食品安全中存在的有害行为进行曝光,加强媒体对政府部门食品安全的舆论监督的力度,进一步推动食品安全管制工作。当然,在充分发挥新闻媒体舆论监督主动性的同时,我们更应该注意:在食品安全治理过程中,媒体的舆论监督是把"双刃剑"。舆论监督有其积极的一面,可以引起政府及大众的重视,促使问题尽快解决;但对新闻媒体如果不加以合理的引导,舆论监督也很容易激化公共安全事件,阻碍食品安全治理的进程。

(四)利用新技术,构建"互联网+公共安全"的治理模式

风险社会的视域下,城市公共安全风险摆脱了过去单一的风险表现形式,日趋呈现复杂化的特点,并伴随着诸多的并发性风险。这类城市公共安全风险渗透到城市生活中的方方面面。城市交通、食品、公共设施、社会保障、生态安全等不一而足。这些错综复杂的城市公共安全在给城市公共管理者带来巨大挑战的同时也大大降低了城市居民的安全感和幸福感。在信息时代,应当充分利用新技术优势,在城市公共安全治理中构建"互联网+公

共安全"的新模式,把大数据引入到城市安全治理中来,通过建设智慧城市,实现城市安全治理水平的综合提升。

1. 大力推进智慧城市建设

智慧城市的建设和城市公共安全的治理相辅相成,我国在下一步的城市建设和规划中,要依托智慧城市建设,推进"互联网＋公共安全"治理。这就要求相关政策的推进人员要在互联网模式下,运用云平台、大数据等互联网技术,以数据形式记录人们热点活动轨迹。在城市治安管理中,在相应政策支持下,政府部门可制定社区、出租房屋及政府企业门禁数据计划。根据已完成的门禁数据计划,对没有实施门禁计划的门禁系统进行改造。参照社会治安管理网格管理及节点控制的要求,对人群重点出入的公共场所增加门禁设备,纳入门禁系统,同时,重点位置人员可采取门卡、身份证、手机 App 等身份方式进出。这样可以将重点位置出入人员、出入时间、出入地点数据化,在互联网模式下,对出入区域门禁的数据进行整合和分析,以促进城市安全提升。除此之外,为了给城市公共安全以及社会管理带来更准确的信息数据,可通过人像识别、特征及轨迹识别等方式来做好大数据的采集与分析。在互联网模式下,相关部门应该做好停车区域与停车时间的数据采集工作,整合现有数据,做好相关记录。积极创新大数据防控模式,准确提供车辆数据。在政府以及相关政策的指导下,相关部门、企业、物业公司等改善停车区域设备,增加人像分析技术、车辆检索功能,更好的管理社区和停车场,并防范公共安全中随时可能出现的问题。根据互联网新型智慧城市的要求,不断完善数据模式,根据相关部门或企业提供的数据信息,完善停车管理模式。除此以外,门禁模式也是城市安全管理的重要模式之一,社区、出租房屋或企业单位可增装视频门禁,对访客进行识别处理,对行为异常的人员提出警告,配合警方布控摸排,加强人员管理。对于可疑人员,居民可实行紧急措施处理,以维护自身及家人的安全。

2. 运用大数据技术,提升城市风险防控水平

在城市公共安全治理的过程中,建立健全风险防控的研判预警机制在整

个风险治理的过程中起到至关重要的作用。这种风险的研判预警机制就是我们通常说的城市公共安全风险的识别阶段。在这个过程中运用以大数据识别为代表的互联网技术往往可以带来事半功倍的效果。针对特定城市公共安全的风险识别任务,大数据的风险识别方法是指通过对同类别的风险案例和相关联的风险信息进行收集、汇总与分析,识别出可能存在的风险。另外,针对特定的风险识别任务,通过大数据预识别,可以达到对可能发生的影响城市公共安全的风险点进行分级分类,并初步得出适用于本次风险识别任务的风险项清单。同时,在构建城市公共安全信息数据平台的过程中,更要不断强化权责一致,督促相关主体的责任落实,促使大数据能够在各个相关部门充分共享,从而实现风险资源的共用。需要注意的是,应该减少信息使用在单一方向的纵向传递,要树立数据流、业务流为标杆,重视跨部门、跨地域的风险信息,注重部门、地域间的横向传递,并为城市安全治理提供准确的数据依据。以城市交通安全的治理为例,在处置严重车祸类事件的过程中,交警部门可以依托大数据,在最短时间内调出全国类似车祸事件的处理方法的优缺点和必要的注意事项,从而将错误的处置发生的可能性降到最低,最大限度保障人民的生命和财产安全。

当前,城市安全治理中的各个部门还停留于各自的数据平台,难以做到数据共享,不能充分发挥大数据的优势。因此下一步工作要大力推进数据共享工作,实现真正的互联互通,实现全市乃至全国一张网。通过互联网技术将数据信息共享、分析,从而有效的融合5G技术、移动互联网、物联网、政府管理等诸多行业和领域,充分发挥参与主体在城市公共安全治理体系中的作用,将安全管理信息由传统的文本信息拓展为由音频、视频构成的全方位动态信息框架,有效提升城市公共安全治理的效能和品质,并逐步形成完整的信息链条,由过去"孤岛式"的公共安全治理向"云平台式"服务转变。通过这种互联互通的"云平台式"的沟通模式,能够使各部门在处理威胁城市公共安全的事件中,做到高度共享自身所掌握的信息,并充分借鉴国内外应对此类风险事件中的得失与不足,并且能够更高效的发挥专家团体、第三方组织的专业性优势,因地制宜、因时制宜的处置风险,将风险可能造成的社会不利影响降到最低。

(五)合理运用策略,致力于提升城市居民安全感

如前文所述,城市安全度不等于城市安全感,政府在致力于提升城市安全度的同时,还要合理运用策略,有效提升城市居民安全感。否则做了很多工作,居民却无感,政府岂不是无功而返。因此政府需要想方设法把安全度有效传递给居民。需要指出的是,提升安全感不等于政府提供虚假信息。否则这样的安全也是无源之水,无本之木。要想提升居民安全感,政府还应在以下几方面着力。

第一,政府应当抓住重点领域、重点问题进行突破。首先应抓住最关乎人民群众生命安全和日常生活领域的安全问题进行重点整治,消除老百姓最为紧迫的安全问题。比如治安领域、食品安全领域、医疗卫生安全领域应当投入更多精力进行严格管理。其次,应当抓住重点案件进行深入整治,构建老百姓对安全管理的信心。在治安领域应当抓住大案要案,对人民群众反映强烈的问题要抓住不放,切实提升居民安全感。对于食品药品安全问题不仅要治标,还要治本,从制度上解决问题。信息对称了,人们的安全感才能切实提高。

第二,促进安全信息公开,提升居民的安全知识水平。安全感来自对安全信息的感知。如果安全信息不能及时公开,民众就会陷入安全恐慌。这就要求政府在处理城市公共安全事故时要做到公开透明,及时向大众公布进展。当前很多地方政府没有认识到这一点,发生安全事故时往往在第一时间选择隐瞒,以为公众不知道就可以减少恐慌。殊不知,公众在信息供应不充分时会更加恐慌。所谓谣言四起就是官方信息供给不及时的一种信息自生产现象,这样会反过来加大事故的负面后果。另外,由于安全知识匮乏,城市居民也会对一些新兴科技产生无知性恐慌,比如辐射问题,比如食品转基因问题,这些都会引发大规模的安全恐慌。因此政府应当向公众传达科学全面

的安全知识信息。尤其是现在自媒体时代,为了赚取流量,媒体并不天然有报道真实信息的机制,而往往是取一个耸人听闻的标题来吸引眼球,从而导致公众陷入安全恐慌,大大降低公共安全感。因此要加强官媒的信息供给,把客观的信息及时地传递给大众。

专题报告

Research Reports

B.2

中国城市自然安全感调查报告（2019）

曹惠民 邓婷婷 杨怡文*

摘　要： 2018年课题组继续对全国的城市公共安全感进行追踪调查，对调研获得的数据进行了科学的分析，与2017年的调研结果相比，城市自然安全感指数连续两年在公共安全感的分领域排名中占据榜首的位置，这一方面反映了我国各地政府对自然环境的治理水平和治理能力，同时也反映了居民对城市自然安全的高度评价，而且不同城市自然安全的评价具有正面持续性的一致性评价。通过对问卷进行统计分析，性别、年龄、文化程度、户口类型和月收入五个变量显著地影响了居民城市自然安全感和城市自然安全认知和评价，研究发现，

---

* 曹惠民，博士，中国矿业大学副教授，硕士生导师。研究方向：政府绩效治理、城市公共安全；邓婷婷，中国矿业大学公共管理学院硕士研究生；杨怡文，中国矿业大学公共管理学院硕士研究生。

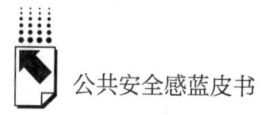

与2017年相比，2018年我国城市居民的自然安全感指数总体稳定，依然是所有分领域公共安全感指数中最高的，地区间差异依然明显，总体而言，东部沿海地区城市居民的自然安全感优于西部欠发达地区，我们区域中心城市自然安全感方面的"成绩单"亮丽。我国的城市自然安全虽然整体上表现比较好，但是局部地区的城市自然安全治理仍有待加强。

关键词： 城市自然安全　治理能力和水平　指数排名

一　城市自然安全感基本状况

2018年，城市公共安全治理课题组对全国31个省会城市（含直辖市）居民公共安全感指标的主观感受和评价进行测量。在所有设置的九项分领域的安全指数排名中，城市自然灾害安全感指数0.5089，位列首位，城市自然安全感的权重为0.1303。城市自然安全感在2018年的排名依然居于首位，从数据本身来看，相对于其他分领域的安全指数排名而言，城市居民对于城市自然安全的评价是最高的，这种稳定也间接反映了我国各地政府对于自然环境保护的高度重视，同时也反映了全社会对自然环境的重视和治理手段或措施的强化。研究的主要内容包括：（1）城市居民对城市自然安全的主观感知；（2）城市居民对于城市自然安全的整体评价；（3）城市居民的自然安全意识及相关的行为表现等。与2017年相比，2018年课题组对城市居民进行问卷调研时所采用的具体问题设置基本稳定。为了测度居民对自然安全的总体评价，增设了一个问题"总的来说，您是否担心本市的自然灾害问题"在对城市自然安全感进行测量时，并从性别、年龄、文化程度、户口类型、月收入等因素，具体分析对城市自然安全感的影响，了解我国不同地区城市自然安全感的社会评价。

（一）城市自然安全感调查说明

本次城市自然安全感测量在调研问卷中分为两部分内容。第一部分是测量我国城市自然安全感状况，如表1所示，城市自然安全感在城市公共安全感中所占权重为0.1303，较2017年略有增加，这也反映出我国对于自然环境的重视程度日益增加的社会现实情况。该领域在对居民进行问卷调研时，较2017年相比，增加了一个问题"总的来说，您是否担心本市的自然灾害问题"。具体分为四个子项，分别测量居民对自然安全总体评价、自然灾害造成生命财产损失、防范自然灾害的设施缺陷、自然灾害发生时市民能否得到及时救助的担忧程度，得分为1~10，分值越高，说明居民对该项内容越不担心，同时意味着居民对该方面的子项认可程度越高，该部分意在测度居民对所居住城市自然安全状况的认知和主观评价。

表1　全国城市自然安全感状况测量指标

一级指标	权重	二级指标	权重	三级指标
				（极为担心~完全不担心:1~10）
自然安全	0.1303	自然灾害	0.0708	自然安全总体评价
				自然灾害造成生命财产损失
				防范自然灾害的设施缺陷
		灾害救援	0.0595	自然灾害发生时市民能否得到及时救助

第二部分测量城市居民的在自然安全方面的意识及其行为倾向。与2017年相比，这部分问题的设置略有调整，具体设置了两个问题，第一个问题："您所在的社区或单位有没有组织过自然灾害方面的应急演练"，选项为：没有、没印象、偶尔有、经常有，由于"没有、没印象"这两个选项的差别非常小，分析过程中，将两个问题合并为一个选项；第二问题："在雾霾或空气质量差的日子里，您会戴口罩出行吗"选项包括：从来不带、偶尔会带、大多数情况下带、一直带。通过这两个问题分别测量基层自然安全防范措施的基本情况和居民在自然安全风险防范方面的行为倾向。

（二）城市自然安全感指数排名

1. 城市自然安全感在公共安全感分项指标指数中的排名情况

根据中国城市公共安全感指数与排名（2018）的分析结果①，通过对影响全国城市公共安全的九个领域的一级指标进行公共安全感测算，并做出最后的排名。根据表2、表3的相关数据，可以看出，城市居民的自然安全感高居首位。城市自然安全感和公共设施安全感一样，2017年、2018年连续两年位列综合排名榜的前两位，从最终的排名来看，表现稳定。虽然具体的评价数据略有升降，但是居民评价一致性的稳定，说明连续两年全国城市居民对于城市自然安全感、公共设施安全感的主观评价优于其他七个领域的主观评价。城市自然安全这份表现还算抢眼的"成绩单"一方面是政府对自然环境高度重视的结果，同时也是政府、居民对习近平总书记提出的"生态文明观"形成高度认同的重要表现。我国不同地区的自然安全治理水平仍然具有异质性，也会有很多具体的困难和问题，但是连续两年的城市公共安全感排名是对政府和社会公众协同保护自然环境，努力提升自然环境治理能力的高度认同。

表2 全国城市公共安全感分项指标指数排行榜（2018）

分项指标	指数	排名
自然安全感	0.5089	1
公共设施安全感	0.4978	2
食品安全感	0.4972	3
社会治安安全感	0.4957	4
交通安全感	0.4939	5
公共卫生安全感	0.4895	6
生态安全感	0.4880	7
社会保障安全感	0.4782	8
信息安全感	0.4670	9

① 具体统计分析结果和指数计算过程详见"中国城市公共安全感指数与排名（2018）"部分。

表3 全国城市分领域公共安全感排名指数比较

分项指标	2018年		2017年	
	指数	排名	指数	排名
自然安全感	0.5089	1	0.5091	1
公共设施安全感	0.4978	2	0.4941	2
食品安全感	0.4972	3	0.4693	8
社会治安安全感	0.4957	4	0.4934	3
交通安全感	0.4939	5	0.4917	4
公共卫生安全感	0.4895	6	0.4799	7
生态安全感	0.4880	7	0.4840	6
社会保障安全感	0.4782	8	0.4843	5
信息安全感	0.4670	9	0.3835	9

从本次调查来看，2018年城市公共安全感九项分项指标指数结果分别为（如表2所示）：自然安全感指数0.5089、公共设施安全感指数0.4978、食品安全感指数0.4972、社会治安安全感指数0.4957、交通安全感指数0.4939、公共卫生安全感指数0.4895、生态安全感指数0.4880、社会保障安全感指数0.4782、信息安全感指数0.4670。与2017年相比，自然安全感和公共设施安全感的排名连续两年占据第1和第2的位置。调查统计结果显示，自然安全感指数排名在2018年依然是最高。由此观之，城市居民对城市自然安全感的主观评价最高，反映了社会公众在所有的九个分领域中对自然安全感的主观评价最好。该排名传递出我国自然环境治理的两个积极信号，一是政府高度重视自然安全的治理能力及其有效提升，二是公众对于政府在自然安全治理方面的满意度和获得感比较强，这是我国城市自然安全治理能力稳定提升的重要体现。

2. 城市自然安全感指数排行

与全国自然安全感指数估算原理相同，利用求取的全国自然安全感分项指数，可以得出各城市自然安全感这一分项指标指数。就全国不同地区城市自然安全感这一分项指标指数来看（见表4），在全国城市自然安全感方面，2018年各城市的自然安全感指数排名由高到低依次是：昆明、贵阳、南昌、拉萨、沈阳、杭州、南京、银川、济南、西宁、上海、乌鲁木齐、天津、福州、郑州、西安、合肥、长沙、重庆、北京、呼和浩特、成都、石家庄、长春、兰州、太原、海口、武汉、广州、南宁、哈尔滨。城市自然安全感指数越高，排名越靠前，就表明该城市居民的自然安全感越高。

表4 全国城市自然安全感排名

城市	2018年		2017年	
	自然安全感指数	排名	自然安全感指数	排名
昆　明	0.5768	1	0.5045	19
贵　阳	0.5592	2	0.5598	5
南　昌	0.5506	3	0.5023	20
拉　萨	0.5496	4	0.5451	8
沈　阳	0.5387	5	0.4761	27
杭　州	0.5326	6	0.5814	2
南　京	0.5298	7	0.5156	15
银　川	0.5273	8	0.4764	26
济　南	0.5265	9	0.5125	16
西　宁	0.5260	10	0.5330	10
上　海	0.5256	11	0.5343	9
乌鲁木齐	0.5226	12	0.4754	28
天　津	0.5177	13	0.4999	22
福　州	0.5139	14	0.5081	17
郑　州	0.5137	15	0.5001	21
西　安	0.5076	16	0.5930	1
合　肥	0.5068	17	0.5061	18
长　沙	0.5032	18	0.5808	3
重　庆	0.5013	19	0.5453	7
北　京	0.4995	20	0.5157	14
呼和浩特	0.4969	21	0.4709	29
成　都	0.4933	22	0.5260	12
石家庄	0.4886	23	0.4632	30
长　春	0.4813	24	0.5323	11
兰　州	0.4786	25	0.4959	24
太　原	0.4743	26	0.4461	31

续表

城市	2018年 自然安全感指数	排名	2017年 自然安全感指数	排名
海 口	0.4719	27	0.5219	13
武 汉	0.4718	28	0.5653	4
广 州	0.4706	29	0.5580	6
南 宁	0.4607	30	0.4982	23
哈尔滨	0.4570	31	0.4777	25

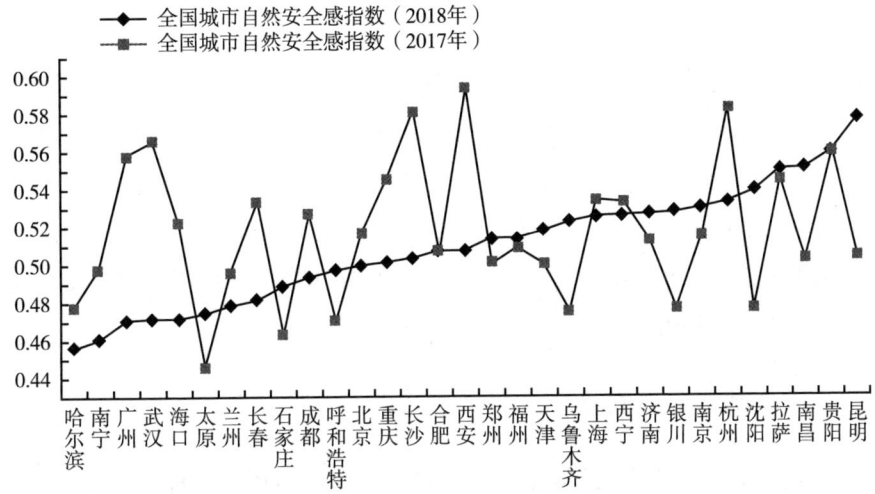

图1 全国城市自然安全感指数（2017~2018）

结合2017~2018年全国城市自然安全感指数及排名，详见表4和图1的相关数据。自然安全排名上升的城市有：昆明、贵阳、南昌、拉萨、沈阳、南京、银川、济南、乌鲁木齐、天津、福州、郑州、合肥、呼和浩特、石家庄、太原，排名下降的城市有杭州、上海、西安、长沙、重庆、北京、成都、长春、兰州、海口、武汉、广州、南宁、哈尔滨。排名没有变化的是西宁。将近55%的城市自然安全感的排名保持稳定或有所上升，这样的排名变化与这些城市在自然安全治理方面可以改进的空间比较大有关，另外与他们努力改进城市自然安全感的排名而进行的投入和努力工作有关。排名下降的城市中，如果北京、上海等超大城市因为其自身的可改进、可提升的空间相对有限而出现排名下降还有情可原的话，那么长沙、长春、海口、南宁和哈尔滨这些城市排名的下降就值得人们反思其排名下降的致因了。

就不同城市的变动幅度而言，贵阳、拉萨、杭州、西宁四个城市的排名较高，两年排名均为前10，保持了较高的水平，除了杭州外，其他三个城市均为中西部城市，这与中西部地区城市在自然方面的天然优势密切相关。在全国自然安全感排名榜中，石家庄、兰州、太原、南宁、哈尔滨这几个城市排名靠后，两年均位居倒数前10。昆明、南昌、沈阳、银川、乌鲁木齐排名上升幅度较大，名次上升均达到15名以上。排名上升幅最大的是沈阳，上升22位，由2017年的第27位上升到2018年的第5位；排名下降的城市中，广州、武汉、海口、长沙、西安排名下降幅度较大，名次下降均超过10名。排名下降幅度最大的是武汉，下降24位，由2017年的第4位下滑到2018年的第28位；上海、福州、合肥等城市排名相对稳定，变化幅度不大。城市自然安全感的排名变化及其变化的幅度的大小为不同城市自然安全的治理工作的改进和提升提供了参考依据。

（三）城市自然安全感的描述性统计

本次调查中，城市自然安全感的评价由一个总体评价指标和三个分指标（NL、NFS和RIT）构成：这四道测题分别是："总的来说，您是否担心本市的自然灾害问题"、"您是否担心本市自然灾害会给您造成生命财产损失（如地震、洪涝、干旱、台风、沙暴、雷电、冰雹……）"、"您是否担心本市防范自然灾害的设施有缺陷（如房屋抗震能力、排水系统、灾害防御工程……）"、"假如自然灾害发生时，您担心市民难以得到及时有效的救助吗"这四个测题均采用10点量表，从1"极为担心"到10"完全不担心"。总自然安全感为这四个指标的均值。描述性统计和相关分析结果如表5所示。从表5中可看出，所有指标的均值均大于中值5.50，表明我国的自然安全感总体情况较好，多数受访对象对自然安全的总体评价较高。城市居民调查对象对三个分项指标之间以及他们与总体自然安全感的评价都呈显著相关的关系。

表5 自然安全感分项内容的描述性统计和相关分析结果

	1	2	3	4
1. 自然灾害的生命财产损失	1			
2. 防范自然灾害的公共设施缺陷	0.721**	1		
3. 灾害救助的及时性	0.663**	0.733**	1	
4. 自然安全感的综合评价	0.888**	0.910**	0.891**	1
均值	5.74	5.55	5.64	5.65
标准差	2.76	2.66	2.74	2.44

注：*$p<0.05$，**$p<0.01$，***$p<0.001$，下同。

通过对调研数据的统计分析，我们发现居民的自然安全感的评价总体水平比较高，影响城市居民自然安全感评价的主要是性别、年龄、收入水平、户口类型、文化程度等变量。不同类型的城市居民对自然安全感的主观评价和偏好具有异质性，这种差别甚至影响着他们对于城市自然安全感的总体评价和认知，因此，对不同组别进行描述性统计和独立样本t检验，确定不同类型群体的自然安全担心程度差异，对我们全国城市居民对自然安全的担心程度，具有重要的参考价值。

1. 基于性别的自然安全感状况

在自然安全感的评价过程中，性别具有比较明显的差异，这与性别差异密切相关，因为性别不同，人们对自然安全的认知不同，主观评价也具有差异性。运用单因素方差分析和独立样本t检验了解性别变量与城市自然安全状况及不同层面担心程度的相关关系，结果如表6所示。

表6 全国城市居民性别与自然安全感状况的关系（2018）

变量	男		女		t
	M	SD	M	SD	
NL	5.91	2.77	5.57	2.75	6.057***
NFS	5.71	2.67	5.39	2.65	5.799***
RIT	5.86	2.73	5.42	2.74	7.671***
TR	5.82	2.42	5.46	2.45	7.243***

注：NL＝自然灾害的生命财产损失，NFS＝防范自然灾害设施的缺陷，RIT＝自然灾害救助及时性，TR＝自然灾害安全感的综合评价。

根据表6所示，所有相关测题的统计结果都呈现显著性，这表示就性别这一变量而言，对自然灾害中的生命财产损失的担忧程度（简称NL，下同）、防范自然灾害的公共设施缺陷的担心程度（简称NFS，下同）、发生自然灾害时救助的及时性（简称RIT，下同）、自然灾害治理水平的综合评价（简称TR，下同）四个变量检验的t统计量均达到显著水平，表示不同性别的城市居民对NL、NFS、RIT、TR的担心程度都有显著的不同。指标值最大为10分，表示完全不担心，最小为1分，表示极为担心，因此男性居民在NL（M = 5.91）、NFS（M = 5.71）、RIT（M = 5.86）、TR（M = 5.82）上面的安全感显著高于女性居民对NL（M = 5.57）、NFS（M = 5.39）、RIT（M = 5.42）、TR（M = 5.46）安全感。总体来看，男性在这四个具体指标上的表现优于女性即他们对于自然安全感的评价高于女性，这与男性和女性自身对于安全感的主观需求和认知程度的差异性密切相关，也符合现实社会生活中男性和女性在安全问题上的现实表现。

2. 基于年龄的自然安全感状况

年龄同样也是一个影响不同城市居民对自然安全感评价水平的一个重要变量。课题组也对此进行了统计分析。因此运用描述统计和单因素方差分析方法，得出城市居民年龄变量与自然安全感的相关关系。结果如表7所示。

表7 全国城市居民年龄与自然安全感状况的关系（2018）

变量	18~29岁(1)		30~44岁(2)		45~59岁(3)		60岁以上(4)		F	事后比较
	M	SD	M	SD	M	SD	M	SD		
NL	5.77	2.78	5.72	2.67	5.65	2.77	5.97	2.94	2.55	
NFS	5.55	2.64	5.53	2.60	5.52	2.71	5.82	2.90	2.55	
RIT	5.56	2.75	5.65	2.66	5.73	2.78	6.02	2.88	6.40***	1<4,2<4
TR	5.63	2.41	5.63	2.40	5.63	2.48	5.94	2.63	3.69*	1<4,2<4,3<4

注：NL = 自然灾害的生命财产损失，NFS = 防范自然灾害设施的缺陷，
RIT = 自然灾害救助及时性，TR = 自然灾害安全感的综合评价。

根据表7所示，NL、NFS两个变量在不同年龄群体中不显著，表示不同年龄段的受访对象对这两个测题的回答结果没有明显差异。但是RIT和

TR 则呈显著水平。就 RIT 而言，44 岁以下的人群对于灾害救助及时的评价低于 45 岁以上对该问题的评价水平。这与我国现行的灾害救助过程中的优先工作重点相关，现实生活中，面对自然灾害救助时，同等条件下，优先将有限的救助资源给予老年群体。当需要救助时，44 岁以下的群体相对而言"更担心"救援的及时性。就 TR 而言，不同年龄组存在显著差异，相对而言，60 岁以上的老年人对自然灾害安全感的综合评价水平要明显优于 60 岁以下的三个不同的年龄组对 TR 的评价水平。这种评价的显著性与其自身的阅历以及国家对于老年人的关照的体制和制度安排有关联。老年人在做出评价时，他们会不自觉地结合自己的阅历将以前的自然救助能力与现在的自然灾害治理能力相比较，毫无疑问，现在我国的自然灾害的系统治理能力比历史上任何时期都好，而这些 60 岁上的老年人结合对纵向的比较后他们的理解更深刻。

3. 基于文化教育程度的自然安全感状况

为了解居民的受教育程度对于自然安全感评价的影响，我们对居民所受的文化教育水平和自然安全感之间的关系也做了统计分析。运用描述统计和单因素方差分析方法，得出城市居民受教育程度的变量与自然安全感的关系。结果如表 8 所示。

表 8 全国城市居民文化程度与自然安全感状况的关系（2018）

变量	小学及以下(1)		初中(2)		高中(3)		大学(4)		研究生以上(5)		F
	M	SD	M	SD	M	SD	M	SD	M	SD	
NL	5.47	2.75	5.72	2.94	5.76	2.78	5.77	2.73	5.72	2.57	0.84
NFS	5.50	2.81	5.63	2.85	5.62	2.73	5.54	2.59	5.39	2.55	1.20
RIT	5.34	2.82	5.74	2.89	5.67	2.79	5.67	2.70	5.38	2.63	2.66
TR	5.43	2.52	5.70	2.60	5.68	2.51	5.66	2.38	5.49	2.27	1.35

注：NL = 自然灾害的生命财产损失，NFS = 防范自然灾害设施的缺陷，
RIT = 自然灾害救助及时性，TR = 自然灾害安全感的综合评价。

针对居民调研问卷中的三个问题，NL、NFS、RIT 和 TR 这几个问题不存在显著差异。不同学历教育背景的人对于自然安全感评价没有显著差异，

这也体现出城市自然安全治理所提供的公共产品和服务具有无差异性。当然这种无差异性的具体原因有待于进一步挖掘。如果全国不同地区居民的受教育程度都对公共安全问题的评价无差异，那么，这种不显著就说明，受教育程度本身对人们就自然安全感的评价没有显著性差异。

4. 基于居民户口类型的自然安全感状况统计

城市居民既包括常住人口，也包括流动人口，由于户口类型不同，他们接受城市公共服务的程度和内容不同，对城市自然安全感的评价也是如此，不同户口类型的居民的主观评价具有差异性。为了解居民的户口类型对自然安全感评价的影响，课题组运用描述统计和单因素方差分析法，得出城市居民户口类型与自然安全感的关系。统计结果如表9所示。

表9 全国城市居民户口类型与自然安全感状况的关系（2018）

变量	本地城市(1)		本地农村(2)		外地城市(3)		外地农村(4)		F	事后比较
	M	SD	M	SD	M	SD	M	SD		
NL	5.80	2.77	5.43	2.61	5.74	2.71	5.92	2.94	8.68***	2<1,2<3,2<4
NFS	5.63	2.68	5.37	2.54	5.59	2.61	5.44	2.79	4.52**	2<1
RIT	5.75	2.75	5.33	2.60	5.71	2.70	5.53	2.92	10.09***	2<1,2<3
TR	5.73	2.48	5.38	2.34	5.68	2.36	5.63	2.50	8.13***	2<1,2<3

注：NL＝自然灾害的生命财产损失，NFS＝防范自然灾害设施的缺陷，
RIT＝自然灾害救助及时性，TR＝自然灾害安全感的综合评价。

根据表9所示，城市居民的户口类型对NL、NFS、RIT和TR四个变量的分析结果具有显著性，也就是说不同户口类型的居民对自然安全评价具有显著性。针对NL而言，本地城市、外地户口居民都优于本地农村居民的评价，也就是本地农村户口的居民对生命财产安全的担忧程度相对较深，他们的安全感较低；针对NFS而言，本地农村居民与本地城市居民之间呈显著性，本地城市居民的居民对自然安全感的评价优于本地农村户口居民；而对于RIT和TR而言，本地城市和外地城市居民的安全感评价优于本地农村居民；也就是说，城市居民对于安全感的评价较高。

5. 基于居民收入水平的自然安全感状况统计

城市居民的月收入水平决定着他们的生活品质，也影响着他们对自然安全感的评价水平。运用描述统计和单因素方差分析方法，得出城市居民月收入水平与城市自然安全感的相关关系。结果如表10所示。

表10 全国城市居民月收入与自然安全感状况的关系（2018）

变量	2000元以下(1)		2001~3500元(2)		3501~5000元(3)		5001~8000元(4)		8001~12000元(5)		12001元以上(6)		F	事后比较
	M	SD	M	SD	M	SD	M	SD	M	SD	M	SD		
NL	5.66	2.82	5.69	2.82	5.69	2.68	5.85	2.73	5.97	2.71	6.28	2.83	3.83**	1<6,2<6,3<6
NFS	5.47	2.71	5.46	2.73	5.58	2.61	5.67	2.62	5.73	2.66	5.87	2.78	2.70	
RIT	5.51	2.81	5.55	2.80	5.66	2.68	5.85	2.67	5.91	2.77	5.74	2.85	4.55***	1<4,1<5,2<4
TR	5.55	2.47	5.57	2.49	5.64	2.42	5.79	2.39	5.87	2.37	5.96	2.47	3.98**	1<4

注：NL=自然灾害的生命财产损失，NFS=防范自然灾害设施的缺陷，RIT=自然灾害救助及时性，TR=自然灾害安全感的综合评价。

根据表10所示，不同收入水平的居民针对城市自然安全感评价的三个问题（NL、RIT和TR）评价呈显著差异。针对NL，月收入5000元以下和12000元以上的人群之间存在显著差异，收入水平在5000元以下的居民的担忧程度较高，这也可以得到解释即收入水平低的居民对生命财产的可能遭受的损失的担忧程度更高。NFS这个问题在不同的收入水平之间无显著差异；针对RIT而言，收入水平和自然安全感的评价存在显著差异，与月收入在5001~12000元的居民相比，2000元以下的居民对救助及时性的担心程度更高。同样地，月收入在2001~3500元的城市居民与月收入在5001~8000元的居民相比，前者的担忧程度更高。就TR而言，同样存在显著性，与月收入5001~8000元的居民相比，月收入在2000元以下的居民对自然安全感的综合评价水平更低。

二 城市自然安全治理方面的现状与问题

城市自然安全的治理能力和治理体系是我国国家治理体系和治理能力现代化的重要内容。课题组通过对全国进行大规模的样本调研,获取了城市自然灾害安全感评价的第一手数据,城市自然安全感评价的数据和相关的排名,反应和体现了我国城市自然安全治理方面遇到的问题和挑战,也为我国城市自然安全治理能力的提升提供了决策参考。

(一)城市自然安全感的分项指标数据统计及对比

1. 不同城市居民对"自然灾害中生命财产损失"的安全感及其排名(2018)

课题组调研针对相关数据的描述统计分析,得出了不同城市居民对"自然灾害中生命财产损失"的安全感及其排名,详见表11和图2。在对2018年的数据进行分析之后,我们将该分项指标2017和2018年的数据做了一个纵向的对比,详见表12。

表11 自然安全感分项指标[1]描述统计结果和排名(2018)

城市	M	SD	排名
昆明	7.25	1.82	1
贵阳	6.87	2.35	2
拉萨	6.76	2.35	3
南昌	6.67	2.37	4
沈阳	6.62	3.27	5
上海	6.28	3.08	6
南京	6.28	2.97	7
西宁	6.17	2.52	8
济南	6.16	2.41	9
杭州	6.14	3.01	10
银川	6.10	2.99	11
郑州	6.01	2.88	12

续表

城市	M	SD	排名
乌鲁木齐	6.01	2.83	13
天　津	5.94	2.50	14
西　安	5.92	2.55	15
呼和浩特	5.78	2.79	16
重　庆	5.55	2.61	17
合　肥	5.55	2.80	18
长　沙	5.53	2.05	19
福　州	5.47	2.54	20
北　京	5.46	3.02	21
石家庄	5.32	3.01	22
成　都	5.19	2.78	23
兰　州	5.09	2.69	24
太　原	5.05	2.68	25
长　春	4.96	2.87	26
武　汉	4.90	1.97	27
海　口	4.88	2.48	28
广　州	4.85	2.56	29
南　宁	4.60	2.84	30
哈尔滨	4.50	2.66	31

注：分项指标①：不同城市居民对"自然灾害中生命财产损失"的安全感。

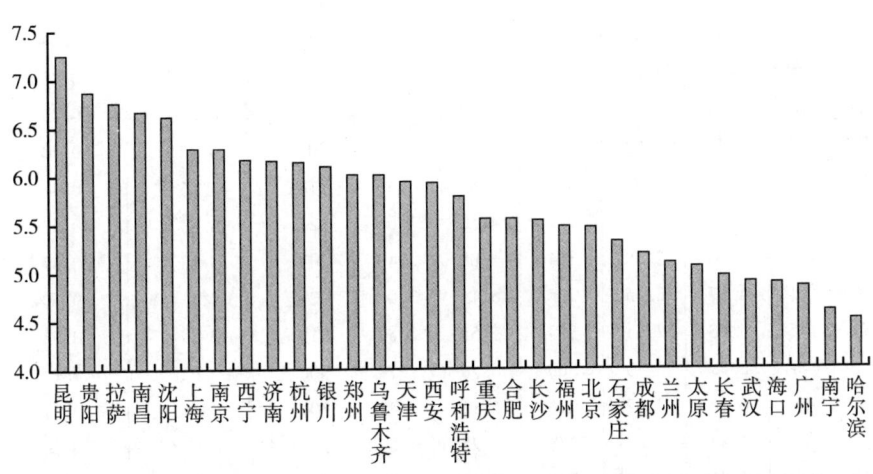

图 2　不同城市居民对"自然灾害中生命财产损失"的安全感排名（2018）

统计分析的结果显示，该项指标的全国均值是 5.74，居民对该项指标的评价较好。该项指标表现最好和最差的城市是昆明和哈尔滨，其均值为分别为 7.25 和 4.50。就该项指标而言，高于中值（5.50）且高于全国均值（5.74）的有昆明、贵阳、拉萨、南昌、沈阳、上海、南京、西宁、济南、杭州、银川、郑州、乌鲁木齐、天津、西安、呼和浩特 16 个城市；高于中值（5.50）但低于全国均值（5.74）的有重庆、合肥、长沙 3 个城市；低于全国均值（5.74）且低于中值（5.50）的有福州、北京、石家庄、成都、兰州、太原、长春、武汉、海口、广州、南宁、哈尔滨 12 个城市，低于中值的城市中，居民对于该项指标相对于其他城市而言，安全感相对较低。

2. 城市居民对"自然灾害中生命财产损失"的安全感比较（2018）

为了直观地体现 2017 年和 2018 年两年评价的变化情况，我们对连续两年的分项指标的相关数据做了一个初步的对比，通过对比，人们能够对城市自然安全治理的某些环节和方面做一个纵向比较，进而为城市自然安全治理工作的改进提供决策参考。分项指标①的比较数据见表 12。

表 12　自然安全感分项指标①统计分析结果的比较（2017~2018）

城市	2017 年			2018 年			t	d
	M	SD	N	M	SD	N		
北　京	5.81	2.82	300	5.46	3.02	287	1.45	0.12
沈　阳	5.56	2.97	300	6.62	3.27	332	-4.25***	0.34
成　都	5.86	2.63	300	5.19	2.78	294	3.04**	0.25
福　州	5.59	2.59	298	5.47	2.54	295	0.58	0.05
广　州	5.77	2.06	296	4.85	2.56	303	4.86***	0.40
贵　阳	5.63	2.81	303	6.87	2.35	318	-5.96***	0.48
哈尔滨	5.64	2.66	299	4.50	2.66	321	5.33***	0.43
海　口	6.08	2.59	304	4.88	2.48	301	5.83***	0.47
杭　州	6.97	2.55	298	6.14	3.01	321	3.72***	0.30
合　肥	5.63	2.51	299	5.55	2.80	319	0.39	0.03
呼和浩特	5.49	3.15	300	5.78	2.79	308	-1.22	0.10
济　南	6.18	3.12	296	6.16	2.41	300	0.11	0.01
昆　明	5.82	2.97	278	7.25	1.82	320	-6.97***	0.58
拉　萨	6.36	3.02	300	6.76	2.35	300	-1.82	0.15

续表

城市	2017年			2018年			t	d
	M	SD	N	M	SD	N		
兰　州	4.66	2.53	299	5.09	2.69	314	-2.04*	0.16
南　昌	6.14	3.06	300	6.67	2.37	298	-2.37*	0.19
南　京	5.65	2.29	300	6.28	2.97	318	-2.96**	0.24
南　宁	5.96	2.93	293	4.60	2.84	311	5.79***	0.47
上　海	7.07	2.65	306	6.28	3.08	299	3.36***	0.27
石家庄	4.87	2.20	298	5.32	3.01	314	-2.11*	0.17
太　原	3.82	2.29	300	5.05	2.68	319	-6.15***	0.49
天　津	5.66	3.05	300	5.94	2.50	298	-1.22	0.10
乌鲁木齐	4.96	2.92	291	6.01	2.83	306	-4.47***	0.37
武　汉	6.11	2.53	299	4.90	1.97	315	6.63***	0.54
西　安	5.77	2.51	300	5.92	2.55	299	-0.73	0.06
西　宁	5.67	2.41	299	6.17	2.52	307	-2.51*	0.20
银　川	5.29	2.87	300	6.10	2.99	301	-3.36***	0.27
长　春	6.26	3.10	300	4.96	2.87	299	5.33***	0.44
长　沙	6.42	2.69	299	5.53	2.05	302	4.52***	0.37
郑　州	5.32	2.79	293	6.01	2.88	307	-2.99**	0.24
重　庆	6.52	2.89	299	5.55	2.61	298	4.29***	0.35

注：分项指标①：不同城市居民对"自然灾害中生命财产损失"的安全感。

该项指标2018年与2017年统计结果的比较结果详见表12，排名上升的有沈阳、贵阳、呼和浩特、昆明、拉萨、兰州、南昌、南京、石家庄、太原、天津、乌鲁木齐、西安、西宁、银川、郑州16个城市，其中昆明为中等效果量，沈阳、贵阳、南京、太原、乌鲁木齐、银川、郑州7个城市为小效果量。排名下降的有北京、成都、福州、广州、哈尔滨、海口、杭州、合肥、济南、南宁、上海、武汉、长春、长沙、重庆15个城市，其中武汉为中等效果量，成都、广州、哈尔滨、海口、杭州、南宁、上海、长春、长沙、重庆10个城市为小效果量。

3. 不同城市居民对"防范自然灾害的公共设施缺陷"的安全感及其排名（2018）

课题组结合该测题调研的统计数据进行分析，得出了不同城市居民对"防范自然灾害的公共设施缺陷"的安全感及其排名，详见表13和图3。在对2018年的数据进行分析之后，我们将该分项指标2017和2018年的数据做了一个纵向对比，详见表14。

统计分析的结果显示，该项指标的全国均值是5.55，略大于中值5.50的水平。居民对该项指标的评价较好。该项指标表现最好和最差的城市是昆明和南宁，其均值为分别为7.30和4.44。就该项指标而言，高于中值（5.50）且高于全国均值（5.55）的有昆明、贵阳、南昌、拉萨、杭州、乌

表13　自然安全感分项指标[②]描述统计结果和排名（2018）

城市	M	SD	排名
昆　明	7.30	1.84	1
贵　阳	6.87	2.34	2
南　昌	6.63	2.30	3
拉　萨	6.57	2.55	4
杭　州	6.06	2.93	5
乌鲁木齐	6.04	2.85	6
银　川	6.01	2.80	7
西　宁	5.99	2.46	8
济　南	5.97	2.47	9
福　州	5.94	2.42	10
上　海	5.90	2.91	11
南　京	5.85	2.75	12
沈　阳	5.80	3.33	13
天　津	5.71	2.57	14
合　肥	5.64	2.60	15
长　沙	5.56	2.05	16
郑　州	5.49	2.58	17
西　安	5.40	2.38	18
成　都	5.36	2.57	19
重　庆	5.29	2.48	20
北　京	5.29	2.80	21
长　春	4.98	2.67	22
石家庄	4.88	2.81	23
呼和浩特	4.86	2.62	24
武　汉	4.86	1.94	25
广　州	4.83	2.63	26
太　原	4.74	2.36	27
兰　州	4.72	2.49	28
海　口	4.68	2.37	29
哈尔滨	4.53	2.60	30
南　宁	4.44	2.73	31

注：分项指标[②]：不同城市居民对"防范自然灾害的公共设施缺陷"的安全感。

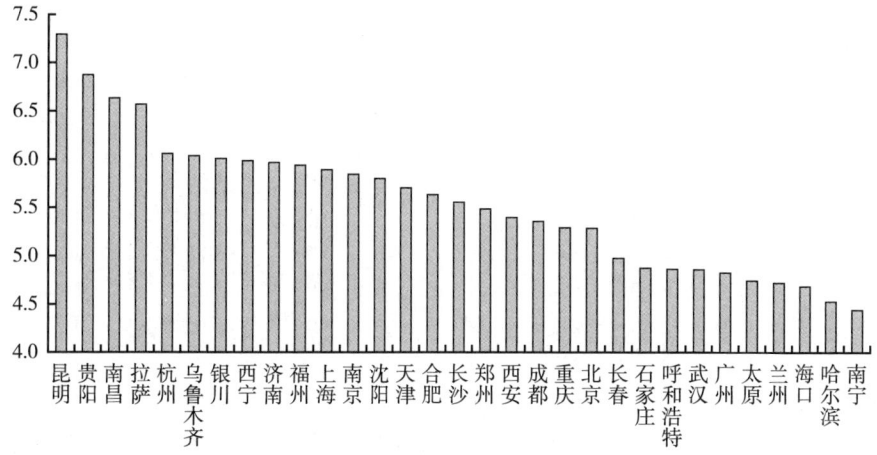

图3 不同城市居民对"防范自然灾害的公共设施缺陷"的安全感排名（2018）

鲁木齐、银川、西宁、济南、福州、上海、南京、沈阳、天津、合肥、长沙16个城市；低于全国均值（5.55）且低于中值（5.50）的有郑州、西安、成都、重庆、北京、长春、石家庄、呼和浩特、武汉、广州、太原、兰州、海口、哈尔滨、南宁15个城市，在低于中值的城市中，居民对于该项指标相对于其他城市而言，安全感相对较低。

4. 城市居民对"防范自然灾害的公共设施缺陷"的安全感比较（2018）

为了直观地体现2017年和2018年两年评价的变化情况，我们对连续两年的分项指标的相关数据做了一个初步的对比，通过对比，人们能够对城市自然安全治理的某些环节和方面做一个纵向比较，进而为城市自然安全治理工作的改进提供决策参考。分项指标[②]的比较数据见表14。

表14 自然安全感分项指标[②]统计分析结果的比较（2017～2018）

城市	2017年			2018年			t	d
	M	SD	N	M	SD	N		
北 京	5.42	2.59	299	5.29	2.80	287	0.61	0.05
沈 阳	5.26	2.83	300	5.80	3.33	332	-2.23*	0.18
成 都	5.83	2.41	300	5.36	2.57	294	2.30*	0.19

续表

城市	2017年			2018年			t	d
	M	SD	N	M	SD	N		
福 州	5.34	2.49	298	5.94	2.42	295	-3.01**	0.25
广 州	5.70	1.86	296	4.83	2.63	303	4.73***	0.39
贵 阳	5.33	2.68	303	6.87	2.34	318	-7.61***	0.61
哈尔滨	5.30	2.44	300	4.53	2.60	321	3.83***	0.31
海 口	5.74	2.62	304	4.68	2.37	301	5.20***	0.42
杭 州	6.93	2.43	298	6.06	2.93	321	4.02***	0.32
合 肥	5.64	2.23	299	5.64	2.60	317	-0.01	0.00
呼和浩特	4.72	2.88	300	4.86	2.62	308	-0.63	0.05
济 南	5.23	2.77	296	5.97	2.47	300	-3.46***	0.28
昆 明	5.47	2.77	277	7.30	1.84	320	-9.34***	0.78
拉 萨	6.13	3.01	299	6.57	2.55	300	-1.93	0.16
兰 州	4.62	2.44	300	4.72	2.49	314	-0.50	0.04
南 昌	5.50	2.89	300	6.63	2.30	298	-5.32***	0.44
南 京	6.03	2.19	300	5.85	2.75	317	0.89	0.07
南 宁	5.58	2.81	294	4.44	2.73	311	5.06***	0.41
上 海	7.09	2.37	305	5.90	2.91	299	5.53***	0.45
石家庄	4.72	2.11	298	4.88	2.81	313	-0.80	0.06
太 原	4.04	2.25	300	4.74	2.36	319	-3.81***	0.31
天 津	5.19	2.91	300	5.71	2.57	298	-2.29*	0.19
乌鲁木齐	4.77	2.81	291	6.04	2.85	305	-5.47***	0.45
武 汉	6.08	2.42	299	4.86	1.94	315	6.88***	0.56
西 安	5.92	2.37	300	5.40	2.38	297	2.69**	0.22
西 宁	5.54	2.20	298	5.99	2.46	307	-2.36*	0.19
银 川	5.15	2.59	300	6.01	2.80	301	-3.92***	0.32
长 春	5.77	2.96	300	4.98	2.67	299	3.44***	0.28
长 沙	5.74	2.52	298	5.56	2.05	303	0.96	0.08
郑 州	5.40	2.54	293	5.49	2.58	305	-0.41	0.03
重 庆	6.13	2.71	299	5.29	2.48	298	3.92***	0.32

注：分项指标②：不同城市居民对"防范自然灾害的公共设施缺陷"的安全感。

该项指标2018年与2017年统计结果的比较结果详见表14，排名上升的有沈阳、福州、贵阳、合肥、呼和浩特、济南、昆明、拉萨、兰州、南昌、石家庄、太原、天津、乌鲁木齐西宁、银川、郑州17个城市，其中贵阳、昆明2个城市为中等效果量，福州、济南、南昌、太原、乌鲁木齐、银川6个城市为小效果量。排名下降的有北京、成都、广州、哈尔滨、海口、杭州、南京、南宁、上海、武汉、西安、长春、长沙、重庆14个城市，其中武汉为中等效果量，广州、哈尔滨、海口、杭州、南宁、上海、西安、长春、重庆9个城市为小效果量。

5. 不同城市居民对"自然灾害救助及时性"的安全感及其排名（2018）

课题组调研针对相关数据的描述统计分析，得出了不同城市居民对"自然灾害救助及时性"的安全感及其排名，详见表15和图4。在对2018年的数据进行分析之后，我们将该分项指标2017和2018年的数据做了一个纵向的对比，详见表16。

表15 自然安全感分项指标[③]描述统计结果和排名（2018）

城市	M	SD	排名
昆 明	7.33	1.83	1
贵 阳	6.74	2.35	2
南 昌	6.63	2.45	3
拉 萨	6.57	2.54	4
济 南	6.27	2.42	5
福 州	6.19	2.50	6
杭 州	6.18	3.03	7
沈 阳	6.17	3.36	8
西 宁	6.08	2.55	9
南 京	6.04	3.00	10
乌鲁木齐	6.02	2.91	11
上 海	6.02	3.04	12
银 川	5.99	2.95	13
天 津	5.86	2.59	14
合 肥	5.80	2.70	15
长 沙	5.65	2.10	16
成 都	5.56	2.72	17
北 京	5.53	2.96	18
重 庆	5.32	2.60	19
郑 州	5.31	2.75	20

续表

城市	M	SD	排名
西 安	5.25	2.42	21
兰 州	5.22	2.62	22
长 春	5.10	2.81	23
石 家 庄	4.92	2.91	24
海 口	4.92	2.39	25
武 汉	4.89	1.97	26
呼 和 浩 特	4.87	2.69	27
广 州	4.76	2.50	28
太 原	4.69	2.53	29
哈 尔 滨	4.58	2.75	30
南 宁	4.53	2.78	31

注：分项指标③：不同城市居民对"自然灾害救助及时性"的安全感。

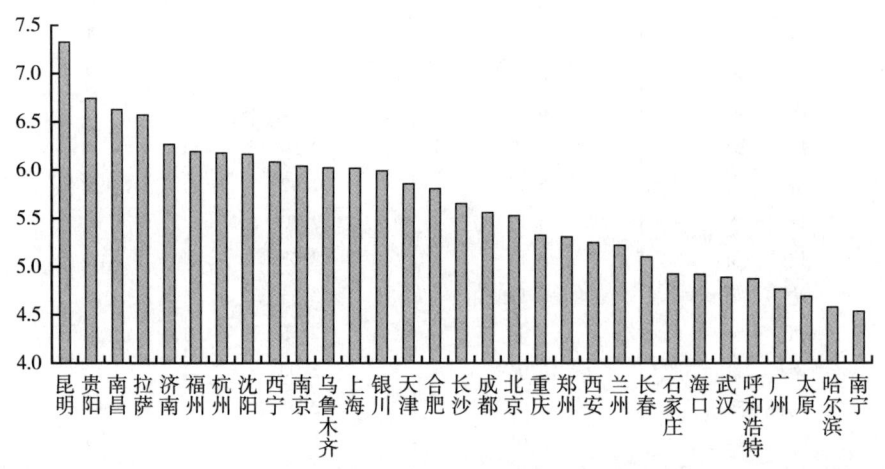

图 4　不同城市居民对"自然灾害救助及时性"的安全感排名（2018）

统计分析的结果显示，该项指标的全国均值是 5.64，居民对该项指标的评价较好。该项指标表现最好和最差的城市是昆明和南宁，其均值为分别为 7.33 和 4.53。就该项指标而言，高于中值（5.50）且高于全国均值（5.64）的有昆明、贵阳、南昌、拉萨、济南、福州、杭州、沈阳、西宁、南京、乌鲁木齐、上海、银川、天津、合肥、长沙16个城市；高于中值（5.50）但低于全国均值（5.64）的有成都、北京2个城市；低于全国均值（5.64）且低于中值（5.50）的有重庆、郑州、西安、兰州、长春、石家庄、海口、武汉、呼和浩特、广州、太原、哈尔滨、南宁13个城市，低于中值的城市中，居民对于该项指标相对于其他城市而言，安全感相对较低。

6. 城市居民对"自然灾害救助及时性"的安全感比较（2018）

为了直观地体现2017年和2018年两年评价的变化情况，我们对连续两年的分项指标的相关数据做了一个初步的对比，通过对比，人们能够对城市自然安全治理的某些环节和方面做一个纵向比较，进而为城市自然安全治理工作的改进提供决策参考。分项指标③的比较数据见表16。

表16 自然安全感分项指标③统计分析结果的比较（2017~2018）

城市	2017年			2018年			t	d
	M	SD	N	M	SD	N		
北 京	6.08	2.66	298	5.53	2.96	285	2.38 *	0.20
沈 阳	5.30	2.71	299	6.17	3.36	332	-3.56 ***	0.28
成 都	6.29	2.45	300	5.56	2.72	294	3.46 ***	0.28
福 州	5.46	2.43	297	6.19	2.50	295	-3.64 ***	0.30
广 州	5.79	1.86	296	4.76	2.50	303	5.75 ***	0.47
贵 阳	5.61	2.64	301	6.74	2.35	317	-5.64 ***	0.45
哈 尔 滨	5.36	2.54	300	4.58	2.75	321	3.68 ***	0.30
海 口	6.09	2.49	305	4.92	2.39	300	5.87 ***	0.48
杭 州	7.02	2.38	298	6.18	3.03	321	3.87 ***	0.31
合 肥	5.77	2.33	299	5.80	2.70	316	-0.17	0.01
呼和浩特	4.91	2.89	300	4.87	2.69	308	0.19	0.02
济 南	5.80	2.90	296	6.27	2.42	300	-2.12 *	0.17
昆 明	5.73	2.63	277	7.33	1.83	320	-8.45 ***	0.70
拉 萨	6.26	3.09	295	6.57	2.54	300	-1.35	0.11
兰 州	5.27	2.50	298	5.22	2.62	313	0.25	0.02
南 昌	5.82	2.67	300	6.63	2.45	298	-3.85 ***	0.31
南 京	5.76	2.29	300	6.04	3.00	318	-1.29	0.10
南 宁	5.93	2.65	292	4.53	2.78	311	6.32 ***	0.51

续表

城市	2017年			2018年			t	d
	M	SD	N	M	SD	N		
上　海	7.06	2.49	305	6.02	3.04	299	4.59***	0.37
石家庄	4.87	2.01	298	4.92	2.91	314	-0.26	0.02
太　原	4.15	2.21	300	4.69	2.53	319	-2.81**	0.23
天　津	5.53	2.94	300	5.86	2.59	297	-1.43	0.12
乌鲁木齐	5.04	2.86	291	6.02	2.91	303	-4.14***	0.34
武　汉	6.32	2.32	299	4.89	1.97	315	8.24***	0.67
西　安	6.17	2.32	300	5.25	2.42	298	4.77***	0.39
西　宁	5.94	2.14	298	6.08	2.55	306	-0.76	0.06
银　川	5.12	2.64	300	5.99	2.95	300	-3.80***	0.31
长　春	5.85	2.96	300	5.10	2.81	299	3.19**	0.26
长　沙	6.07	2.55	299	5.65	2.10	303	2.20*	0.18
郑　州	5.85	2.66	293	5.31	2.75	307	2.46*	0.20
重　庆	6.37	2.64	299	5.32	2.60	297	4.86***	0.40

注：分项指标③：不同城市居民对"自然灾害救助及时性"的安全感。

该项指标2018年与2017年统计结果的比较结果详见表16，排名上升的有沈阳、福州、贵阳、合肥、济南、昆明、拉萨、南昌、南京、石家庄、太原、天津、乌鲁木齐、西宁、银川15个城市，其中昆明为中等效果量，沈阳、福州、贵阳、南昌、太原、乌鲁木齐、银川7个城市为小效果量。排名下降的有北京、成都、广州、哈尔滨、海口、杭州、呼和浩特、兰州、南宁、上海、武汉、西安、长春、长沙、郑州、重庆16个城市，其中南宁、武汉2个城市为中等效果量，成都、广州、哈尔滨、海口、杭州、上海、西安、长春、重庆9个城市为小效果量。

（二）城市自然安全治理的问题

全国城市公共安全感的研究结果表明，相对于其他八个领域的分领域评价指标，城市自然安全感的指数继2017年之后，再次名列榜首。这反映了近几年我国各级政府在习近平生态环境治理思想指导下高度重视自然环境的保护和持续投入，连续两年排名分领域指数排名的榜首反映了我国生态环境治理体系和治理能力在稳步提升。但是，靓丽的数据背后，我们可以发现一些需要改进的空间。我们必须居安思危，认真面对我国自然安全治理方面的问题：

1. 自然安全感的指数排名总体稳定，但是结构型的问题明显

课题组通过对全国城市自然环境治理的调研数据的科学分析后，得出了不同城市的分领域公共安全的排名。通过数据分析的结果，我们可以明确指出的是，2018年自然安全感的指数排名依然在众领域安全感排名的指数中占据了第一名的位置，整体表现较强的稳定性。除少部分城市的自然安全感排名比较稳定外，大多数地区的自然安全感评价数据的结构型特征明显。不同地区的自然安全感的综合排名必须考虑诸多的相关因素的影响，通过分项指标的数据分析以及两年的数据统计结果对比，我们可以发现，就自然安全感指数而言，这是不同地区"此消彼长"相互耦合的结果；同样地，自然安全感的评价内容、测题的实际以及评价的实施都会对评价结果产生这样那样的影响。除了调研对象和调研内容外，就是不同地区自然安全感的投入和重视呈现一个变化和调整的过程，反映在评价过程中就是数据的"此消彼长"。结构型特征明显，不同年份、不同城市间的自然安全感评价的总体数据和分项数据的都呈现明显的结构型变化特征。

2. 自然安全感指数的地区差异依旧，地区特征差异明显

从2018年全国城市公共安全感调研的数据来看，全国不同地区的自然安全感指数的地区差异依然明显。除少部分的地区排名相对比较稳定外，多数地区排名的都互有升降，这种升降一方面反映出地区自然安全治理的投入差异，同时也与本地区已有的基础条件和特殊的自然环境、资源有关。与2017年相比，2018年最后的自然安全感排名依然具有明显的地区差异，但是不同地区的具体变化程度却呈现多元特征（见表17）。通过该表，我们可以看到我国不同地区在某些具体议题上的安全感的地区特征很明显，这与我国不同地区的自然环境和现行的自然环境治理的政策及其执行密切相关，当然也有当地原有的基础性条件的影响。整体来看，地方政府自然安全治理投入的稳定性在不同地区表现出不同的绩效水平。中西部地区自然环境、自然

资源的天然优势明显，他们对于自然环境治理水平呈现一个"同等投入、更大绩效"的特征。但是在上海、北京、广州这样的城市，由于其已有的基础条件整体比较扎实，同等投入的绩效外显度就不如中西部地区那么明显。这也导致2018年中西部地区和边远地区的城市排名上升幅度比较大，而北京、上海这样的一线城市上升幅度有限，甚至出现下降，这是因为其他地方上升幅度过大而出现的相对下降。

表17 自然安全感分项指标的地区排名

城市	生命财产			防范设施			灾害救助		
	2018年	2017年	变化	2018年	2017年	变化	2018年	2017年	变化
昆 明	1	13	12	1	17	16	1	20	19
贵 阳	2	22	20	2	21	19	2	21	19
拉 萨	3	5	2	4	3	-1	4	6	2
南 昌	4	8	4	3	16	13	3	15	12
沈 阳	5	24	19	13	23	10	8	25	17
上 海	6	1	-5	11	1	-10	12	1	-11
南 京	7	19	12	12	6	-6	10	19	9
西 宁	8	17	9	8	15	7	9	11	2
济 南	9	7	-2	9	24	15	5	16	9
杭 州	10	2	-8	5	2	-3	7	2	-5
银 川	11	27	16	7	26	19	13	27	14
郑 州	12	26	14	17	19	2	20	14	-6
乌鲁木齐	13	28	15	6	27	21	11	28	17
天 津	14	18	4	14	25	11	14	22	8
西 安	15	15	0	18	7	-11	21	7	-14
呼和浩特	16	25	9	24	28	4	27	29	2
重 庆	17	3	-14	20	4	-16	19	3	-16
合 肥	18	21	3	15	13	-2	15	18	3
长 沙	19	4	-15	16	11	-5	16	10	-6
福 州	20	23	3	10	20	10	6	23	17
北 京	21	14	-7	21	18	-3	18	9	-9
石家庄	22	29	7	23	29	6	24	30	6
成 都	23	12	-11	19	30	-11	17	5	-12
兰 州	24	30	6	28	30	2	22	26	4

续表

城市	生命财产			防范设施			灾害救助		
	2018年	2017年	变化	2018年	2017年	变化	2018年	2017年	变化
太原	25	31	6	27	31	4	29	31	2
长春	26	6	-20	22	9	-13	23	13	-10
武汉	27	9	-18	25	5	-20	26	4	-22
海口	28	10	-18	29	10	-19	25	8	-17
广州	29	16	-13	26	12	-14	28	17	-11
南宁	30	11	-19	31	14	-17	31	12	-19
哈尔滨	31	20	-11	30	22	-8	30	24	-6

3. 公众的参与水平需要强化，城市公共安全风险的应急机制需要加强

政府在自然灾害风险预控和公众参与方面的问题依然是制约我国现行自然灾害治理水平的重要影响因素。在课题调研的过程中，课题设计了一个测题"您所在的社区或单位有没有组织过自然灾害方面的应急演练"。通过这个问题拟了解全国针对自然灾害应急与预控机制的建立情况，同时也能够间接反映社会公众的参与情况（见图5）。

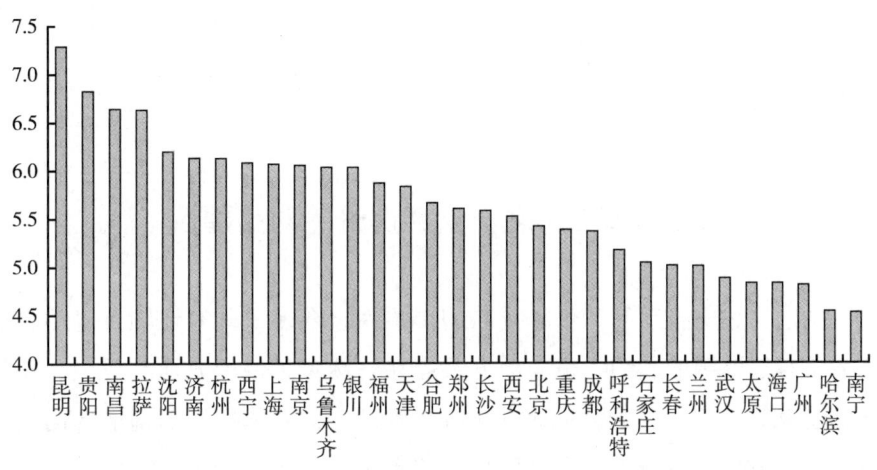

图5 不同城市居民对"灾害应急演练频次"的主观评价（2018）

城市的应急演练及其相关的制度设计是城市自然安全治理的重要组成部分，一方面体现了政府及其相关部门对于城市自然灾害治理的预防和应急机

制的设计，另外一方面，是有效改进和提升城市居民参与风险治理水平的重要手段。2018年的统计数据表明，全国绝大多数城市自然灾害应急和治理水平都不乐观，每个城市居民对本地举行自然灾害的总体评价都低于中值；如果城市应急演练为核心的预防预控机制缺失或不足的话，那么社会公众参与自然灾害预控的空间和机会就很少，社会公众在面对自然灾害风险时自救或他救的能力就比较差，这对城市自然安全的治理体系和治理能力的现代化是一个严重的挑战；我国的不同的地区应该强化以自然灾害的应急演练机制为核心的预防预控机制建设。

通过对2017年、2018两年数据的对比分析，可以看出我国不同地区自然灾害风险的治理水平的地区差异比较明显，地方政府在相关领域的治理体系和治理能力的限制，政府的投入、公众的参与等因素都是制约我国地方政府灾害治理问题的影响因素。总体来讲，我国不同城市所面对的城市自然安全的问题和挑战既有客观性质的，也有主观方面的，既有居民的，也有政府的，既有发达地区的，也有中西部欠发达地区的。这些挑战和问题为我们展现了一个城市自然安全的图景。地方政府和社会公众应该充分认识到自然安全感对于老百姓的幸福感和获得感的重要价值，强化协同治理，为自然安全治理体系和治理能力的提升创造一个良好的治理环境。

三 城市自然安全感提升的对策建议

城市自然安全感的评价和排名的影响因素众多，既有地区自身的自然环境、自然资源的制约，也与地方政府在自然灾害治理方面的投入，比如制度建设等有关，这也启示地方政府的管理者，必须根据不同地区的实际情况，要强化城市自然灾害的风险防范和预控体系建设，注重城市自然灾害的协同共治。注重从减灾防灾、预警、应急响应到恢复重建的有效衔接，每一环节的工作缺陷都将引起恶性循环，从而削弱整体绩效；城市自然灾害的管理和治理必须打破部门界限，充分发动群众，鼓励社会公众的有效参与，重点对灾害风险治理的"碎片化"结构进行调整，从技术层面有效地整合不同政府部门的公共资源，进一步优化当前灾害治理体系，提升灾害治理的能力。

（一）结合本地区实际情况，积极推进城市自然灾害的系统治理

城市自然安全治理需要积极推进系统治理。不同地区的客观实际情况不同，面对的城市自然环境也有较大的差异。通过近两年的调研，我们发现，不同地区对于自然环境保护和治理的偏好和认知也不同。2018年以来我国不同地区屡屡曝光地方政府充当自然环境污染保护伞的案例，比如山西孝义的扬尘污染、山西大同的环境数据造假、山东临沂等地接受生态环保部约谈，这从侧面也反映了我国自然安全治理的地区性差异。地方政府领导要高度重视地方自然环境治理的整体规划和部署。城市自然生态治理要尊重自然规律，充分发挥各方的积极性、主动性和创造性。要充分认识到本地区在自然安全治理方面的现实和差距，从政策设计、基础设施建设和社会公众参与等方面，凝神聚力，强化自然安全治理的系统治理。从风险的教育和培训、到风险的演练、应急处置以及事后恢复，甚至包括心理救援和干预等方面进行全方位的顶层设计，实现地区自然安全治理体系和治理能力的有效改进和提升，实现本地区自然安全治理能力的稳步提升。反映在历年的自然安全感排名上，政府应该努力使得该排名实现基本稳定和持续改进，相对意义上的排名下降可以理解，但是一定要努力避免实质意义上的下降，尤其要避免由于地方工作不力导致老百姓的"差评"而使得排名呈现断崖式下跌的情况出现。地区的结构型的问题需要得到不同地区的高度重视。

（二）注重对自然灾害的系统研究，注重系统预防和应急体系建设

1. 强调预防为主的思想，构建预控的政策和制度体系

以自然灾害的治理为核心的自然安全治理体系和治理能力必须强化。我们现行的自然灾害的治理依然是以传统一案三制核心建构起来的制度体系。2006年以来，国家制定了《国家自然灾害救助应急预案》、《国家防汛抗旱

应急预案》、《国家地震应急预案》等诸多预案，各个地方也加紧了各类预案的制定。但是这些预案的执行如何有效的嵌入到社会的生产和生活实践中才是一个现实的问题。但现有的各种预案都是以各种类型自然灾害的治理为核心，以各个地域为主体，采取条条为主、块块为辅的方式建立的，希望能在条块之间保持充分的协调，既实现自然灾害应对中的统一领导，又充分发掘各地方政府的主导作用。因此，需要进一步完善相应预案体系，充实预案内容，细化要素分类，增强预案的规范化、体系化和可操作化。

随着城市化的快速推进，城市自然安全治理的系统推进，必须强化相关的政策和制度的体系的完备。比如灾害的领导体制、资源的分配体制、风险的救援体系和心理干预体系等。要以自然灾害风险的有效治理为核心，全面建构自然灾害的应急和响应机制。每年的6月底到8月底，我国全国各地城市都会出现严重的内涝，而且成了我国城市内涝治理的一个"顽疾"，首先地方应该思考，这个内涝真的是不可治理的吗？如果可以治理，我国的地方政府为何对城市内涝有时显得很无助。基于此，不同地区的城市要强化系统治理的思维，从政策和制度的设计和执行上着手，要强化天气的预报、地方基础设施的改扩建，注重城市更新等。从政策设计和资源保障，部门协同，社会参与等角度去应对自然灾害风险，有效提升城市自然灾害的应急处置能力。

2. 以自然安全风险治理为中心，强调预防、应急和恢复重建的政策链

城市自然安全风险治理是一个系统工程，它考验着政府的领导和决策水平，挑战着城市公共设施的抗风险能力，也检验者老百姓的自然灾害的参与能力和救援能力。地方政府必须注重自然安全治理能力的可持续改进和提升，城市基础设施的科学规划、建设与管理是有效提升城市自然安全感的客观条件。人们对城市内防范基础设施还是比较担忧的。从客观方面将，除了认识自然灾害自身，另一个重要的内容就是强化城市基础设施的科学规划、高质量建设，并在可持续发展的理念指导下科学进行基础设施的维护和运营，避免城市设施出现连锁型的风险。从2018年的统计数据结果来看，很多城市自然安全治理能力的持续稳定提升是一个困难的议题。因此，地方政

府必须系统梳理影响本地自然安全感的重要致因，加强城市公共基础设施的科学规划、建设和更新，建构基于快速反应的应急机制以及致力于恢复城市原有状态的恢复重建能力的相关体制、机制。应急演练，教育培训都在预防预控体系中占据重要的位置。要从形式上和实质意义上将应急演练、教育培训和自救知识培训嵌入到城市居民的生产和生活中；促进风险的预控效果；应急和相应能力考验着一个城市救援的及时性和专业程度，也影响着城市自然灾害的治理能力和水平。

3. 积极引导，鼓励社会公众的广泛参与

城市自然安全治理体系和治理能力是多要素耦合的一个结果。公众对于自然灾害的认知和偏好将直接决定着他们在面对风险时的决策和行为。公民自身的风险防控意识和能力的培养有赖于公民个人自身的主动性和积极性，同时也有赖于政府所提供相应的平台和资源，应对城市自然灾害，提升公民的安全感，需要政府引导社会公众建构一种全员参与的协同治理模式。政府应该积极引导，鼓励社会公众积极参与城市自然灾害风险的预控预防。公众参与的一个重要前提是他们有参与的渠道和空间。因此，除了政府的重视和政策制度的设计之外，社会公众的有效参与也是一个重要的推动因素。连续两年的调研结果数据显示，我国的城市自然灾害的应急演练的相关数据都很尴尬，难言令人满意。这种应急演练的尴尬数据一方面说明了我国城市自然灾害预防预控机制和应急响应机制的不完善，另一方面也说明了我国的社会公众参与度、参与空间依然是一个比较现实的问题。政府必须强化城市居民自身的风险应急能力，比如根据不同地区的实际情况，因地制宜开展城市自然灾害的应急演练和训练。政府要不断强化社会公众对于自然灾害风险生成规律的认知，提升公民个人自救和他救的能力。

结 论

党的十八届三中全会强调全面深化改革要"推进国家治理体系和治理能力现代化，创新社会治理，增强社会发展活力"。城市自然安全的治理能力和水平影响着城市居民的安全感、获得感和幸福感。在我国城市自然安全事件频发的背景下和多年的灾害治理过程中，已经积累了比较丰富的实践经验。地方政府要从建构自然安全治理体系、实现城市自然安全治理体系和治理能力现代化的高度，去完善相关的制度框架，积极引导社会公众参与风险的系统治理，有效提升当地居民的自然安全感。

B.3 中国城市治安安全感调查报告（2019）

韦长伟*

摘　要： 治安安全感是新时代居民安全感的重要内容，体现了居民的生活质量，是反映一个城市治安安全水平和现状、衡量政府治安安全服务和治安安全治理效果的重要标尺。本次全国省会城市的调查数据表明，居民的总体治安安全感较好，但是对社会治安四个分项指标的评价显示了较高的担忧，主观治安安全感与客观治安安全服务相偏离，区域间和城市间的治安安全感存在显著的差异，城市治安服务水平存在不均衡性，社会治安教育欠缺以致居民治安认知偏弱。有鉴于此，应该发展多元治安服务供给模式，矫正居民主观治安安全感与客观治安安全服务的偏离；加强城市和区域间治安服务的均衡性发展，提升治安服务的均等化水平；多措并举，提升治安教育和服务的覆盖性与有效性。

关键词： 社会治安　治安安全感　人口学特征

进入新时代，实现人民对美好生活的向往是党和政府的奋斗目标。美好生活的实现，需要以良好的治安环境为保障。安全是人民幸福快乐的基本需求，社会治安综合治理是维护公共安全的骨干工程，是平安城市建设的基础工程。以治安安全感为抓手，一方面是通过调查分析了解居民对城市治安现

---

* 韦长伟，博士，中国矿业大学公共管理学院讲师，研究方向为风险管理与冲突管理。

状的认知、感受和评价，另一方面是通过对居民治安安全感的考察呈现居民的治安安全感现状，发掘居民的治安安全需求，侧面发现政府治安安全服务供给的改进方向。

一　城市治安安全感基本状况

（一）城市治安安全感指数及其排名分析

结合城市公共安全的相关研究和官方政策文本的分析，通过原有变量的相关系数矩阵计算，再进行统计检验，经过原始变量降维分析等操作，本年度城市公共安全感报告对指标的权重进行了调整。其中，治安安全感的权重和排名出现了很大的变化。2018年版的城市公共安全感报告中，治安安全感的权重为0.124351，居于九个一级指标的第2位。2019年版的城市公共安全感报告中，治安安全感的权重降为0.0716，居于九个一级指标的最后一位。

表1　全国城市公共安全感分项指标指数排名

一级指标	2018年		2017年	
	指数	排名	指数	排名
自然安全感	0.5089	1	0.5091	1
公共场所设施安全感	0.4978	2	0.4941	2
食品安全感	0.4972	3	0.4693	8
社会治安安全感	0.4957	4	0.4934	3
交通安全感	0.4939	5	0.4917	4
公共卫生安全感	0.4895	6	0.4799	7
生态安全感	0.488	7	0.484	6
社会保障安全感	0.4782	8	0.4843	5
信息安全感	0.467	9	0.3835	9

根据本年度调查报告前文的指标统计（见表1），2017年和2018年的全国城市公共安全感分项指标指数排名结果显示，在公共安全感的九个分项指标指数排名中，2018年的城市治安安全感指数略有下滑，从第3位降至第4

位。不过,2018 年治安安全感的分值(0.4957)略高于 2017 年的分值(0.4934)。从总体上看,治安安全感在九个分项指标指数排名中仍居于靠前的位次。这些情况说明,城市居民的治安安全感相对稳定,没有出现较大的波动,也从客观上反映出省会城市长年的平安城市创建和城市社会治安综合治理取得了扎实的成效。

如图 1 中显示,2017 年的调查结果表明治安安全感指数围绕着公共安全感指数呈现较为明显的上下波动。这种明显的波动说明 2017 年城市居民的治安安全感和公共安全感是相脱离的,甚至在一些城市中存在较大的偏差,说明治安安全感对公共安全感的贡献并不稳定。与之相比,2018 年进行的城市公共安全感调查结果显示,除广州和南宁两市的治安安全感指数略低于公共安全感指数外,治安安全感指数曲线较为稳定地居于公共安全感指数曲线之上或基本重合。这一结果说明,2018 年全国省会城市居民的治安安全感明显高于公共安全感,治安安全感指数是公共安全感指数中的优势因素,治安安全感对提升和改善居民的公共安全感具有显著的影响。

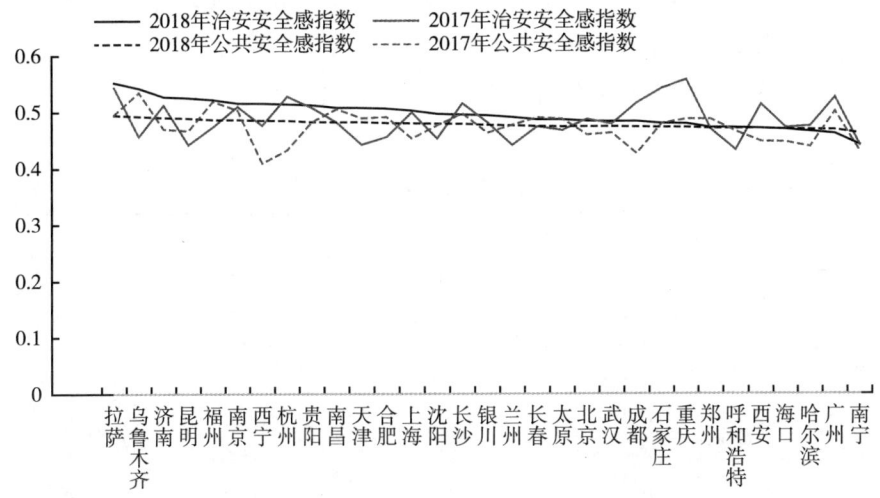

图 1　全国城市公共安全感与治安安全感指数比较

与城市治安安全感指数估算原理相同,利用求取的城市治安安全分项指数,可以得出各省会城市社会治安安全感这一分项指标的指数。如表 2 所示，在城市社会治安安全感方面，31个省会城市2018年的社会治安安全感指数排名由高到低依次如下：拉萨、乌鲁木齐、济南、昆明、福州、南京、西宁、杭州、贵阳、南昌、天津、合肥、上海、沈阳、长沙、银川、兰州、长春、太原、北京、武汉、成都、石家庄、重庆、郑州、呼和浩特、西安、海口、哈尔滨、广州、南宁。城市社会治安安全感指数越高，排名越靠前，表明该城市居民的社会治安安全感越高。

结合2017年和2018年的城市社会治安安全感指数及排名，拉萨、济南、杭州排行前列，两年排名均为前10，保持了较高的水平。其中，拉萨市连续两年排名前两位。郑州、呼和浩特和南宁三个城市排名靠后，而且两年的排名均居倒数10名以内。乌鲁木齐、昆明、福州、西宁、天津、合肥、沈阳、兰州等8个城市的治安安全感指数排名上升幅度较大，名次上升达到10名及以上，尤其是乌鲁木齐和昆明两市，排名相比2017年分别上升22位和24位。成都、石家庄、重庆、西安、哈尔滨、广州等6个城市的治安安全感指数下降幅度较大，名次下降达到10名以上。相比2017年的排名，广州、重庆和石家庄发生了近乎断崖式的下滑，分别下滑了25、23和20个位次。西安市的情况亦不容乐观，下滑19个位次。此外，贵阳、上海、银川、长春等4个城市的排名相对稳定，变化幅度不大。

表2　省会城市社会治安安全感排名

城市	2018年		2017年	
	治安安全感指数	排名	治安安全感指数	排名
拉　萨	0.5523	1	0.5438	2
乌鲁木齐	0.5425	2	0.4569	24
济　南	0.5272	3	0.5126	9
昆　明	0.5255	4	0.4423	28
福　州	0.5222	5	0.4737	20
南　京	0.5159	6	0.5101	10
西　宁	0.5157	7	0.4765	17
杭　州	0.5143	8	0.5281	4
贵　阳	0.5127	9	0.5079	11

续表

城市	2018 年 治安安全感指数	排名	2017 年 治安安全感指数	排名
南 昌	0.5081	10	0.4822	14
天 津	0.5077	11	0.4425	27
合 肥	0.5062	12	0.4561	25
上 海	0.5027	13	0.4996	12
沈 阳	0.4967	14	0.4532	26
长 沙	0.4956	15	0.5155	7
银 川	0.4943	16	0.4816	15
兰 州	0.4908	17	0.4412	29
长 春	0.4868	18	0.4741	19
太 原	0.4865	19	0.4677	23
北 京	0.4841	20	0.4872	13
武 汉	0.4835	21	0.4788	16
成 都	0.4834	22	0.5158	6
石 家 庄	0.4799	23	0.5417	3
重 庆	0.479	24	0.5572	1
郑 州	0.4722	25	0.4691	22
呼和浩特	0.4719	26	0.4323	31
西 安	0.4705	27	0.5134	8
海 口	0.4689	28	0.472	21
哈尔滨	0.4653	29	0.4748	18
广 州	0.4613	30	0.5258	5
南 宁	0.4416	31	0.4405	30

从空间区域的分布来看，本次调查得到的省会城市社会治安安全感指数呈不均衡状态分布。本次的社会治安安全感指数整体呈现了出乎意料的结果，东部的治安安全感指数没有想象得那么好，西部的治安安全感指数没有

想象得那么差。一线城市的治安安全感指数上海市排10名开外,北京居于中等偏下外,广州出人意料地排在倒数第2位。华南地区的治安安全感指数整体偏差,海口、广州和南宁分别排在倒数第4、2和1位。不仅如此,区域内治安安全感指数的离散性也较大,存在着区域内的不均衡分布。如西南地区,拉萨和昆明排在全国前列,分居第1和第4位;成都和重庆排在第22和24位。

(二)城市治安安全感描述统计分析

本年度城市公共安全感调查,在"治安安全感"部分选取"总体治安安全担忧"、"晚间单独出行担忧"、"陌生人入小区担忧"、"暴力冲突伤害担忧"和"及时获得保护担忧"等五个问题,用以考察城市居民对城市治安安全状况的认知和感受。居民对上述五个问题的担心程度反映了居民的主观治安安全感情况。数值从1~10反映了从极为担心到完全不担心的程度变化,也就是说,分值越高,安全感越高,调查分析的结果如表3所示。

表3 居民治安安全感担忧程度的描述性统计

分项	N	极小值	极大值	均值	标准差
总体治安安全担忧	9481	1.0	10.0	5.677	2.5869
晚间单独出行担忧	9481	1.0	10.0	5.487	2.7249
陌生人入小区担忧	9481	1.0	10.0	5.252	2.6183
暴力冲突伤害担忧	9481	1.0	10.0	5.203	2.6318
及时获得保护担忧	9481	1.0	10.0	5.394	2.6338

由表3可知,居民对治安安全所涉五个问题的回答结果都不尽理想,在最不担心程度分值为10的情况下,五个问题的分值都没有冲破"6"这一关。这说明,虽然客观上政府和其他主体提供的治安安全服务和治安安全管理确保了城市的治安安全,但依然没有完全消除居民对某些治安问题的担忧和疑虑。其中,居民对于"陌生人入小区"和"暴力冲突伤害"较为敏感,

这两项的得分显著低于其他三项。当然，虽然居民对某些具体的治安问题表示出较多的担忧情绪，但相对而言对城市社会治安的总体状况较为满意。

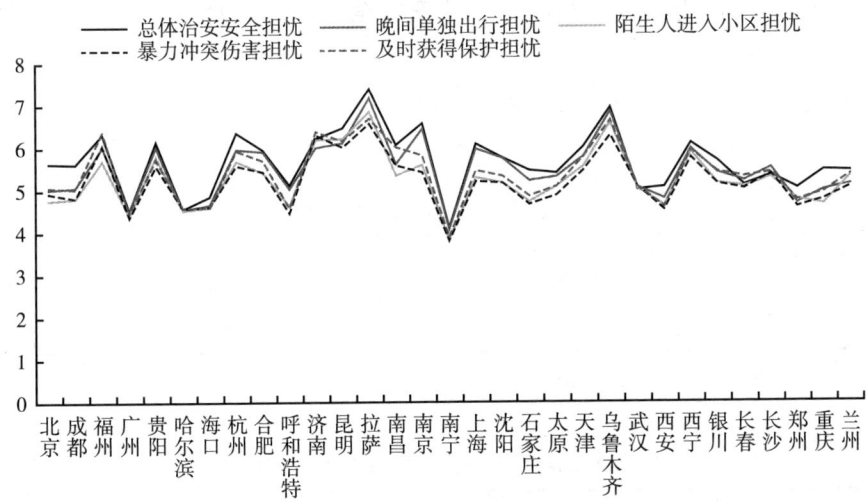

图 2　城市居民治安安全担忧程度指数

图 2 展现了全国 31 个省会城市的受调查居民对治安安全的总体担忧和对治安安全四个分项指标的担忧情况。从图 2 可见，在城市治安安全所设置的 5 个问题上，5 条曲线几乎呈现了近似的走势，变化趋势较为一致。其中，在五项得分全部破 6 的城市是乌鲁木齐、拉萨、昆明和济南，拉萨甚至在总体治安担忧和晚间单独出行担忧两项得分破 7，这意味着上述四个城市的居民治安安全感普遍较高。相对比较尴尬的是南宁、广州、哈尔滨和海口四市在所有选项上的得分均低于 5 分，说明上述四个城市的受访居民的治安安全感普遍较低。

（三）基于组间对比的城市治安安全感统计分析

根据 2018 年暑期进行的省会城市公共安全感社会调查的分析，在治安安全感方面，居民的认知和感受趋于离散。在性别、民族、年龄、户口类型、身份职业、收入水平、文化程度等人口学变量的组间比较中，不同居民群体对治安安全的心理感受和主观认知具有较为明显的差异。因此,基于本次调查结果的数据进行分析,对于呈现和了解城市居民对治安安全的担忧程度,以便更具针对性地提供治安安全服务和管理具有重要的参考意义。

1. 基于性别的城市治安安全感状况

表4 性别与总体治安安全感的关系

变量名	变量值	N	均值	标准差	t值
性别	男	4992	5.913	2.584	9.409***
	女	4489	5.415	2.565	

注:* $p<0.05$;** $p<0.01$;*** $p<0.001$。

表5 性别与治安安全感分项的差异性比较

因变量	变量		N	均值	标准差	t值
晚间单独出行担忧	性别	男	4992	5.948	2.666	17.636***
		女	4489	4.975	2.698	
陌生人入小区担忧	性别	男	4992	5.572	2.581	12.670***
		女	4489	4.896	2.613	
暴力冲突伤害担忧	性别	男	4992	5.520	2.597	12.453***
		女	4489	4.851	2.626	
及时获得保护担忧	性别	男	4992	5.665	2.613	10.624***
		女	4489	5.093	2.624	

注:* $p<0.05$;** $p<0.01$;*** $p<0.001$。

性别上的差异,使得不同性别主体的自我保护能力、对治安安全问题的关注点和关注程度存在不同,会影响男性和女性对社会治安状况的实际感知,进而产生治安安全态度和评价上的差异,最终导致男性和女性的治安安全感呈现为不同的结果。根据表4所示,性别与总体治安安全感关系的t值为9.409,显著性水平p值小于0.001,表明性别变量确实显著地影响了男性和女性的总体治安安全感受和评价(男性5.913 VS 女性5.415)。由表5可以发现,不同性别的城市居民在"晚间单独出行担忧"、"陌生人入小区担忧"、"暴力冲突伤害担忧"和"及时获得保护担忧"等四个治安安全分项变量检验的 t 统计量均达到显著水平,显著性水平 p 值均小于 0.001,表明不同性别的城市居民对上述治安安全四个分项的担忧程度均呈现显著不同。根据表 5 所示,女性对晚间单独出行担忧（M = 4.975）、陌生人入小区担忧（M = 4.896）、暴力冲突伤害担忧（M = 4.851）和及时获得保护担忧（M = 5.093）的感受和评价均显著低于男性对上述四项的评价得分（男性评价得分分别为,M = 5.948,M = 5.572,M = 5.520 和 M = 5.665）。在得分越高说明越安全的情况下,女性的治安安全感明显弱于男性。这一调查结论也符合经验认识,女性对治安问题更加敏感,女性面对和处理治安问题的行为能力相对来说弱于男性。

2. 基于年龄的城市治安安全感状况

年龄从某种程度上代表了居民在长年的生活处事阅历中形成的风险感知、承压抗压、规避危险、准确评价等方面的综合能力。基于上述因素,不同年龄段居民的治安安全感相应表现出一定的差异性。本次调查划分为 4 个年龄段,正是考虑了上述的因素,找"明白人"求得相对客观的结果。通过描述性统计分析和单因素方差分析得到表 6 和表 7 的结果。

由表 6 可知,年龄与总体治安安全感关系的 F 值为 11.087,显著性水平 p 值小于 0.001,表示年龄影响居民治安安全的感受和评价,随着年龄的增加,居民的总体治安安全感提高。根据表 7 所示,年龄与治安安全感担忧分项的显著性水平均为 0.000,都小于 0.001,也就是说不同年龄段的居民在晚间单独出行担忧、陌生人入小区担忧、暴力冲突伤害担忧和及时获得保

表 6 年龄与总体治安安全感的关系

年龄	N	均值	标准差	F 值
18~29 岁	4209	5.539	2.6	
30~44 岁	2832	5.679	2.494	11.087***
45~59 岁	1694	5.885	2.617	
60 岁以上	746	5.979	2.734	

注:* p < 0.05;** p < 0.01;*** p < 0.001。

表7　年龄与治安安全感分项的差异性比较

因变量	年龄	均值	标准差	F值	事后比较
晚间单独出行担忧	18~29岁(1)	5.276	2.778	21.523***	2>1 3,4>1,2
	30~44岁(2)	5.508	2.624		
	45~59岁(3)	5.788	2.674		
	60岁以上(4)	5.912	2.804		
陌生人入小区担忧	18~29岁(1)	5.104	2.638	11.166***	2,3,4>1
	30~44岁(2)	5.272	2.534		
	45~59岁(3)	5.458	2.636		
	60岁以上(4)	5.544	2.724		
暴力冲突伤害担忧	18~29岁(1)	4.95	2.649	29.472***	2,3,4>1 3,4>2
	30~44岁(2)	5.269	2.54		
	45~59岁(3)	5.526	2.623		
	60岁以上(4)	5.651	2.746		
及时获得保护担忧	18~29岁(1)	5.193	2.647	19.665***	2,3,4>1 3,4>2,1
	30~44岁(2)	5.434	2.555		
	45~59岁(3)	5.649	2.638		
	60岁以上(4)	5.798	2.743		

注：* p<0.05；** p<0.01；*** p<0.001。

护担忧四个分项的认知和感受表现出显著差异性。进一步通过事后比较发现，30岁以上年龄段群体在陌生人入小区担忧、暴力冲突伤害担忧和及时获得保护担忧方面的安全感，都显著高于18~29岁年龄段群体。45岁以上年龄段居民在暴力冲突伤害担忧和及时获得保护担忧方面的安全感，显著高于45岁以下年龄段居民。在晚间单独出行担忧方面，30~44岁区间的居民安全感高于18~29岁区间居民，45岁以上居民的安全感高于45岁以下居民。其中，很明显地看到45岁以上年龄段居民的治安安全感在四个分项上都显著高于45岁以下区间的居民。这一结论或许是出于以下原因：第一，45岁以上的居民面对治安风险的防范能力、规避能力、自我调整能力相对更高，处理经验和技巧更丰富一些；第二，该群体对于治安问题的经历相对更多一些，因此对治安问题的容忍度和承受力较强；第三，18~29岁群体的暴露性较强，自身的风险防范和处理能力较弱，容易成为治安纠纷和治安案件中的受害者。因此，政府的管理和政策应该有针对性地面向 18~29 岁区间的居民。

3. 基于政治面貌的治安安全感现状

不同的政治面貌——中共党员、民主党派、共青团员、群众，从一定程度上影响着居民对治安安全感的认知和评价。基于居民的不同政治面貌，分析它与总体治安安全感、治安安全感分项的关系，结果如表 8 和表 9 所示。

根据表 8 可知，政治面貌与总体治安安全感关系的 F 值为 8.203，显著性水平 p 值小于 0.001，表明本次调查中政治面貌影响居民对治安安全的感受和评价。其中，共青团员的总体治安安全感是四个群体分类中最差的，中共党员的总体治安安全感是最高的。

表 8 政治面貌与总体治安安全感的关系

政治面貌	N	均值	标准差	F 值
中共党员	1647	5.790	2.588	8.203***
民主党派	158	5.759	2.306	
共青团员	2183	5.439	2.592	
群众	5493	5.735	2.587	

注：* $p<0.05$；** $p<0.01$；*** $p<0.001$。

又据表 9 可知，政治面貌与治安安全状况担忧程度四个分项的显著性水平均为 0.000，说明政治面貌对治安安全状况担忧四个分项的影响呈显著性水平。在经过事后比较后得出以下结论，共青团员在四个分项上的得分明显低于其他三类群体，说明共青团员在四个具体治安问题上明显感到不安全，对治安问题呈现出比较高的担忧。民主党派在治安安全感四个分项的得分相对都很高，意味着民主党派人士对社会治安较为满意，展示了对政府实施治安服务和治安管理的信心。

中共党员的总体治安安全感最高，或许是源于该群体较高的政治觉悟，以及处于体制内对党和政府就治安问题的重视程度、相关资源投入等更为了解。民主党派人士不论是总体治安安全感还是分项的治安安全感都较高，与民主党派本身的

"高知"身份、参政议政的政治角色、较高的经济收入和社会地位等不无关系。共青团员群体的治安安全感相对较低,或许与其年龄低、无收入或低收入、文化程度不高有关,加之该群体是网络化时代易受负面消息冲击的主体。

表9 政治面貌与治安安全感分项的差异性比较

因变量	政治面貌	均值	标准差	F值	事后比较
晚间单独出行担忧	中共党员(1)	5.653	2.727	16.295***	1>3 2>3 4>3
	民主党派(2)	5.829	2.408		
	共青团员(3)	5.139	2.765		
	群众(4)	5.566	2.705		
陌生人入小区担忧	中共党员(1)	5.382	2.626	16.939***	1>3 4>3
	民主党派(2)	5.43	2.344		
	共青团员(3)	4.904	2.624		
	群众(4)	5.346	2.610		
暴力冲突伤害担忧	中共党员(1)	5.369	2.660	24.767***	1,2,4>3
	民主党派(2)	5.532	2.361		
	共青团员(3)	4.784	2.613		
	群众(4)	5.311	2.621		
及时获得保护担忧	中共党员(1)	5.600	2.671	18.896***	1>3 4>3
	民主党派(2)	5.544	2.428		
	共青团员(3)	5.033	2.630		
	群众(4)	5.471	2.617		

注:* $p<0.05$;** $p<0.01$;*** $p<0.001$。

4. 基于户口类型的治安安全感现状

户口绝不单单是户口本上"城镇"或"农业"的字样,也不仅仅是本地或外地的表面区别,实际上是依附于其上的各种福利和保障,是享受的城市政府提供的各种公共服务。换个角度而言,户口类型意味着归属感、认同感和安全感。因此,居民会因不同的户口身份对治安安全产生不同的感受和评价。本次调查将居民户口类型分为本地城市、本地农村、外地城市和外地农村四类,并分析户口类型与总体治安安全感、治安安全感四个分项之间的相关关系,结果如表10和表11所示。根据表10所示,居民户口类型和总体治安安全感关系的F值为7.381，显著性水平p值小于0.001，表明本次调查中户口类型显著地影响居民对治安安全的感受和评价。相较而言，城市户口居民的总体安全感（分别为M=5.756和M=5.736）明显高于农村户口居民（分别为M=5.429和M=5.550）。

表10 户口类型与总体治安安全感的关系

户口类型	N	均值	标准差	F值
本地城市	5241	5.756	2.561	7.381***
本地农村	1485	5.429	2.507	
外地城市	1639	5.736	2.598	
外地农村	1116	5.550	2.767	

注：* $p<0.05$；** $p<0.01$；*** $p<0.001$。

表11 户口类型与治安安全感分项的差异性比较

因变量	户口类型	均值	标准差	F值	事后比较
晚间单独出行担忧	本地城市(1)	5.593	2.679	11.163***	1>2 1>4 3>2
	本地农村(2)	5.181	2.613		
	外地城市(3)	5.557	2.786		
	外地农村(4)	5.293	2.95		
陌生人入小区担忧	本地城市(1)	5.318	2.606	4.626**	1>2 1>4
	本地农村(2)	5.109	2.477		
	外地城市(3)	5.298	2.66		
	外地农村(4)	5.066	2.779		
暴力冲突伤害担忧	本地城市(1)	5.304	2.625	7.305***	1>2 1>4
	本地农村(2)	5.061	2.452		
	外地城市(3)	5.18	2.678		
	外地农村(4)	4.957	2.798		
及时获得保护担忧	本地城市(1)	5.482	2.637	6.067***	1>2 1>4
	本地农村(2)	5.238	2.505		
	外地城市(3)	5.397	2.656		
	外地农村(4)	5.184	2.735		

注：* $p<0.05$；** $p<0.01$；*** $p<0.001$。

根据表11所示，户口类型与治安安全感分项中晚间单独出行担忧、暴力冲突伤害担忧和及时获得保护担忧的显著性水平小于0.001，说明户口类型与三个分项的安全感显著相关。户口类型与陌生人入小区担忧的显著性水平小于0.01，表明不同户口的居民对陌生人入小区担忧存在着较为明显的关系。经过事后比较可以进一步发现，在治安安全四个分项担忧程度的差异性比较方面，本地城市居民的得分明显高于本地农村和外地农村居民的得分，说明本地城市户口居民在四个分项上的安全感要高于农村户口的居民。这一结果再一次验证了，不论居住城市的时间长短，即使"身"在城市，但是由于户口仍属于农业户口，也限制了对城市的融入和认同。飘在城市的"农村人"安全感较低，对城市社会治安的感知和评价相对低于城市户口居民。

5.基于文化程度的治安安全感现状

基于不同的文化程度——小学及以下、初中、高中、大学和研究生及以上五类，根据本次调查的数据，分析不同文化程度与总体治安安全感、治安安全感四个分项的相关关系，结果如表12及表13所示。根据表12可知，显著性水平p值小于0.05，表示不同文化程度对总体治安安全感的影响偏弱，与上一年度调查的结果接近。尽管如此，从表13可知，不同文化程度对治安安全感四个分项的影响较为显著。经过事后比较发现，在晚间单独出行担忧、陌生人入小区担忧、暴力冲突伤害担忧三项，初中和高中学历居民的安全感明显高于大学生群体。在及时获得保护担忧方面，大学生群体的担忧程度同样高于初中学历的群体。本次调查分析的结果显示，大学生群体的治安安全感偏低，这一结论与第一次全国省会城市公共安全感调查的结果一致。不得不说，大学生群体似乎成为治安领域中的脆弱群体。

表12　文化程度与总体治安安全感的关系

文化程度	N	均值	标准差	F值
小学及以下	285	5.682	2.492	2.958*
初中	1069	5.803	2.782	
高中	2523	5.761	2.649	
大学	5056	5.594	2.532	
研究生及以上	548	5.81	2.428	

注：* $p<0.05$；** $p<0.01$；*** $p<0.001$。

表 13　文化程度与治安安全感分项的差异性比较

因变量	文化程度	均值	标准差	F 值	事后比较
晚间单独出行担忧	小学及以下(1)	5.602	2.631	5.464***	2>4 3>4
	初中(2)	5.700	2.847		
	高中(3)	5.608	2.756		
	大学(4)	5.369	2.697		
	研究生以上(5)	5.547	2.596		
陌生人入小区担忧	小学及以下(1)	5.305	2.568	5.346***	2>4 3>4
	初中(2)	5.481	2.744		
	高中(3)	5.358	2.651		
	大学(4)	5.143	2.588		
	研究生以上(5)	5.294	2.473		
暴力冲突伤害担忧	小学及以下(1)	5.218	2.633	8.343***	2>4 3>4
	初中(2)	5.504	2.747		
	高中(3)	5.342	2.661		
	大学(4)	5.075	2.605		
	研究生以上(5)	5.159	2.436		
及时获得保护担忧	小学及以下(1)	5.286	2.577	4.894**	2>4
	初中(2)	5.667	2.741		
	高中(3)	5.472	2.678		
	大学(4)	5.311	2.603		
	研究生以上(5)	5.330	2.483		

注：* $p<0.05$；** $p<0.01$；*** $p<0.001$。

6. 基于身份职业的治安安全感现状

通常说来，不同身份职业的居民由于职业的差异，对治安问题的关注范围和关注程度有所不同。基于不同的身份职业——公务员、事业单位人员、公司职员、进城务工人员、学生、自由职业者、离退休人员和其他等 8 类，根据本次调查的数据，分析不同身份职业与总体治安安全感、治安安全感四个分项的相关关系，结果如表 14 及表 15 所示。

表14 身份职业与总体治安安全感的关系

身份职业	N	均值	标准差	F值
公务员	328	5.915	2.628	
事业单位人员	1196	5.855	2.567	
公司职员	2442	5.656	2.517	
进城务工人员	521	5.753	2.417	4.876***
学生	1845	5.491	2.588	
自由职业者	1356	5.684	2.637	
离退休人员	703	6.004	2.759	
其他	1090	5.517	2.619	

注：* $p<0.05$；** $p<0.01$；*** $p<0.001$。

根据表14所示，居民身份职业和总体治安安全感关系的F值为4.876，显著性水平p值小于0.001，表明本次调查中身份职业显著地影响居民对治安安全的感受和评价，而第一次调查的结果显示二者并不存在显著关系。通过表14可以发现，在总体治安安全感方面，离退休人员安全感最高（M=6.004），其次是处于体制内的公务员（M=5.915）和事业单位人员（M=5.855），学生依然是安全感最低的群体。

表15 身份职业与治安安全感分项的差异性比较

因变量	身份职业	均值	标准差	F值	事后比较
晚间单独出行担忧	公务员(1)	5.823	2.696		
	事业单位人员(2)	5.666	2.706		
	公司职员(3)	5.494	2.655		
	进城务工人员(4)	5.675	2.516	10.550***	1,2,3,4,6,7>5 7>3,6,8
	学生(5)	5.103	2.781		
	自由职业者(6)	5.552	2.766		
	离退休人员(7)	5.953	2.767		
	其他(8)	5.351	2.746		

续表

因变量	身份职业	均值	标准差	F值	事后比较
陌生人入小区担忧	公务员(1)	5.706	2.677	7.133***	1,2,4,6,7>5 1>3,8 4,7>8
	事业单位人员(2)	5.376	2.586		
	公司职员(3)	5.216	2.558		
	进城务工人员(4)	5.53	2.478		
	学生(5)	4.995	2.627		
	自由职业者(6)	5.329	2.641		
	离退休人员(7)	5.526	2.719		
	其他(8)	5.088	2.673		
暴力冲突伤害担忧	公务员(1)	5.655	2.575	11.433***	1,2,3,4,6,7>5 1,4,7>8 7>3
	事业单位人员(2)	5.291	2.61		
	公司职员(3)	5.178	2.573		
	进城务工人员(4)	5.479	2.452		
	学生(5)	4.86	2.652		
	自由职业者(6)	5.34	2.659		
	离退休人员(7)	5.664	2.768		
	其他(8)	5.009	2.64		
及时获得保护担忧	公务员(1)	5.784	2.552	8.272***	1,2,4,6,7>5 1,7>8 7>3,6
	事业单位人员(2)	5.529	2.614		
	公司职员(3)	5.353	2.591		
	进城务工人员(4)	5.612	2.456		
	学生(5)	5.134	2.663		
	自由职业者(6)	5.438	2.641		
	离退休人员(7)	5.836	2.771		
	其他(8)	5.217	2.646		

注：* $p<0.05$；** $p<0.01$；*** $p<0.001$。

由表15可以进一步发现，身份职业与治安安全感四个分项的显著性水平均为0.000，都小于0.001，说明不同身份职业群体对于晚间单独出行担忧、陌生人入小区担忧、暴力冲突伤害担忧和及时获得保护担忧的认识和评价存在着明显的差异。经过事后比较发现，学生群体不仅总体治安安全感最低，在治安安全感四个分项上的得分也是最低的，是安全感最差的群体。此外，可以很明显地看到，公务员和离退休人员的安全感得分普遍较高，说明这两类群体对所在城市的治安安全较为满意和认可。

7. 基于月收入的治安安全感现状

通常来说，居民的收入水平与治安安全感有着密切的关系，随着收入水平的提高，居民的安全感亦随之提高。本次调查将居民的月收入水平分为6个档位，来讨论居民月收入与总体治安安全感、治安安全感四个分项之间的相关性，分析结果如表16和表17所示。

表16 月收入与总体治安安全感的关系

月收入	N	均值	标准差	F值
2000元以下	2237	5.467	2.671	
2001~3500元	1898	5.524	2.596	
3501~5000元	2827	5.684	2.489	11.349***
5001~8000元	1724	5.939	2.559	
8001~12500元	570	6.116	2.567	
12500元以上	225	5.849	2.829	

注：* $p<0.05$；** $p<0.01$；*** $p<0.001$。

表17 月收入与治安安全感分项的差异性比较

因变量	月收入	均值	标准差	F值	事后比较
晚间单独出行担忧	2000元以下(1)	5.12	2.845	23.835***	2,3,4,5,6>1 3,4,5,6>2 4,5>3
	2001~3500元(2)	5.267	2.695		
	3501~5000元(3)	5.545	2.599		
	5001~8000元(4)	5.87	2.69		
	8001~12500元(5)	6.048	2.726		
	12500元以上(6)	5.902	2.885		
陌生人入小区担忧	2000元以下(1)	4.963	2.675	16.873***	2,3,4,5>1 3,4,5>2 4,5>3
	2001~3500元(2)	5.063	2.634		
	3501~5000元(3)	5.307	2.515		
	5001~8000元(4)	5.566	2.591		
	8001~12500元(5)	5.741	2.721		
	12500元以上(6)	5.387	2.667		

续表

因变量	月收入	均值	标准差	F值	事后比较
暴力冲突伤害担忧	2000元以下(1)	4.869	2.705	18.777***	2,3,4,5>1 3,4,5>2 5>3
	2001~3500元(2)	5.02	2.637		
	3501~5000元(3)	5.308	2.55		
	5001~8000元(4)	5.51	2.567		
	8001~12500元(5)	5.693	2.686		
	12500元以上(6)	5.173	2.703		
及时获得保护担忧	2000元以下(1)	5.118	2.69	13.968***	3,4,5>1,2
	2001~3500元(2)	5.198	2.618		
	3501~5000元(3)	5.492	2.567		
	5001~8000元(4)	5.663	2.617		
	8001~12500元(5)	5.773	2.669		
	12500元以上(6)	5.54	2.686		

注：* $p<0.05$；** $p<0.01$；*** $p<0.001$。

由表16可以发现，居民月收入和总体治安安全感的显著性水平小于0.001，说明不同的月收入水平影响居民对总体治安安全感的认知与评价。同时，该表也证实了随着居民收入水平的提高，居民的总体治安安全感基本随之提高。

表17进一步显示了月收入变量对居民治安安全感分项的影响。四个治安安全感分项的显著性水平均为0.000，小于0.001，说明不同的月收入对治安安全感四个分项的影响呈显著性水平。随着居民收入水平的提高，居民在治安安全感四个分项的得分随之提高，即安全感随着收入提高而提升，只是月收入水平达到12500元以上时，安全感出现比较明显地回落。经过事后比较可以发现，在治安安全感的四个分项上，月收入在3501~5000元、5001~8000元、8001~12500元三个群体的安全感明显高于月收入在2000元以下和2001~3500元的群体。因此，治安安全服务和管理应该关注月收入"两头"的群体，即月收入在3500元以下和月收入在12500元以上的群体，重点关注前者。

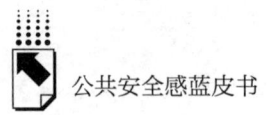

二 城市治安安全感存在的问题与挑战

第一部分呈现了本次调查有关治安安全感现状的分析,揭示了不同的人口学特征与总体治安安全感以及四个分项之间的相关性,展现了不同群体的治安安全感现状。经过上述分析,发现城市治安安全感存在以下几个方面的问题。

(一)居民主观治安安全感与客观治安安全服务相偏离

安全感是居民的一种相对认知,体现的是居民在社会互动和交往关系中对其所处环境的一种主观判断。① 居民对于城市治安安全的认知、感受和评价同样如此。社会治安状况可以说是一个治安服务与服务对象相互影响和相互作用的动态平衡过程。② 因此,居民的主观治安安全感与客观治安安全服务存在偏离的可能。

通过本次城市公共安全感调查发现,在回答有关治安安全服务的有关问题时,不同的居民给出了结果几乎持平的两种相互矛盾的答案。例如图3对于"您经常路过的主要街面(社区)是否有各类视频监控设施"的回答,41%的受访居民回答"很多",与此同时有39%的受访居民反映虽然有,但是很少。两个群体的比例几乎相同,但给出的结果却相差较大。街道或社区的视频监控具有预防治安犯罪的作用,是城市治安服务的一种重要方式。但是,面对同样的问题,不同的居民给出了不一样的答案,这说明对安全的认知和感受具有很大程度上的主观性,有可能会脱离现实的治安安全状况。与之同理,对于图4"请问您居住地周围的巡逻(包括警察、联防、治保等人员)次数"回答,21%的受访居民认为"很高,经常见巡逻",与此同时,回答"较低,基本碰不到"和"很低,治安也很差"两项的比例也达到25%。

---

① 李格琴:《从社会学视角解读"安全"本质及其启示》,《国外社会科学》2009年第3期。
② 李贵清、吴敏:《中国区域社会治安服务公平性测评》,《中国海洋大学学报(社会科学版)》2018年第2期。

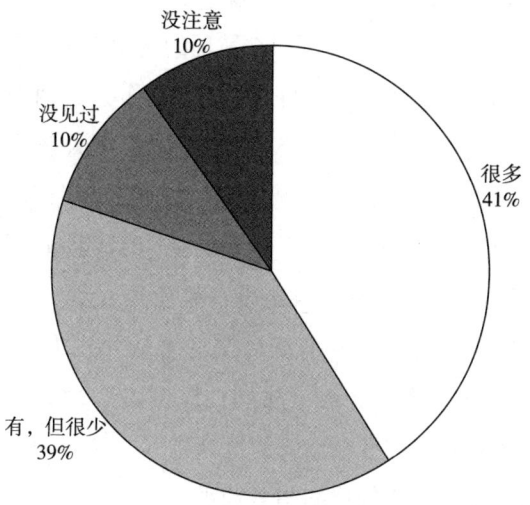

图 3　您经常路过的主要街面（社区）是否有各类视频监控设施

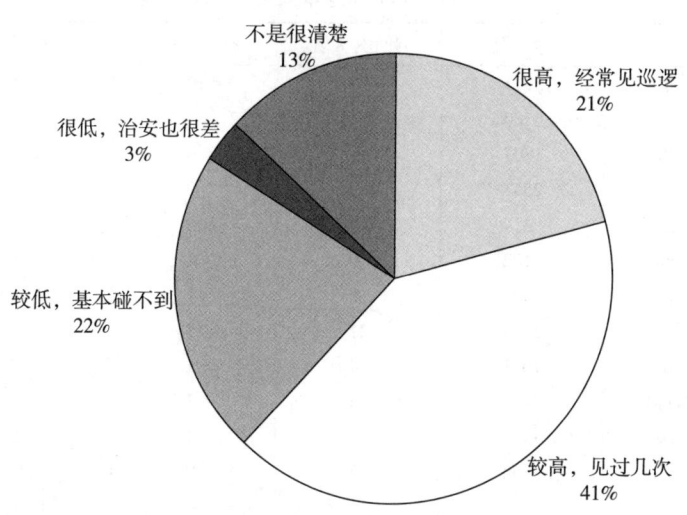

图 4　您居住地周围的巡逻（包括警察、联防、治保等人员）次数

居民主观治安安全感的形成除受到主观认知和判断影响外，新闻媒体或手机媒介偏负面的报道和推送、近因效应、生活经历、身边人身边事等都会影响主体对治安现状的认知和感受。援引治安领域最常使用的指标如火灾事故、交通事故和刑事案件等，来说明客观上的治安状况和治安水平并没有居民主观感受和评价的那么"低"。表18呈现的是2017年省会城市全年火灾事故的相关指标信息，尤其是从死亡人数和受伤人数两个关键性指标看，2017年省会城市因火灾致死致伤人数分别为405人和279人。经统计，2017年有统计火灾死亡人数的省会城市人口规模为26159.88万人，万人火灾事故死亡比例为0.0155人。表19呈现的是2017年省会城市交通事故的相关指标信息，2017年省会城市因交通事故死亡人数为14154人，受伤人数为50267人。经统计，2017年有统计交通事故死亡人数的省会城市人口规模为26102.49万人，万人交通事故死亡比例为0.542人。火灾事故和交通事故作为具有重要意义的社会治安的统计指标，从表18和表19以及上面的分析看，其发生致人死亡的概率相对较小。

表18　省会城市2017年全年火灾事故信息统计*

城市	次数(次)	死亡(人)	伤人(人)	直接损失(元)
北　京	3917	50	17	5941.3万
成　都	6280	7	4	3005万
福　州	1807	6	0	2200.2万
广　州	2543	12	9	3119万
贵　阳	234	3	0	536.32万
哈尔滨	1102	6	—	1414万
海　口	404	8	11	456.8万
杭　州	3841	21	11	3016.88万
合　肥	1011	4	1	2167.5万
呼和浩特	2153	5	1	243万
济　南	1752	10	1	599万
昆　明	2333	17	7	2342.2万
拉　萨	35	—	—	174.18万
兰　州	—	—	—	—
南　昌	1547	24	16	1640万
南　京	—	—	—	—
南　宁	1806	1	5	1651.8万
上　海	4209	54	50	7823.4万
沈　阳	3763	16	—	1660.3万

续表

城市	次数(次)	死亡(人)	伤人(人)	直接损失(元)
石家庄	2855	—	—	
太原	1153	10	5	1234 万
天津	1691	43	27	7792.2 万
乌鲁木齐	595	—	—	391.69 万
武汉	1940	3	0	546.27 万
西安	2353	8	2	1659.1 万
西宁	1685	2	2	1607.4 万
银川	1748	2	0	485.49 万
长春	2118	6	2	1189 万
长沙	8861	66	60	14987 万
郑州	3142	9	16	1805.77 万
重庆	5472	12	32	10394.39 万

注："—"代表数据缺失。

＊省会城市火灾事故相关数据主要来自2018年各城市年鉴和统计年鉴。其中，福州的数据来自福州市公安局；昆明和乌鲁木齐的数据来自两市安监局的公报；南宁的数据来自南宁电视台播报的南宁市消防工作会议；石家庄的数据来自河北广播电台；长沙的数据来自湖南省的统计年鉴。

表19　省会城市2017年全年交通事故信息统计＊

城市	次数(次)	死亡(人)	伤人(人)	直接损失(元)
北京	3222	1376	2801	3145.5 万
成都	1752	647	1390	569.3 万
福州	2365	534	2558	238.9 万
广州	2336	775	2283	969 万
贵阳	—	—	—	—
哈尔滨	2984	372	—	2390 万
海口	731	130	758	115.3 万
杭州	2135	557	2037	438.84 万
合肥	1677	466	1783	1378.3 万
呼和浩特	751	100	787	187 万
济南	3075	421	2798	1020.3 万
昆明	1516	341	—	386.5 万
拉萨	143	56	—	—
兰州	666	246	791	316 万
南昌	288	211	196	82 万
南京	—	—	—	—

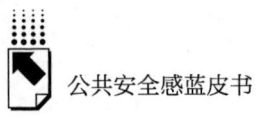

续表

城市	次数(次)	死亡(人)	伤人(人)	直接损失(元)
南 宁	21824	153	2387	—
上 海	710	676	222	363万
沈 阳	956	441	941	449.3万
石家庄	—	—	—	—
太 原	798	216	841	365万
天 津	5564	813	5542	4532.8万
乌鲁木齐	59	59	23	5.32万
武 汉	2259	809	1969	609.15万
西 安	2858	453	2856	1777.3万
西 宁	1129	527	1176	1120.3万
银 川	769	87	906	624.59万
长 春	3392	739	3772	3380.1万
长 沙	—	218	—	—
郑 州	5912	1780	5561	4352.38万
重 庆	4558	951	5889	1810.85万

注："—"代表数据缺失。
*省会城市交通事故相关数据主要来自2018年各城市年鉴和统计年鉴。其中，福州的数据未公开，以2016年公开的数据代替；兰州和西安的数据来自统计公报；南宁的数据来自南宁市交警部门；天津的数据来自2018年社会统计年鉴。

（二）居民治安安全感分布不均衡

本次调查分析发现，居民的治安安全感明显存在不均衡分布的情况。主要表现为城市间的治安安全感偏差明显、区域间的治安安全感差异显著。

1. 城市间的治安安全感偏差明显

城市本身各方面的异质性，导致不同城市居民享受的治安安全服务水平和客观的治安安全状况存在差异。从整体上看，在最高分值为10分的情况下，晚间单独出行担忧（$M=5.487$）、陌生人入小区担忧（$M=5.252$）、暴力冲突伤害担忧（$M=5.203$）和及时获得保护担忧（$M=5.394$）四项的均值并不突出。这说明虽然居民的整体治安安全感相对较好（$M=5.677$），但是对于一些发生在身边的、饱受关注的治安问题仍表现出较多的忧虑。

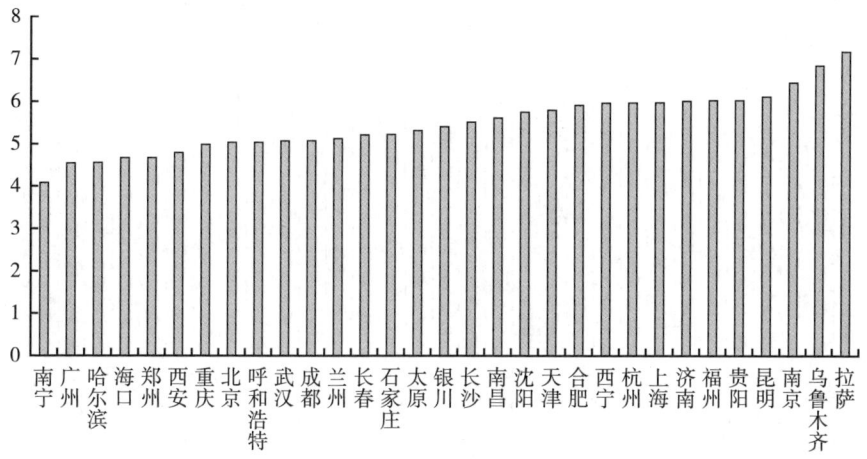

图 5 城市居民对晚间单独出行担忧的均值统计结果

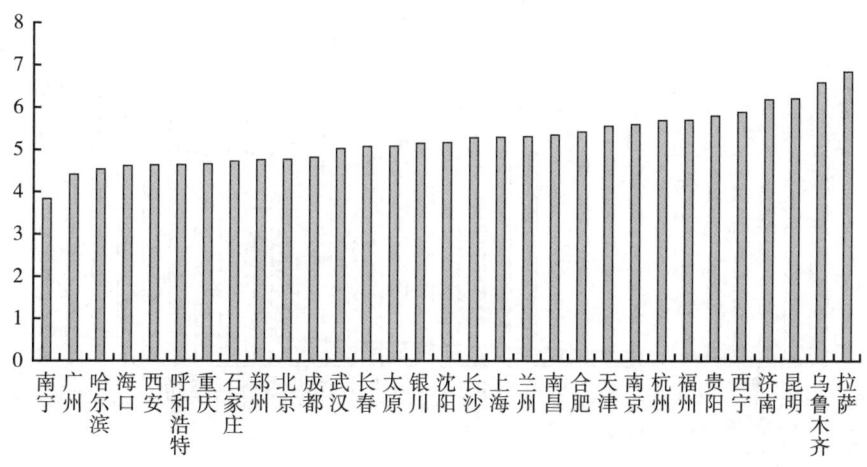

图 6 城市居民对陌生人入小区担忧的均值统计结果

通过图5、6、7、8来看,拉萨和乌鲁木齐在四个分项中都几乎排在前两位,保持了较为稳定的水平,说明两市居民对城市政府的治安服务和治安管理有较高的满意度,对身处的治安环境和治安状况展现了较高的评价。与之对比,广州和南宁在四个分项中都排在倒数后两位,说明在过去一年多两市的治安环境和治安状况相对较差,居民的不安全感较为强烈。为考察治安

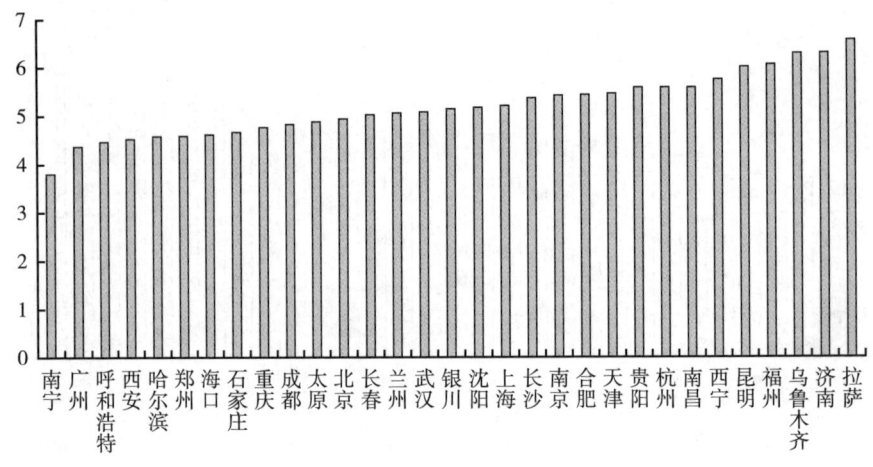

图7 城市居民对暴力冲突伤害担忧的均值统计结果

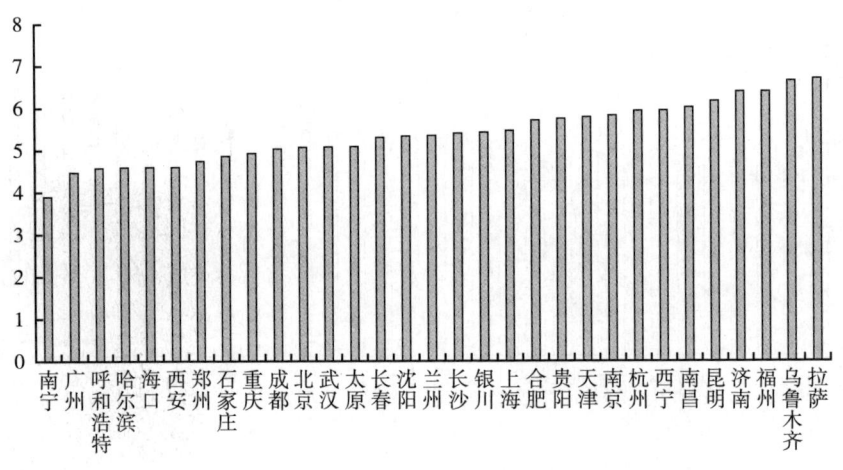

图8 城市居民对及时获得保护担忧的均值统计结果

安全感城市间的分布,进一步对四个分项进行具体的分析。在"晚间单独出行担忧"方面,在31个城市均值为5.483的情况下,多达16个城市的分值居于均值之下,其中不乏北京、广州这样的一线城市,也有位列国家中心城市的郑州、西安,西南的成都和重庆得分亦在均值之下。重庆、西安、郑州、海口、哈尔滨、广州和南宁得分不过"5",南宁甚至是刚刚破"4"。

这充分说明，居民对于夜晚的出行安全和晚间治安问题非常敏感和关注。在"陌生人入小区担忧"方面，在 31 个城市均值为 5.249 的情况下，同样有多达 16 个城市的分值居于均值之下。居于前列的拉萨、乌鲁木齐、昆明和济南等市得分都超过了"6"，令人忧虑的是成都、北京、郑州、石家庄、重庆、呼和浩特、西安、海口、哈尔滨、广州和南宁等 11 个城市的得分不足"5"，居于末位的南宁得分甚至只有 3.833。在"暴力冲突伤害担忧"方面，在 31 个城市均值为 5.2 的情况下，多达 17 个城市的分值居于均值之下，拉萨、济南、乌鲁木齐、福州、昆明等 5 市得分超过"6"，北京、太原等 12 个城市的得分在"5"以下，居于末位的南宁只有 3.804。在"及时获得保护担忧"方面，31 个城市平均得分 5.39，16 个城市得分在平均分以下，拉萨、乌鲁木齐、福州、济南、昆明和南昌 6 个城市的得分高于"6"。经过以上的分析可以发现这样几个结论：第一，在治安安全感的四个分项上，有一半的城市得分在均值以下；第二，治安安全感排名中的头尾相对固定，两极分化趋势较为明显；第三，政治地位和经济地位相对较高的省会城市的治安安全成效并不突出。

2. 区域间的治安安全感差异显著

根据国务院为推进区域经济均衡发展划定的东部、中部、西部和东北地区，考察治安安全感在不同地区的分布情况。区域间经济社会发展的不平衡、不充分，造成区域间社会治安状况的不均衡问题，进而导致不同区域内居民的治安安全感有所不同。

通过表 20 和图 9 可以很直观地发现，在总体治安安全感以及晚间单独出行担忧、陌生人入小区担忧、暴力冲突伤害担忧、及时获得保护担忧方面，东部地区和西部地区好于中部地区和东北地区。根据图 9 可知，总体治安安全感和治安安全感的四个分项在不同区域的变化趋势基本上保持一致。除"陌生人入小区担忧"方面西部地区的得分高于东部地区外，其他维度上基本上表现为东部、西部、中部和东北从高到低的分布。这说明，治安安全感在经济区域上呈现了较为明显的差异性。

表20 区域间居民治安安全感比较

	地区	N	极小值	极大值	均值	标准差
总体治安安全感	东部	3037	1.0	10.0	5.816	2.6268
	中部	1861	1.0	10.0	5.467	2.2859
	西部	3677	1.0	10.0	5.798	2.6028
	东北	952	1.0	10.0	5.155	2.8353
	地区	N	极小值	极大值	均值	标准差
晚间单独出行担忧	东部	3037	1.0	10.0	5.577	2.7576
	中部	1861	1.0	10.0	5.352	2.4638
	西部	3677	1.0	10.0	5.556	2.7699
	东北	952	1.0	10.0	5.180	2.8844
	地区	N	极小值	极大值	均值	标准差
陌生人入小区担忧	东部	3037	1.0	10.0	5.260	2.6423
	中部	1861	1.0	10.0	5.158	2.3637
	西部	3677	1.0	10.0	5.372	2.6723
	东北	952	1.0	10.0	4.928	2.7542
	地区	N	极小值	极大值	均值	标准差
暴力冲突伤害担忧	东部	3037	1.0	10.0	5.264	2.6923
	中部	1861	1.0	10.0	5.155	2.3956
	西部	3677	1.0	10.0	5.238	2.6499
	东北	952	1.0	10.0	4.929	2.7795
	地区	N	极小值	极大值	均值	标准差
及时获得保护担忧	东部	3037	1.0	10.0	5.481	2.6922
	中部	1861	1.0	10.0	5.338	2.3789
	西部	3677	1.0	10.0	5.421	2.6465
	东北	952	1.0	10.0	5.079	2.8457

从经济区域内部看，在五个指标上，东部、西部和东北地区治安安全感的标准差较大，说明区域内部治安安全感的离散性较强，区域内不同城市治安安全感的差异较为明显。其中，东北地区3个省会城市治安安全感的离散性最为显著。相反，中部地区6个省会城市治安安全感的标准差相对较小，城市间的治安安全感均值差异较小。此外，值得关注的现象是，东部地区的

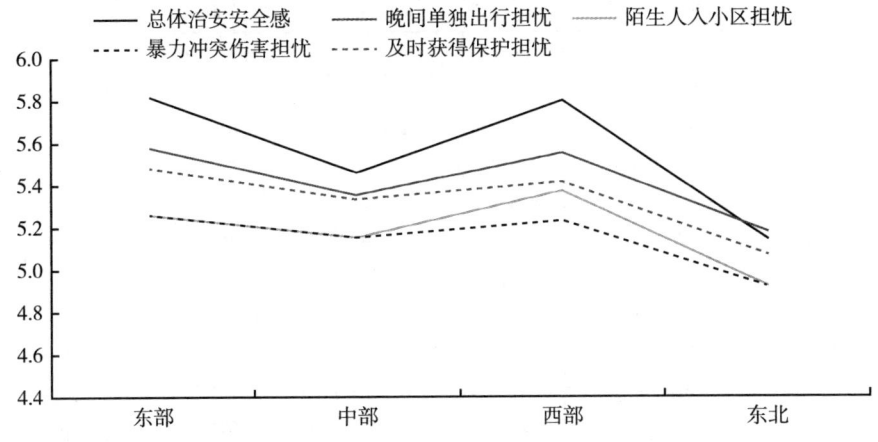

图9 区域间居民治安安全感总体和分项比较

治安安全感虽然高于西部地区,但是两个地区的均值相差很小,说明东部地区和西部地区省会城市的治安安全感具有较强的一致性。

(三) 城市治安服务水平分布不均衡

城市治安安全感调查和分析尝试从居民的主观视角,勾勒出全国31个省会城市的治安安全水平和治安安全现状。正如前文所述,一个城市的社会治安状况和水平取决于治安服务和服务对象之间的相互作用。因此,有必要从客观的治安服务方面回应居民主观的治安安全感,本文基于一些客观数据试图对居民的治安安全感及其差异和偏差加以适度的解释。

表21呈现了2017年全国省会城市公共安全领域的支出及其排名。近些年来,随着包括治安问题在内的公共安全日益突出和重要,政府不断增加公共安全支出,用于预防、化解和处置公共领域的各种问题。从表中可以发现,公共安全支出规模主要取决于省会城市的经济发展水平和财政规模,越是经济发达的城市,用于公共安全领域的支出越多;反之,用于公共安全领域的支出越少。就2017年来看,全国31个省会城市用于公共安全的支出总

表 21　城市公共安全支出和总体治安安全感排名*

城市	公共安全支出(万元)	排名	城市	总体治安安全感	排名
北　京	4531644	1	拉　萨	7.390	1
重　庆	2359092	2	乌鲁木齐	6.941	2
天　津	2074200	3	南　京	6.577	3
广　州	1847596	4	昆　明	6.466	4
成　都	1204000	5	杭　州	6.358	5
上　海	1150000	6	福　州	6.329	6
武　汉	992373	7	济　南	6.220	7
南　京	976200	8	贵　阳	6.151	8
杭　州	828908	9	西　宁	6.104	9
郑　州	672757	10	上　海	6.094	10
长　沙	670767	11	南　昌	6.070	11
西　安	639700	12	天　津	6.020	12
沈　阳	603415	13	合　肥	5.956	13
昆　明	573723	14	沈　阳	5.762	14
济　南	560132	15	银　川	5.688	15
福　州	511113	16	北　京	5.645	16
贵　阳	504465	17	成　都	5.629	17
哈尔滨	485094	18	石家庄	5.465	18
乌鲁木齐	483388	19	重　庆	5.456	19
石家庄	475836	20	兰　州	5.433	20
南　宁	443145	21	太　原	5.404	21
南　昌	413586	22	长　沙	5.343	22
兰　州	358153	23	呼和浩特	5.127	23
太　原	336542	24	长　春	5.110	24
拉　萨	270000	25	西　安	5.070	25
呼和浩特	215854	26	郑　州	5.029	26
合　肥	198700	27	武　汉	5.010	27
银　川	145993	28	海　口	4.864	28
西　宁	117000	29	哈尔滨	4.570	29
海　口	112431	30	广　州	4.535	30
长　春	3640	31	南　宁	4.109	31

* 城市公共安全支出数据主要来自省会城市2018年统计年鉴和2018年各省会城市年鉴。其中，北京的公共安全支出是根据2016年和2017年统计公报的数据计算得出；拉萨的公共安全支出来自拉萨市财政的报告；南京的公共安全支出统计中包括了国防支出部分；西宁的公共安全支出来自该市的统计公报。

规模达到24759447万元,平均每个城市的公共安全支出规模为798692万元。不过,只有9个城市的公共安全支出规模超过平均水平,也就是说这9个城市尤其是北京、重庆、天津的支出直接拉升了平均水平。作为直辖市城市,北京、重庆和天津的公共安全投入规模庞大。

但是,从图10中也可以很明显地看到,公共安全支出和总体治安安全感的走向并不一致。公共安全支出规模大,并不必然意味着某个城市的总体治安安全感就一定高。例如北京的公共安全支出排名第一,但北京市居民的总体治安安全感仅仅排在中游水平;重庆的公共安全支出排名第二,但重庆市居民的总体治安安全感却只排在第19位;广州的公共安全支出排名第4,但其总体治安安全感却排在倒数第2位。与之相反,拉萨市的公共安全支出仅仅排在第25位,但是它的总体治安安全感却高居所有城市的第一位,乌鲁木齐的公共安全支出排在第19位,但它的总体治安安全感排在第2位。这充分说明尽管客观上用于治安安全服务的资源多,却并不一定能赢得居民的认同,产生安全感的提升。

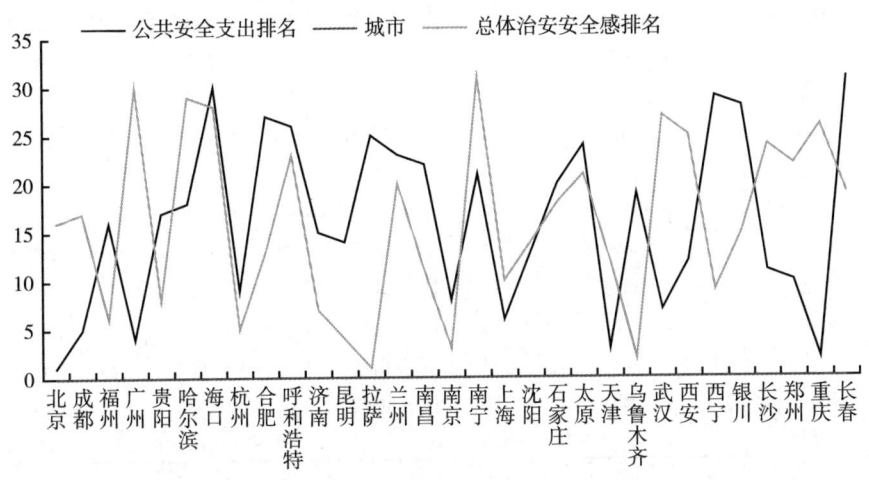

图10 城市公共安全支出和总体治安安全感排名比较

从学术界已有的相关研究来看,社会治安服务水平"不仅取决于社会治安服务的投入,还取决于社会治安服务所服务的社会环境,不仅仅取决于政府警察、监狱等社会治安管理资源数量的多寡和质量的好坏,还决定于社会上人口素质的高低、经济水平的好坏、交通基础设施的完善与否等因素"[1]。基于这样的思路,可以建构起社会治安服务水平的测量指标并加以测量。

由表22可知,就全国而言,除上海以外,各地区社会治安服务的差异性并不非常显著。就区域而言,社会治安服务呈现区域分化特征,存在较为明显的三个板块。东部地区由于地处沿海,经济起步早,发展快,资源积累丰富,经济社会整体发展程度高,因此区域内社会治安服务水平总体较

表22 各地区社会治安服务水平测度及排名

地区	社会治安服务水平测度	排名	地区	社会治安服务水平测度	排名
上海	0.7408	1	辽宁	0.2231	17
北京	0.4396	2	陕西	0.2161	18
天津	0.3875	3	内蒙古	0.2146	19
浙江	0.3708	4	山东	0.2136	20
江苏	0.3280	5	广西	0.2131	21
广东	0.3085	6	吉林	0.202	22
福建	0.2914	7	安徽	0.1858	23
贵州	0.2702	8	黑龙江	0.1543	24
宁夏	0.2645	9	甘肃	0.1746	25
海南	0.2529	10	江西	0.1729	26
重庆	0.2469	11	河南	0.1724	27
湖北	0.2381	12	湖南	0.1716	28
西藏	0.2376	13	四川	0.1693	29
云南	0.2327	14	山西	0.1633	30
新疆	0.2283	15	河北	0.1586	31
青海	0.2277	16			

资料来源:李贵清、吴敏:《中国区域社会治安服务公平性测评》,《中国海洋大学学报(社会科学版)》2018年第2期。

---

[1] 李贵清、吴敏:《中国区域社会治安服务公平性测评》,《中国海洋大学学报(社会科学版)》2018年第2期。

高,领先其他地区的幅度较大;西部地区,由于人口密度较小,加之中央的财政转移支付、东部地区的对口援助等因素,社会治安服务水平相对较高;中部地区多为经济欠发达的省份和城市,且人口稠密,社会治安服务水平得分较低,多低于平均数。这一研究结论与前文所得出的结论具有较好的匹配性。社会治安服务水平较高的东部和西部地区,治安安全感明显好于中部地区。

(四)社会治安教育相对欠缺和治安认知偏弱

对于治安的正确认知和理解影响着居民对于治安问题和治安现状的感受,也是居民做出治安状况评价的依据。围绕治安问题开展治安安全教育,是维护社会治安的基本措施,也是增强居民治安安全意识、提升居民安全行为能力的有效方式。面对治安问题时,居民的自我防范意识、自我保护意识,遇到不法侵害时保持健康的心理状态,有助于镇定地做出应变处理。

但是,本次调查的结果显示,居民接受包括治安安全在内的公共安全有关教育和服务相对欠缺。如在回答表23"您是否接受过社会组织(如公益团队)关于公共安全的教育或服务"时,只有56.1%的受访居民认为自己过去一年接受过不同形式的有关公共安全方面的教育或服务。这一比例相较于第一次全国调查的结果稍有提高,但是仍有超过四成的受访居民没有接受过任何形式的公共安全的教育或服务。

表23 您是否接受过社会组织(如公益团队)关于公共安全的教育或服务(有效百分比)

选项	年份	
	2017	2018
没有	46.20%	43.90%
有	53.80%	56.10%

在进一步回答"是否接受过有关社会治安的教育或服务"时,得到的结果令人失望。据图11可知,只有乌鲁木齐市接受过社会治安教育或服

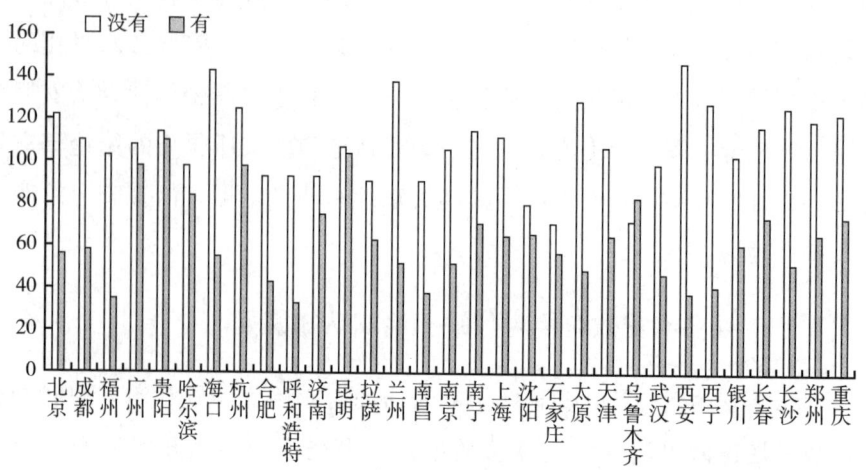

图 11　各城市居民是否接受过社会组织关于社会治安的教育或服务

务的居民超过了没有接受过的居民。其次是贵阳和昆明，接受过和未接受过社会治安服务或教育的群体人数较为接近。其他 28 个省会城市，没有接受过的要远远多于接受过社会治安服务或教育的居民。此外，通过图 11 还可以发现，接受过社会治安教育和服务的居民在绝对数量上是偏少的，在本次调查的 9000 多个有效样本中，只有 1963 位受访者接受过社会治安的教育和服务，仅占样本总量的 20.6%，也就是说 5 个人中只有一个人有过这样的经历。

由表 24 可知，从城市的角度看，在回答"是否接受过有关社会治安的教育或服务"时，只有四个城市接受过该服务的居民超过了该城市样本量的 30%，分别是广州（32.3%）、贵阳（34.6）、昆明（32.5%）和杭州（30.5%）。从均值来看，31 个省会城市平均每个城市只有 63 位居民接受过该服务或教育，人数最少的分别是呼和浩特（33 人）、福州（35 人）、西安（38 人）、南昌（38 人）。这些数据说明，居民很少或没有机会接受社会组织各种形式的有关社会治安方面的教育或服务。

表24 各城市居民接受社会治安教育或服务受访信息

城市	回答		频率	百分比
北京	有效	没有	122	42.5
		有	56	19.5
		合计	178	62.0
	缺失	系统	109	38.0
	合计		287	100.0
成都	有效	没有	110	37.4
		有	58	19.7
		合计	168	57.1
	缺失	系统	126	42.9
	合计		294	100.0
福州	有效	没有	103	34.9
		有	35	11.9
		合计	138	46.8
	缺失	系统	157	53.2
	合计		295	100.0
广州	有效	没有	108	35.6
		有	98	32.3
		合计	206	68.0
	缺失	系统	97	32.0
	合计		303	100.0
贵阳	有效	没有	114	35.8
		有	110	34.6
		合计	224	70.4
	缺失	系统	94	29.6
	合计		318	100.0
哈尔滨	有效	没有	98	30.5
		有	84	26.2
		合计	182	56.7
	缺失	系统	139	43.3
	合计		321	100.0
海口	有效	没有	143	47.5
		有	55	18.3
		合计	198	65.8
	缺失	系统	103	34.2
	合计		301	100.0

续表

城市	回答		频率	百分比
杭州	有效	没有	125	38.9
		有	98	30.5
		合计	223	69.5
	缺失	系统	98	30.5
	合计		321	100.0
合肥	有效	没有	93	29.2
		有	43	13.5
		合计	136	42.6
	缺失	系统	183	57.4
	合计		319	100.0
呼和浩特	有效	没有	93	30.2
		有	33	10.7
		合计	126	40.9
	缺失	系统	182	59.1
	合计		308	100.0
济南	有效	没有	93	31.0
		有	75	25.0
		合计	168	56.0
	缺失	系统	132	44.0
	合计		300	100.0
昆明	有效	没有	107	33.4
		有	104	32.5
		合计	211	65.9
	缺失	系统	109	34.1
	合计		320	100.0
拉萨	有效	没有	91	30.3
		有	63	21.0
		合计	154	51.3
	缺失	系统	146	48.7
	合计		300	100.0
南昌	有效	没有	91	30.5
		有	38	12.8
		合计	129	43.3
	缺失	系统	169	56.7
	合计		298	100.0

续表

城市	回答		频率	百分比
南京	有效	没有	106	33.2
		有	52	16.3
		合计	158	49.5
	缺失	系统	161	50.5
	合计		319	100.0
南宁	有效	没有	115	37.0
		有	71	22.8
		合计	187	60.1
	缺失	系统	124	39.9
	合计		311	99.7
上海	有效	没有	112	37.5
		有	65	21.7
		合计	177	59.2
	缺失	系统	122	40.8
	合计		299	100.0
沈阳	有效	没有	80	24.1
		有	66	19.9
		合计	146	44.0
	缺失	系统	186	56.0
	合计		332	100.0
石家庄	有效	没有	71	22.6
		有	57	18.2
		合计	131	41.7
	缺失	系统	183	58.3
	合计		314	99.0
太原	有效	没有	129	40.4
		有	49	15.4
		合计	179	56.1
	缺失	系统	140	43.9
	合计		319	99.7
天津	有效	没有	107	35.9
		有	65	21.8
		合计	172	57.7
	缺失	系统	126	42.3
	合计		298	100.0

续表

城市	回答		频率	百分比
乌鲁木齐	有效	没有	72	23.5
		有	83	27.0
		合计	155	50.5
	缺失	系统	152	49.5
	合计		307	100.0
武汉	有效	没有	99	31.4
		有	47	14.9
		合计	146	46.3
	缺失	系统	169	53.7
	合计		315	100.0
西安	有效	没有	147	49.2
		有	38	12.7
		合计	185	61.9
	缺失	系统	114	38.1
	合计		299	100.0
西宁	有效	没有	128	41.7
		有	41	13.4
		合计	169	55.0
	缺失	系统	138	45.0
	合计		307	100.0
银川	有效	没有	103	34.2
		有	61	20.3
		合计	164	54.5
	缺失	系统	137	45.5
	合计		301	100.0
长春	有效	没有	117	39.1
		有	74	24.7
		合计	191	63.9
	缺失	系统	108	36.1
	合计		299	100.0
长沙	有效	没有	126	41.6
		有	52	17.2
		合计	178	58.7
	缺失	系统	125	41.3
	合计		303	100.0

续表

城市	回答		频率	百分比
郑州	有效	没有	120	39.1
		有	66	21.5
		合计	186	60.6
	缺失	系统	121	39.4
	合计		307	100.0
重庆	有效	没有	123	41.3
		有	74	24.8
		合计	197	66.1
	缺失	系统	101	33.9
	合计		298	100.0
兰州	有效	没有	138	43.9
		有	52	16.6
		合计	190	60.5
	缺失	系统	124	39.5
	合计		314	100.0

注：有的城市统计不足100%，是源于个别无效回答。

三 提升居民治安安全感的对策与建议

通过以上分析可知，城市居民总体治安安全感虽然得分相对较好，但是在治安安全四个分项上的评价却令人担忧。进一步的分析发现，治安安全感存在主客观上的偏差，区域间和城市间的治安安全感差异较大，只有两成左右的受访者接受过治安服务和治安教育，这些问题说明提升居民的治安安全感是一项重要而具有现实紧迫性的任务。

（一）发展多元治安服务供给模式，矫正居民主观治安安全感与客观治安安全服务的偏离

现实社会中，各种违法犯罪活动对公众和社会造成威胁的社会治安问

题,是城市发展中的基本问题,也是影响城市公共安全的主要因素。因此,社会治安是城市公共安全的重要组成部分。近三年国家统计局公布的数据显示,我国的治安案件、刑事案件的数量小幅下降,但是绝对数量仍然较大,这决定了居民有着强烈的治安服务需求。

社会治安服务需求与社会治安服务供给存在失衡。首先,从数量方面看,居民社会治安服务需求的快速增长与政府有效供给不足之间存在较为明显的矛盾。当前在快速的城市化发展进程中,威胁城市社会治安安全的因素不断增多,居民对社会治安安全服务和治理有着巨大的需求空间。但是,以政府尤其是公安部门为主体提供的社会治安安全服务总量却远远不能满足居民需求。以警力配置为例,2002年全国人大常委会视察组的报告显示,我国警力配置平均为10.86人/万人和10.42人/100平方公里。[1] 最新的研究发现,2012~2016年我国每万人警力配置人数分别是14.77、14.7、14.62、14.55和14.46人。[2] 从这些数字看,我国用于治安防范和处理的警力远远低于西方国家。较少的警力配置,却面临快速城市化发展中多样的复杂的治安问题和治安服务需求。

其次,从质量方面来看,社会治安服务供给的单一性与社会治安服务需求的多样性之间存在着显著的矛盾。政府尤其是以公安、综治部门为主体的社会治安服务和治理治理是最基本、最传统的治安服务供给模式。这种模式主要是以各类预防、打击和惩罚各种违法犯罪案件的方式实现,主要使用日常巡逻、监控、拘留、立案、侦查等具体的治安治理工具。随着社会快速发展和城市化,出现了很多过去不曾有的治安服务需求,如越来越多的半开放式小区、各种大型活动、企业内部、私人安保等对治安服务的需求。这些都是单纯以政府为主体的供给模式难以满足,也根本无法满足的。

2015年4月,中办、国办联合印发的《关于加强社会治安防控体系建

---

[1] 马永梅:《每万人配置警力10.86人 警力不足困扰中国警方》,中国新闻网,2002年10月31日,http://www.chinanews.com/2002-10-31/26/238471.html。
[2] 韩春梅、余沛东、邹今斐:《城镇化进程中社会安全风险指标敏感性分析》,《中国人民公安大学学报(社会科学版)》2018年第3期。

设的意见》,明确了党委领导、政府主导、综治协调、各部门齐抓共管、社会力量积极参与的工作格局。也就是说,在政府主导的治安服务供给模式之外,更需发挥市场和社会主体的责任和力量。

从公共物品和公共服务理论来看,"供给"不等于直接"生产"。由于政府的有限性、垄断低效性、寻租等问题,事实上很多公共物品和服务是通过市场主体进行供给或生产的。在治安服务供给方面,西方国家在20世纪的民营化浪潮中,探索了通过市场和契约等方式,将市场的运作方式引入治安服务领域中,以改善上述政府供给存在的问题。市场主导的治安服务供给,是由保安公司等企业组织按照价格和竞争方式提供治安安全服务的形式。此外,除了政府和市场供给机制外,社会志愿机制也在现实治安服务领域中发挥着重要作用。[①] 社会主导的治安安全服务供给,是由居民群体、个体、社会组织等以志愿行动的方式营造良好的社会治安环境,如北京的"朝阳群众""西城大妈""海淀网友""丰台劝导队"等就是在北京非常活跃的治安志愿者队伍,被媒体称为"中国特色治安"。当然,由于治安安全服务属性上的差异,应当由政府、市场和志愿组织等不同类型的主体参与供给,发挥不同主体的比较优势和多元主体的组合优势,构建多元化的合作供给机制,实现机制间的耦合。

(二)推进城市间和区域间治安服务的均衡性发展,提升治安服务的均等化水平

治安服务的主体具有流动性,治安服务及其效果具有溢出性,加之当前各地区、各城市之间治安服务水平处于不均等的状态,区域间、城市间的治安安全感差异较大。因此,应着力加强区域间、城市间治安服务的均衡性发展,提升不同区域、不同城市治安服务的均等化水平。

尽可能消减区域间和城市间治安服务投入上的差距。如前所述,由于经

---

① 侯雷:《城市公共安全服务供给的基本机制及其整合》,《东北师大学报》(哲学社会科学版)2014年第3期。

济社会发展水平的差异性，不同城市和区域在公共安全领域的投入存在着较大的偏差，尤其是政治地位和经济地位较高的省会城市，巨大的公共安全投入直接拉升了 31 个省会城市的投入水平。鉴于当前在政法系统中的转移支付无法解决治安服务的预防能力提升，在作用效果上甚至有可能拉大地区间的差异，①建议探索更加合理、科学、可行的公共安全领域中财政在纵向和横向上的转移支付，以便促进城市间和区域间治安服务水平的均等化进程。

致力于中部地区和东北地区的经济社会发展，提升居民的安全素质，形塑健康的安全文化心理。治安安全水平和治安安全现状是一个主观和客观多方面因素综合互动和作用的结果。根据本次调查的分析结果，一方面要致力于治安安全感相对较低的中部地区和东北地区的经济社会发展，加大基础设施建设的力度，提升这些地区省会城市社会治安安全服务能力的基础；另一方面，居民自身的安全素质、安全意识和安全心理影响其对所在城市治安安全水平和现状的认识、感受和评价，也从某种意义上决定了他的安全行为，因此，在有形的安全服务能力提升之外，更要侧重于增强居民的安全素质、安全意识和安全心理。

对重点城市进行治安安全感提升定点试点。姑且不论客观的治安服务水平和治安安全现状如何，一些城市居民的治安安全感得分"稳定地"过低，确实存在比较大的隐忧，也从侧面说明这些城市确实存在某些治安漏洞。例如，2017 年和 2018 年连续两年的调查显示，东北地区三个城市的治安安全感都处于中下游甚至是倒数几位；2018 年的调查结果显示，南宁不论在总体治安安全感还是在治安安全感四个分项上的评价得分都非常低。因此，鉴于这两种情况，有必要对这些城市进行重点研究和关注，进一步深入调查和访谈，发掘影响居民治安安全感的病因，充分了解居民对治安问题的真实诉求和关怀，并着手进行整治，积极进行回应，提升治安服务水平，改善当地的治安状况。

---

① 翁列恩、孙文波：《西部地区基本公共安全服务均等化问题研究》，《中共浙江省委党校学报》2011 年第 2 期。

（三）多措并举，提升治安教育和服务的覆盖性和有效性

社会治安综合治理是一项庞大的系统的工程，不单纯是党委、政府尤其是政法部门的应尽职责，同时也是教育部门、家庭、社区、社会组织和企业组织等应当承担的社会责任。已有国内外的很多研究证实了文化素质、心理结构、教育水平差异等因素对治安犯罪和治安安全感的影响。治安安全教育是最好的治安风险预防渠道，通过全方位、多层次的治安安全教育，可以提升居民的自我防范意识，增强居民的自我保护能力，有效规避各类治安风险，同时也是良好的治安安全感形成的坚实基础。

充分发挥学校教育的功能，增强学生群体的治安安全意识，提升其治安风险预防能力。最近20余年来，随着我国高等教育翻天覆地地发展，大学生规模急剧膨胀，是一个规模庞大的群体，也成为社会上备受关注的一类群体，社会上的各种治安问题在大学生群体上都有所反映。大学生群体的文化素质毋庸置疑，但是该群体的脆弱性和不成熟性特征也非常明显。近几年来，随着互联网的普及和"互联网+"的出现，一些新兴的治安风险向学生群体袭来，尤其是在校大学生，不断爆出以在校大学生为治安风险群体的网贷平台催债事件、顺风车失踪受害事件、电信诈骗事件、大学生见网友被骗受害事件、大学生被骗到传销组织事件等。2017年和2018年两次的公共安全感调查分析结果都显示，大学生成为治安安全感相对最差的一类群体，这与发生在该群体身上的各种治安案件有着直接的关系。从当前来看，大学生治安安全问题是高校教育过程中相对薄弱的问题，增强大学生的安全防范意识，掌握必要的安全知识和安全防范技能，消除和规避各种潜在的安全隐患，对确保大学生安全、增强其安全感具有十分重要的意义。因此，高校课堂不能单纯地"教书"，更要结合当前安全需要和大学生安全风险，增设和提升安全教育的相关内容和技能。

政法部门积极履责，将安全教育深入推进社区。作为城市管理体系构成的政法部门应该结合各自辖区内的实际治安状况，组织民警、片警深入辖区的社区积极开展治安安全教育和宣传活动。通过现场演示和示范、典型案例

推广、治安专题宣讲等各种方式,积极向社区居民宣传防抢、防盗、防骗、防诱拐、防火等经验和方法,将治安风险防范的有关法律、知识和技巧向社区居民进行传播,以预防治安问题的产生,避免治安风险扩大化。政法部门的社区安全教育应该以"国家安全教育日"、"安全月"、重大节庆日等为契机,形成常态化、惯例化,避免一阵风式的运动,通过这样常规的、可预期的安全教育,促使居民形成良好的治安安全意识和安全行为。

发挥社区党建的引领作用,织密社区治安的防控网。以党员为主体,充分发挥党员和党组织的作用,以增强社区居民的治安安全感为目标,整合各种社会资源,突出网格化和精细化管理,营造安全稳定的社区治安环境。充分发挥基层党组织的优势,以党小组为单位,进行入户走访宣传,收集居民的意见和建议,引导居民有序合理表达诉求和主张。与此同时,以社区网格员为基础,加强社区治安风险的排查和化解,切实把治安风险从源头切断,在基层化解。强化对社区重点人群的监管和帮扶,特别是对刑满释放人员严格管理和教育、对暂住人口和流动人口及时建档。持续推进精细化管理,确保街道路灯、重点区域视频监控、求助报警点等设施的维护和正常工作。

B.4 中国城市食品安全感调查报告(2019)

陈世民[*]

摘　要： 随着我国城市居民生活水平的提高，食品卫生安全问题已经成为城市居民高度关注的议题。2018年课题组继续对全国的城市公共安全感进行调查。与2017年相比，2018年城市居民的食品安全感无显著差异，食品安全感整体上仍然较低，形势依然严峻。餐馆食品安全感、菜市场食品安全感、未来预期食品安全感及总食品安全感的均值均低于中值。66.1%受试者在过去1年内至少发生过1起食品安全事故。食品安全事故违法信息透明度、消费者食品安全维权容易度的均值均低于中值。仅有36.2%的居民接受过食品安全教育培训。未来需要加强企业食品安全的自身建设，减少食品安全事故数量；加强食品安全的政府规制，实现多渠道的食品安全公共监督，有效提升城市食品安全感。

关键词： 城市　食品监管与治理　食品安全感

食品卫生安全关系着我国居民的健康和生命安全，近些年人们越来越关注我国食品卫生领域的监管，高度重视食品安全对整个社会生活的影响。食品安全感是居民对于其在食品购买或消费过程中，就所有针对自己健康而产生不利或可能产生负面影响的所有可能风险的一种主观评价。食品安全风险

---

[*] 陈世民，中国矿业大学公共管理学院副教授，研究方向为安全心理，积极心理学。

感知兼具客观实在性和主观建构性的综合特征。食品安全感与食品风险密切相关，消费者对不同类型的食品安全事件的认知和反映具有差异性。消费者对食品安全突发事件，如禽流感、疯牛病、三聚氰胺、猪肉精等会产生非理性或严重的反应。虽然这些食品危害的后果非常严重，但发生的概率非常小，从技术角度看，实际风险水平非常低。然而，由于消费者风险感知的偏差，会认为这些食品安全问题的风险水平非常高。近几年我国频发的食品安全事件让人们心有余悸、谈吃色变，如2006年11月"苏丹红"事件、2008年三鹿奶粉事件、2010年2月海南"毒豇豆"事件、2011年4月上海"染色馒头"事件、2014年上海福喜量采用"过期肉"事件等。这显示出我国食品安全形势严峻，卫生指标超标、超量食品添加剂、食品包装不规范等问题层出不穷，造成的负面社会影响呈现传播速度快、范围广、危害大的趋势，给人们的食品安全感造成很大影响。而食品安全风险受到多种因素的影响，课题组通过对2018年食品安全感调研数据进行科学分析，就我国不同城市居民的食品安全感做了一个比较全面的测评，能比较准确地解释我国食品安全治理的现状。

一 城市食品安全感的基本状况

食品安全感的研究非常有必要，但是目前我国学术界针对食品安全感测量的专门研究很有限，目前关于食品安全感测量的研究比较少。王常伟和顾海英采用4道测题在上海、无锡等地对637名被试进行过调查，[①] 马亮采用"你对你平时所吃的食物的质量担心吗？"一题对全国38个大城市25115位常住居民进行过统计分析。[②] 课题组在设计测题的时候结合学者有限的研究进行了试测并最终确定了具体的测题。课题组在研究食品安全感评价时，主

[①] 王常伟、顾海英：《消费者食品安全感知、监管满意度与支付意愿》，《华南农业大学学报》（社会科学版），2013年12月第2期，第89~95页。

[②] 马亮：《新闻媒体披露与公众的食品安全感——中国大城市的实证研究》，《中国行政管理》2015年第9期，第70~77页。

要从食品安全感和食品安全认知与行为两个方面来测量全国城市居民的食品安全感。

（一）城市食品安全感指数及排行

课题组针对2018年的全国调研数据进行了收集整理，并对我国食品安全治理领域的安全感做了科学分析，食品安全感在分项领域排名中列第三，详见表1所示。课题组对全国城市公共安全感分项指标指数由高到低进行排名，排名顺序依次为自然安全感、公共场所设施安全感、食品安全感、社会治安安全感、交通安全感、公共卫生安全感、生态安全感、社会保障安全感、信息安全感。

表1 全国城市公共安全感分项指标指数排行榜

分项指标	指数	排名
自然安全感	0.5089	1
公共场所设施安全感	0.4978	2
食品安全感	0.4972	3
社会治安安全感	0.4957	4
交通安全感	0.4939	5
公共卫生安全感	0.4895	6
生态安全感	0.4880	7
社会保障安全感	0.4782	8
信息安全感	0.4670	9

（二）城市食品安全感描述性统计

课题组通过对食品安全感的相关研究进行梳理后，在对食品安全感进行测量时，采用的指标主要包括三个分项指标：餐馆食品安全感、菜市场食品安全感、未来食品安全感。每个指标均采用一个测题来测量。这三道测题分别是："在本市饭店就餐时，您担心饭菜不干净吗？""您担心在农贸市场购买的生鲜食品不卫生吗？""您担心本市食品安全会越来越糟糕吗？"采用10

点量表，从1"极为担心"到10"完全不担心"。总食品安全感为这3个指标的均值。描述性统计和相关分析结果如表2所示。从表中可看出，所有指标的均值均小于中值5.50，表明我国的食品安全感令人担忧。

表2 描述性统计和相关分析结果

统计项目	1	2	3	4
1. 餐馆食品安全感	1			
2. 菜市场食品安全感	.819**	1		
3. 未来食品安全感	.704**	.733**	1	
4. 总体食品安全感	.919**	.930**	.892**	1
M	4.83	4.98	5.29	5.03
SD	2.60	2.59	2.69	2.40

注：$^*p < 0.05$，$^{**}p < 0.01$，$^{***}p < 0.001$，下同。

1. 不同城市的餐馆食品安全感

不同城市的餐馆食品安全感的结果，如表3和图1所示。餐馆食品安全感最高的是昆明，其均值为5.98；最低的是呼和浩特，其均值为3.75。餐馆食品安全感均值高于中值（5.50）的城市有：昆明、济南、贵阳、西宁、福州、拉萨6个城市；餐馆食品安全感均值低于中值、但高于全国均值（4.83）的城市有：南京、上海、杭州、天津、合肥、长沙、南昌、银川8个城市；餐馆食品安全感均值低于全国均值的城市有：兰州、重庆、乌鲁木齐、长春、武汉、西安、成都、海口、太原、石家庄、沈阳、北京、哈尔滨、郑州、广州、南宁、呼和浩特17个城市。

表3 不同城市的餐馆食品安全感

城市	均值	标准差	排名
昆 明	5.98	2.03	1
济 南	5.78	2.56	2
贵 阳	5.75	2.78	3
西 宁	5.66	2.54	4
福 州	5.63	2.53	5

续表

城市	均值	标准差	排名
拉 萨	5.52	2.58	6
南 京	5.25	2.78	7
上 海	5.22	2.82	8
杭 州	5.17	2.87	9
天 津	5.06	2.47	10
合 肥	5.02	2.68	11
长 沙	5.00	2.07	12
南 昌	4.85	2.48	13
银 川	4.84	2.57	14
兰 州	4.81	2.59	15
重 庆	4.80	2.28	16
乌鲁木齐	4.79	2.71	17
长 春	4.76	2.91	18
武 汉	4.66	1.97	19
西 安	4.66	2.23	20
成 都	4.56	2.39	21
海 口	4.51	2.23	22
太 原	4.45	2.55	23
石 家 庄	4.44	2.72	24
沈 阳	4.41	3.01	25
北 京	4.36	2.64	26
哈 尔 滨	4.27	2.68	27
郑 州	4.17	2.45	28
广 州	3.95	2.27	29
南 宁	3.79	2.44	30
呼和浩特	3.75	2.43	31

2. 不同城市的菜市场食品安全感

计算不同城市的菜市场食品安全感，结果如表4和图2所示。从表中可看出，菜市场食品安全感最高的是福州，其均值为6.11；最低的是南宁，其均值为3.88。菜市场食品安全感高于中值（5.50）的城市有：福州、昆明、贵阳、济南、拉萨、南京、西宁、南昌8个城市；菜市场食品安全感低于中值、高于全国均值（4.98）的城市有：上海、杭州、天津、合肥、兰州、乌鲁木齐6个城市；菜市场食品安全感低于全国均值（4.98）的城市

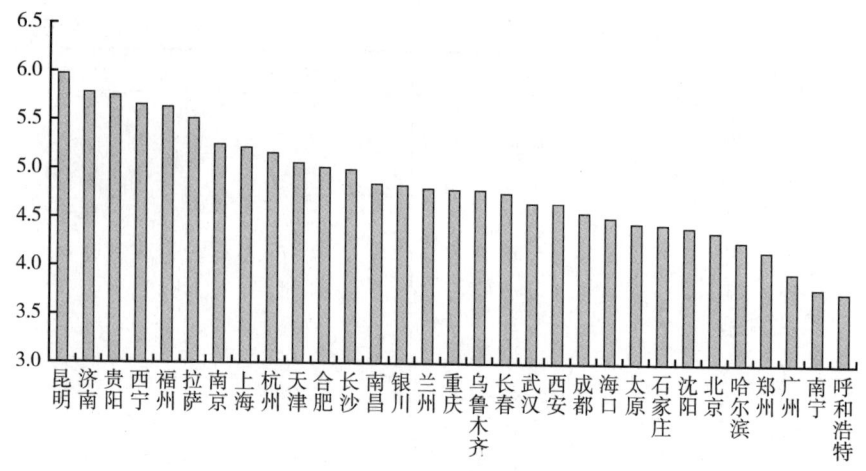

图 1　不同城市的餐馆食品安全感

有长沙、银川、成都、海口、重庆、沈阳、长春、武汉、西安、太原、北京、石家庄、哈尔滨、郑州、广州、呼和浩特、南宁 17 个城市。

表 4　不同城市的菜市场食品安全感

城市	均值	标准差	排名
福　州	6.11	2.40	1
昆　明	6.03	2.12	2
贵　阳	5.84	2.74	3
济　南	5.73	2.59	4
拉　萨	5.71	2.50	5
南　京	5.63	2.66	6
西　宁	5.62	2.55	7
南　昌	5.52	2.33	8
上　海	5.34	2.71	9
杭　州	5.23	2.89	10
天　津	5.20	2.59	11
合　肥	5.16	2.64	12
兰　州	5.15	2.52	13
乌鲁木齐	4.98	2.68	14
长　沙	4.89	2.11	15
银　川	4.84	2.58	16
成　都	4.82	2.40	17

续表

城市	均值	标准差	排名
海口	4.82	2.26	18
重庆	4.79	2.25	19
沈阳	4.76	3.06	20
长春	4.74	2.83	21
武汉	4.69	2.01	22
西安	4.64	2.16	23
太原	4.54	2.46	24
北京	4.48	2.65	25
石家庄	4.46	2.71	26
哈尔滨	4.36	2.68	27
郑州	4.24	2.47	28
广州	4.10	2.31	29
呼和浩特	4.02	2.52	30
南宁	3.88	2.54	31

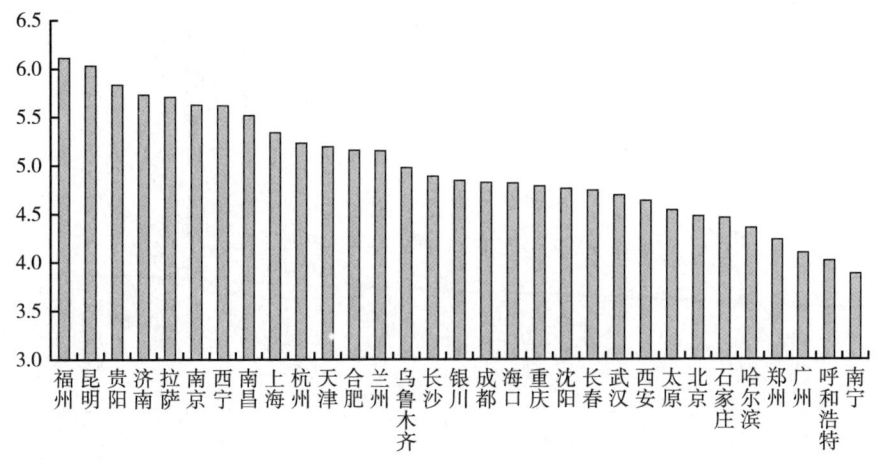

图 2 不同城市的菜市场食品安全感

3. 不同城市的预期未来食品安全感

计算不同城市的预期未来食品安全感，结果如表 5 和图 3 所示。从表中可看出，预期的未来食品安全感高于中值（5.50）的城市有：福州、济南、昆明、贵阳、拉萨、西宁、南京、杭州、南昌、兰州、乌鲁木齐、上海 12

个城市；预期的未来食品安全感低于中值、高于全国均值（5.29）的城市有：天津、银川、合肥3个城市；其余16个城市包括长沙、重庆、成都、海口、沈阳、北京、武汉、石家庄、长春、西安、太原、郑州、呼和浩特、哈尔滨、广州、南宁的预期未来食品安全感均低于全国均值。

表5　不同城市的预期的未来食品安全感

城市	均值	标准差	排名
福　　州	6.57	2.49	1
济　　南	6.12	2.40	2
昆　　明	6.10	2.04	3
贵　　阳	6.08	2.62	4
拉　　萨	6.04	2.53	5
西　　宁	6.02	2.56	6
南　　京	5.93	2.88	7
杭　　州	5.87	2.96	8
南　　昌	5.76	2.49	9
兰　　州	5.62	2.47	10
乌鲁木齐	5.61	2.83	11
上　　海	5.54	2.78	12
天　　津	5.49	2.58	13
银　　川	5.47	2.70	14
合　　肥	5.32	2.57	15
长　　沙	5.17	2.07	16
重　　庆	5.15	2.31	17
成　　都	5.13	2.51	18
海　　口	5.01	2.32	19
沈　　阳	4.89	3.33	20
北　　京	4.85	2.91	21
武　　汉	4.85	2.07	22
石 家 庄	4.82	2.91	23
长　　春	4.80	2.93	24
西　　安	4.77	2.41	25
太　　原	4.72	2.61	26
郑　　州	4.72	2.62	27
呼和浩特	4.55	2.76	28
哈 尔 滨	4.50	2.78	29
广　　州	4.24	2.53	30
南　　宁	4.22	2.74	31

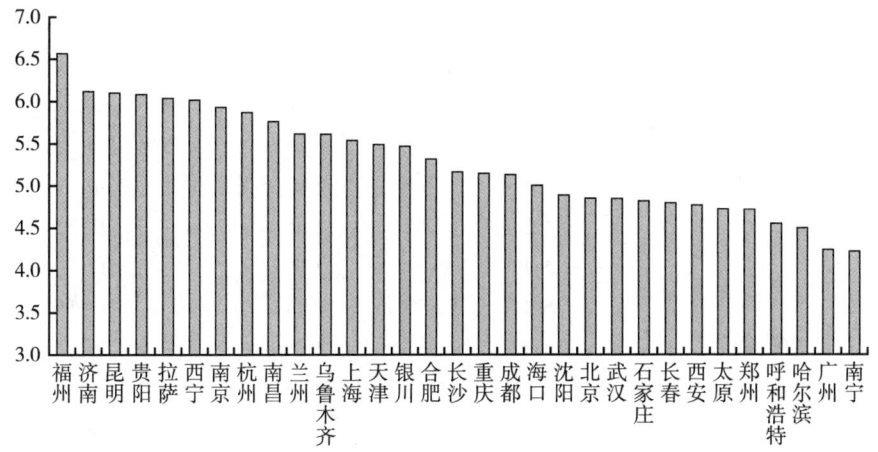

图 3　不同城市的预期未来食品安全感

4. 不同城市的总食品安全感

计算不同城市的总食品安全感，结果如表6和图4所示。从表中可看出，总食品安全感高于中值（5.50）的城市有：福州、昆明、贵阳、济南、西宁、拉萨、南京7个城市；总食品安全感低于中值、高于全国均值（5.03）的城市有：杭州、南昌、上海、天津、兰州、合肥、乌鲁木齐、银川8个城市；其余16个城市包括长沙、重庆、成都、海口、长春、武汉、西安、沈阳、石家庄、太原、北京、郑州、哈尔滨、呼和浩特、广州、南宁的总食品安全感均低于全国均值。

表6　不同城市的总食品安全感

城市	均值	标准差	排名
福　州	6.10	2.27	1
昆　明	6.04	1.94	2
贵　阳	5.89	2.53	3
济　南	5.88	2.35	4
西　宁	5.76	2.37	5
拉　萨	5.75	2.33	6
南　京	5.61	2.55	7

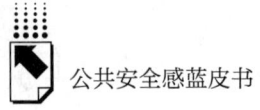

续表

城市	均值	标准差	排名
杭州	5.42	2.70	8
南昌	5.38	2.19	9
上海	5.37	2.52	10
天津	5.25	2.36	11
兰州	5.19	2.30	12
合肥	5.17	2.34	13
乌鲁木齐	5.13	2.46	14
银川	5.05	2.34	15
长沙	5.02	1.75	16
重庆	4.91	2.03	17
成都	4.84	2.17	18
海口	4.77	2.08	19
长春	4.77	2.69	20
武汉	4.73	1.78	21
西安	4.69	2.03	22
沈阳	4.68	2.77	23
石家庄	4.58	2.54	24
太原	4.57	2.34	25
北京	4.56	2.42	26
郑州	4.37	2.29	27
哈尔滨	4.37	2.51	28
呼和浩特	4.11	2.23	29
广州	4.10	2.22	30
南宁	3.96	2.37	31

5. 不同安全级别的食品安全感

对福州与拉萨、南京的总食品安全感进行 t 检验，结果如表 7 所示。从表中可看出，福州的总食品安全感与拉萨的总食品安全感没有显著差异，但显著高于南京的总食品安全感。因此，将福州、昆明、贵阳、济南、西宁、拉萨 6 个城市的总食品安全感列为第一级别。

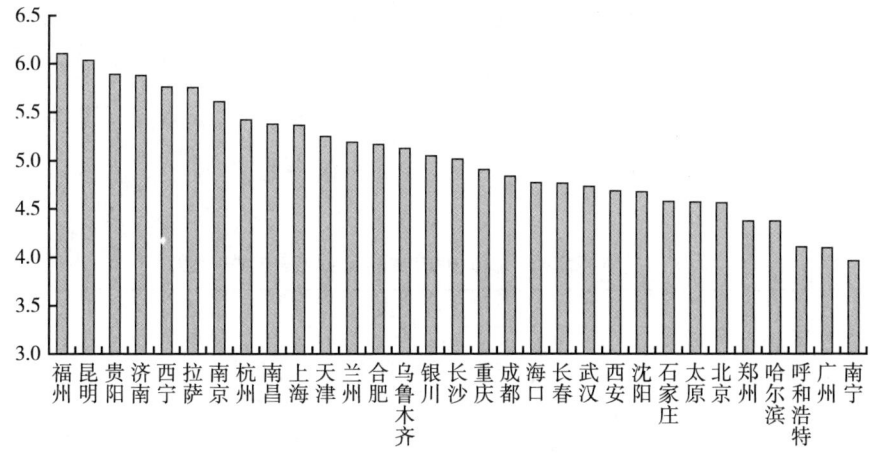

图 4 不同城市的总食品安全感

表 7 福州与拉萨、南京的餐馆食品安全感差异性检验

变量	福州		拉萨		t	p
	M	SD	M	SD		
总食品安全感	6.10	2.27	5.75	2.33	1.85	0.065
变量	福州		南京		t	p
	M	SD	M	SD		
总食品安全感	6.10	2.27	5.61	2.55	2.54	0.011

对南京与天津、兰州的总食品安全感进行 t 检验，结果如表 8 所示。从表中可看出，南京的总食品安全感与天津的总食品安全感没有显著差异，显著高于兰州的总食品安全感。因此，将南京、杭州、南昌、上海、天津 5 个城市的总食品安全感列为第二级别。

表 8 南京与天津、兰州的总食品安全感差异性检验

变量	南京		天津		t	p
	M	SD	M	SD		
总食品安全感	5.61	2.55	5.25	2.36	1.82	0.069
变量	南京		兰州		t	p
	M	SD	M	SD		
总食品安全感	5.61	2.55	5.19	2.30	2.17	0.030

对兰州与成都、海口的总食品安全感进行 t 检验,结果如表 9 所示。从表中可看出,兰州的总食品安全感与成都的总食品安全感没有显著差异,但显著高于海口的总食品安全感。因此,将兰州、合肥、乌鲁木齐、银川、长沙、重庆、成都 7 个城市的总食品安全感列为第三级别。

表 9　兰州与成都、海口的总食品安全感差异性检验

变量	兰州		成都		t	p
	M	SD	M	SD		
总食品安全感	5.19	2.30	4.84	2.17	1.94	0.053
变量	兰州		海口		t	p
	M	SD	M	SD		
总食品安全感	5.19	2.30	4.77	2.08	2.36	0.019

对海口与北京、郑州的总食品安全感进行 t 检验,结果如表 10 所示。从表中可看出,海口的总食品安全感与北京的总食品安全感没有显著差异,但显著高于郑州的总食品安全感。因此,将海口、长春、武汉、西安、沈阳、石家庄、太原、北京 8 个城市的总食品安全感列为第四级别。

表 10　海口与北京、郑州的总食品安全感差异性检验

变量	海口		北京		t	p
	M	SD	M	SD		
餐馆食品安全感	4.77	2.08	4.56	2.42	1.11	0.264
变量	海口		郑州		t	p
	M	SD	M	SD		
餐馆食品安全感	4.77	2.08	4.37	2.29	2.26	0.025

对郑州与广州、南宁的总食品安全感进行 t 检验,结果如表 11 所示。从表中可看出,郑州的总食品安全感与广州的总食品安全感没有显著差异,但显著高于南宁的总食品安全感。因此,将郑州、哈尔滨、呼和浩特、广州 4 个城市的总食品安全感列为第五级别,南宁的总食品安全感列为第六级别。

表 11 郑州与广州、南宁的总食品安全感差异性检验

变量	郑州		广州		t	p
	M	SD	M	SD		
餐馆食品安全感	4.37	2.29	4.10	2.22	1.52	0.128
变量	郑州		南宁		t	p
	M	SD	M	SD		
餐馆食品安全感	4.37	2.29	3.96	2.37	2.19	0.029

通过以上 t 检验,可获得六个级别的食品安全感。将不同食品安全感级别的城市列表如表12。

表 12 不同食品安全感级别的城市

安全级别	城市
1	福州、昆明、贵阳、济南、西宁、拉萨
2	南京、杭州、南昌、上海、天津
3	兰州、合肥、乌鲁木齐、银川、长沙、重庆、成都
4	海口、长春、武汉、西安、沈阳、石家庄、太原、北京
5	郑州、哈尔滨、呼和浩特、广州
6	南宁

(三)2017年和2018年的食品安全感对比

1. 2017年和2018年的不同城市的餐馆食品安全感对比

2017 年和 2018 年不同城市的餐馆食品安全感对比如表 13 所示。从表中可看出,福州、济南、昆明 2018 年的餐馆食品安全感相对 2017 年显著提升,其效果量为中等效果量($0.50 < d \leq 0.80$);贵阳、天津、乌鲁木齐、银川的餐馆食品安全感相对 2017 年也显著提升,其效果量为小效果量($0.20 < d \leq 0.50$);广州 2018 年的餐馆食品安全感相对 2017 年显著下降,其效果量为中等效果量;武汉、郑州 2018 年的餐馆食品安全感相对 2017 年显著下降,其效果量为小效果量;其他城市两年的餐馆食品安全感则没有显著差异。

表13　2017年和2018年的不同城市的餐馆食品安全感对比

城市	2017年			2018年			t	d
	均值	标准差	n	均值	标准差	n		
北京	4.84	2.57	297	4.36	2.64	287	2.23*	0.18
沈阳	4.30	2.36	299	4.41	3.01	332	-0.53	0.04
成都	4.82	2.43	300	4.56	2.39	294	1.34	0.11
福州	4.32	2.45	297	5.63	2.53	295	-6.41***	0.53
广州	5.42	1.84	296	3.95	2.27	303	8.71***	0.71
贵阳	4.60	2.41	303	5.75	2.78	318	-5.54***	0.44
哈尔滨	4.53	2.26	300	4.27	2.68	321	1.33	0.11
海口	4.96	2.77	305	4.51	2.23	301	2.23	0.18
杭州	5.65	2.48	297	5.17	2.87	321	2.25	0.18
合肥	4.97	2.25	299	5.02	2.68	317	-0.23	0.02
呼和浩特	3.96	2.63	300	3.75	2.43	308	1.02	0.08
济南	4.38	2.64	295	5.78	2.56	300	-6.57***	0.54
昆明	4.64	2.56	278	5.98	2.03	320	-6.97***	0.58
拉萨	5.50	3.04	298	5.52	2.58	300	-0.07	0.01
兰州	4.73	2.39	299	4.81	2.59	314	-0.40	0.03
南昌	4.34	2.63	299	4.85	2.48	298	-2.46*	0.20
南京	5.28	2.15	300	5.25	2.78	317	0.13	0.01
南宁	4.31	2.73	292	3.79	2.44	311	2.46	0.20
上海	5.68	2.57	305	5.22	2.82	299	2.09	0.17
石家庄	4.58	1.92	296	4.44	2.72	312	0.75	0.06
太原	4.39	2.17	300	4.45	2.55	319	-0.34	0.03
天津	4.31	2.73	300	5.06	2.47	298	-3.56**	0.29
乌鲁木齐	4.10	2.63	291	4.79	2.71	307	-3.19**	0.26
武汉	5.26	2.40	299	4.66	1.97	315	3.40	0.28
西安	4.64	2.32	300	4.66	2.23	299	-0.07	0.01
西宁	5.18	2.28	298	5.66	2.54	306	-2.43*	0.20
银川	4.27	2.47	300	4.84	2.57	300	-2.77**	0.23
长春	4.85	2.79	300	4.76	2.91	299	0.39	0.03
长沙	4.54	2.60	299	5.00	2.07	302	-2.41*	0.20
郑州	4.83	2.54	292	4.17	2.45	307	3.25**	0.27
重庆	5.16	2.61	298	4.80	2.28	298	1.82	0.15

2. 2017年和2018年不同城市的菜市场食品安全感对比

2017年和2018年不同城市的菜市场食品安全感对比如表14所示。从表中可看出，福州、昆明2018年的菜市场食品安全感相对2017年显著提升，其效果量为中等效果量（0.50＜d≤0.80）；贵阳、济南、南昌、天津、乌鲁木齐的菜市场食品安全感相对2017年也显著提升，其效果量为小效果量（0.20＜d≤0.50）；广州2018年的餐馆食品安全感相对2017年显著下降，其效果量为中等效果量；武汉、郑州、南宁2018年的餐馆食品安全感相对2017年显著下降，其效果量为小效果量；其他城市两年的餐馆食品安全感则没有显著差异。

表14　2017年和2018年的不同城市的菜市场食品安全感对比

城市	2017年			2018年			t	d
	均值	标准差	n	均值	标准差	n		
北　　京	4.73	2.52	299	4.48	2.65	287	1.18	0.10
沈　　阳	4.41	2.40	300	4.76	3.06	330	-1.60	0.13
成　　都	5.02	2.46	300	4.82	2.40	294	0.97	0.08
福　　州	4.43	2.35	298	6.11	2.40	295	-8.61***	0.71
广　　州	5.50	1.82	296	4.10	2.31	303	8.26***	0.67
贵　　阳	4.58	2.35	303	5.84	2.74	318	-6.14***	0.49
哈 尔 滨	4.67	2.31	300	4.36	2.68	321	1.56	0.12
海　　口	5.22	2.65	303	4.82	2.26	300	1.99*	0.16
杭　　州	5.77	2.47	298	5.23	2.89	321	2.48*	0.20
合　　肥	5.18	2.21	299	5.16	2.64	318	0.12	0.01
呼和浩特	4.09	2.68	300	4.02	2.52	308	0.34	0.03
济　　南	4.64	2.68	296	5.73	2.59	300	-5.05**	0.41
昆　　明	4.79	2.60	277	6.03	2.12	320	-6.32***	0.52
拉　　萨	5.56	2.84	299	5.71	2.50	300	-0.68	0.06
兰　　州	4.72	2.40	300	5.15	2.52	314	-2.18*	0.18
南　　昌	4.53	2.65	299	5.52	2.33	298	-4.82**	0.39
南　　京	5.25	2.23	300	5.63	2.66	318	-1.92	0.15
南　　宁	4.55	2.79	293	3.88	2.54	311	3.06**	0.25
上　　海	5.58	2.58	305	5.34	2.71	299	1.09	0.09
石 家 庄	4.63	1.95	298	4.46	2.71	313	0.90	0.07

续表

城市	2017年			2018年			t	d
	均值	标准差	n	均值	标准差	n		
太原	4.47	2.30	299	4.54	2.46	319	-0.39	0.03
天津	4.45	2.79	300	5.20	2.59	298	-3.40**	0.28
乌鲁木齐	4.03	2.57	291	4.98	2.68	305	-4.40**	0.36
武汉	5.48	2.43	298	4.69	2.01	315	4.38**	0.35
西安	4.94	2.38	300	4.64	2.16	299	1.66	0.14
西宁	5.18	2.33	298	5.62	2.55	307	-2.24*	0.18
银川	4.50	2.46	300	4.84	2.58	300	-1.65	0.13
长春	5.25	2.83	300	4.74	2.83	299	2.20*	0.18
长沙	4.71	2.60	297	4.89	2.11	303	-0.92	0.08
郑州	4.79	2.55	293	4.24	2.47	307	2.72*	0.22
重庆	5.14	2.57	299	4.79	2.25	295	1.81	0.15

3. 2017年和2018年不同城市的未来食品安全感对比

2017年和2018年不同城市的未来食品安全感对比如表15所示。从表中可看出，福州、乌鲁木齐2018年的食品污染安全感相对2017年显著提升，其效果量为中等效果量（0.50＜d≤0.80）；贵阳、济南、昆明、兰州、南昌、南京、天津、西宁、银川的未来食品安全感相对2017年也显著提升，其效果量为小效果量（0.20＜d≤0.50）；广州2018年的食品污染安全感相对2017年显著下降，其效果量为中等效果量；武汉、西安2018年的餐馆食品安全感相对2017年显著下降，其效果量为小效果量；其他城市两年的餐馆食品安全感则没有显著差异。

表15 2017年和2018年的不同城市的未来食品安全感对比

城市	2017年			2018年			t	d
	均值	标准差	n	均值	标准差	n		
北京	4.96	2.63	299	4.85	2.91	287	0.48	0.04
沈阳	4.46	2.44	300	4.89	3.33	331	-1.88	0.15
成都	5.38	2.45	300	5.13	2.51	294	1.21	0.10
福州	4.67	2.44	298	6.57	2.49	295	-9.37***	0.77
广州	5.74	1.83	295	4.24	2.53	303	8.34***	0.68

续表

城市	2017年			2018年			t	d
	均值	标准差	n	均值	标准差	n		
贵　阳	4.85	2.45	302	6.08	2.62	318	-6.04***	0.48
哈尔滨	4.79	2.39	299	4.50	2.78	321	1.42	0.11
海　口	5.34	2.69	302	5.01	2.32	301	1.65	0.13
杭　州	6.09	2.44	298	5.87	2.96	321	1.00	0.08
合　肥	5.23	2.24	299	5.32	2.57	319	-0.46	0.04
呼和浩特	4.29	2.78	300	4.55	2.76	308	-1.18	0.10
济　南	4.90	2.86	296	6.12	2.40	300	-5.61***	0.46
昆　明	5.04	2.59	278	6.10	2.04	320	-5.53***	0.46
拉　萨	5.75	2.95	296	6.04	2.53	300	-1.27	0.10
兰　州	4.95	2.37	299	5.62	2.47	314	-3.40***	0.27
南　昌	4.58	2.65	299	5.76	2.49	298	-5.61***	0.46
南　京	5.16	2.34	300	5.93	2.88	319	-3.65***	0.29
南　宁	4.73	2.76	293	4.22	2.74	311	2.29*	0.18
上　海	6.04	2.58	306	5.54	2.78	299	2.28*	0.19
石家庄	4.53	1.95	297	4.82	2.91	314	-1.45	0.12
太　原	4.58	2.28	300	4.72	2.61	319	-0.72	0.06
天　津	4.73	2.83	300	5.49	2.58	298	-3.42**	0.28
乌鲁木齐	4.23	2.60	291	5.61	2.83	307	-6.20***	0.51
武　汉	5.51	2.31	298	4.85	2.07	315	3.71**	0.30
西　安	5.36	2.20	300	4.77	2.41	299	3.10**	0.25
西　宁	5.23	2.21	298	6.02	2.56	307	-4.04**	0.33
银　川	4.41	2.53	300	5.47	2.70	301	-4.97**	0.41
长　春	5.05	2.94	300	4.80	2.93	299	1.03	0.08
长　沙	4.91	2.59	298	5.17	2.07	303	-1.34	0.11
郑　州	4.98	2.58	293	4.72	2.62	307	1.21	0.10
重　庆	5.44	2.64	299	5.15	2.31	297	1.44	0.12

4. 2017年和2018年不同城市的总食品安全感对比

2017年和2018年不同城市的总食品安全感对比如表16所示。从表中可看出，福州、贵阳、济南、昆明2018年的总食品安全感相对2017年显著提升，其效果量为中等效果量（0.50＜d≤0.80）；南昌、天津、乌鲁木齐、西宁、银川的总食品安全感相对2017年也显著提升，其效果量为小效果量（0.20＜d≤0.50）；广州2018年的总食品安全感相对2017年显著下降，其效果量为中等效果量；南宁、武汉、郑州2018年的总食品安全感相对2017年显著下降，其效果量为小效果量；其他城市两年的总食品安全感则没有显著差异。

表16 2017年和2018年的不同城市的总食品安全感对比

城市	2017年			2018年			t	d
	均值	标准差	n	均值	标准差	n		
北京	4.86	2.38	300	4.56	2.42	287	1.47	0.12
沈阳	4.39	2.17	300	4.68	2.77	332	-1.47	0.12
成都	5.07	2.24	300	4.84	2.17	294	1.3	0.11
福州	4.47	2.18	298	6.10	2.27	295	-8.91***	0.73
广州	5.55	1.55	296	4.10	2.22	303	9.30***	0.76
贵阳	4.68	2.22	303	5.89	2.53	318	-6.36***	0.51
哈尔滨	4.66	2.12	300	4.37	2.51	321	1.54	0.12
海口	5.17	2.53	305	4.77	2.08	301	2.10*	0.17
杭州	5.83	2.30	298	5.42	2.70	321	2.04*	0.16
合肥	5.13	1.92	299	5.17	2.34	319	-0.23	0.02
呼和浩特	4.11	2.40	300	4.11	2.23	308	0.03	0.00
济南市	4.64	2.32	296	5.88	2.35	300	-6.46***	0.53
昆明	4.83	2.33	278	6.04	1.94	320	-6.83***	0.56
拉萨	5.61	2.55	300	5.75	2.33	300	-0.73	0.06
兰州	4.80	2.12	300	5.19	2.30	314	-2.20*	0.18
南昌	4.49	2.36	300	5.38	2.19	298	-4.79**	0.39
南京	5.23	1.87	300	5.61	2.55	319	-2.13*	0.17
南宁	4.53	2.52	294	3.96	2.37	311	2.82**	0.23
上海	5.76	2.35	306	5.37	2.52	299	2.00*	0.16
石家庄	4.58	1.74	298	4.58	2.54	314	0.04	0.00
太原	4.48	2.06	300	4.57	2.34	319	-0.54	0.04
天津	4.50	2.51	300	5.25	2.36	298	-3.78**	0.31
乌鲁木齐	4.12	2.43	291	5.13	2.46	307	-5.03**	0.41
武汉	5.41	2.18	299	4.73	1.78	315	4.22**	0.34
西安	4.98	2.03	300	4.69	2.03	299	1.79	0.14
西宁	5.20	2.05	299	5.76	2.37	307	-3.10**	0.25
银川	4.39	2.14	300	5.05	2.34	301	-3.58**	0.29
长春	5.05	2.59	300	4.77	2.69	299	1.31	0.11
长沙	4.73	2.43	299	5.02	1.75	303	-1.68	0.14
郑州	4.86	2.30	293	4.37	2.29	307	2.62	0.21
重庆	5.25	2.31	299	4.91	2.03	298	1.92	0.16

5. 2017年和2018年全国食品安全感对比

2017年和2018年全国餐馆食品安全感、菜市场食品安全感、未来食品安全感和总食品安全感的差异性检验结果如表17所示。从表中可看出，从 t 检验结果看，2017年的餐馆食品安全感、菜市场食品安全感、未来食品安全感和总食品安全感虽然都显著低于2018年，但其效果量 d 均小于 0.20，表明不存在显著差异。

表17 2017年和2018年全国食品安全感对比

变量	2017年			2018年			t	d
	M	SD	n	M	SD	n		
餐馆食品安全感	4.75	2.52	9273	4.83	2.60	9527	-2.22*	0.03
菜市场食品安全感	4.86	2.52	9273	4.98	2.59	9527	-3.06**	0.04
未来食品安全感	5.03	2.56	9273	5.29	2.69	9527	-6.75***	0.10
总食品安全感	4.88	2.29	9273	5.03	2.59	9527	-4.21***	0.06

（四）食品安全感的差异性检验

1. 性别差异性检验

食品安全感的性别差异性检验结果，如表18所示。从表中可看出，男性的餐馆食品安全感、菜市场食品安全感、未来食品安全感、总食品安全感均显著高于女性。这可能是因为女性相对男性对风险更敏感。

表18 食品安全感的性别差异检验结果

变量	男		女		t
	均值	标准差	均值	标准差	
餐馆食品安全感	5.00	2.61	4.65	2.58	6.72***
菜市场食品安全感	5.15	2.59	4.79	2.57	6.93***
未来食品安全感	4.76	2.67	4.43	2.62	5.91***
总食品安全感	5.21	2.40	4.84	2.38	7.67***

2. 年龄差异性检验

餐馆食品安全感、菜市场食品安全感、未来食品安全感和总食品安全感的年龄差异性检验结果如表19所示。从表中可看出，事后比较，18～29岁被试的餐馆食品安全感显著低于30～44岁的被试；18～29岁被试的未来食品安全感显著低于45～59岁被试；18～29岁被试的总食品安全感显著低于45～59岁被试。从这些调查可看出，总体上，年轻人的食品安全感低于中年人。这可能有两方面原因：一是年轻人相对中年人在外面餐馆就餐次数更多，接触不安全食品的概率更高；二是年轻人的经济状况相对中年人较差，不像中年人对食品安全那样注重，他们可能更多到一些较便宜、卫生状况较差的餐馆就餐，购买一些价格较低、卫生状况较差的食品，因此食品安全感较低。

表19 食品安全感的年龄差异检验结果

变量	18～29岁(1)		30～44岁(2)		45～59岁(3)		60岁以上(4)		F	事后比较
	M	SD	M	SD	M	SD	M	SD		
餐馆食品安全感	4.75	2.57	4.92	2.57	4.93	2.64	4.77	2.76	3.30*	1<2
菜市场食品安全感	4.92	2.56	5.08	2.58	5.03	2.64	4.85	2.72	2.79	
未来食品安全感	4.54	2.63	4.66	2.61	4.71	2.69	4.56	2.83	2.16	
总食品安全感	4.95	2.39	5.10	2.39	5.14	2.39	5.03	2.48	3.48*	1<3

注：* $p<0.05$，** $p<0.01$，*** $p<0.001$，下同。

3. 文化程度差异性检验

餐馆食品安全感、菜市场食品安全感、未来食品安全感和总食品安全感的文化程度差异性检验结果如表20所示。从表中可看出，不同学历被试的餐馆食品安全感、菜市场食品安全感、未来食品安全感和总食品安全感均不存在显著差异。

4. 个人月收入差异性检验

餐馆食品安全感、菜市场食品安全感、未来食品安全感和总食品安全感的个人月收入差异性检验结果如表21所示。从表中可看出，月收入5000元是一个重要分界线。个人月收入5000元以下被试的餐馆食品安全感、菜市场食品安全感和总食品安全感显著低于月收入在5001～12000元之间的被试；个人月收入3500元以下被试的未来食品安全感显著低于月收入在5001～

表20　食品安全感的文化程度差异检验结果

变量	小学(1)		初中(2)		高中/中专(3)		本专科(4)		研究生(5)		F
	M	SD	M	SD	M	SD	M	SD	M	SD	
餐馆食品安全感	4.63	2.49	4.93	2.74	4.87	2.69	4.82	2.55	4.69	2.36	1.38
菜市场食品安全感	4.79	2.48	5.08	2.74	5.01	2.69	4.96	2.53	4.91	2.43	1.02
未来食品安全感	4.99	2.68	5.39	2.84	5.34	2.76	5.26	2.63	5.27	2.53	1.61
总食品安全感	4.80	2.20	5.13	2.49	5.07	2.47	5.02	2.37	4.96	2.22	1.52

12000元之间的被试。这可能是因为月收入在5000元以下者,他们的经济状况较差、食品安全知识和食品安全意识较缺乏,更常购买一些较便宜、卫生状况较差的食品,因此其食品安全感较低。

表21　食品安全感的个人月收入差异检验结果

变量	2000元以下(1)		2001~3500元(2)		3501~5000元(3)		5001~8000元(4)	
	M	SD	M	SD	M	SD	M	SD
餐馆食品安全感	4.71	2.59	4.63	2.61	4.84	2.54	5.14	2.64
菜市场食品安全感	4.87	2.57	4.81	2.64	4.97	2.54	5.24	2.59
未来食品安全感	5.17	2.70	5.11	2.75	5.28	2.61	5.54	2.67
总食品安全感	4.92	2.38	4.85	2.43	5.03	2.36	5.31	2.41

变量	8001~12000元(5)		12001元以上(6)		F	事后比较
	M	SD	M	SD		
餐馆食品安全感	5.22	2.65	4.76	2.61	10.85***	1<4,1<5 2<4,2<5 3<4,3<5
菜市场食品安全感	5.39	2.66	4.94	2.62	8.76***	1<4,1<5 2<4,2<5 3<4,3<5
未来食品安全感	5.64	2.66	5.58	2.71	8.02***	1<4,1<5 2<4,2<5
总食品安全感	5.41	2.42	5.09	2.39	10.72***	1<4,1<5 2<4,2<5 3<4,3<5

二 城市食品安全感存在的问题

在调查全国城市食品安全感状况基础上,课题组通过调查消费者亲身经历的食品安全问题数量、食品事故违法信息公开程度、消费者维权容易度、食品安全教育等方面来探讨与食品安全相关的行为问题,表现出以下几个方面。

(一) 身边食品安全事故数量较多

亲身经历食品安全事故数量有 1 道测题,即"在过去一年内,你发生过多少起因食品质量问题而身体不适的事故(如拉肚子、肚痛甚至上医院)?"选项为:没有、1~2次、3~4次、5次及以上。计算不同食品安全事故数量的频率与百分比,结果如表22所示。从表中可看出,只有33.9%被调查居民在过去1年内自身没有发生过食品安全事故,其余66.1%被试在过去1年内至少发生过1起食品安全事故。

表22 不同食品安全事故数量的频率与百分比

食品事故数量	频率	百分比(%)
0	3227	33.9
1~2次	4112	43.2
3~4次	1626	17.1
5次及以上	562	5.9

(二) 食品事故违法信息透明度低

食品事故违法信息公开程度有 1 道测题,即"你认为目前的食品安全违法信息公开程度"。选项为非常不透明、比较不透明、比较透明、非常透明,分别记为1、2、3、4分。根据描述性统计结果,食品事故违法信息公开程度的均值是2.21,标准差为0.69。其均值小于中值2.50。计算不同城市的食品事故违法信息公开程度,如表23所示。从表中可看出,食品事故违法信息公开程度低于中值、高于或等于均值的城市有：济南、乌鲁木齐、长春、昆明、拉萨、西安、长沙、天津、杭州、南京、武汉、贵阳、成都、哈尔滨、海口、重庆、银川17个城市，其余14个城市包括上海、北京、沈阳、呼和浩特、兰州、广州、福州、郑州、西宁、南宁、石家庄、太原、合肥、南昌的食品事故违法信息公开程度均低于全国均值。

表23 不同城市的食品事故违法信息公开程度

城市	均值	标准差	排名
济　　南	2.43	0.75	1
乌鲁木齐	2.35	0.69	2
长　　春	2.32	0.68	3
昆　　明	2.29	0.65	4
拉　　萨	2.29	0.76	5
西　　安	2.29	0.60	6
长　　沙	2.29	0.70	7
天　　津	2.26	0.70	8
杭　　州	2.25	0.74	9
南　　京	2.25	0.67	10
武　　汉	2.24	0.71	11
贵　　阳	2.23	0.71	12
成　　都	2.22	0.69	13
哈　尔　滨	2.22	0.75	14
海　　口	2.22	0.62	15
重　　庆	2.21	0.63	16
银　　川	2.21	0.62	17
上　　海	2.20	0.65	18
北　　京	2.20	0.70	19
沈　　阳	2.20	0.70	20
呼和浩特	2.19	0.66	21
兰　　州	2.19	0.56	22
广　　州	2.17	0.70	23
福　　州	2.15	0.75	24
郑　　州	2.12	0.64	25
西　　宁	2.12	0.56	26

续表

城市	均值	标准差	排名
南 宁	2.11	0.74	27
石家庄	2.08	0.71	28
太 原	2.07	0.71	29
合 肥	2.03	0.72	30
南 昌	1.96	0.57	31

食品事故违法信息公开程度对公众的食品安全感具有重要影响。食品事故违法信息公开程度低，则容易存在"暗箱操作"、权钱交易，公众对食品安全风险感就会提高；相反，如果公开程度高，发生食品安全事故的企业就会受到舆论谴责、失去顾客，其违法成本提高，就会努力去提升食品安全，对其他企业也会起到警戒作用，因此，公众对食品安全风险感会降低。

（三）消费者维权难度不小

消费者维权容易度有1道测题，即"当出现食品安全事件时，你认为消费者维权容易度"。选项为非常麻烦、比较麻烦、比较容易、非常容易，分别记为1、2、3、4。根据描述性统计结果，消费者维权容易度的均值是2.13，标准差为0.73。其均值小于中值2.50。计算不同城市的消费者维权容易度，如表24所示。从表中可看出，消费者维权容易度低于中值、高于全国均值的城市有：武汉、昆明、哈尔滨、天津、海口、济南、长春、拉萨、长沙、乌鲁木齐、杭州、福州、贵阳、成都、兰州、银川16个城市，其余15个城市包括西宁、重庆、西安、郑州、广州、太原、南京、北京、合肥、上海、石家庄、沈阳、南昌、南宁、呼和浩特的消费者维权容易度均低于全国均值。

这些调查数据反映了当前消费者维权的难度。当消费者遇到食品质量问题，要求维护自己合法权益时，需要权威部门进行鉴定不但要经过繁杂的程序，还要垫付高额的鉴定费用，仅仅农药残留检测项目有几百项之多，收费则视消费者申请检测的项目而定，如鉴定结果不理想，消费者甚至会赔钱。此外，食品维权还存在"取证难""检测难""责任认定难"等问题。因而，大部分消费者在自身利益受到侵害时大多选择了沉默，这也一定程度上加重了食品企业的侥幸心理，使他们更加胆大妄为。这些都会严重损害公众的食品安全感。

表24　不同城市的消费者维权容易度

城市	均值	标准差	排名
武　汉	2.37	0.74	1
昆　明	2.35	0.62	2
哈尔滨	2.31	0.82	3
天　津	2.29	0.74	4
海　口	2.27	0.78	5
济　南	2.24	0.72	6
长　春	2.24	0.77	7
拉　萨	2.20	0.73	8
长　沙	2.18	0.67	9
乌鲁木齐	2.17	0.70	10
杭　州	2.17	0.83	11
福　州	2.16	0.73	12
贵　阳	2.15	0.73	13
成　都	2.14	0.75	14
兰　州	2.14	0.64	15
银　川	2.14	0.65	16
西　宁	2.11	0.62	17
重　庆	2.11	0.66	18
西　安	2.08	0.67	19
郑　州	2.06	0.69	20
广　州	2.06	0.80	21
太　原	2.03	0.75	22
南　京	2.03	0.71	23
北　京	2.01	0.65	24
合　肥	2.01	0.79	25
上　海	2.00	0.71	26
石家庄	2.00	0.77	27
沈　阳	1.99	0.73	28
南　昌	1.97	0.64	29
南　宁	1.95	0.78	30
呼和浩特	1.94	0.70	31

（四）食品安全教育培训偏少

食品安全教育培训有1道测题，即"你是否接受过一些关于食品安全的教育培训？"选项为"是"和"否"。计算接受过食品安全教育人员的频率和百分比，结果如表25所示。从表中可看出，仅有36.2%的居民接受过食品安全教育培训，63.8%的居民尚未接受过食品安全教育培训。

表25 接受食品安全教育的居民的频率和百分比

选项	频率	百分比（%）
否	6076	63.8
是	3451	36.2

从以上调查数据可看出，目前我国居民接受食品安全教育培训率很低。食品安全培训率低，一方面不利于提高公众的食品安全知识和意识，形成一种"全民皆兵"的形势，有效地打击食品安全违法行为；另一方面，则会间接助长食品安全违法者利用公众对食品安全的欠缺进行食品安全违法行为。

（五）2017年和2018年的食品安全问题对比

2017年的调查问卷中，身边食品安全事故数量测题的反应项是：0、1次、2次、3次、4次及以上，而2018年的调查问卷中，则被改为0、1~2次、3~4次、5次及以上，两者反应方式不同，故不进行对比。下面对2017年和2018年的食品安全事故违法信息透明度和消费者维权容易度进行对比。

1. 2017年和2018年不同城市的食品安全事故违法信息透明度对比

2017年和2018年的不同城市的食品安全事故违法信息透明度对比如表26所示。从表中可看出，济南、天津、乌鲁木齐、西安、长春的食品安全事故违法信息透明度相对2017年显著提升，其效果量为小效果量（0.20＜d≤0.50）；广州、南昌、上海、石家庄、太原2018年的食品安全事故违法信息透明度相对 2017 年显著下降，其效果量为小效果量；其他城市两年的食品安全事故违法信息透明度则没有显著差异。

表26 2017 年和 2018 年的不同城市的食品安全事故违法信息透明度对比

城市	2017 年			2018 年			t	d
	均值	标准差	n	均值	标准差	n		
北　京	2.24	0.71	300	2.20	0.70	287	0.60	0.05
沈　阳	2.19	0.66	298	2.20	0.70	332	-0.20	0.02
成　都	2.17	0.63	300	2.22	0.69	294	-0.83	0.07
福　州	2.10	0.63	297	2.15	0.75	295	-0.89	0.07
广　州	2.46	0.64	296	2.17	0.70	303	5.27***	0.43
贵　阳	2.20	0.67	302	2.23	0.71	318	-0.56	0.05
哈尔滨	2.19	0.65	300	2.22	0.75	321	-0.50	0.04
海　口	2.23	0.65	302	2.22	0.62	301	0.31	0.03
杭　州	2.23	0.62	296	2.25	0.74	321	-0.40	0.03
合　肥	2.15	0.68	299	2.03	0.72	319	2.23*	0.18
呼和浩特	2.23	0.72	300	2.19	0.66	308	0.75	0.06
济　南	2.17	0.69	295	2.43	0.75	300	-4.40**	0.36
昆　明	2.16	0.72	278	2.29	0.65	320	-2.41*	0.20
拉　萨	2.43	0.76	299	2.29	0.76	300	2.21*	0.18
兰　州	2.15	0.63	300	2.19	0.56	314	-0.79	0.06
南　昌	2.15	0.68	299	1.96	0.57	298	3.65**	0.30
南　京	2.23	0.72	300	2.25	0.67	319	-0.27	0.02
南　宁	2.12	0.68	292	2.11	0.74	311	0.19	0.02
上　海	2.36	0.74	305	2.20	0.65	299	2.82**	0.23
石家庄	2.30	0.64	298	2.08	0.71	313	4.00**	0.32
太　原	2.30	0.74	300	2.07	0.71	319	3.92**	0.32
天　津	2.10	0.70	300	2.26	0.70	297	-2.73*	0.22
乌鲁木齐	2.09	0.75	291	2.35	0.69	307	-4.39**	0.36
武　汉	2.34	0.67	299	2.24	0.71	315	1.96*	0.16
西　安	2.09	0.63	300	2.29	0.60	299	-4.06**	0.33
西　宁	2.21	0.63	298	2.12	0.56	307	1.74	0.14
银　川	2.18	0.76	300	2.21	0.62	300	-0.48	0.04
长　春	2.17	0.71	300	2.32	0.68	299	-2.67**	0.22
长　沙	2.30	0.69	299	2.29	0.70	302	0.12	0.01
郑　州	2.09	0.68	292	2.12	0.64	306	-0.65	0.05
重　庆	2.20	0.65	299	2.21	0.63	298	-0.27	0.02

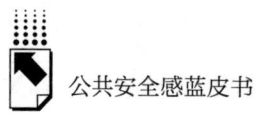

2. 2017年和2018年不同城市的消费者维权容易度对比

2017年和2018年不同城市的消费者维权容易度对比如表27所示。从表中可看出，昆明2018年的消费者维权容易度相对2017年显著提升，其效果量为中等效果量（0.50＜d≤0.80）；哈尔滨、天津、乌鲁木齐的消费者维权容易度相对2017年也显著提升，其效果量为小效果量（0.20＜d≤0.50）；广州2018年的消费者维权容易度相对2017年显著下降，其效果量为中等效果量；呼和浩特、拉萨、上海、石家庄、太原2018年的消费者维权容易度相对2017年显著下降，其效果量为小效果量；其他城市两年的消费者维权容易度则没有显著差异。

表27 2017年和2018年的不同城市的消费者维权容易度对比

城市	2017年			2018年			t	d
	均值	标准差	n	均值	标准差	n		
北 京	2.03	0.78	300	2.01	0.65	286	0.27	0.02
沈 阳	2.03	0.71	299	1.99	0.73	332	0.63	0.05
成 都	2.25	0.67	300	2.14	0.75	294	1.83	0.15
福 州	2.05	0.67	297	2.16	0.73	295	-1.82	0.15
广 州	2.47	0.71	296	2.06	0.80	303	6.67***	0.54
贵 阳	2.06	0.70	303	2.15	0.73	318	-1.50	0.12
哈 尔 滨	2.01	0.67	300	2.31	0.82	321	-5.04**	0.40
海 口	2.20	0.70	304	2.27	0.78	301	-1.18	0.10
杭 州	2.28	0.68	297	2.17	0.83	321	1.94	0.16
合 肥	2.13	0.64	299	2.01	0.79	318	2.16**	0.17
呼和浩特	2.16	0.74	300	1.94	0.70	308	3.92**	0.32
济 南	2.10	0.74	295	2.24	0.72	300	-2.42*	0.20
昆 明	1.97	0.76	278	2.35	0.62	320	-6.68***	0.55
拉 萨	2.41	0.76	297	2.20	0.73	300	3.55**	0.29
兰 州	2.08	0.76	300	2.14	0.64	314	-1.11	0.09
南 昌	1.97	0.67	299	1.97	0.64	298	0.00	0.00
南 京	2.15	0.65	300	2.03	0.71	314	2.20	0.18
南 宁	1.95	0.69	293	1.95	0.78	310	0.07	0.01
上 海	2.24	0.71	303	2.00	0.71	299	4.17**	0.34
石 家 庄	2.26	0.67	298	2.00	0.77	309	4.45**	0.36

续表

城市	2017年			2018年			t	d
	均值	标准差	n	均值	标准差	n		
太原	2.23	0.75	300	2.03	0.75	317	3.28**	0.26
天津	2.09	0.76	300	2.29	0.74	298	-3.20**	0.26
乌鲁木齐	1.96	0.83	291	2.17	0.70	306	-3.35**	0.28
武汉	2.25	0.73	299	2.37	0.74	314	-2.06*	0.17
西安	2.04	0.68	300	2.08	0.67	299	-0.73	0.06
西宁	2.18	0.66	297	2.11	0.62	307	1.23	0.10
银川	2.12	0.73	300	2.14	0.65	301	-0.23	0.02
长春	2.15	0.78	300	2.24	0.77	299	-1.44	0.12
长沙	2.11	0.66	299	2.18	0.67	302	-1.33	0.11
郑州	2.10	0.72	293	2.06	0.69	307	0.60	0.05
重庆	2.10	0.75	299	2.11	0.66	298	-0.12	0.01

3. 2017年和2018年全国食品安全事故违法信息透明度和消费者维权容易度进行对比

2017年和2018年全国食品安全事故违法信息透明度和消费者维权容易度进行对比如表28所示。从表中可看出，2017年和2018年全国食品安全事故违法信息透明度和消费者维权容易度没有显著差异。

表28 2017年和2018年的食品安全问题对比

变量	2017年			2018年			t	d
	M	SD	n	M	SD	n		
违法信息公开程度	2.21	0.69	9273	2.21	0.69	9527	0.70	0.01
维权容易度	2.14	0.73	9273	2.13	0.73	9527	0.94	0.01

三 提升城市食品安全感的对策与建议

城市食品卫生安全问题的治理是一个系统工程，在我国不同地区，它的具体表现具有较大的差异。因此不同地区对城市食品安全治理的过程中，要充分考虑本地区的实际情况，找准食品安全问题的"七寸"，在借鉴其他国家和地区做法的基础上，构建设计符合我国各地实际情况的食品安全监管的政策和制度，在完善法律保障的前提下，形成以政府管制为主、企业自律为辅、公众与第三部门积极参与的主体机制，实现对食品安全"从农田到餐桌"的全过程管制，有效提升我国食品安全治理能力，促进食品安全治理体系的现代化。

（一）加强企业食品安全自身建设，减少食品安全事故数量

从整个食品供给链来看，食品企业（包括餐饮企业）是食品安全问题管控的一个重要关口。它们是保障食品质量安全的第一责任人。因此食品企业自身的风险管控措施就显得尤为重要。食品企业应该充分意识到社会公众对于食品安全的关切，要在政府对食品安全问题高度重视，并强化相关政策和法律的背景下，要主动调整自身生产流程的管理和控制，要切实对人民的生命和健康负责，有效履行应担负的社会责任。公众的关切和国家对食品安全监管的"红线"应该成为对食品企业进行安全监管的两个重要的决策和管理依据。企业要加强行业自律和企业自身的质量监管流程，严把质量关，通过管理改进、食品安全保障和相关技术改进有效提升产品的质量，不断提升产品质量保障体系的系统运行能力，实现食品品质的自检零差错。随着大数据和食品智造技术的更新换代，可以借助技术的改进有效提升产品和服务的品质。

此外，发生食品安全事件后，企业应及时采取果断措施，勇于承担责任、积极采取相关的措施和手段不断改进食品质量、挽回企业声誉，而不是各种推卸责任、遮遮掩掩，那样只会让社会公众更加质疑企业自身对于产品质量的态度，甚至导致企业陷入严重的社会舆论危机，致使企业的运行出现困境。当年，三鹿集团面对最初暴露出来的奶粉问题，不是积极改进，而是拿钱与当事人私了，找百度删帖，导致问题越来越严重，最终变得不可收拾，企业破产，也对整个社会造成了极其恶劣的影响。在自媒体高度发达的今天，食品企业的决策层和管理层要高度重视国家的红线和民众对食品安全的关切，有效提升食品安全事件危机应对能力、响应能力和服务能力。

（二）加强食品安全的政府管制

现代市场经济条件下，政府对市场本身的健康运行负有重要的监管责任，政府的严格管制能够有效推动食品安全治理能力的现代化。在食品安全管制方面，政府可以也必须大有作为，比如，2019年，我国修订颁布了《中华人民共和国食品安全法》。政府通过立法将食品安全提升到新的高度。通过政策和制度的重塑，政府可从提高食品企业准入门槛、建立食品安全问题的追溯制度、进一步加大相关主体的违法信息公开程度、进一步加大违法处罚力度、提供食品安全问题投诉的途径和通道、加大食品安全问题举报奖励等方面来加强食品安全建设。

1. 在食品企业准入方面

政府要根据相关产品和服务的性质，提高食品企业准入门槛。将食品安全监管的关口前移，保障那些质量有保障能力的企业进入市场；通过强化食品安全的执法，有效杜绝"黑作坊"，压缩不具备资质的企业在特定行业和领域内的生存空间。在我国，不同地区社会公众的消费习惯有很大的差异，在很多城市，许多路边摊、小作坊几乎处于监管的真空地带。它们规模极小，加工设备简陋，生产环境很差，技术力量薄弱，质量意识淡薄，这样的路边摊和小作坊很难保证食品的质量安全。鉴于企业在提供产品和服务过程中对产品质量应负责任的特殊性，为保证食品的质量安全，必须加强食品生产加工环节的监督管理，从企业的生产条件上把住市场准入关。

2. 随着大数据和智能制造技术的发展，政府和企业有越来越多的技术手段可以运用

实践证明，通过技术的改进和大数据的运用能够有效避免食品安全监管出现漏洞。政府可利用现代的智造技术，强制食品企业建立食品安全问题的追溯制度。对食品生产的整个过程进行安全追溯，从而既可减少一些不良食品企业的违法行为，同时也有利于调查食品安全问题的环节所在。

3. 提高食品安全问题的违法成本，约束企业的不当行为

可以通过加大对相关企业违法行为的惩罚，提高违法成本，有效约束企

业的行为，保障食品安全。首先，可以将相关企业的食品安全问题在网络上进行公布。目前我国的食品安全违法行为和相关信息，在网络上也可以找到，但是信息获取的成本同样很大。例如，在江苏省食品药品监督管理局官网的公告通告上，可查到江苏省食品药品监管局每次食品安全监督抽检信息通告，但这些信息是以 excel 档文件形式通告的，缺乏"搜索"功能，要查询违法企业或不安全食品的信息非常不方便，一般人不可能打开那么多文件一个一个查询，这其实也就降低了食品企业的违法成本。可设计一个搜索功能，方便公众查询企业违法信息。其次，为了严格执法，应加大对食品安全违法问题的处罚力度。2019 年修订的《中华人民共和国食品安全法》为有效约束食品企业的违法行为，为食品安全问题治理提供了法律依据。关键要严格执法。要根据不同的情节对企业的相关违法行为实施严格的管制，严厉惩罚企业和相关人员。食品安全问题的相关责任和主体的惩罚要以"能够有效约束企业和相关人员的行为"作为严格执法的重要目的。要强调执法本身的有效性，要充分体现法律的震慑作用，促进我国食品安全问题治理的法治化。

4. 要鼓励社会公众参与，降低食品安全投诉难度，拓宽投诉渠道

公众的参与是食品安全问题有效治理的重要社会条件。现实生活中政府和相关执法部门可能由于信息不对称，没有办法第一时间掌握相关的信息。基于此，国家应该鼓励社会公众参与食品安全治理体系建设。要建立我国食品安全问题的投诉平台，降低食品安全问题投诉的难度，拓宽食品安全问题投诉的渠道。让社会公众有效参与到食品安全治理的体系中，通过政府和其他相关部门的协同合作，让公众成为食品安全问题投诉和举报的主力军，为政府和相关执法部门提供第一手的信息资源。各级食品药品监督管理部门应当畅通"12331"电话、网络、信件、走访等投诉举报渠道，建立健全一体化投诉举报信息管理系统，实现全国食品药品投诉举报信息互联互通。在拓宽投诉渠道、降低投诉难度的同时，政府及其相关执法部门要通过其他途径和措施保障投诉的效果。投诉的同时，要建立一个以解决投诉问题为核心的食品安全促进和保障机制。具体的举报方式上，今后要加强电话、微信这种随手

拍、随手举报的机制，为社会公众广泛深入的参与创造条件。

5. 建立食品安全问题的问责机制

食品安全问题，有时与相关部门和主体的不作为或作为不当密切相关。基于此，要逐步根据国家的相关法律，在食品安全管制的制度设计中，引入问责机制，在所有的食品安全问题发生或事件爆发后，都要第一时间追求相关部门和主体的责任，要督促建立相关责任主体的问责机制，明确问责的条件、时机以及问责的方式。相关的被问责的主体有义务就相关的食品安全问题发生的原因、过程和结果向社会公众做出准确的解释和回应，如果促发国家相关法律的，要依法追究其刑事和民事责任。问责机制的建立，使得地方相关的政府部门的责任人能够切实承担起自己应有的责任，为从根本上解决和回应食品安全提供一个制度保障。

（三）强化食品安全问题的全流程、全过程、多领域的监督体系

一个完整的监督体系是保障食品安全问题有效治理的重要条件之一。第一，必须建立一个由政府主导、全社会成员参与的食品安全监督体系。公众的监督有一个前提，就是他们要有社会责任感，同时有专业的能力去判断和识别食品安全问题，因此，要通过专业的机构对公众进行食品安全意识和安全知识方面的教育和培训。这也是我国食品安全治理方面的短板，很多公众对食品安全问题和具体的现象缺乏正确的判断和识别。今后相关权威部门应开展多种方式进行食品安全宣传（如制作一些食品安全视频、开展食品安全讲座）。提高民众的食品安全知识，了解食品安全举报方式，可让不良企业陷于"人民战争"之中，从而减少食品安全事件。

第二，充分发挥新闻舆论的食品安全监督作用。在现代网络社会，网络媒体扮演着重要的角色。一要推动相关媒体机构积极参与到食品安全治理的体系中，要充分发挥他们在舆论监督方面的优势和特长，利用相关的媒介和平台，对存在食品安全问题的企业和相关主体施加舆论压力，督促相关问题的解决，促进食品安全治理能力和治理体系的现代化。手机和自媒体的快速发展，为媒体有效介入食品安全监督提供了良好的技术条件和舆论条件。国

家要通过相关的媒体和平台对一些食品安全事件进行快速报道，通过网络形成强大的舆论，从而有效追究违法企业的违法行为，并对其他食品企业形成震慑与警戒作用。例如，2018年问题疫苗事件，正是由于网络媒体的监督作用而形成巨大舆论，迅速引起国家领导人的重视和关注，从而促进了问题的快速处理。

第三，有效发挥食品行业协会的作用。行业协会的监督和约束是保障食品安全问题有效解决的重要途径。相关的行业协会要积极履行行业企业的指导性和约束性作用。要利用行业内的相关制度和规定，推动行业协会会员能够切实贯彻和执行国家的相关法律，严守行业底线，切实担负起他们对食品安全问题应该承担的公共责任。要强化对协会会员的风险和安全教育，通过建立和执行行业标准，明确行业内的安全底线；要组织和实施基于食品安全风险防控和系统治理的相关专业培训；建立并保持行业会员与政府机构之间良好的合作关系，强化彼此的信息交流与共享，为食品安全问题的系统治理提供数据支持；加强与政府的沟通，消除不良影响，妥善处理善后工作和促进各类食品行业协会发挥约束、管制等作用，进一步推动食品安全管制工作。当前我国的食品行业协会发展还很不成熟，无法发挥其应有的作用，今后应扶持其发展，充分发挥食品行业协会作为第三方权威机构的作用。

B.5
中国城市交通安全感调查报告（2019）

张 辉 王天宇*

摘 要： 随着现代社会的飞速发展，发达的交通网络虽然给人们带来无尽的便利，但同时也增加了许多安全隐患。重视交通安全不仅关系自己的生命和安全，同时也是尊重他人生命的体现，更是构筑和谐社会的重要因素。居民的交通安全感体现其对城市交通的满意度，可以用来衡量一个城市的交通安全状况，是评价政府交通建设的一项重要指标。本次全国城市调查数据显示，2018年，全国城市交通安全感指数较高，但也面临着不同区域城市间和不同人群间差异大的挑战。因此，应当加强宣传教育，减少地区及城乡之间的交通安全感差距，着重加强驾驶员管理，从而提高不同群体交通安全感，完善交通设施和制度，同时还要建立起各个主体对于交通安全建设的责任意识，才能切实促进城市居民交通安全感有效提升。

关键词： 交通安全感 城市交通 城市居民

党的十九大立足新时代新征程，做出了建设交通强国的重大决策部署，这是以习近平同志为核心的党中央对交通运输事业发展阶段特点和规律的深

---

* 张辉，中国矿业大学公共管理学院讲师，研究方向为社会媒介与政府管理；王天宇，中国矿业大学公共管理学院研究生。

刻把握,是全国人民对交通运输工作的殷切期望,也是新时期全体交通人为之奋斗的新使命①。但长期以来,我国的道路交通发展和社会经济之间的矛盾日益明显,交通管理工作存在的深层次矛盾已经慢慢显现出来。目前,道路交通安全形势十分严峻,交通事故发生频率逐年提升,城市道路拥堵的问题在一些大城市十分严重,给国家与人民群众的生命财产安全带来了很大损失,在某种程度上也妨碍了我国社会经济的发展和人民群众物质文化水平的进一步提高②。因此,本文通过对全国31个省会城市的调研数据进行定量分析,试图描绘当前全国城市交通安全感的基本状况,发现其现存的问题与挑战,并提出相应的对策建议,以期提升全城市交通安全感的整体水平。

一 我国城市交通安全感基本状况

随着经济社会的发展,我国交通已经取得较大的成就,人们出行更方便的同时,一些交通问题也浮现出来。课题组通过了解公众对交通的安全感、研究相关影响因素及不同条件下的交通安全感,从而为中国城市交通安全状况与发展提供一些数据和建议。本文依据全国城市公共安全感调查的相关数据,予以解读和分析。

(一)中国城市交通安全感测量指标与指数排行

1. 评价体系建构、指标选取与资料来源

此次调查问卷中对交通安全感的测度包括两部分内容,一是交通安全满意度调查,分为城市交通安全总体的满意度、交通秩序的满意度、交通基础设施的满意度和交通事故救援的满意度;二是影响交通安全感受的两个因素的测量:行人遵守交通秩序问题和驾驶员安全驾驶问题。本文首先通过计算

---

① http://theory.people.com.cn/n1/2018/0222/c40531-29828912.html(中国共产党新闻网)。
② 周裕林:《浅谈当前交通安全存在的主要问题及预防措施》,《黑龙江交通科技》2013年第3期。

全国省会城市居民公共安全分项指数,测量交通安全指数及其排名。通过对已有研究、官方的政策文本、通行标准的分析,从32个问题中提取15个公因子用以衡量城市公共安全的总体状况(分析方法和依据见前文)。经过计算筛选,交通安全层面设计公因子只有1个,即"交通安全",而交通安全二级指标的权重为0.1286。同时我们将其分为两个维度,分别命名为"交通事故"和"事故救援"两项。

表1　全国省会城市居民交通安全指标

二级指标	权重	三级指标	具体问题的赋分情况 (极为担心1←→完全不担心10)
交通安全	0.1286	交通事故	总体上,您是否担心本市的交通安全问题? 您担心市内出行时遭受交通意外伤害(酒驾、违章驾驶、超载……)吗? 您担心市内公共交通系统(地铁、电车、公共汽车……)出现严重事故吗?
		事故救援	发生交通事故时,您会担心伤者得不到及时有效的救助吗?

本文的研究数据来自中国工程院咨询研究项目子课题组、江苏省公共安全创新研究中心、中国矿业大学城市公共安全管理智库在2018年7~8月开展的"中国城市公共安全感调查"。此次调查以"城市公共安全感"为主题,共组织了18个工作小组(18位教师和170余名本科生)分赴全国31个省会城市对居民进行问卷调查与访谈调查,内容上涵盖了城市安全的众多层面。调查采用多阶段随机抽样方法,以城市与市辖区为普查层,抽样从街道一级开始,按照街道办事处、社区居委会、居民小区、居民楼、家户、被调查者的逻辑层次展开抽样,末端调查采取"敲门入户"的方式,进行"问答式"或在调研员陪同下由居民填写问卷的方式获得第一手数据和资料。为获得有代表性的概率样本,此次调查严格按照科学抽样程序进行。调查小组在每个调研城市发放300份居民调查问卷,并进行30份访谈。经过各小组细致艰苦的工作,获得了大量真实可靠的一手数据。在资料收集工作完成后,课题组经过为期近两个月、先后三次的数据集中清洗,为减少缺失

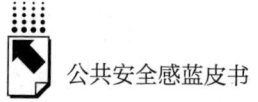
公共安全感蓝皮书

值和极值对分析结果的影响,共剔除变量缺失较多和少数极值的无效问卷92份。最终,在调查回收的9619份问卷中,得到实际测算全国城市公共安全感指数的有效样本9527个,问卷有效率为99.04%。

(二)中国城市交通安全感指数排行

1. 中国省会城市交通安全感指数及排名

本项研究首先通过计算全国省会城市居民公共安全分项指数,测量交通安全指数及其排名。数据分析从城市公共安全感所有层面进行满意度测量的32个问题中提取出15个公因子用于衡量城市公共安全感的总体状况(分析方法和依据见前文)。对15个公因子得分用"min–max标准化"方法指数化,可以分别计算出城市公共安全感九项分项指标指数:自然灾害安全感指数0.5089、生态安全感指数0.488、公共卫生安全感指数0.4895、食品安全感指数0.4972、交通安全感指数0.4939、公共场所设施安全感指数0.4978、社会治安安全感指数0.4957、社会保障安全感指数0.4782、信息安全感指数0.467,如表2所示。

根据前文统计分析,对影响全国城市居民公共安全感的九个专项指标进行计算和排名(见表2)。表2中,可以看出2018年的全国城市公共安全感指标排名及与2017年的比较。交通安全感指标下降一名,为第五名。尽管十九大以来我国开启奋力建设交通强国建设新征程,但这两次的调查结果并未显示出城市居民对交通安全治理水平和能力的认可,加强交通安全建设依然任重而道远。

表2 全国城市公共安全感分项指标指数排名

分项指标	2018年		2017年	
	指数	排名	指数	排名
自然灾害安全感	0.5089	1	0.5091	1
公共场所设施安全感	0.4978	2	0.4941	2
食品安全感	0.4972	3	0.4693	8
社会治安安全感	0.4957	4	0.4934	3

续表

分项指标	2018 年		2017 年	
	指数	排名	指数	排名
交通安全感	0.4939	5	0.4917	4
公共卫生安全感	0.4895	6	0.4799	7
生态安全感	0.488	7	0.484	6
社会保障安全感	0.4782	8	0.4843	5
信息安全感	0.467	9	0.3835	9

通过对全国省会城市公共安全不同领域的安全感指数进行计算和排名，可知全国省会城市居民的自然灾害安全感最高，而信息安全感最低，交通安全感在总体排第 5 位，排在中间靠前位置。

在应用因子分析法的数据分析中，各样本的因子权重与相应的标准化后的因子得分相乘可以得到每个样本的交通安全感指数，再对每一个样本的交通安全感指数进行加权平均可以计算出全国 31 个城市样本的交通安全感这一分项指标指数（计算方法如前文所述）。对各城市的交通安全感指数按高低排名，结果如表 3 所示。

表 3 全国城市交通安全感排名

城市	2018 年		2017 年		排名变化
	交通安全感指数	排名	安全感指数	排名	
昆 明	0.5330	1	0.4362	28	↑27
西 宁	0.5296	2	0.5376	6	↑4
拉 萨	0.5221	3	0.5185	11	↑8
乌鲁木齐	0.5209	4	0.5033	13	↑9
济 南	0.5182	5	0.4502	27	↑22
南 京	0.5165	6	0.5565	1	↓5
杭 州	0.5160	7	0.5548	2	↓5
合 肥	0.5140	8	0.5209	10	↑2
福 州	0.5115	9	0.4505	26	↑17
天 津	0.5101	10	0.4775	18	↑8
上 海	0.5086	11	0.5495	4	↓7
贵 阳	0.5077	12	0.4753	19	↑7

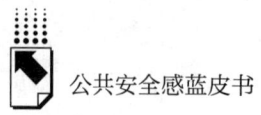

续表

城市	2018年		2017年		排名变化
	交通安全感指数	排名	安全感指数	排名	
兰　州	0.5003	13	0.4702	20	↑7
南　昌	0.4995	14	0.4845	15	↑1
长　沙	0.4994	15	0.5056	12	↓3
银　川	0.4962	16	0.4598	24	↑8
沈　阳	0.4933	17	0.4260	30	↑13
成　都	0.4923	18	0.5497	3	↓15
太　原	0.4921	19	0.3942	31	↑12
武　汉	0.4917	20	0.5310	7	↓13
重　庆	0.4888	21	0.5242	9	↓12
石 家 庄	0.4881	22	0.4776	17	↓5
西　安	0.4768	23	0.4643	22	↓1
北　京	0.4767	24	0.5278	8	↓16
呼和浩特	0.4690	25	0.4611	23	↓2
长　春	0.4681	26	0.4320	29	↑3
海　口	0.4656	27	0.4974	14	↓13
广　州	0.4566	28	0.5415	5	↓23
哈 尔 滨	0.4557	29	0.4816	16	↓13
郑　州	0.4483	30	0.4522	25	↓5
南　宁	0.4414	31	0.4684	21	↓10

　　与全国交通安全感指数估算原理相同，利用求取的全国交通安全感分项指数，可以得出各城市交通安全感这一分项指标指数。如表3所示，对2018年各城市的交通安全感指数按高低排名，分别是：昆明、西宁、拉萨、乌鲁木齐、济南、南京、杭州、合肥、福州、天津、上海、贵阳、兰州、南昌、长沙、银川、沈阳、成都、太原、武汉、重庆、石家庄、西安、北京、呼和浩特、长春、海口、广州、哈尔滨、郑州、南宁。城市交通安全感指数越高，排名越靠前，表明该城市居民的交通安全感越高。

　　结合2017~2018年城市交通安全感指数及排名可知，其中西宁、南京、杭州、合肥排名前列，两年排名均为前10，保持了较高的水平。西安、呼和浩特、长春、郑州排名靠后，两年排名均居后10位以内。昆明、济南、福州、沈阳、太原排名上升幅度较大,名次上升达到 10 名以上;成都、武汉、重庆、北京、海口、广州、哈尔滨、南宁下降幅度较大,名次下降达到 10 名及以上。合肥、南昌、长沙、西安、呼和浩特、长春等城市排名相对稳定,变化幅度不大。

2. 交通安全感指数与公共安全感指数对比

全国各城市的城市公共安全感总体排名与交通安全单项安全感排名不尽一致,图 1 是全国城市公共安全感指数与本城市交通安全感指数比较,图 2 是全国城市公共安全感排名与交通安全感排名比较。

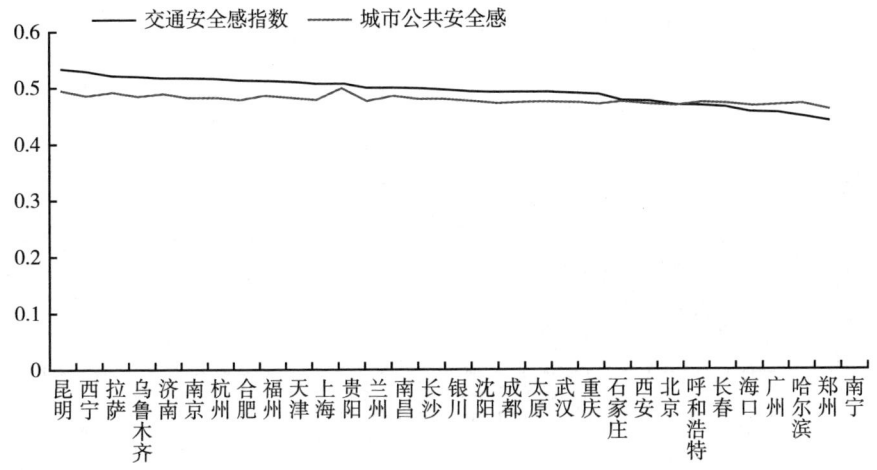

图 1　2018 年全国城市公共安全感指数与交通安全感指数比较

图 1 是全国城市公共安全感指数与交通安全感指数的对比,从图中可以看出,昆明、西宁、拉萨、乌鲁木齐、济南、南京、杭州、合肥、福州、天津、上海、贵阳、兰州、南昌、长沙、银川、沈阳、成都、太原、武汉、重庆、石家庄 22 个城市的交通安全感指数明显高于城市公共安全感指数,相对的,长春、海口、广州、哈尔滨、郑州、南宁的交通安全感指数低于城市公共安全感指数。西安、北京、呼和浩特这 3 个城市的交通安全感指数与城市公共安全感指数大致持平。所以全国城市的交通安全感较高。对比 2017 年,西宁、杭州、广州、武汉、南京、成都、合肥、北京、重庆、上海、石

家庄、哈尔滨、呼和浩特、南昌、南宁和乌鲁木齐16个城市的交通安全感指数明显高于城市公共安全感指数。相对的，拉萨、福州、银川、昆明、西安、郑州、济南、沈阳、长春和太原10个城市的交通安全感指数相对低于城市公共安全感指数。长沙、天津、海口、兰州和贵阳5个城市的交通安全感指数与城市公共安全感指数大致持平。我们可以发现交通安全感指数明显高于城市公共安全感指数的城市有所增加，明显低于城市公共安全感指数的城市数量也有所减少，说明2018年在总体国家安全观的建设下，我国城市安全建设也有所完善（见表2、表3）。

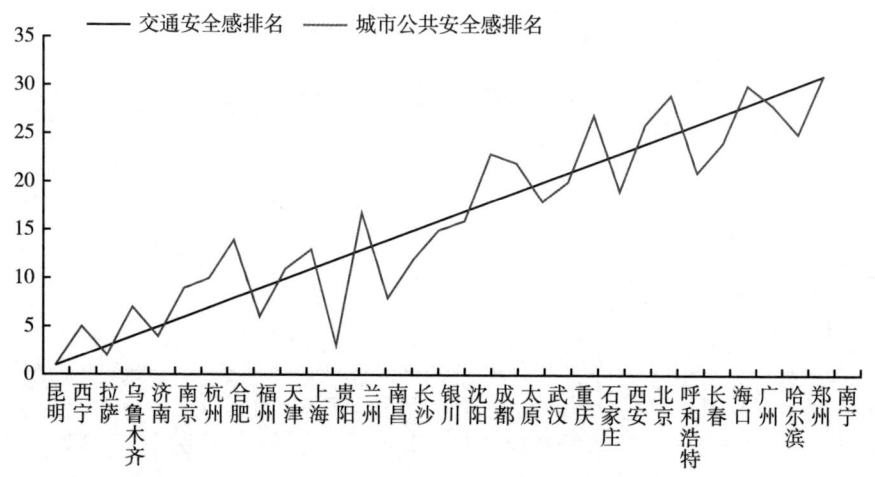

图2 全国城市公共安全感指数排名与交通安全感指数排名比较

图2是全国城市公共安全感指数排名与交通安全感指数排名比较，从图2中可以看出，西宁、乌鲁木齐、南京、杭州、合肥、上海、兰州、成都、太原、石家庄、北京、呼和浩特、广州这13个城市交通安全感指数排名高于城市公共安全感指数排名，相对的，福州、贵阳、南昌、长沙、武汉、西安、长春、海口、郑州9个城市的交通安全感排名低于城市公共安全感指数排名。昆明、拉萨、济南、天津、银川、沈阳、重庆、哈尔滨和南宁9个城市的交通安全感排名和城市公共安全感指数排名基本一致。

二 我国城市居民交通安全感描述统计

(一)中国城市居民总体交通安全感描述统计

在对调查所得样本数据中有关交通的专项数据进行整理之后,首先需要对全国城市居民交通总体满意度进行描述性统计,以了解居民的态度和感受。运用SPSS 21.0软件对数据进行分析,所得结果如表4所示。

表4 全国城市居民交通满意度描述统计量

项目	N	全距	极小值	极大值	和	均值		标准差	方差
	统计量	统计量	统计量	统计量	统计量	统计量	标准误	统计量	统计量
事故救援满意度	9453	9.0	1.0	10.0	50917.0	5.386	.0267	2.5991	6.756
交通事故满意度	9453	9.00	1.00	10.00	50637.33	5.3567	.02395	2.32876	5.423

统计结果显示,全国各个省会城市居民对城市交通不同领域的满意度有所差异,对交通事故的满意度略高于对事故救援的满意度。标准差计算显示样本数据呈现的结果较为离散,即被调查者的意见并不太一致,意见差距较大,这也从侧面反映出我国的交通安全建设仍存在努力的空间。

(二)中国城市居民交通分项安全感描述统计

在描述全国城市居民的总体交通安全感满意度状况的基础上,基于城市特性,有必要分别描述此次调研的全国31个省会城市居民对交通安全的不同感受,了解全国交通安全感基本状况的城市差异,并分析出下一步努力的方向。

1. 全国各城市居民交通事故满意度

由表5可知,在城市居民交通事故满意度上,沈阳、成都、福州、贵阳、杭州、合肥、济南、昆明、拉萨、兰州、南昌、南京、上海、石家庄、太原、天津、乌鲁木齐、武汉、西宁、银川、长沙、重庆交通事故满意度较

表5　全国各城市居民交通事故满意度

城市	均值	N	标准差
北　京	4.9709	286	2.40960
沈　阳	5.3947	326	2.56478
成　都	5.3107	294	2.13594
福　州	5.7107	295	2.12602
广　州	4.4374	301	2.18756
贵　阳	5.7086	318	2.38195
哈尔滨	4.3988	321	2.26956
海　口	4.6711	299	2.00111
杭　州	5.8868	321	2.55617
合　肥	5.8712	308	2.21068
呼和浩特	4.7803	308	2.17787
济　南	5.9338	292	2.15657
昆　明	6.3000	320	1.72518
拉　萨	6.0556	300	2.22095
兰　州	5.5022	310	2.38670
南　昌	5.4251	298	2.19286
南　京	5.9241	316	2.45938
南　宁	4.0706	307	2.34476
上　海	5.7068	299	2.49471
石家庄	5.2609	313	2.60186
太　原	5.3354	317	2.30544
天　津	5.7624	296	2.17437
乌鲁木齐	6.0356	300	2.40653
武　汉	5.3032	310	1.92240
西　安	4.9609	298	2.08291
西　宁	6.2372	305	2.06214
银　川	5.3977	295	2.40747
长　春	4.6990	299	2.52727
长　沙	5.5167	300	1.83288
郑　州	4.2048	306	2.20320
重　庆	5.2452	295	2.06081
总　计	5.3567	9453	2.32876

高,交通事故满意度在 5.0 以上,其中昆明、拉萨、乌鲁木齐、西宁的交通事故满意度远远超过了其他几个城市,都达到 6.0 以上;北京、广州、哈尔滨、海口、呼和浩特、南宁、西安、长春、郑州交通事故满意度相比较低,交通事故满意度在 5.0 以下。对比 2017 年,我们发现,2018 年交通事故满意度低于 5.0 的城市减少了 5 个,并且增加了 6.0 以上的城市,由此也符合 2017 年与 2018 年城市交通安全感指数的对比情况。

2. 交通事故救援满意度

表 6　全国各城市居民交通事故救援满意度

城市	均值	N	标准差
北　京	4.801	286	2.7323
沈　阳	5.233	326	3.0936
成　都	5.456	294	2.5296
福　州	6.261	295	2.3596
广　州	4.449	301	2.3169
贵　阳	5.613	318	2.6088
哈尔滨	4.583	321	2.5038
海　口	4.722	299	2.2732
杭　州	5.963	321	2.8666
合　肥	5.877	308	2.5289
呼和浩特	4.666	308	2.6145
济　南	6.295	292	2.3658
昆　明	6.306	320	1.9492
拉　萨	6.003	300	2.5122
兰　州	5.510	310	2.5118
南　昌	5.953	298	2.4297
南　京	5.864	316	2.9467
南　宁	4.098	307	2.5470
上　海	5.773	299	2.7881
石家庄	5.026	313	2.7838
太　原	5.281	317	2.4752
天　津	5.713	296	2.3554
乌鲁木齐	5.980	300	2.7722

续表

城市	均值	N	标准差
武 汉	5.135	310	1.8189
西 安	4.822	298	2.2974
西 宁	6.220	305	2.3058
银 川	5.369	295	2.8766
长 春	4.903	299	2.7674
长 沙	5.377	300	1.9358
郑 州	4.542	306	2.6649
重 庆	5.193	295	2.3919
总 计	5.386	9453	2.5991

由表6可知，在交通事故救援满意度上，沈阳、成都、福州、贵阳、杭州、合肥、济南、昆明、拉萨、兰州、南昌、南京、上海、石家庄、太原、天津、乌鲁木齐、武汉、西宁、银川、长沙、重庆的交通事故救援满意度较高，分值在5.0以上；其中福州、济南、昆明、拉萨、西宁的交通事故救援满意度都达到6.0以上。北京、广州、哈尔滨、海口、呼和浩特、南宁、西安、长春、郑州的交通事故救援安全感比较低。交通事故救援总体满意度略高于交通事故满意度。

总体而言，全国31个省会城市居民对本城市交通安全满意度有所差异，经济较发达区域的城市交通安全总体满意度较高，如南京、杭州、成都、上海、广州、武汉、重庆等城市；但仍有例外，比如北京为我国的特大城市，也是交通建设投入力度最大的地区，但交通事故满意度、交通事故救援满意度都远远低于全国水平，由此我们可以发现，特大城市在面对快速城市化进程中，也逐渐暴露出许多来不及解决的问题，从而影响居民生活的幸福感指数。需要引起注意的是西宁，我们对比可以发现，其2017年和2018年城市交通安全总体满意度较高，都达到6.0以上，可以对其进行专有访谈，力求推广其交通安全建设方面的经验。城市交通安全总体满意度较低的城市，大多为经济相比而言欠发达或者较偏远的中西部地区。

（三）我国城市居民社会交通安全感组间描述

如上文所述，根据对基础数据的均值和方差描述，全国城市居民在交通安全各层面的意见趋于离散。在一般情况下，性别、政治面貌、年龄、户口类型、文化程度、身份职业、个人月收入等变量会对不同群体的交通及其带来的安全程度有不同的心理感受。因此，本文对不同组别进行单因素方差检验，确定不同群体的交通安全满意度，对于了解全国城市居民交通安全满意度的不同群体状况，发现不同群体中存在之问题，进而提出针对性、可行性的建议具有重要意义。

1. 性别与交通安全感相关状况

由于男女生理、心理特征的差异，男性和女性往往对某一事物会产生不同的看法。由于近年来女性驾驶员不断增多，因此性别对交通安全的看法差异也许会有所改变，导致"性别"变量下的交通安全满意度呈现不同特点。我们根据调查数据分析全国城市居民性别与交通安全满意度相关关系（去除掉在调研结果显示性别不明的居民问卷），结果如表7所示。

表7 全国城市居民性别与交通安全满意度关系

性别	均值	N	标准差	均值的标准误
男	5.459	4947	2.5725	.0366
女	5.249	4460	2.5165	.0377
总计	5.360	9407	2.5481	.0263

数据结果显示，性别因素与交通安全满意度的相关关系不显著。这说明，男性城市居民和女性城市居民对交通安全满意度差异性不大，对交通安全的满意度较为一致。

2. 年龄与交通安全感相关状况

人口结构与交通安全满意度存在一定的关系，不同年龄阶层的社会成员拥有不同的社会阅历与经验，可能对交通安全的主观感受有所差异。运用描

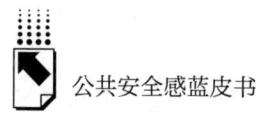

述统计和单因素方差分析了解全国城市居民年龄变量与交通总体满意度及不同层面满意度的相关关系,结果如表8、表9所示。

表8 全国城市居民年龄与交通安全满意度关系

年龄	均值	N	标准差	均值的标准误
18~29岁	5.178	4176	2.5624	.0397
30~44岁	5.388	2803	2.4673	.0466
45~59岁	5.651	1676	2.5389	.0620
60岁以上	5.637	743	2.6932	.0988
总计	5.361	9398	2.5476	.0263

表9 年龄与交通安全不同领域满意度单因素方差分析

满意度		平方和	df	均方	F	显著性
交通安全感满意度	组间	339.695	3	113.232	17.539	.000
	组内	60648.315	9394	6.456		
	总数	60988.011	9397			
事故救援满意度	组间	470.475	3	156.825	23.370	.000
	组内	63037.937	9394	6.710		
	总数	63508.411	9397			
交通事故满意度	组间	330.277	3	110.092	20.408	.000
	组内	50677.319	9394	5.395		
	总数	51007.596	9397			

分析可知,年龄结构与交通安全感满意度及交通事故满意度、事故救援满意度呈显著相关关系。并且年龄与交通安全感满意度总体成正向关系,45~60岁的人群对交通安全感满意度最高,而18~29岁的人群对交通安全感满意度最低,并且低于交通安全感均值。我们可以将其描述为一个抛物线的走向,45~59岁为交通安全感的峰值,从18岁起交通安全感逐渐增加到达45~60岁为最大,而后递减。对此,第一,由于年轻人平时接触社交媒体较为广泛,消息渠道多,因而对交通安全除了自身的实际感受外还夹杂着一些对交通热点的看法。第二,60岁以上的老年人由于自身年龄的原因,出门较少,故而交通安全感会略微高于另外两个年龄段,但由于其生理方面

的原因,会低于45～59岁。第三,45～59岁这个年龄段由于自身心理认知的成熟度,看待问题会全面,同时也存在着经济因素和心理因素等方面的影响,这些共同导致这一结果的出现。

3. 文化程度与交通安全感相关状况

我们推测,文化程度也与交通安全密切相关。一般认为,文化程度越高,受到教育水平越高,整体素质就会有所提高,看待问题的视角也会更加全面。对不同文化程度的人,如小学及以下、初中、高中(中职、中专)、大学(大专)及研究生以上人群,进行单因素方差分析以更好了解文化程度与交通安全感及不同方面之间的相关关系,分析如表10、表11所示。

表10 全国城市居民文化程度与交通安全满意度关系

文化程度	均值	N	标准差	均值的标准误
小学及以下	5.135	281	2.6260	.1567
初中	5.522	1054	2.6715	.0823
高中	5.417	2496	2.6085	.0522
大学(大专)	5.300	5016	2.4993	.0353
研究生以上	5.468	545	2.3978	.1027
总计	5.361	9392	2.5476	.0263

表11 文化程度与交通安全不同领域满意度单因素方差分析

满意度		平方和	df	均方	F	显著性
交通安全感满意度	组间	74.540	4	18.635	2.873	.022
	组内	60877.020	9387	6.485		
	总数	60951.560	9391			
事故救援满意度	组间	66.739	4	16.685	2.470	.043
	组内	63407.650	9387	6.755		
	总数	63474.389	9391			
交通事故满意度	组间	50.300	4	12.575	2.318	.055
	组内	50917.729	9387	5.424		
	总数	50968.029	9391			

由上表可知,文化程度与交通安全不同方面有一定的相关关系。数据显示,小学及以下、初中、大学(大专)文化程度群体低于均值,表示其交通安全满意度较低,我们认为小学及以下、初中两个阶段的群体由于学历较低,知识体系不完善,认识水平欠缺,对现今交通事故、事故救援的满意度认识仅凭一己之见,很容易引起不满。高中和研究生以上文化程度群体拥有较高的学历与知识素养,更了解交通安全相关领域的建设内容,对现今交通事故、事故救援的认识会全面并且广泛,故而会高于均值。但值得注意的是,大学(大专)反而也低于均值,由此我们推测是大学生的主观感受加之一些对交通安全建设时事的认识导致这一结果的发生。但对于2017年,我们发现,2018年各个文化程度对于交通安全感的认知均有所提高,表明我国的交通安全建设成果较为显著。

4. 户口类型与交通安全感相关状况

针对不同地区,本次调查也有涉及。户口类型代表着不同环境下的人群,这与交通安全感也会存在一定相关关系。户口类型细分为本地城市、本地农村、外地城市和外地农村,不同类型的人群代表不同的经济基础。分析户口类型的不同与交通安全感之间的相关关系,结果如表12、表13所示。

表12 户口类型与交通安全满意度关系

户口类型	均值	N	标准差	均值的标准误
本地城市	5.475	5183	2.5393	.0353
本地农村	5.111	1472	2.4178	.0630
外地城市	5.347	1628	2.5574	.0634
外地农村	5.182	1104	2.7023	.0813
总计	5.361	9387	2.5473	.0263

表13 全国城市居民户口类型与交通安全满意度及不同方面单因素方差分析

满意度		平方和	df	均方	F	显著性
交通安全感满意度	组间	195.691	3	65.230	10.082	.000
	组内	60706.885	9383	6.470		
	总数	60902.575	9386			

续表

满意度		平方和	df	均方	F	显著性
事故救援满意度	组间	147.679	3	49.226	7.300	.000
	组内	63273.737	9383	6.743		
	总数	63421.416	9386			
交通事故满意度	组间	162.169	3	54.056	9.993	.000
	组内	50759.033	9383	5.410		
	总数	50921.202	9386			

由以上分析可知，户口类型与交通安全感及不同方面存在显著的相关关系。城市户口类型人群对交通安全满意度均高于农村户口类型人群的满意度，这与经济因素有很大的关系，同时城市人口的文化素质与认知程度均明显高于农村人口，故而导致了这一结果的产生。

5. 身份职业与交通安全感相关状况

身份职业与交通安全满意度密切相关。不同职业和处于不同社会层次的人对交通安全及其不同方面的看法是存在区别的。对本次调查数据中不同职业与交通安全满意度之间的关系进行计算和分析，所得结果如表14、表15所示。

由表14、表15可知公务员、离退休人员对交通安全满意度指数均高于其他身份职业，公司职员、学生、其他低于平均值。我们可以推测，第一，公务员与离退休人员由于其身份职业的特殊性，长期处于各项基础设施的建设当中，必然会深切感受到我国各个层面建设的飞速发展，因而满意度较高。第二，学生由于其阅历过少，看待问题会趋于片面；公司职员在对此类问题进行回答的时候，通常考虑自身因素较多。

6. 收入水平与交通安全满意度

一般来说，收入水平与交通安全满意度有着紧密的关系。将收入水平细分为六个层次，利用单因素方差分析和描述统计来刻画收入水平与交通安全满意度及其不同方面之间的关系，分析结果见表16、表17（收入中1.0代表2000元以下、2.0代表2000~3500元、3.0代表3501~5000元、4.0代表5001~8000元、5.0代表8001~12000元、6.0代表12000元以上）。

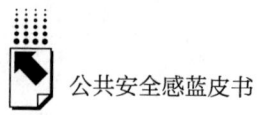

表14 交通安全感 * 身份职业 交叉制表

	项目	公务员	事业单位人员	公司职员	进城务工人员	学生	自由职业者	离退休人员	其他	合计
交通安全感										
1.0	计数(人)	27	90	190	28	157	123	49	90	754
	交通安全感中的占比(%)	3.6	11.9	25.2	3.7	20.8	16.3	6.5	11.9	100.0
	身份职业中的占比(%)	8.3	7.6	7.9	5.6	8.6	9.1	7.0	8.4	8.0
2.0	计数(人)	20	77	175	35	127	101	55	80	670
	交通安全感中的占比(%)	3.0	11.5	26.1	5.2	19.0	15.1	8.2	11.9	100.0
	身份职业中的占比(%)	6.2	6.5	7.2	7.0	7.0	7.5	7.9	7.4	7.1
3.0	计数(人)	35	122	277	39	241	138	76	121	1049
	交通安全感中的占比(%)	3.3	11.6	26.4	3.7	23.0	13.2	7.2	11.5	100.0
	身份职业中的占比(%)	10.8	10.3	11.4	7.8	13.2	10.2	10.9	11.3	11.2
4.0	计数(人)	35	143	290	65	250	153	64	131	1131
	交通安全感中的占比(%)	3.1	12.6	25.6	5.7	22.1	13.5	5.7	11.6	100.0
	身份职业中的占比(%)	10.8	12.1	12.0	13.0	13.7	11.4	9.2	12.2	12.1
5.0	计数(人)	37	185	347	85	268	217	107	175	1421
	交通安全感中的占比(%)	2.6	13.0	24.4	6.0	18.9	15.3	7.5	12.3	100.0
	身份职业中的占比(%)	11.4	15.6	14.3	17.0	14.7	16.1	15.3	16.3	15.2
6.0	计数(人)	36	152	299	69	201	134	70	127	1088
	交通安全感中的占比(%)	3.3	14.0	27.5	6.3	18.5	12.3	6.4	11.7	100.0
	身份职业中的占比(%)	11.1	12.8	12.4	13.8	11.0	9.9	10.0	11.8	11.6

续表

项目		身份职业							合计
		公务员	事业单位人员	公司职员	进城务工人员	学生	自由职业者	离退休人员	其他	
交通安全感	7.0	计数(人)	38	120	285	64	179	133	59	92	970
		交通安全感中的占比(%)	3.9	12.4	29.4	6.6	18.5	13.7	6.1	9.5	100.0
		身份职业中的占比(%)	11.7	10.1	11.8	12.8	9.8	9.9	8.4	8.6	10.3
	8.0	计数(人)	43	115	288	57	186	162	86	118	1055
		交通安全感中的占比(%)	4.1	10.9	27.3	5.4	17.6	15.4	8.2	11.2	100.0
		身份职业中的占比(%)	13.2	9.7	11.9	11.4	10.2	12.0	12.3	11.0	11.3
	9.0	计数(人)	33	110	186	35	139	107	71	74	755
		交通安全感中的占比(%)	4.4	14.6	24.6	4.6	18.4	14.2	9.4	9.8	100.0
		身份职业中的占比(%)	10.2	9.3	7.7	7.0	7.6	7.9	10.2	6.9	8.1
	10.0	计数(人)	21	72	83	22	78	79	62	67	484
		交通安全感中的占比(%)	4.3	14.9	17.1	4.5	16.1	16.3	12.8	13.8	100.0
		身份职业中的占比(%)	6.5	6.1	3.4	4.4	4.3	5.9	8.9	6.2	5.2
合计		计数(人)	325	1186	2420	499	1826	1347	699	1075	9377
		交通安全感中的占比(%)	3.5	12.6	25.8	5.3	19.5	14.4	7.5	11.5	100.0
		身份职业中的占比(%)	100.0	100.0	100.0	100.0	100.0	100.0	100.0	100.0	100.0

说明：1.0到10.0分别表示极不认同到非常认同（可参考问卷）。

表 15 全国城市居民身份职业与交通安全满意度关系

身份职业	均值	N	标准差	均值的标准误
公务员	5.631	325	2.6561	.1473
事业单位人员	5.471	1186	2.5536	.0742
公司职员	5.315	2420	2.4781	.0504
进城务工人员	5.517	499	2.3706	.1061
学生	5.176	1826	2.5187	.0589
自由职业者	5.360	1347	2.6170	.0713
离退休人员	5.662	699	2.7047	.1023
其他	5.300	1075	2.5701	.0784
总计	5.360	9377	2.5475	.0263

表 16 全国城市居民收入水平与交通安全不同方面

满意度		N	均值	标准差	标准误	均值的95%置信区间		极小值	极大值
						下限	上限		
交通安全感满意度	1.0	2124	5.183	2.5942	.0563	5.073	5.294	1.0	10.0
	2.0	1866	5.240	2.5954	.0601	5.122	5.358	1.0	10.0
	3.0	2767	5.386	2.4507	.0466	5.295	5.477	1.0	10.0
	4.0	1698	5.529	2.5229	.0612	5.409	5.649	1.0	10.0
	5.0	566	5.666	2.5749	.1082	5.453	5.879	1.0	10.0
	6.0	225	5.662	2.7373	.1825	5.303	6.022	1.0	10.0
	总数	9246	5.360	2.5455	.0265	5.308	5.412	1.0	10.0
事故救援满意度	1.0	2124	5.185	2.6674	.0579	5.071	5.298	1.0	10.0
	2.0	1866	5.252	2.6549	.0615	5.131	5.372	1.0	10.0
	3.0	2767	5.468	2.5240	.0480	5.374	5.562	1.0	10.0
	4.0	1698	5.555	2.5093	.0609	5.435	5.674	1.0	10.0
	5.0	566	5.712	2.6111	.1098	5.496	5.928	1.0	10.0
	6.0	225	5.529	2.7983	.1866	5.161	5.897	1.0	10.0
	总数	9246	5.392	2.5983	.0270	5.339	5.445	1.0	10.0
交通事故满意度	1.0	2124	5.1966	2.39425	.05195	5.0948	5.2985	1.00	10.00
	2.0	1866	5.2028	2.36470	.05474	5.0954	5.3101	1.00	10.00
	3.0	2767	5.3901	2.24142	.04261	5.3065	5.4736	1.00	10.00
	4.0	1698	5.5422	2.29996	.05582	5.4327	5.6517	1.00	10.00
	5.0	566	5.7155	2.31547	.09733	5.5244	5.9067	1.00	10.00
	6.0	225	5.5970	2.47780	.16519	5.2715	5.9226	1.00	10.00
	总数	9246	5.3607	2.32842	.02422	5.3133	5.4082	1.00	10.00

表 17 全国城市居民收入水平与交通安全不同方面单因素方差分析

满意度		平方和	df	均方	F	显著性
交通安全感	组间	217.124	5	43.425	6.722	.000
	组内	59687.278	9240	6.460		
	总数	59904.402	9245			
事故救援满意感	组间	251.194	5	50.239	7.467	.000
	组内	62163.718	9240	6.728		
	总数	62414.912	9245			
交通事故满意度	组间	245.884	5	49.177	9.110	.000
	组内	49876.286	9240	5.398		
	总数	50122.170	9245			

表 18 全国城市居民收入水平与交通安全感关系

个人收入	均值	N	标准差	均值的标准误
2000 元以下	5.183	2124	2.5942	.0563
2000~3500 元	5.240	1866	2.5954	.0601
3501~5000 元	5.386	2767	2.4507	.0466
5001~8000 元	5.529	1698	2.5229	.0612
8001~12000 元	5.666	566	2.5749	.1082
12000 元以上	5.662	225	2.7373	.1825
总计	5.360	9246	2.5455	.0265

由上表可知，收入水平与交通安全不同方面存在显著相关关系。大致上，随着收入水平的提高，交通安全满意度呈现增加的趋势。但是收入 12000 元以上群体在交通秩序满意度和交通基础设施满意度方面略低于收入在 8001~12000 元群体的满意度。出现这种现象，我们认为，随着收入的增加，不同的人的知识体系也是不同的，看待问题的角度也不同，收入越高的人可能看待问题的角度会更加多元化，12000 元以上收入的群体可能会随着收入的增加对城市交通安全建设有着更多的期望。

三 我国城市交通安全感存在问题与挑战

随着经济社会的发展，我国逐渐暴露出许多多主体、碎片化、突发性的社会问题，城市的经济发展状况也慢慢形成"阶梯状"的分布，而城市交通建设情况的多样化带来的是城市交通现状的差异化和仍存在大量可以弥补的空白之处。为更好地解决中国城市交通建设及交通安全问题并且丰富关于交通安全领域的研究，有必要针对已有数据分析背后存在的客观问题，提出具有建设性的建议和意见，以期为我国交通安全建设在理论层面添砖加瓦。

（一）城市居民交通安全感排名变化剧烈

改革开放四十年以来，随着我国社会经济建设的高速运行，交通工具扮演的角色越来越重要。在人们的出行中，远距离的旅行越来越多依赖于飞机、高铁和普通的列车；在中短距离的出行和日常工作中，私家车扮演着越来越重要的角色。除此之外，在城市交通体系中，轨道交通、公共汽车、出租车、摩托车、电动自行车、自行车、共享单车等各种交通工具以及行人，共同构成了城市交通的亮丽风景。与此同时，我们也发现，特大城市、大城市逐渐暴露交通堵塞的问题，根据我们此次调研后的数据比对发现，我国2018年城市交通安全感对比2017年城市交通安全感变化非常剧烈。

结合2017~2018年城市交通安全感指数及排名，其中西宁、南京、杭州、合肥排行前列，两年排名均为前10，保持了较高的水平。西安、呼和浩特、长春、郑州排名靠后，两年排名均位居后10。昆明、济南、福州、沈阳、太原排名上升幅度较大，名次上升达到10名以上；成都、武汉、重庆、北京、海口、广州、哈尔滨、南宁下降幅度较大，名次下降达到10名以上。合肥、南昌、长沙、西安、呼和浩特、长春等城市排名相对稳定，变化幅度不大。值得注意的是，此次数据对比分析我们发现，北京市城市交通安全感数据的各个方面下降速度都非常快。对比2017年全国城市交通安全感，我们发现2017年中东部发达城市的城市交通安全感远远高于西部欠发达地区。而2018年却呈现一种中部弱、东西部强的趋势。基于此我们推测，一是近些年西部开发建设力度加大，二是东部建设时间过长，逐渐暴露出来一些逆城市化的现象，其中不乏交通安全问题。

（二）客观现实与调研数据存在明显差距

除城市交通安全感排名剧烈变化值得我们注意以外，还应提以注意的有，道路交通事故发生数和道路交通事故造成的死亡人数，江苏、浙江等中东部经济发达的省份居全国前列，而全国城市公共安全感调查中，这些省会城市的居民交通安全感反而位居全国前位。这种看似反常的现象之所以会出现，主要有以下因素。首先，《中国统计年鉴》《中国交通年鉴》的数据为各个省份的整体数据，而我们交通安全感的调查对象仅仅是这些省的省会城市。省会城市的交通建设状况会远远好于其他区域，因此会提高城市交通安全感指数。其次，像南京、杭州、上海等经济发达的城市，汽车普及已经有了一段时间，驾驶员道路交通的意识以及城市道路交通管理部门的规则都比较健全，礼让行人等文明交通、文明驾驶的理念深入人心，因此，道路交通参与者的安全感相对较高。此外，根据我们对不同人群交通安全感指数对比分析发现，交通安全感由于是一个主观因素，故而与被调查者的认知层次与认知水平存在着很大的关系，中东部地区由于经济水平发展与交通建设较快，人们的认知层次在不断更新，因而对交通安全感的体验度也较高。另外，道路交通安全的主观感知和客观现实之间并不一定相符。郑新夷等人的研究也表明，交通主观安全感和客观安全感的关系不一定是正向积极关系，例如：当驾驶员感受到危险的时候不一定会导致交通事故，而当真正交通事故发生之前也许并没有意识到危险。[①]

（三）不同职业的居民交通安全感体验差距较大

我国经济高速发展，但一定程度上我国的软件配套设施及服务行业的发展并不完善，由此带来各种职业群体对于城市安全感的体验也有较大的差距。在2018年的调查中，离退休人员的交通安全感评价较高，无论是总体

---

① 郑新夷等：《我国二十年来安全驾驶适应性因素元分析》，《人类工效学》2014年第5期，第64~70页。

安全感指数,还是在事故救援满意度、交通事故满意度上,都排在首位。我们推测原因如下。

第一,离退休人员由于行动不便等原因出行时间较少,对交通的需求较少,与此同时他们对出行的路段也比较熟悉,故而交通安全感的体验度会较高。第二,离退休人员由于是老年群体,因此他们平时出行会受到更多的关怀和照顾,对于交通敏感度和交通危险程度也并不是很在意。第三,除离退休人员,其他职业人群更多的本身就是一个驾驶员或者本身就为政府部门的交通建设者。当自身参与交通之中,作为一个驾驶员更能体会到驾驶的危险,更了解交通安全相关领域对交通有更高的要求与需求,能亲身感受到交通运行中存在的问题,往往对交通安全存在高于他人的担忧与顾虑,有着较低的交通安全感。同时参与交通建设的政府机关退休人员,会对交通建设近些年的变化感到满意,因此会提高交通安全感的满意度。第四,对于其他职业,我们推测,驾驶员数量的急剧增加带来交通堵塞及交通基础设施不完善等问题逐渐暴露,与此相矛盾的是人们对交通的需求与要求越来越高,因而人们交通安全的体验感越来越差。

(四)城市户口类型交通安全感高于农村户口人群

户口类型也代表着不同环境下的人群,我们将户口类型细分为本地城市、本地农村、外地城市和外地农村四类,城市与农村有着较大的差异和不同,而这种差异往往会带来交通安全感的不同。我们认为有以下三个方面原因:第一,需要特别说明的是,城市与农村户口,只是代表一个人生活在某地,并不代表这位居民在我们调查时就生活在这个地方。调研中发现,大量的农村务工人员进入城市,对城市的交通系统、交通设施等并不熟悉,故而交通安全体验感较低。第二,由于城市和农村的交通基础设施建设存在巨大的差异,许多偏远山区高速公路近些年才建成,然而城市的交通设施却较为完善,因此两者之间的差距也是显而易见的。第三,城市人口和农村人口两者存在巨大的认知层面差异,城市人口的交通意识较为健全和完善,他们对交通危险的感知层面也比农村人口要高,当他们意识到危险来临的时候，他们会躲避交通风险，因此，城市居民的交通安全感要高于成农村人口。

四 提升我国城市交通安全感的对策

随着全国各省市经济的快速发展和城乡间人口流动越来越频繁，各城市市区人口和城市务工人员的急剧增加，出行车辆急剧增加。截至2018年12月底，相关部门的数据显示，目前国内机动车保有量达3.25亿辆，按照2018年年初公布全国累计人口数13.9008亿人，接近每4个人就拥有一辆车。不只是车辆保有量多，目前国内登记在案的机动车驾驶人的数量也相当惊人。同期，全国机动车驾驶人累计达4.07亿人，较上年同期新增了2236万人[1]。这对我国交通安全是一个极大的挑战，不仅要求政府在交通管理和交通管制上有所作为，还要求进行与之相关的经济、文化、法律等多方面全面协调治理。

（一）加强宣传教育，减少地区、城乡之间的交通安全感差距

中部与经济发达地区的经济差距较大，而中部不可能在短时间达到经济发达地区的交通基础设施能力。因此，交通安全教育和宣传的作用就凸显出来。交通安全宣传教育是道路交通安全管理的重要组成部分、普及道路交通安全法律法规的重要途径、预防和控制道路交通事故的治本之策、推动和促进道路交通安全综合治理的有效措施、做好道路交通安全管理工作的前提和保障[2]。强化交通安全的宣传教育，可有效提升公民的交通安全意识。

在宣传方面，要更新宣传教育形式，寓教于乐，潜移默化地提高广大群众的交通道德水平。通过开展文艺汇演、征文比赛、摄影等活动，广泛调动社会参与积极性。要利用一切新闻媒介和宣传手段对全社会进行交通安全教

---

[1] https://baijiahao.baidu.com.
[2] 汪益纯、陈川：《我国交通安全宣传教育的问题分析与建议》，《道路交通与安全》2009年第4期。

育和对交通法规的宣传,加强和提高人们的交通安全意识和交通法制观念。建立以政府为主导、多部门联动、全民参与的交通安全宣传机制,制定交通安全宣传和教育计划,根据不同群体和年龄段,定期开展交通安全宣传教育活动,尤其是加强对机动车驾驶人、农民、自主经营者、外来务工者等重点群体的交通安全宣传教育①。这样有利于公民树立良好的交通意识和法制观念,从而在交通实践中带来良好的教化效果。

在交通安全教育方面,要针对不同主体制定相应的教育方案,针对学生应该从课堂抓起,加强交通安全意识及交通安全标准的课堂教育。同时应该在学生心目中树立起交通安全从自身做起的良好规范行为意识,并让学生逐步扩散至家庭,使每个家庭都认识到交通安全的重要性。针对企业及事业单位公职人员,应该树立交通安全从自身做起的意识,还要监督他人。同时企业也应该建立起培训员工交通安全意识的强烈责任,进一步为政府减轻安全教育的压力。社区也应该在自己的所辖范围内,针对所在居民进行交通安全的培训。一方面是社区范围内进行培训方便居民理解,另一方面也减轻了政府一定的负担。加强交通安全教育是每个主体的责任,并不是政府独自的责任,每个主体要牢固树立起交通安全关系自身的重要意识,从而进一步减轻交通安全风险的隐患存在,切实提高城市居民交通安全感。

(二)着重加强驾驶员管理,提高不同职业群体交通安全感

离退休人员和其他职业交通安全感差异很大,很重要的因素是其他职业的很大一部分是道路交通的参与者、驾驶员。而驾驶员是交通事故中的主导因素,起决定作用,所以必须加强对驾驶员的管理。

在驾驶员培训考证期间,管理部门不但要授之以驾驶技术、业务技能,加强对驾驶技术能力的考核,更应该重视对新驾驶员的安全知识和法律法规的教育。严格驾驶员培训、考试各环节,驾驶员培训要传授技

---

① 戴帅:《我国城市道路交通安全问题及对策》,《综合运输》2015年第7期,第9~12、21页。

能、传播法律、传递文明,驾驶员考试要严格标准、严格考试、严格颁发驾驶证,使越来越多的驾驶人成为合格的司机、越来越多的交通参与者成为文明的使者。同时,更应该注重对驾驶员高度责任感和安全意识的培养,杜绝驾驶员超速行驶、无证驾驶、酒后驾驶和疲劳驾驶等违法现象。培养驾驶员的公德和社会责任意识,避免出现危害行人、道路驾驶的情况。

驾驶员除了要有熟练的驾驶技能,还应具备良好的心理素质。可以对驾驶员定时定期开展心理测试和心理辅导等活动,提高驾驶员的心理素质,杜绝出现"路怒症",因一人的过错而酿成大错。同时,注重对驾驶员进行克服在驾驶车辆过程中常常出现的麻痹、急躁、紧张、刺激等心理的培训,在行车过程中遇到问题能适时地采取措施,需要立即决定时,应当机立断,毫不犹豫。在无法避免事故发生时,应以最小损失为前提进行处理。总之,现在驾驶员整体素质亟须提高。

同时,还应该加强对车辆的管理,控制机动车数量。机动车总量应该与一定时期经济发展水平和道路交通通行能力保持一定的比例,借鉴北京、上海、香港、新加坡等国内外的经验,制定地方法规,采取限制车牌、提高机动车使用费用、提高车辆单位时间内通行费用等措施以有效抑制机动车过快增长的势头,缓解城市交通堵塞①。加快制定安全标准,提升机动车辆安全性能。要制定与发达国家或地区相同甚至更高的安全标准,加强对机动车生产厂商的监督检查,责令其重视安全问题。

(三)完善交通设施和制度,减少城乡差异

从城市、农村户口群体对交通安全感不同的感受,可以看出城市和农村交通基础设施和制度方面现今存在的差距。因此,要缩小城市和农村的交通安全感差距,必须要促进全国交通设施和制度的建设,减少城市和农村的差

---

① 李先波、周定平、欧三任:《道路交通安全综合治理对策研究——以湖南省为例》,《湖南社会科学》2015 年第 1 期,第 111~115 页。

异,缩小差距。

各级政府应加大交警经费投入,改善车辆、通信等基础条件,增加科技管理装备等。只有采用科学手段进行交通管理才是解决交通安全问题的出路。比如,在交通要道及十字路口设置电子警察,从时间上实现了全天候24小时对道路的监管。建立高效、实用的交通信号控制系统,充分发挥科学技术对交通流量的有效调节作用,提高现有道路的通行能力;建立闭路电视监视系统和闯红灯拍照及违章检测系统,作为交通控制管理、疏导交通的辅助手段;建立交通信息采集诱导系统、地理信息系统和卫星定位系统。以信息化推动交通安全管理现代化,加快建设运输车辆数据库、从业人员数据库、违章处罚信息系统等,及时掌握第一手运输信息数据。

通过对道路基础设施的规划,采用交通信号线控和面控、规划路网结构、加固和加宽路面与路基等手段,增加主要干道道路通行能力,合理控制非机动车车流和行人人流,突出"以人为本""公交优先"的思想,进行公共交通和停车管理专项规划,避免车辆乱停乱放、节约土地占用,以有效缓解行车难、乘车难、停车难和行路难等问题。加强对危险路段、事故多发点段的排查整治,根据实际需要,加大资金投入,科学分析,该改造的改造,该完善的完善,加快在危险路段和事故多发点、段安装波形防护栏的步伐,把道路危险性降低到最小限度。做好交通标志、标线、交通信号及可变信息牌的设置工作,如有损坏应及时补上,充分发挥交通安全设施约束、管理、服务和诱导的功能。完善警告警示等交通设施设置,确保交通安全设置的合理性和科学性。

加强全国交通立法,缩小地区法治化差距,健全道路交通安全的法律法规,对于道路交通的规划设计、治理主体、法定职责、交通教育等诸多领域配套相关法律。从中央来说,要建立以《道路交通安全法》为基本法,以中央和地方政府制定的行政法规和规章为配套的道路交通安全法规体系,以此来解决各个地区不同的问题,提高应对不同地区交通问题的能力;对于各个地方政府而言,要依据本地区的实际,制定出适合本地区实际的交通安全法规,使交通安全问题真正做到有法可依,来加强针对性和有效性。同时,在执法时,要加强监督,真正做到有法必依、执法必严,严格按照法律法规的规定处理交通安全问题。各级政府应该保障交警经费的支出,通过改善车辆、通信等基础装备,用最新的设备来缓解交警不足的压力。但是,要解决繁重的交通管理任务最根本的还是要充实警力,才能保障人民群众的出行安全①。同时要加强对路面的管理,把有限的警力合理充分地部署在各个路段上,加大警力的机动性,改善工作效率。在经费允许的情况下,可以设置智能交通警察,这样可以对道路进行24小时监控,不仅提高了交警队伍的科技含量,更减轻了交警的压力。

面对我国人口众多、情况复杂多变的现状,我们更应该注重以人为本,通过透明化、公开化的政府工作方式,才有可能不断解决现实中存在的问题。不同的人群可能会有不同的关注点,听取不同人群的意见,以问题为导向来促进交通环境的改善。同时,交通安全感又是一个主观性较强的感受,满足公众参与交通事务的欲望,使得不同群体的利益需求和呼声被倾听到,有利于提高公众在主观上的安全感。尤其,可以通过不定期的调查和访问,了解本地区城市居民的交通安全感受,及时、准确地响应公众的需求和有效解决交通管理上存在的问题。

---

① 周裕林:《浅谈当前交通安全存在的主要问题及预防措施》,《黑龙江交通科技》2013年第5期,第151~152页。

B.6
中国城市医疗卫生安全感调查报告（2019）

曹明 赵文秀*

摘　要： 生命健康是城市居民应该享有的最基本人权之一，保障城市居民的生命健康安全是城市公共安全的基本要求和重要组成部分。关切和解决城市医疗卫生安全问题，切实提高城市居民的医疗卫生安全感十分重要。本次调查发现，全国城市医疗卫生安全状况总体处于稳定状态，但各城市相较于上一年的调查波动幅度较大，城市医疗卫生安全感总体评价不高，区域、城市以及不同群体之间存在显著差异，城市居民公共卫生安全意识有待提高。政府部门需要在加强城市医疗卫生安全资源投入同时，提高基本公共卫生服务的公平性和可及性，提升医疗卫生安全事件应对能力，加强医疗卫生安全监督管理，提高城市居民公共卫生安全意识，加强责任追究与法制建设，进而切实提升城市居民医疗卫生安全感。

关键词： 城市　医疗卫生安全　安全感

生命健康是城市居民应该享有的基本人权之一，一切美好的城市生活都

---

* 曹明，博士，中国矿业大学公共管理学院公共管理系副主任，副教授，研究方向为安全管理与社会治理；赵文秀，中国矿业大学公共管理学院硕士研究生，研究方向为公共安全管理。

建立在城市居民生命健康不受到威胁的基础之上。因此为保障和维护城市居民的生命健康,必须关切城市医疗卫生安全问题,做好城市公共卫生服务,切实提高城市居民的医疗卫生安全感。本文主要在全国31个省会城市实地调查的基础上,分析中国城市居民医疗卫生安全感存在的问题与挑战,探讨提升对策与建议。

医疗卫生安全,是在一个国家和地区内创造一种安全和健康的工作环境和生活环境,使广大劳动者、旅游者、社区居民的健康与安全得到保障。其界定随着时代的变迁和事件的发展而变化,无论是内涵还是外延,都可能需要做出适当的改变及拓展。新公共卫生时代的安全问题研究,视野应当更宽,内涵应更具有包容力。因此,任何影响一定区域内人口的动态健康的事件,都可被视作医疗卫生安全事件。《2007年世界卫生报告》将医疗卫生安全定义为:为尽可能减少对危及不同地理区域以及跨国公众群体健康的紧急公共卫生事件脆弱性而采取的预见性和反应性行动。广义的医疗卫生安全的概念十分宽泛,涵盖了导致公众健康的医疗卫生、食品卫生、环境卫生等诸多领域,其目标是保护和增进健康及生命安全,而增进人群健康和生命安全是政府义不容辞的责任,提供公共卫生服务和为其筹资是政府承担医疗卫生安全重要职责的主要体现。

城市医疗卫生安全关系每一个城市公民的生命健康,是城市公共安全重要的组成部分。医疗卫生安全服务作为人的基本需求之一,关乎人类自身的发展和进步,医疗卫生安全直接影响社会效益与经济效益,良好的公民健康状况和社会公共卫生服务是卫生事业发展的目的,也是提高劳动生产率、加速经济增长、促进社会发展、保证社会公平的必要条件。公民健康状况和社会公共卫生服务改善程度作为最重要的人类发展指标,是衡量和评价一个国家公共卫生政策有效性的重要标准。本章所研究的医疗卫生安全是指与医疗、环境卫生服务相关的医疗卫生安全问题,主要探讨如何提升城市公共卫生服务的质量以减少和避免对公众健康与生命安全的威胁。

安全感这一概念则被人们用来表述对安全状态的期待和确定,有研究认为它是人与自然、人与社会交往过程中产生的信心①。安全感的概念可以从心理学、社会学、犯罪学、公共管理学等多个学科领域来界定，本文中涉及的安全感概念主要从公共管理视角展开。城市医疗卫生安全感可以看作是公众对政府医疗卫生安全管理的一种反应。安全事务永远指涉人的安危和社稷民本，安全始终被认为是执政者的责任，与国家的治理过程密不可分②。城市医疗卫生安全感是城市公民对于疾病传播、环境卫生等方面威胁的反应和感受，反映了公众对于公共部门提供的医疗卫生、疾病控制、环境卫生等相关服务的信心。

一 中国城市医疗卫生安全总体状况

（一）城市医疗卫生安全感指数排名

本次全国调查中，医疗卫生安全感部分为四个题项，如表1。按照10点量表形式，接受调查者按照担心程度等级从1（极为担心）到10（完全不担心）进行打分。

表1 2018年全国城市医疗卫生安全感调查题项

指标	变量名	题项
医疗卫生安全	X_{11}	您担心周围会发生传染性疾病吗？（艾滋病、结核病、狂犬病、乙肝、SARS、禽流感……）
	X_{12}	您担心孩子会接种假疫苗或劣质疫苗吗？
	X_{13}	您担心抗生素滥用吗（包括对人、牲畜）？
	X_{14}	疫情发生时,您担心得不到及时有效的控制吗？

---

① 罗文进、王小锋：《安全感概念界定、形成过程和改善途径》，《江苏警官学院学报》2005年第5期，第5~9页。
② 王逸舟：《论非传统安全——基于国家与社会关系的一种分析思路》，《学习与探索》2005年第3期，第2~10页。

中国城市医疗卫生安全感调查报告（2019）

利用因子分析方法，对全国 31 个省会城市医疗卫生安全感进行测算，并详细分析了测算过程，得到各城市医疗卫生安全感指数排名。如图 1、表 2 所见，全国 31 个省会城市中，医疗卫生安全感排名前五的依次是福州、贵阳、济南、昆明和南昌，排名后五位依次是广州、石家庄、郑州、呼和浩特和南宁。较 2017 年，31 个省会城市的医疗卫生安全感发生了较大的波动。其中，乌鲁木齐上升了 22 名，天津上升了 21 名，贵阳上升了 16 名。而西安、广州和呼和浩特等的医疗卫生安全感排名下降较大。

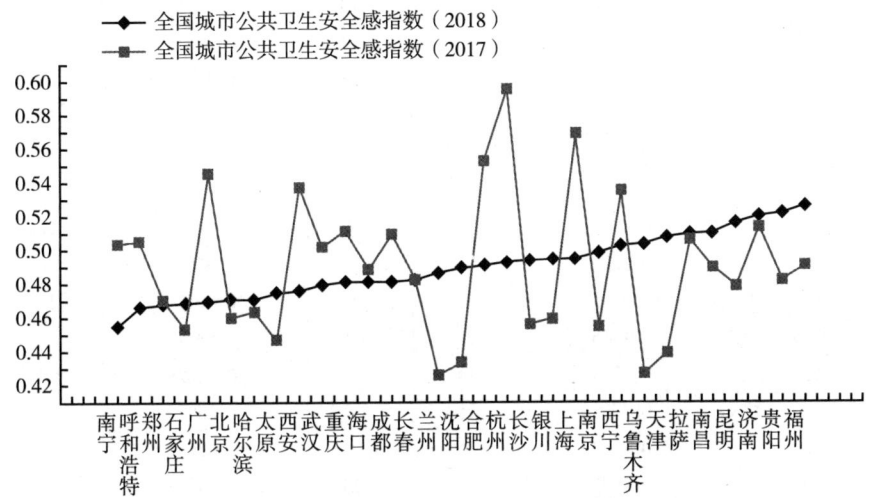

图 1　2017~2018 年全国医疗卫生安全感指数排名

表 2　全国城市医疗卫生安全感排名

城市	2018 年		排名变化	2017 年	
	医疗卫生安全感指数	排名		医疗卫生安全感指数	排名
福州	0.5258	1	+13	0.4907	14
贵阳	0.5215	2	+16	0.4820	18
济南	0.5198	3	+4	0.5132	7
昆明	0.5158	4	+15	0.4782	19
南昌	0.5097	5	+10	0.4895	15
拉萨	0.5091	6	+4	0.5055	10
天津	0.5074	7	+21	0.4392	28

续表

城市	2018 年			2017 年	
	医疗卫生安全感指数	排名	排名变化	医疗卫生安全感指数	排名
乌鲁木齐	0.5035	8	+22	0.4270	30
西宁	0.5021	9	-3	0.5342	6
南京	0.4983	10	+15	0.4552	25
上海	0.4946	11	-9	0.5669	2
银川	0.4941	12	+11	0.4593	23
长沙	0.4936	13	+11	0.4559	24
杭州	0.4927	14	-13	0.5946	1
合肥	0.4905	15	-12	0.5525	3
沈阳	0.4889	16	+13	0.4332	29
兰州	0.4863	17	+14	0.4260	31
长春	0.4823	18	-1	0.4832	17
成都	0.4813	19	-10	0.5093	9
海口	0.4813	20	-4	0.4883	16
重庆	0.4810	21	-13	0.5116	8
武汉	0.4792	22	-9	0.5017	13
西安	0.4755	23	-18	0.5367	5
太原	0.4739	24	+3	0.4462	27
哈尔滨	0.4708	25	-4	0.4633	21
北京	0.4707	26	-4	0.4598	22
广州	0.4693	27	-23	0.5444	4
石家庄	0.4682	28	-2	0.4531	26
郑州	0.4678	29	-9	0.4703	20
呼和浩特	0.4662	30	-19	0.5050	11
南宁	0.4549	31	-19	0.5036	12

图 2 显示的是全国城市公共安全感指数排名与医疗卫生安全感指数排名比较，总体上看医疗卫生安全感和城市公共安全感趋势是一致的。

（二）城市医疗卫生安全感描述性分析

为了便于直观分析，依据模糊评价原理，利用语义学标度将安全感分为 4 个评价等级：不担心、有点担心、比较担心、忧虑，见表 3。

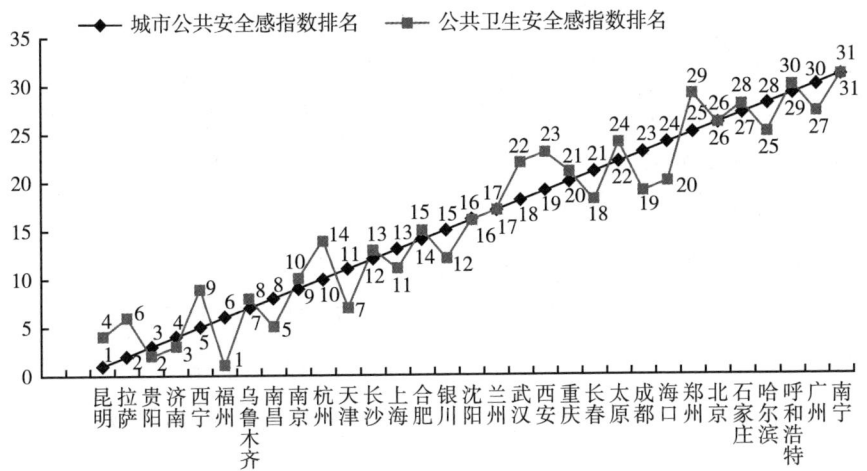

图2 全国城市公共安全感指数排名与医疗卫生安全感指数排名比较

表3 评价定量分级标准

评价值	评语	定级
$X_i > 7.5$	不担心	A
$5.5 < X_i \leq 7.5$	有点担心	B
$3.5 < X_i \leq 5.5$	比较担心	C
$X_i \leq 3.5$	忧虑	D

1.基于性别的医疗卫生安全感状况

依据性别对标准化后的医疗卫生安全感得分进行方差分析（Analysis of Variance，简称 ANOVA），结果见表4。

表4 性别分组的医疗卫生安全感方差检验

性别	N	比例(%)	均值	定级	标准差	ANOVA	
						F	显著性
男	4959	52.69	5.264	C	2.7472	6.818	0
女	4452	47.31	4.898	C	2.749		

由表4可见，在31个省会城市范围内的样本数据男女受调查对象比例接近10∶9，男性安全感测评得分（5.264）明显高于女性得分（4.898），

但都处于 C 级，即比较担心状态。方差检验表明城市居民医疗卫生安全感存在显著的性别差异，反映出总体上男性对于医疗卫生安全的担心程度比女性低，性别上的感受差异符合一般常识。通常来说，女性对于身体健康与公共卫生问题比男性敏感，对于影响自己与家人的医疗卫生服务、公共卫生事件、环境健康等问题比较关注。

2. 基于年龄的医疗卫生安全感状况

将受调查对象依年龄分为四个年龄组：青年（18~29岁）、中青年（30~44岁）、中年（45~59岁）和老年（60岁以上）。同样采用方差分析方法对不同年龄段居民的医疗卫生安全感进行比较分析，结果见表5和表6。

表5 不同年龄组医疗卫生安全感方差检验

年龄	N	比例(%)	均值	定级	标准差	ANOVA	
						F	显著性
青年(18~29岁)	4177	44.4	4.972	C	2.7642	4.485	0
中青年(30~44岁)	2809	29.8	5.096	C	2.6746		
中年(45~59岁)	1678	17.8	5.24	C	2.7662		
老年(60岁以上)	739	7.9	5.438	C	2.8964		

由表5可见，在受调查对象中青年（18~29岁）人群的比例最高，占44.4%，老年组（60岁以上）比例较少，为7.9%。方差检验结果表明，四个年龄段城市医疗卫生安全感存在显著差异，四个年龄段城市医疗卫生安全感测评得分老年组最高，其次是中年组，青年组得分最低，而四组不同年龄评价都为C级，表明对于医疗卫生安全都是比较担心状态，也反映出较为年轻的人群对于城市医疗卫生安全担心程度更高。

表6 医疗卫生安全感年龄段两两分组比较

(I)年龄段	(J)年龄段	均值差(I-J)	标准误	显著性
青年 (18~29岁)	中年	0.571	0.4683	0.223
	中青年	-0.656	0.5539	0.237
	老年	-1.515	0.7647	0.048

续表

(I)年龄段	(J)年龄段	均值差(I-J)	标准误	显著性
中青年 (18~29岁)	青年	-0.571	0.4683	0.223
	中年	-1.226	0.5916	0.038
	老年	-2.086	0.7924	0.009
中年 (45~59岁)	青年	0.656	0.5539	0.237
	中青年	1.226	0.5916	0.038
	老年	-0.859	0.8458	0.310
老年 (45~59岁)	青年	1.515	0.7647	0.048
	中青年	2.086	0.7924	0.009
	中年	0.859	0.8458	0.310

组间两两比较的结果表明，青年组与老年组、中青年组与中年和老年组之间存在显著差别，中年组和老年组差别不显著。

3. 基于户口类型的医疗卫生安全感状况

样本数据将城市居民户口类型分为本地城市、本地农村、外地城市、外地农村四种类型，四组人群的测评结果比较可以在表7和图3中看到。样本数据中55.2%的居民为本地城市居民，其次为外地城市在本地居住居民，本地农村和外地农村户口居民比例接近。从测评结果来看，本地城市居民的安全感得分最高，外地农村居民得分最低，但都处于C级，即比较担心状态。总体上城市居民（包括本市和外市）的医疗卫生安全感要高于农村户口居民（包括本市和外市），两两分组的方差检验结果也支持这一观点。

表7 不同户口类型城市居民医疗卫生安全感方差检验

户口类型	N	比例(%)	均值	定级	标准差	ANOVA	
						F	显著性
本地城市	5194	55.2	5.142	C	2.7414	5.435	0
本地农村	1476	15.7	5.058	C	2.6214		
外地城市	1633	17.4	5.102	C	2.7878		
外地农村	1102	11.7	4.904	C	2.9164		

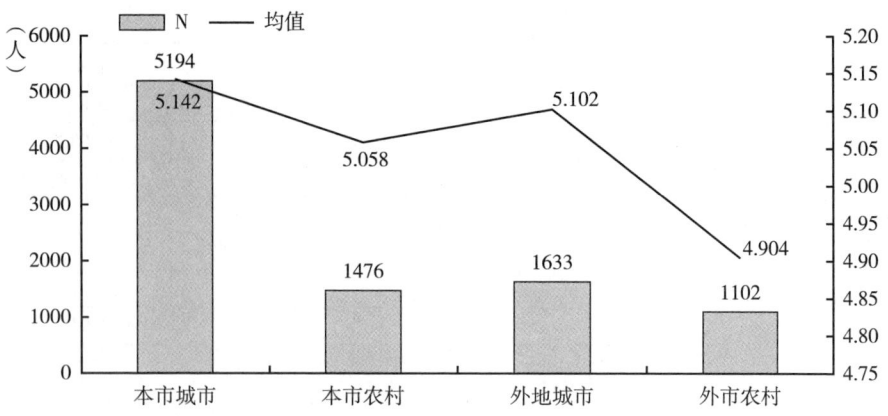

图3 不同户口类型城市居民医疗卫生安全感比较

4. 基于身份职业的医疗卫生安全感状况

接受调查的城市居民身份职业划分为8种类型，分别是公务员、事业单位人员、公司职员、进城务工人员、学生、自由职业者、离退休人员、其他，不同身份职业群体城市居民医疗卫生安全感测评的结果如表8、图4所示。

由图4可见，相对来讲公务员医疗卫生安全感得分最高，均值为5.476，但是各组人群医疗卫生安全感得分都在5.5以下，均属于比较担心状态。方差检验的结果也显示，公务员和离退休人员的安全感得分与其他各组存在显著区别。

表8 不同身份职业城市居民医疗卫生安全感方差检验

身份职业	N	比例(%)	均值	定级	标准差	ANOVA	
						F	显著性
公务员	327	3.5	5.476	C	2.6958	2.662	0
事业单位人员	1191	12.7	5.074	C	2.7372		
公司职员	2421	25.8	4.988	C	2.7030		
进城务工人员	498	5.3	5.274	C	2.6144		
学生	1833	19.5	5.092	C	2.7264		
自由职业者	1352	14.4	5.084	C	2.7866		
离退休人员	693	7.4	5.456	C	2.9328		
其他	1083	11.5	4.902	C	2.8140		

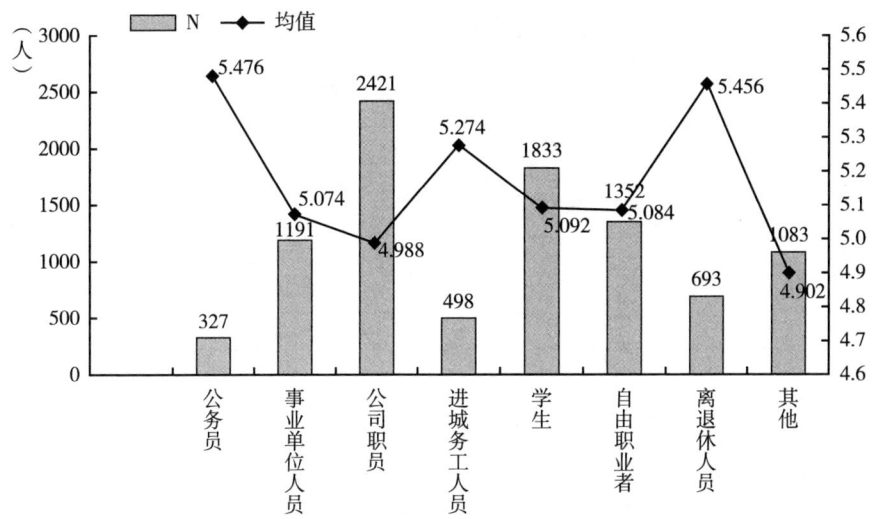

图 4　不同身份职业城市居民医疗卫生安全感比较

5. 基于收入水平的医疗卫生安全感状况

城市居民收入水平由低到高分为 6 组，分别测算不同收入水平城市居民医疗卫生安全感得分，并进行组间方差检验，结果如表 9 所示。一般意义上认为收入与医疗卫生安全感可能存在正相关关系，即收入越高对于医疗卫生安全方面的担心相对较小，最终的实际调查样本数据证实了这一观点。分组比较方差检验表明，不同收入群体之间医疗卫生安全感存在明显差异。样本数据表明收入水平提高在一定程度上可以缓解对医疗卫生安全方面的担忧，尽管公共卫生的威胁对于居民的影响具有普遍性，但是通过提高单独个人的购买力，可以适当提高居民的医疗卫生安全感，降低疾病传播、环境卫生危害的威胁。

通过就不同性别、年龄、户口类型、职业以及月收入水平等变量对我国城市居民医疗卫生安全感的影响进行调查。结果发现：城市居民医疗卫生安全感存在显著的性别差异，男性安全感测评得分（5.264）明显高于女性得分（4.898），但都处于 C 级，即比较担心状态，这一结论和其他一些研究结论是一致的；在青年组（18～29 岁）、中青年组（30～44 岁）、中年组

表9 不同收入水平城市居民医疗卫生安全感方差检验

个人月收入	N	比例(%)	均值	定级	标准差	ANOVA	
						F	显著性
2000元以下	2130	22.99	5.014	C	2.7950	3.629	0
2001~3500元	1873	20.21	5.006	C	2.7902		
3501~5000元	2763	29.82	5.108	C	2.6706		
5001~8000元	1708	18.43	5.258	C	2.7160		
8001~12000元	567	6.12	5.308	C	2.8206		
12000元以上	225	2.43	4.912	C	2.9378		

(45~59岁)以及老年组(60岁以上)四个年龄段城市医疗卫生安全感测评中,老年组最高,得分为5.438,但四个年龄段都为C级(比较担心),年轻的人群对于城市医疗卫生安全担心程度较高;不同户口类型的居民在医疗卫生安全方面的感受存在明显差异,不同群体安全感都处于C级(比较担心),但总体上城市户口居民(包括本市和外市)的医疗卫生安全感要显著高于农村户口居民(包括本市和外市);不同身份职业群体中,公务员和离退休人员医疗卫生安全感得分相对较高,均值分别为5.476、5.456,但都属于C级(比较担心),同其余各组人群医疗卫生安全感一样,样本数据方差检验表明不同收入群体之间医疗卫生安全感存在明显差异。

二 城市医疗卫生安全感存在的问题与挑战

基于全国31个省会城市居民医疗卫生安全的9527例调查数据,对我国城市医疗卫生安全感总体状况、各城市医疗卫生安全感排名以及城市医疗卫生安全评价等方面进行了较为详细的分析。分析过程依据一手调查资料,尽可能地定量客观描述我国城市医疗卫生安全感的现状与问题。

(一)城市医疗卫生安全感总体评价不高

利用样本数据,对全国城市医疗卫生安全感各分项进行测算,并采用简单平均的方法对城市医疗卫生安全总体状况进行评价，结果如表 10 所示。可见，样本调查数据显示居民的全国城市公共安全感评价得分均值为 5.09，各分项得分在 4.81~5.46 之间，总体水平在 C 级，说明城市居民总体上处于对医疗卫生安全比较担心的状态。从各分项得分的比较来看，城市居民对于疾病传播与疾病防治两方面都评价不高，其中对于抗生素的滥用评价得分最低。

表 10 评价定量分级标准

变量	均值	差评率(%)	评语	定级
X_{10}	5.46	25.6	比较担心	C
X_{11}	5.22	30.6	比较担心	C
X_{12}	4.81	38.4	比较担心	C
X_{13}	4.81	37.9	比较担心	C
X_{14}	5.14	31.9	比较担心	C
S_3	5.09		比较担心	C

注：差评率指评价得分在 3 分（含）以下的样本率。

从城市公共安全感涵盖的九个领域——自然灾害安全感、生态安全感、医疗卫生安全感、食品安全感、交通安全感、公共场所设施安全感、社会治安安全感、社会保障安全感、信息安全感——来看，本报告第一部分利用因子分析方法对相关指数进行了详细的测算，其中全国城市医疗卫生安全感指数 0.4895，排名位于倒数第四位，仅高于信息安全感、社会保障安全感和生态安全感得分，如图 5 所示。相对数据表明城市医疗卫生安全感不高，同样说明城市居民对城市医疗卫生安全方面的担忧值得重视。

采用模糊评判的方法，根据四个调查题项得分，将 31 个城市居民医疗卫生安全感评价得分进行分等并汇总，按得分顺序排列，如表 11 和图 6 所示。可见，在各项测评得分位于 B 等级的城市有福州、贵阳、济南、天津等，而大多数城市测评得分都属于 C 等级。

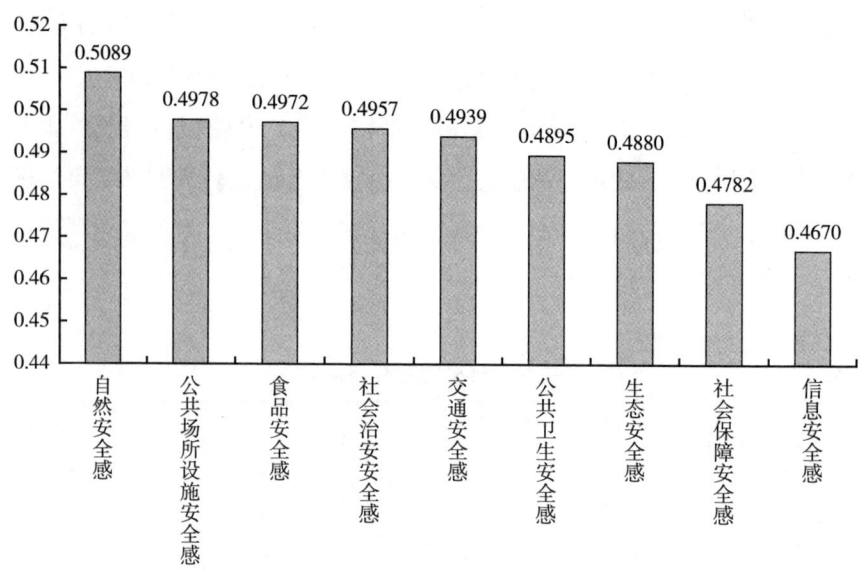

图 5　城市医疗卫生安全感指数排名

表 11　31 个省会城市居民医疗卫生安全感测评得分排序

题项	B(有点担心)	C(比较担心)
(三)-1 总体上,您担心本市的医疗卫生安全问题吗?	长沙、福州、贵阳、杭州、合肥、济南、昆明、拉萨、南昌、南京、上海、天津、乌鲁木齐、西宁、银川	北京、长春、成都、广州、哈尔滨、海口、呼和浩特、兰州、南宁、沈阳、石家庄、太原、武汉、西安、郑州、重庆
(三)-2 您担心周围会发生传染性疾病吗?(艾滋病、结核病、狂犬病、乙肝、SARS、禽流感……)	福州、贵阳、合肥、济南、昆明、拉萨、南昌、南京、天津、乌鲁木齐、西宁	北京、长春、长沙、成都、广州、哈尔滨、海口、杭州、呼和浩特、兰州、南宁、上海、沈阳、石家庄、太原、武汉、西安、银川、郑州、重庆
(三)-3 您担心孩子会接种假疫苗或劣质疫苗吗?	福州、贵阳、济南、天津	北京、长春、长沙、成都、广州、哈尔滨、海口、杭州、合肥、呼和浩特、昆明、拉萨、兰州、南昌、南京、南宁、上海、沈阳、石家庄、太原、乌鲁木齐、武汉、西安、西宁、银川、郑州、重庆

续表

题项	B(有点担心)	C(比较担心)
(三)-4 您担心抗生素滥用吗(包括对人、牲畜)？	福州、贵阳、济南、昆明、拉萨、天津	北京、长春、长沙、成都、广州、哈尔滨、海口、杭州、合肥、呼和浩特、兰州、南昌、南京、南宁、上海、沈阳、石家庄、太原、乌鲁木齐、武汉、西安、西宁、银川、郑州、重庆
(三)-5 疫情发生时，您担心得不到及时有效的控制吗？	福州、贵阳、济南、昆明、拉萨、南昌、天津、乌鲁木齐、西宁	北京、长春、长沙、成都、广州、哈尔滨、海口、杭州、合肥、呼和浩特、兰州、南京、南宁、上海、沈阳、石家庄、太原、武汉、西安、银川、郑州、重庆

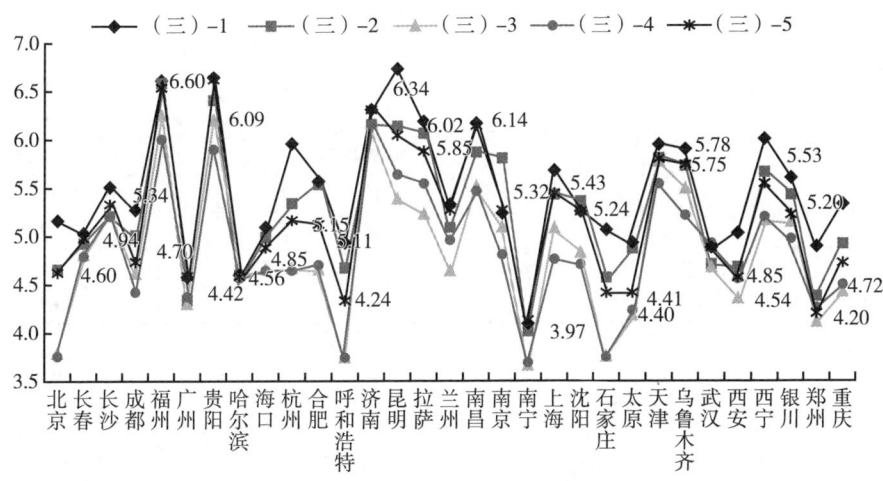

图6 城市医疗卫生安全感各题项得分比较

（二）区域间城市医疗卫生安全感差异大

通常按区域将我国大陆地区划分为东部、中部和西部三个区域，东部地区包括北京、天津、河北（石家庄）、辽宁（沈阳）、上海、江苏（南京）、浙江（杭州）、福建（福州）、山东（济南）、广东（广州）和海南（海口）等11个省（市）；中部地区包括山西（太原）、吉林（长春）、黑龙江（哈尔滨）、安徽（合肥）、江西（南昌）、河南（郑州）、湖北（武汉）、湖南（长沙）等8个省（区）；西部地区包括重庆、四川（成都）、贵州（贵阳）、云南（昆明）、西藏（拉萨）、陕西（西安）、甘肃（兰州）、青海（西宁）、宁夏（银川）、新疆（乌鲁木齐）、广西（南宁）、内蒙古（呼和浩特）12个省（区、市）。

将调查数据按照东部、中部、西部三个区域重新分组，采用方差分析比较三个区域间城市居民医疗卫生安全感的差异，结果见表12和图7。

表12 东部、中部、西部地区城市居民医疗卫生安全感得分比较

题项		东部	中部	西部
	N	3344	2473	2741
（三）-1 总体上,您担心本市的医疗卫生安全问题吗？	均值	5.57	5.14	5.85
	标准差	2.678	2.481	2.463
（三）-2 您担心周围会发生传染性疾病吗？（艾滋病、结核病、狂犬病、乙肝、SARS、禽流感……）	均值	5.35	4.95	5.56
	标准差	2.886	2.526	2.665
（三）-3 您担心孩子会接种假疫苗或劣质疫苗吗？	均值	4.92	4.68	5.10
	标准差	3.048	2.696	2.896
（三）-4 您担心抗生素滥用吗（包括对人、牲畜）？	均值	4.81	4.74	5.16
	标准差	2.927	2.608	2.772
（三）-5 疫情发生时,您担心得不到及时有效的控制吗？	均值	5.28	4.93	5.45
	标准差	2.883	2.621	2.682

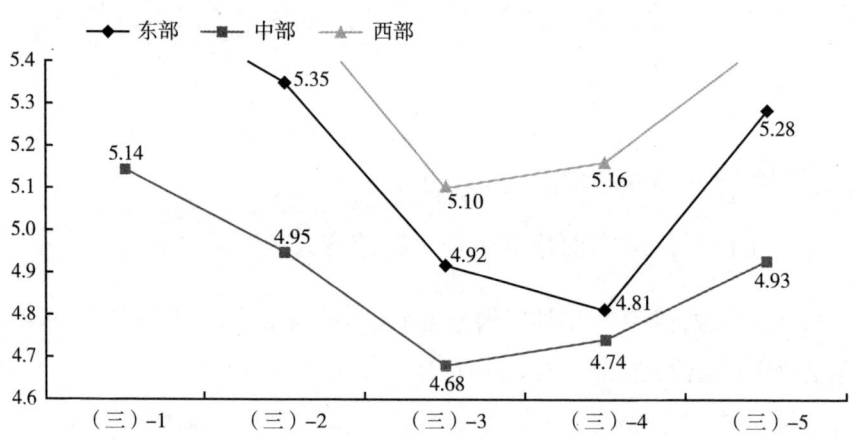

图7 东部、中部、西部各题项得分比较

可以看出，总体城市居民医疗卫生安全感西部地区得分最高，东部地区次之，中部地区的总体城市居民医疗卫生安全感得分最低，然而无论是东部、中部或者西部，城市居民医疗卫生安全感测评没有等级的差别，都属于C等级，即比较担心状态。方差检验的结果支持了东、中、西部地区间存在显著性差异的结论，结果见表13。

表13 东部、中部、西部区域间城市居民医疗卫生安全感比较

区域	N	比例(%)	均值	定级	标准差	ANOVA F	显著性
东部	3344	39.07	5.19	C	2.88	6.285	0.001
中部	2473	28.89	4.89	C	2.59		
西部	2741	32.03	5.42	C	2.69		

区域差异客观存在，但导致这种区域间差异的原因可能是多方面的，比如东部、中部和西部经济基础上的差距，在公共卫生资源投入以及提供公共卫生服务和环境卫生服务上的差距等，需要进一步分析和探讨。

（三）居民对政府解决公共安全问题信心与居民公共卫生安全意识不高

为进一步分析城市居民医疗卫生安全感状况，本次调查还同时对城市医疗卫生安全总体评价和政府认知展开了调查。从调查中，可以得知居民对医疗卫生安全的总体评价以及对政府医疗卫生安全监督管理的认知程度，从而反映出政府部门在城市医疗卫生安全监督管理方面的缺陷。

1. 居民对政府解决公共安全问题的信心认知调查

在对政府满意度的调查中，调查题项和内容见表14。

第23题调查居民对本市政府公共安全工作的信任度。

对Y_{23}采用5点量表从低到高（测量值从1-5）进行测评，对整体和31个省会城市测度结果如表15所示。

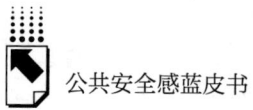

表 14　城市公共安全评价与政府满意度调查题项

变量名	题项
Y_{23}	23. 您对本市政府解决公共安全问题有信心吗？

表 15　城市居民对政府解决公共安全问题的信任程度

城市	X_{44}	
	均值	排名
全国平均	3.28	—
北京	3.37	7
长春	3.00	31
长沙	3.02	29
成都	3.29	13
福州	3.34	9
广州	3.05	27
贵阳	3.26	19
哈尔滨	3.04	28
海口	3.06	26
杭州	3.63	2
合肥	3.01	30
呼和浩特	3.34	8
济南	3.32	10
昆明	3.51	4
拉萨	3.60	3
兰州	3.29	14
南昌	3.27	17
南京	3.41	6
南宁	3.21	22
上海	3.45	5
沈阳	3.13	24
石家庄	3.17	23
太原	3.08	25
天津	3.32	12
乌鲁木齐	3.88	1
武汉	3.29	15
西安	3.26	18
西宁	3.27	16
银川	3.32	11
郑州	3.24	20
重庆	3.21	21

总体上看，全国城市居民对政府应对解决公共安全问题的信心值为3.28，在一般与比较有信心之间。对政府的信心和信任度的指标排名前列的有乌鲁木齐、杭州、拉萨、昆明、上海等城市。

2. 居民公共卫生安全意识调查

表16　城市居民公共卫生安全意识调查分析

题项	N	均值	标准差	众数
二-4. 您会使用酒店、宾馆提供的一次性洗漱用品吗？	9515	1.97	0.699	2
二-5. 据您观察,市民随地吐痰的现象多吗？	9517	2.37	0.782	2

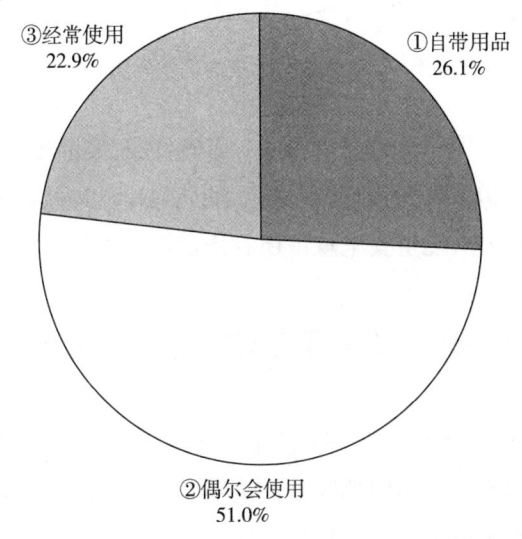

图8　使用酒店、宾馆提供的一次性洗漱用品频率调查

利用调查数据对政府满意度与医疗卫生安全意识等变量进行测度，数据显示：51%的人偶尔会使用酒店、宾馆提供的一次性洗漱用品，26.1%的人会自带洗漱用品，22.9%经常使用酒店、宾馆提供的一次性洗漱用品。调查结果一方面表明了城市居民对公共场所公共卫生安全问题的担心和不信任程度，另一方面也体现了居民自身公共安全意识。而对于市民随地吐痰现象的

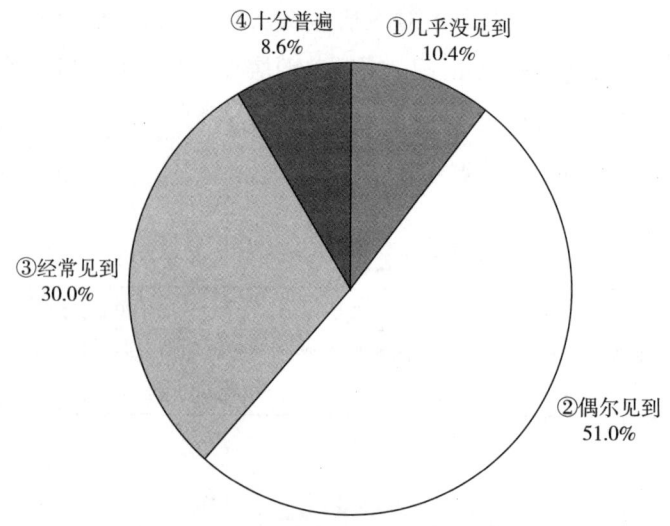

图9 市民随地吐痰的现象调查

调查显示，51%的人偶尔看到这种现象，30%的人表示经常看到，8.6%的人表示十分普遍，10.4%的人则表示几乎没见到过随地吐痰的现象。这也从侧面反映了人们的公共卫生安全意识还有待加强。

三 提升城市医疗卫生安全感的对策与建议

2018年中国公共卫生事业不断进步，公共卫生资源建设、疾病控制与公共卫生事件管理等诸多领域都取得了提升，使得城市居民获得良好的医疗卫生安全保障，为城市居民生命和身体健康保驾护航，同时构筑了中国城市公共安全的坚实基础。结合2018年中国31个省会城市公共安全感调查，思考当前我国城市居民医疗卫生安全感的基本状态与存在的问题，本文从提升我国城市居民医疗卫生安全感的视角为加强我国城市医疗卫生安全提出以下参考建议。

（一）保障投入，切实提高城市医疗卫生服务数量与质量

城市公共卫生资源投入是城市居民医疗卫生安全的基础，充足和高质量

的公共卫生资源，才能提供充足和高质量的公共卫生服务。公共卫生服务数量和质量是影响城市居民获得感和安全感的直接因素，公共卫生服务不足或者不到位严重影响城市居民公共卫生的安全保障感受。城市公共卫生服务保障是城市发展的基本保障之一，高质量的公共卫生服务有利于吸引优秀人才，有利于促进地区经济发展，有利于缩小城市差距，避免马太效应。

在提高城市居民公共卫生服务数量方面，应该充分协调各级医疗卫生机构协作提供充足的公共卫生服务，进一步加大医疗卫生服务供给侧改革，政府应加大投入，承担责任而不是盲目地推进医疗市场化改革，要坚持公共医疗卫生服务的公益性。同时推进公共卫生服务的供给结构调整，鼓励公共卫生服务信息化建设，充分提高公共卫生服务效率，缓解卫生服务供需矛盾，克服医疗卫生资源不足、布局不合理、优质资源匮乏的现实难题。

在提高城市居民医疗卫生服务质量方面，政府应引导各级医疗卫生机构不断加强和完善内部综合管理，鼓励引进高水平技术人才、先进的技术与设备，提高公共卫生服务的安全与质量。通过标准评估监督与不断改进卫生机构管理水平，通过评估激励等手段提高和改善卫生机构服务态度，提高城市居民公共卫生服务的满意度。

（二）深化管理改革，提高居民获得基本公共卫生服务的公平性和可及性

深化管理体制与机制改革，理顺公共卫生服务均等化与平均化的关系，理顺基本公共卫生服务与基本医疗服务的关系，理顺基层医疗卫生机构与专业公共卫生机构的关系，提高居民获得基本公共卫生服务的公平性和可及性。

基本公共卫生服务均等化对于缩小地区差异、促进社会公平、维护社会稳定、有效防控传染性疾病与居民健康风险有着重要的意义[①]。基本医疗卫生服务是城市居民应该享有的基本公共服务，保障居民的基本医疗卫生服

---

① 李萌、彭启民：《中国城市安全评论》，金城出版社，2014，第207页。

务，缩小区域、城乡居民基本公共卫生服务的差距，也为打赢 2020 年脱贫攻坚战，完成"两不愁，三保障"的基本要求和核心指标奠定扎实的基础。

基本公共卫生服务要想进一步实现均等化，需要政府理顺公共卫生服务体制，优化配置公共卫生资源。目前公共卫生服务应以提升居民满意度为目标，让老百姓感受到实惠和关怀，同时应进行财税制度改革，加大对公共卫生的财政投入，提高公共卫生服务的公平性与可及性，将有限的公共卫生服务经费更多地用于疾病控制、计划免疫、传染病控制等基本公共卫生服务上，提升居民医疗卫生安全保障。

（三）改进应急管理机制，提高政府医疗卫生安全事件应对能力

中国已进入突发公共卫生事件频发期，公共卫生事件严重威胁着人民生命健康和安全，公共安全事件的频繁发生对社会公众的心理安全感有着极大的影响。严重的医疗卫生安全事件往往带有突发性，不仅让居民感到恐慌，而且影响居民对政府管理的满意度与信心。

作为衡量和反映政府执政能力、水平的重要依据之一，政府应主动承担公共卫生应急管理责任以治理突发公共卫生事件。建立完备的应急储备系统，及时提供医疗设备、工具、资金等物质需求，为应对公共危机安全事件突发时提供保障。同时，医护队伍作为医疗卫生安全的主力军，为更好地应对突发事件，各级政府及相关部门还要加大对公共卫生人力的培养，提高疾病预防控制医护队伍的业务能力和专业水平。

城市政府部门应组织整合相关部门，协调公共卫生应急管理力量，建立健全应急管理机制。在应对突发性公共卫生事件时，科学的应急预案能够帮助决策者更高效地提取信息，从而降低决策失误的风险，减轻决策压力。预案也要根据突发事件的变化和实施中出现的问题及时进行修订、完善。面对突发医疗卫生安全事件要联合政府、社会专家、现场实践者科学制定细化、实践性强的预案，让医疗卫生安全事件得到及时妥善处理，让城市居民切实感受到政府保障医疗卫生安全的能力。当然，应急管理机制并非纸上谈兵，还需要建立在定期的实践基础之上。

(四)加强政府对医疗卫生安全的监督管理,完善公共卫生监测系统

要对各类可能引起城市医疗卫生安全危机的信息进行收集和风险分析,还需要进一步完善公共卫生监测系统,这个系统应该包括:危险源监测管理系统;伤害监测系统;国民健康与疾病监测系统;动物疾病监测系统。

应切实发挥好政府的监管职能,合理提高医疗卫生安全的市场准入门槛,严格审批各项文件,加强政府监管力度,努力树立优质的政府形象,提高政府公信力与信任度。

一要深化药品监管组织机构改革。改革应考虑医疗卫生服务的效率要求与公益性要求并存的特点,对于可以企业化、市场化的事业单位应尽量尽快市场化,充分利用市场机制优化配置资源,但同时也必须注意医疗卫生服务的公益性要求,在涉及政府责任、公众基本利益方面的机构改革应审慎采用市场化手段。严格规范药品行政审批并加强药品日常监督。通过行政审批制度改革,理顺事权关系,减少行政审批,强化动态监管,切实克服重审批轻监管的倾向。药品安全问题与食品安全问题尤其重要,特别是涉及公共卫生服务的药品质量问题,例如疫苗事件,一旦发生将对城市居民安全感心理造成严重的冲击。为防范系统性食品、药品安全风险,城市政府应该加强对监管部门的协调,合理分配监管部门的权限,避免引起权力交叉,或出现都不负责的现象。理顺监督管理体制,强化对药品生产、交换与使用环节的监管力度,打造可以让城市居民放心的用药环境,从而提升城市居民医疗卫生安全感。

二要建立协调和多重监督机制。卫生监督执法的领域广泛,涉及公安、城管、药监、市场监管、环境保护、质量监督、教育等多个部门,各部门的协调配合显得尤为关键,为了避免出现各自为政、沟通不畅等情况,卫生监督执法机构可以设置专门负责协调的科室,对各部门职责和执法流程进行明确规定,从而建立相关部门联合执法的常态机制。为防止权力滥用和权力寻租等腐败行为,应建立多重监督及制约机制,借助政府的纪委监察部门依法监督、媒体监督、公众监督和卫生监督机构内部监督的力量，发挥有效作用。

三要优化卫生监督执法队伍结构。卫生监督执法离不开卫生监督员，而目前普遍存在执法人员配备不足、老龄化严重、知识结构单一等问题，政府可以从国家层面，以各地区经济发展程度及实际人口为依据，制定一个具有差异性、针对性的卫生监督执法人员配备数量标准。按需增加基层卫生监督执法人员配备，从而解决卫生监督执法人员与执法任务量不匹配的问题。为了实现卫生监督机构人力资源的优化配置，应引入新鲜血液，吸纳年轻力量，重视人才培养，统一制定对卫生监督员的学历、年龄、专业等招考标准。可以与高校法学院开展合作，加强对监督执法人员法律知识的科普教育以及对执法能力的专项培训。尤其针对新入职的卫生监督员，制定合理的培训计划，提高其专业能力，实现监督员知识结构的多元化。除此之外，还要创新培养模式，开发网络系统，做到线上线下相结合，实现卫生监督员知识培养和测试的个性化、智能化。

（五）创新宣传手段，提高城市居民医疗卫生安全意识

城市居民医疗卫生安全意识是城市居民公共安全感的主要因素之一，成熟的安全意识有助于居民判断医疗与公共卫生服务过程中的风险，提高规避风险的能力，提升城市居民的主动安全。

政府应通过宣传或培训，提升城市居民的安全认知。良好的公共安全认知与市民的幸福感和生活满意度都具有正相关关系[①]。在许多情形下，居民缺乏对专业公共卫生方面知识的获取渠道，缺乏处理和规避各类医疗卫生安全事件的相关知识，容易被市场化媒体或非正式渠道的信息误导，导致安全风险。因此，政府以及应承担相应义务的公共卫生服务机构应根据需要有针对性地提供正确的知识引导，从而提高城市居民医疗卫生安全认知水平。

---

① 洪宇翔、吴伟炯：《公共安全意识现状与对策研究——基于杭州市的调查》，《浙江社会科学》2016年第5期，第43~50页。

提高公共卫生管理服务机构的服务质量，从而改善城市居民对于医疗卫生安全的态度。许多城市居民对于医疗卫生安全的评价是基于公共卫生服务机构的服务质量和服务态度的评价，从而替代了对医疗卫生技术水平的判断，当得不到医疗卫生服务机构恰当的沟通和反馈时，严重影响对相关部门的信任，提升和放大了对公共卫生服务安全问题的担忧。因此，政府或医疗卫生服务机构应积极建立有效的居民沟通机制，减少居民的负面态度。

党的十九大报告中指出，要不断增强人民的获得感、幸福感、安全感。城市医疗卫生安全感是城市居民的直接感受，是城市医疗卫生安全的结果变量，综合反映了城市公共安全管理水平。然而提高城市医疗卫生安全感是一个十分复杂的问题，涉及许多影响因素，如自然环境条件、社会经济基础条件、信息传播等，但从调查结果与问题分析来看，切实提高城市医疗卫生安全水平是根本解决之道。从公共管理的角度，政府管理与城市公共安全感密切相关，政府在安全管理上的投入越充足，提供的公共卫生服务越充足、质量越高，人们对政府维护公共安全的管理能力就越有信心、越满意，城市居民医疗卫生安全感也会不断提升。

B.7 中国城市生态安全感调查报告（2019）

翟军亮　饶梦彤　王艳*

摘　要： 作为衡量一个城市生态安全状况、评价政府生态治理效果的一项重要指标，城市生态安全感不仅关涉城市居民的个体主观感受，更与总体国家安全观以及国家生态文明建设的进程密切相关。本次全国城市调查数据显示，城市居民生态安全感低且存在明显的区域差异，城市居民的生态安全感主客观存在部分偏离，城市生态安全公共服务欠缺，城市生态安全行为动力不足。因此，需要加强城市生态安全的整体性、均衡性治理，缩小主观生态安全感与客观生态安全的偏离程度，优化生态公共产品和服务供给，提升居民的生态安全素养、培育居民的生态安全行为，才能够切实促进城市居民生态安全感有效提升。

关键词： 城市生态　安全感　城市治理

作为"总体国家安全观"重要组成部分的生态安全，是关系到人民群众的切身利益及满足人民日益增长的美好生活需要的重要的公共安全问题，更关乎"中华民族永续发展的千年大计"。作为人类生存与发展的一种基本

---

* 翟军亮，管理学博士，中国矿业大学公共管理学院副教授，硕士生导师，研究方向为公共安全管理；饶梦彤，中国矿业大学公共管理学院硕士研究生；王艳，中国矿业大学公共管理学院硕士研究生。

安全需求，生态安全的本质在于为人类可持续发展提供充实可靠的生态资源、营造人与生态和谐共生的生态环境和生态条件。但长期以来片面追求发展速度、"唯GDP论英雄"的经济发展模式忽视了城市生态环境，使之遭受严重威胁，城市生态系统也更加脆弱。进入新时代，解决人民日益增长的美好生活需要和不平衡不充分的发展之间的矛盾对生态环境保护提出许多新要求。当前，生态文明建设正处于压力叠加、负重前行的关键期，已进入提供更多优质生态产品以满足人民日益增长的优美生态环境需要的攻坚期，也到了有条件有能力解决突出生态环境问题的窗口期。① 生态安全的重要性以及生态文明建设的急迫性越发凸显。因此，本文通过对31个省会城市的调研数据分析，试图描绘当前全国城市生态安全感的基本状况，发现其现存的问题与挑战，并提出相应的对策建议，以期提升全国城市生态安全感的整体水平。

一 城市生态安全感基本状况

尽管城市生态安全已经成为当前社会的重要问题，学界从居民感知视角对生态安全感的研究比较少。本次全国问卷调查从城市居民视角，在31个省会城市进行抽样调查，从安全感受、安全认知和行为三个维度对城市居民生态安全感进行测评。主要包括：（1）城市居民对生态安全的感受，如人们对城市生态安全中的空气污染、饮用水源状况、生活垃圾处理、噪声污染等方面的担心和忧虑程度。（2）城市居民对生态安全的认知及行为，如通过居民在雾霾或空气质量差的情况下所做的措施，以及对生态安全的认知程度的测试，反映城市居民对生态污染和环境治理的行为倾向与认知程度，并从性别、年龄、政治面貌、文化程度、个人月收入、身份职业、户口类型等因素，具体分析对生态安全感的影响。

---

① 中共中央国务院《关于全面加强生态环境保护　坚决打好污染防治攻坚战的意见》。

（一）城市生态安全感指数及其排名

根据前文的统计分析，对影响全国城市居民公共安全感的九个专项指标进行计算和排名（见表1）。从表1中可以看出，2018年的全国城市公共安全感指标排名与2017年的相比，有所变化。生态安全感指标下降一名，为第七名。从整体上看，全国城市居民对于城市生态安全感的评价较低，处于中下等。尽管十八大以来生态文明建设与经济建设、政治建设、文化建设和社会建设共同构成国家的"五位一体"总体布局，这两次的调查结果并未显示出城市居民对生态安全治理水平和能力的认可，加强生态文明建设依然任重道远。

表1　城市公共安全感分项指标指数排名

年份	2018年		2017年	
分项指标	指数	排名	指数	排名
自然安全感	0.5089	1	0.5091	1
公共场所设施安全感	0.4978	2	0.4941	2
食品安全感	0.4972	3	0.4693	8
社会治安安全感	0.4957	4	0.4934	3
交通安全感	0.4939	5	0.4917	4
公共卫生安全感	0.4895	6	0.4799	7
生态安全感	0.488	7	0.484	6
社会保障安全感	0.4782	8	0.4843	5
信息安全感	0.4670	9	0.3835	9

与全国生态安全感指数估算原理相同，利用求取的全国生态安全分项指数，可以得出各城市生态安全感这一分项指标指数。如表2所示，对2018年各城市的生态安全感指数按高低排名，排名第一到第三十一的城市分别是：昆明、拉萨、贵阳、福州、西宁、南昌、济南、乌鲁木齐、杭州、南京、银川、合肥、海口、上海、长沙、天津、沈阳、兰州、重庆、成都、武汉、长春、西安、太原、广州、哈尔滨、北京、呼和浩特、郑州、南宁、石家庄。城市生态安全感指数越高，排名越靠前，表明该城市居民的生态安全

感越高。

结合2017~2018年城市生态安全感指数及排名,其中昆明、拉萨、西宁、杭州排行前列,两年排名均为前10,保持了较高的水平。西安、太原、呼和浩特、石家庄排名靠后,两年排名均位居倒数前10。贵阳、济南、南昌、乌鲁木齐、南京、银川、合肥排名上升幅度较大,名次上升达到10名以上;重庆、武汉、广州、哈尔滨、郑州、南宁下降幅度较大,名次下降达到10名以上。西宁、长沙、沈阳、兰州等城市排名相对稳定,变化幅度不大。

根据2017年和2018年中国城市等级划分,整理得出表3,可以看出31个省会城市和直辖市的等级划分中,只有海口、西宁、银川三个城市的变化稍大,其他28个城市的等级评价并没有太大变化。一般来说,经济建设是基础,决定生态文明建设。而通过表2与表3对比,发现城市居民的生态安全感并不完全受经济发展水平的影响,有其自身规律,对此需进一步分析。

表2 城市生态安全感排名

城市	2018年		2017年	
	生态安全感指数	排名	生态安全感指数	排名
昆明	0.5588	1	0.5057	9
拉萨	0.5477	2	0.5374	4
贵阳	0.5405	3	0.4446	26
福州	0.533	4	0.49	13
西宁	0.5228	5	0.5218	7
南昌	0.5186	6	0.4709	18
济南	0.5153	7	0.4583	21
乌鲁木齐	0.5075	8	0.3996	29
杭州	0.5032	9	0.5859	1
南京	0.497	10	0.4527	24
银川	0.4967	11	0.4284	28
合肥	0.4923	12	0.444	27
海口	0.4894	13	0.5226	6
上海	0.4877	14	0.4964	11

续表

城市	2018 年		2017 年	
	生态安全感指数	排名	生态安全感指数	排名
长沙	0.4859	15	0.4857	14
天津	0.4856	16	0.4603	20
沈阳	0.481	17	0.4623	19
兰州	0.4778	18	0.4711	17
重庆	0.4752	19	0.5426	3
成都	0.4698	20	0.4478	25
武汉	0.4683	21	0.4992	10
长春	0.4671	22	0.4944	12
西安	0.4626	23	0.4565	22
太原	0.4623	24	0.3954	30
广州	0.4596	25	0.5584	2
哈尔滨	0.4585	26	0.4754	15
北京	0.4543	27	0.4717	16
呼和浩特	0.454	28	0.4537	23
郑州	0.454	29	0.5338	5
南宁	0.4504	30	0.5129	8
石家庄	0.4488	31	0.3878	31

表 3 城市等级划分排名

等级	城市	2018 年	2017 年
一线城市	上海	1	2
	北京	2	1
	广州	4	3
新一线城市	成都	5	5
	杭州	6	6
	重庆	7	8
	武汉	8	7
	西安	10	12
	天津	11	10
	南京	12	9
	郑州	13	16
	长沙	14	13
	沈阳	15	14

续表

等级	城市	2018年	2017年
二线城市	昆明	20	24
	合肥	23	23
	福州	25	21
	哈尔滨	26	25
	济南	27	26
	长春	29	28
	石家庄	30	30
	南宁	33	31
	贵阳	34	35
	南昌	35	34
	太原	39	36
	乌鲁木齐	47	45
	兰州	49	49
三线城市	海口	52	44
	呼和浩特	57	58
	银川	65	72
	西宁	100	117
五线城市	拉萨	213	215

注：四线城市有90个。

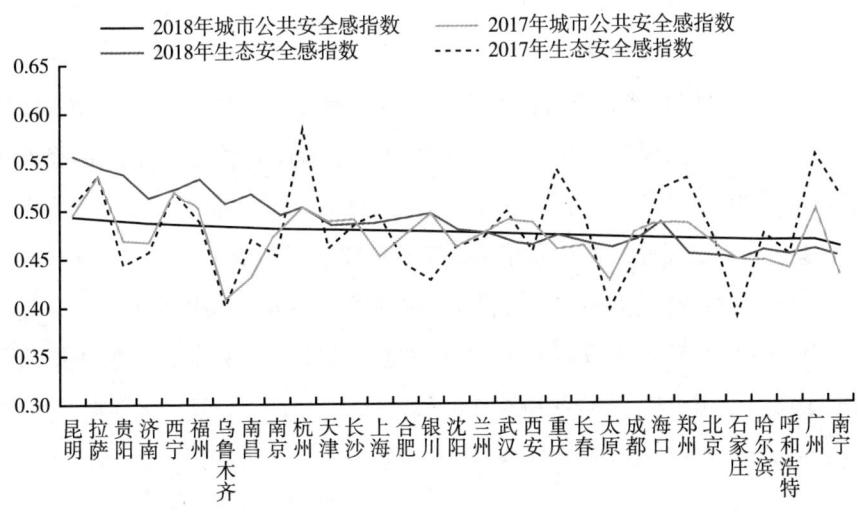

图1　城市公共安全感与生态安全感指数比较

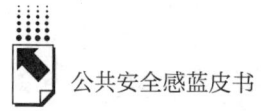

图1是2018年与2017年全国城市公共安全感与生态安全感指数的对比。就全国城市公共安全感而言，2018年的全国城市公共安全感变化幅度不大，而2017年的全国城市公共安全感指数波动幅度较大，产生这种现象的原因可能是地方政府直属中央管理，全国省会城市和直辖市的公共安全治理的政策和措施在一定程度上受总体国家安全观的影响，因而呈现一定的趋同性。

首先，生态环境政策与规划由中央统筹谋划、总体布局，地方各级政府具体实施落实。具体而言，生态环境部会同有关部门制定国家生态环境政策、规划并组织实施，建立健全生态环境法律法规标准等基本制度。各省、自治区、直辖市积极响应国家的整体布局与政策号召，出台一系列相应的生态环保地方性法规，不断探索符合地方实际的生态环境保护制度和体系。以危废政策为例，在国家层面，2018年5月，生态环境部印发《关于坚决遏制固体废物非法转移和倾倒进一步加强危险废物全过程监管的通知》；2018年6月，生态环境部修订形成了国家环境保护标准《危险废物鉴别标准通则（征求意见稿）》、《危险废物鉴别技术规范（征求意见稿）》；2018年7月，生态环境部发布《中华人民共和国固体废物污染环境防治法（修订草案）（征求意见稿）》。在地方层面，2018年3月，《北京市危险废物污染环境防治条例（草案送审稿）》公布；2018年6月，《天津市坚决遏制固体废物非法转移和倾倒 进一步加强危险废物全过程监管实施方案》发布；2018年8月，山东省人民政府发布《山东省打好危险废物治理攻坚战作战方案（2018~2020年）》。作为保障各级政府依法履行环保职能、积极承担生态责任的基础，生态环境保护领域相关政策、法律法规的臻于完善，为加快推进生态文明建设、建设美丽中国提供了有效的智力支持和具体化的实现路径。

其次，中央和地方政府对于生态环境保护的财政资金支持也在持续强化。2018年，全国一般公共预算支出220906亿元，同比增长8.7%。其中，节能环保支出6353亿元，同比增长13%。[①] 以大气污染防治为例，作为为

---

① 资料来源：http://gks.mof.gov.cn/zhengfuxinxi/tongjishuju/201901/t20190123_3131221.html。

促进大气环境质量改善而设立的用于支持地方开展大气污染防治工作的专项资金,中央财政大气污染防治专项资金是推进大气污染治理的有效政策杠杆。大气污染防治专项资金的地方分配情况如表4所示：值得一提的是,2017年大气污染防治专项资金为1600000万元,2018年为2000000万元,同比增长25%。这与2018年打赢蓝天保卫战三年作战计划的全面启动有着密切关联。

表4 大气污染防治专项资金对地方分配情况

单位：万元

省份 \ 年份	2017年	2018年
北京市	110200	32497
天津市	226300	108343
河北省	577700	637182
山西省	132500	344766
内蒙古自治区	46800	14244
辽宁省	39700	—
江苏省	12700	44756
浙江省	15900	29982
安徽省	34600	21208
山东省	184100	347287
河南省	208900	353382
广东省	10600	—
四川省	—	4550
陕西省	—	61803
总计	1600000	2000000

资料来源：中华人民共和国财政部网站。

地方政府对生态环境治理的资金投入也在逐年增加。国家财政年鉴数据显示,我国各省、自治区、直辖市2017年节能环保支出金额、节能环保支出占地方财政支出的比重如表5所示。

表5 2017年节能环保支出金额、节能环保支出占地方财政支出的比重

单位：亿元

省份	北京	天津	河北	山西	内蒙古	辽宁	吉林	黑龙江
财政收入	5430.79	2310.36	3233.83	1867	1703.21	2392.77	1210.91	1243.31
财政支出	6824.53	3282.54	6639.18	3756.42	4529.93	4879.42	3725.72	4641.08
税收收入	4676.68	1611.96	2199.35	1397.43	1286.91	1812.42	854.03	901.91
非税收入	662.27	698.4	1034.48	469.57	416.3	580.35	356.88	341.41
中央补助收入	920.28	592.48	2893.92	1682.19	2523.15	2319.79	2065.43	3006.98
地方政府一般债务收入	361.7	251.62	764.01	425.97	950.7	1412.72	851.48	750.52
节能环保支出	458.44	110.22	353.45	128.87	143.67	106.53	115.12	193.2
本年支出合计	6824.53	3282.54	6639.18	3756.42	4529.93	4879.42	3725.72	4641.08
上解中央支出	51.8	48.79	70.74	31.93	17.29	81.13	6.6	21.49
节能环保支出占财政支出比例	6.72%	3.36%	5.32%	3.43%	3.17%	2.18%	3.09%	4.16%

省份	上海	江苏	浙江	安徽	福建	江西	山东	河南
财政收入	6642.26	8171.53	5804.38	2812.45	2809.03	2247.06	6098.63	3407.22
财政支出	7547.62	10621.03	7530.32	6203.81	4684.15	5111.47	9258.4	8215.52
税收收入	5865.51	6468.33	4940.74	1970.68	2052.64	1515.01	4419.40	2329.31
非税收入	776.75	1687.21	863.64	841.77	756.39	677.90	1679.23	1077.91
中央补助收入	781.62	1753.47	1127.75	2920.98	1283.59	2328.29	2632.55	4008.75
地方政府一般债务收入	273.90	1122.96	836.00	654.56	888.49	538.25	1268.55	1082.59
节能环保支出	224.66	292.10	190.15	198.64	120.65	143.40	236.84	241.65
本年支出合计	7547.62	10621.03	7530.32	6203.81	4684.15	5111.47	9258.4	8215.52
上解中央支出	195.85	206.02	163.00	30.41	54.02	17.65	77.87	36.98
节能环保支出占财政支出比例	2.98%	2.75%	2.53%	3.20%	2.58%	2.81%	2.56%	2.94%

省份	湖北	湖南	广东	广西	海南	重庆	四川	贵州
财政收入	3248.32	2757.82	11320.35	1615.13	674.11	2252.38	3577.99	1613.84
财政支出	6801.26	6869.39	15037.48	4908.55	1443.97	4336.28	8694.76	4612.52
税收收入	2247.82	1759.13	8871.89	1057.69	543.56	1476.33	2430.32	1179.73
非税收入	1000.49	998.69	2448.46	557.44	130.54	776.05	1147.66	434.11
中央补助收入	2974.73	3290.57	17330.99	2640.42	701.59	1720.20	4343.81	2748.80
地方政府一般债务收入	452.90	1192.40	777.37	936.75	336.66	607.81	1605.20	1157.27
节能环保支出	139.71	173.28	433.23	85.11	35.72	154.95	197.75	125.39
本年支出合计	6801.26	6869.39	15037.48	4908.55	1443.97	4336.28	8694.76	4612.52
上解中央支出	46.43	35.32	241.66	12.01	2.63	23.43	11.96	10.62

续表

省份	湖北	湖南	广东	广西	海南	重庆	四川	贵州
节能环保支出占财政支出比例	2.05%	2.52%	2.88%	1.73%	2.47%	3.57%	2.27%	2.72%

省份	云南	西藏	陕西	甘肃	青海	宁夏	新疆
财政收入	1886.17	185.83	2006.69	815.73	246.2	417.59	1466.52
财政支出	5712.97	1681.94	4833.19	3304.44	1530.44	1372.78	4637.24
税收收入	1233.85	122.70	1485.58	547.14	183.96	270.30	944.38
非税收入	652.32	63.13	521.11	268.59	62.23	147.29	522.14
中央补助收入	3012.93	1510.76	2256.96	2178.93	1117.21	817.99	2612.94
地方政府一般债务收入	1505.10	37.87	783.41	367.69	334.31	260.83	903.77
节能环保支出	179.48	46.64	162.52	102.22	60.93	57.61	54.66
本年支出合计	5712.97	1681.94	4833.19	3304.44	1530.44	1372.78	4637.24
上解中央支出	9.40	1.33	18.21	5.74	3.93	3.72	14.59
节能环保支出占财政支出比例	3.14%	2.77%	3.36%	3.09%	3.98%	4.20%	1.18%

从表5的数据可以看出，2017年各省、自治区、直辖市节能环保支出占财政支出的比重大多分布在2%～4%，北京、河北更是高达6.72%、5.32%。其中，2017年江苏省省级环保引导资金共安排15.83亿元，其中，大气污染防治类资金、水污染防治类资金均为5亿元，土壤污染防治类资金为4亿元（包括土壤污染状况详查及污染防治资金2.4亿元、化工园区专项整治资金1亿元、危险废物处置能力资金0.6亿元）。

再次，中央自上而下的统筹部署、中央财政安排下放的环保专项资金、财政转移支付、生态环境保护的绩效考核等因素，使得地方政府在生态治理上与中央的行动愈发趋向步调一致。因此，地方政府也在持续推进以大气、水、土壤污染防治为重点的各项环保工作，全力打好污染防治攻坚战。以大气污染防治为例，在2018年，伴随着我国全面启动打赢蓝天保卫战作战计划，各地陆续修订大气法规，并纷纷打响蓝天保卫战，以积极有效的措施来应对重污染天气，改善天气质量。

就全国城市生态安全感而言，与2017年相比，2018年的全国城市生态安全感变化幅度相对较小。2018年各省会城市之间的生态安全感变化仍然较大,最大值与最小值相差0.1100;而2017年的全国城市生态安全感的变化幅度更大,最大值与最小值相差0.1981,产生这种现象的原因一部分是受中央的影响,另外一部分是生态安全感作为公共安全感的一部分,必然受其影响,下面对此将进一步论证。通过2018年和2017年的全国城市公共安全感与生态安全感的对比,发现生态安全感围绕城市公共安全感上下波动。

(二)城市生态安全感的基本数据统计

1. 基于描述性统计的城市生态安全感状况

全国城市调查问卷对城市生态安全感设置了以下四个问题:空气污染方面设置了"您担心本市的空气污染会损害您的身体健康吗?";水污染方面设置了"您担心本市的饮用水源被污染吗?";生活垃圾方面设置了"您担心生活垃圾最终得不到妥善处理吗?";噪声污染方面设置了"您担心本市的噪声污染吗?"。这四个问题反映了城市居民对生态安全的担心程度。运用SPSS 21.0软件对四个指标进行描述性统计,结果如表6所示。

表6 生态安全担心程度描述性统计结果

类型	N	极小值	极大值	均值	标准差	方差
空气污染	9522	1	10	5.24	2.746	7.542
饮用水源污染	9516	1	10	5.18	2.771	7.678
生活垃圾状况	9509	1	10	5.25	2.695	7.265
噪声污染	9507	1	10	5.36	2.638	6.961
有效的N(列表状态)	9478					

据表6,全国城市居民对生态安全感上述四个分项的担忧程度有所差异,其各指标均值的大小直接反映全国城市居民生态安全感的担忧程度,数值越高表示城市居民的生态安全感的担忧程度越低;反之,数值越低,城市居民的生态安全感的担心程度越高。生态安全感四个题项的所有均值都超过了5,但未超过6,表示居民对生态安全感四个分项的认知和感受并不乐观,

而且有着较大的优化空间。其中，空气污染、饮用水源污染、生活垃圾状况和噪声污染相比，居民对噪声污染担心程度最低，对空气污染和生活垃圾状况的担心程度基本一致，而对饮用水源污染的担心程度最高，该项得分显著低于其他3个分项。从标准差和方差来看，居民对生态安全感的认知和感受的离散性较强，大部分的数值和平均值之间的差异较大，这表明得分存在着高低偏差较大的情况，被调查者的意见存在明显的不一致，因而，需要通过组间分析进行具体判断。

由于31个省会城市之间地理位置、经济发展水平、社会状况、人民的生活习惯等存在明显的差异，我们不仅需要对全国城市居民的生态安全感的总体状况进行分析，也需要对各个城市居民的生态安全感进行描述分析，以了解各城市之间生态安全感的差异。图2明确展示了31个省会城市居民对生态安全的不同层面的担心程度。在整体趋势方面，城市居民的生态安全感四个分项曲线的走势大致呈现了一种一致性，变化趋势较为趋同。具体到城市而言，昆明、拉萨、贵阳、福州、西宁五个城市与其他城市相比，对生态安全的不同层面的担心程度指数较高，表明这五个城市居民的生态安全担心程度较低，在31个省会城市中位于前列。在空气污染、饮用水源污染、生活垃圾状况与噪声污染担心程度方面，昆明城市居民四个题项的指数得分最高，表明昆明城市居民的担心程度在31个省会城市中最低，城市居民的生态安全感最高。而在空气污染担心程度方面，石家庄城市居民的得分指数最低，表明石家庄城市居民的担心程度在31个省会城市中最高；在饮用水源污染担心程度方面，呼和浩特城市居民的得分指数最低，表明呼和浩特城市居民的担心程度在31个省会城市中最高。而北京、沈阳、成都、广州、哈尔滨、呼和浩特、南宁、石家庄、西安、长春、长沙、郑州和重庆这13个城市的居民在空气污染、饮用水源污染、生活垃圾状况和噪声污染方面的得分指数都在5.0附近甚至低于5.0，表明这几个城市的居民担心程度都比较高，说明城市居民的城市生态安全感普遍较低。这种现象可能是由城市的地理位置所致，从上述分析中可以发现13个生态安全感较低的城市除了广州之外，都属于内陆城市，在一定程度上存在城市间的区域差异。而昆明、拉萨、贵阳、福州、西宁五个城市的生态安全感高，除了福州这个沿海城市外，其他四个城市虽然地处内陆，但当地的生态环境并没有被经济发展、工业化所破坏或者破坏程度远不及其他城市。

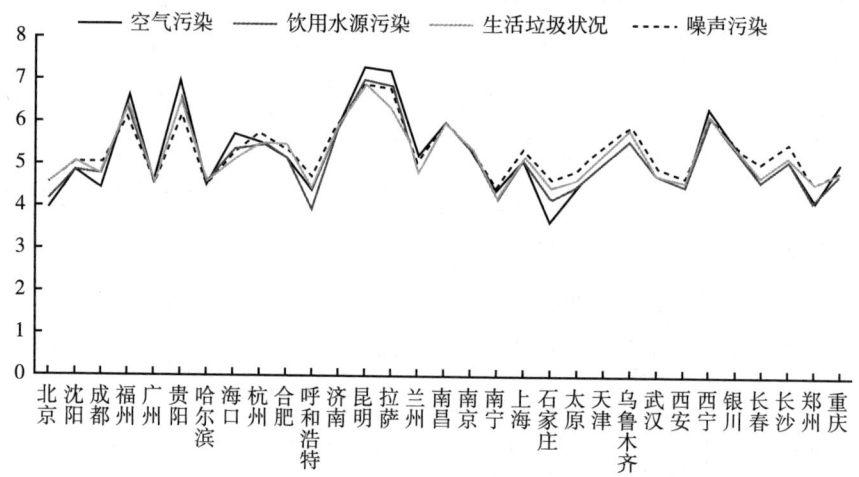

图2　各城市居民对生态安全不同层面的担心程度指数

2.基于组间对比的城市生态安全感状况

（1）基于性别的生态安全感状况

由于男性与女性对于生态安全方面关注点、关注程度不同，性别差异会影响城市居民城市居民生态安全感的实际情况，从而产生态度上的差异，最终导致男性和女性的城市生态安全感呈现不同的结果。通过单因素分析和独立样本t检验了解性别变量与生态安全感及不同层面担心程度的相关关系，结果如表7和表8所示。

表7　城市居民性别与生态安全感关系

性别	N	均值	标准差	t值
男	4987	5.78	2.626	5.928***
女	4484	5.46	2.604	
总计	9471	5.62	2.62	

注：* $p<0.05$；** $p<0.01$；*** $p<0.001$。

如表 7 所示，城市居民性别与生态安全感关系的 t 值为 5.928，显著性水平 p 值小于 0.001，表示性别显著影响生态安全感。从表 8 中可以发现，不同性别居民在空气污染、饮用水源污染、生活垃圾状况和噪声污染四个变量上检验的 t 统计量均达到显著水平，显著性水平 p 值均小于 0.001，表明不同性别的居民对空气污染、饮用水源污染、生活垃圾状况和噪声污染的担心程度都有显著的不同。指标值最大为 10 分，表示完全不担心，最小为 1 分，表示极为担心，因此女性居民对生态环境安全（M=5.46）、空气污染（M=5.10）、饮用水源污染（M=5.02）、生活垃圾状况（M=5.10）和噪声污染（M=5.24）的担心程度显著高于男性居民对生态环境安全（M=5.78）、空气污染（M=5.37）、饮用水源污染（M=5.34）、生活垃圾状况（M=5.40）和噪声污染（M=5.47）的担心程度。也就是说，男性在生态安全四项指标上的评价均优于女性。性别上的生态安全感受差异符合生活中的经验常识，一方面，女性特有的感性特质，导致女性对生活中的诸多风险和不确定性更为敏感和谨慎。另一方面，女性在应对风险的行为能力上也要显著地劣于男性。

表 8　不同性别居民在生态安全感不同层面担心程度的差异比较

因变量	性别	N	均值	标准差	均值的标准误	t 值
空气污染	男	4988	5.37	2.743	0.039	4.797***
	女	4486	5.10	2.743	0.041	
饮用水源污染	男	4986	5.34	2.754	0.039	5.506***
	女	4482	5.02	2.780	0.042	
生活垃圾状况	男	4980	5.40	2.692	0.038	5.34***
	女	4481	5.10	2.690	0.040	
噪声污染	男	4978	5.47	2.646	0.038	4.232***
	女	4481	5.24	2.624	0.039	

注：* p<0.05；** p<0.01；*** p<0.001。

（2）基于年龄的生态安全感状况

年龄从某种程度上表征了个体在长期的生活与社会化的过程中形成的风险感知能力、承受能力与规避能力。不同年龄段的居民对生态安全感的担心程度也可能表现得不尽相同。运用描述性统计和单因素方差分析方法得到城市居民年龄变量对生态安全感的相关关系。结果如表9和表10所示。

表9 城市居民年龄与生态安全感的关系

年龄	N	均值	标准差	标准误	极小值	极大值	F值
18~29岁	4207	5.533	2.5947	0.04	1	10	
30~44岁	2820	5.703	2.5414	0.0479	1	10	4.57***
45~59岁	1692	5.639	2.6926	0.0655	1	10	
60岁以上	744	5.86	2.8473	0.1044	1	10	
总数	9463	5.629	2.619	0.0269	1	10	

注：*$p<0.05$；**$p<0.01$；***$p<0.001$。

表10 城市居民年龄与生态安全感不同层面担心程度的差异比较

因变量	年龄	N	均值	标准差	F值	事后比较
空气污染	18~29岁	4208	5.15	2.738		
	30~44岁	2822	5.27	2.682		
	45~59岁	1690	5.24	2.784	7.474***	4>1,2,3
	60岁以上	746	5.66	2.891		
	总数	9466	5.24	2.745		
饮用水源污染	18~29岁	4207	5.08	2.752		
	30~44岁	2818	5.23	2.705		
	45~59岁	1691	5.24	2.812	7.344***	4>1,2
	60岁以上	744	5.57	2.975		
	总数	9460	5.19	2.770		
生活垃圾状况	18~29岁	4203	5.08	2.687		
	30~44岁	2816	5.35	2.622		
	45~59岁	1690	5.42	2.741	12.777***	2,3,4>1
	60岁以上	744	5.59	2.831		
	总数	9453	5.26	2.695		
噪声污染	18~29岁	4204	5.16	2.616		
	30~44岁	2815	5.48	2.561		
	45~59岁	1689	5.55	2.680	15.218***	2,3,4>1
	60岁以上	743	5.63	2.848		
	总数	9451	5.36	2.636		

注：*$p<0.05$；**$p<0.01$；***$p<0.001$。

如表 9 所示，城市居民年龄与生态安全感关系的 F 值为 4.57，显著性水平 p 值小于 0.001，表示年龄影响生态安全感。如表 10 所示，年龄与生态安全感的担心程度四个分项的显著性水平 P 值都小于 0.001，表示不同年龄段的居民在空气污染、饮用水源污染、生活垃圾状况和噪声污染四个变量上均具有显著性差异。根据 Scheffe 事后比较法结果，在空气污染方面，18～29 岁、30～44 岁、45～59 岁年龄组居民担心程度显著高于 60 岁以上年龄组居民；在饮用水源污染方面，18～29 岁、30～44 岁、45～59 岁年龄组居民担心程度显著高于 60 岁以上年龄组居民；在生活垃圾状况和噪声污染方面，18～29 岁年龄组居民担心程度显著高于 30～44 岁、45～59 岁、60 岁以上年龄组居民。其中，18～29 岁年龄组居民在生态安全四个分项指标上的担忧程度都显著高于 60 岁以上年龄组居民。这可能有以下三方面的原因：一是相对于老年人，处于 18～29 岁年龄组的年轻人在外进行学习、工作、社会交往等活动的机会和时间更多，活动的范围更广泛，受到城市生活垃圾污染、噪声污染等影响和干扰的次数更多，对城市生态安全的评价相应偏低；二是相较于 18～29 岁年龄组的年轻人，老年人往往有着更多的人生阅历和生活经验，对城市化、工业化在长期发展进程中的生态环境状况更为了解，因此对生态文明建设所取得的成绩更为认可，对城市生态问题的宽容度也更高；三是青年人直接接触到发达国家、发达城市良好生态环境的可能性要比老年人更高，获知发达国家或发达城市生态环境保护措施、做法的渠道也更多，因此，对城市生态的要求更为严苛。

（3）基于户口类型的生态安全感状况

居民本身会因其自身在城市生活的时间长短和对城市的认同感而对城市的生态安全感产生不同的评价。本次调查将城市居民划分为本地城市、本地农村、外地城市、外地农村四大户口类型，并分析其与生态安全感及其不同层面的担心程度的相关关系。结果如表 11 及表 12 所示。

表 11　全国城市居民户口类型与生态安全感的关系

户口类型	N	均值	标准差	标准误	F
本地城市	5234	5.69	2.618	0.036	
本地农村	1485	5.40	2.553	0.066	
外地城市	1639	5.71	2.568	0.063	5.763***
外地农村	1107	5.54	2.770	0.083	
总数	9465	5.63	2.619	0.027	

注：*$p<0.05$；**$p<0.01$；***$p<0.001$。

表 12　城市居民户口类型与生态安全感不同层面担心程度的关系

因变量	户口类型	N	均值	标准差	F	事后比较
空气污染	本地城市	5239	5.25	2.739		
	本地农村	1484	5.24	2.655		
	外地城市	1637	5.35	2.725	2.115	
	外地农村	1108	5.08	2.918		
	总数	9468	5.24	2.746		
饮用水源污染	本地城市	5233	5.24	2.762		
	本地农村	1485	5.07	2.698		
	外地城市	1636	5.32	2.763	5.916***	3>1;3>4
	外地农村	1108	4.93	2.894		
	总数	9462	5.19	2.770		
生活垃圾状况	本地城市	5231	5.30	2.675		
	本地农村	1482	5.24	2.677		
	外地城市	1635	5.30	2.675	2.886*	1>4
	外地农村	1107	5.04	2.835		
	总数	9455	5.26	2.695		
噪声污染	本地城市	5228	5.41	2.634		
	本地农村	1482	5.32	2.574		
	外地城市	1638	5.35	2.685	2.358	
	外地农村	1105	5.19	2.661		
	总数	9453	5.36	2.637		

注：*$p<0.05$；**$p<0.01$；***$p<0.001$。

如表 11 所示，城市居民户口类型与生态安全感的关系的 F 值为 5.763，显著性水平 p 值小于 0.001，表示户口类型影响生态安全感。如表 12 所示，生态安全感中的饮用水源污染、生活垃圾状况这两个分项的显著性水平分别小于 0.001 和 0.05，表明户口类型影响居民对饮用水源污染和生活垃圾的感觉和认知。事后比较结果显示，在饮用水源污染方面，本地农村组居民、外地农村组居民的担心程度显著高于外地城市组居民；在生活垃圾状况方面，外地农村组居民的担心程度显著高于本市及外地城市组居民。其中，外地农村组居民由于受到经济收入水平、居住环境等因素的限制，对饮用水源、生活垃圾状况更为担忧。除此之外，城市居民的生态安全感呈现高度同质性，本地城市居民和外地城市居民在生态安全四个分项指标上的平均数也非常接近。

（4）基于政治面貌的生态安全感状况

不同的政治面貌——中共党员、民主党派、共青团员、群众，从一定程度上影响着居民对生态安全感的认知和态度。基于本次调查数据分析政治面貌与生态安全感的相关关系，结果如表 13 及表 14 所示。

表 13 城市居民政治面貌与生态安全感状况关系

政治面貌	N	均值	标准差	标准误	极小值	极大值	F
中共党员	1643	5.774	2.6055	0.0643	1	10	
民主党派	158	5.633	2.2041	0.1753	1	10	
共青团员	2183	5.499	2.5878	0.0554	1	10	3.508*
群众	5461	5.639	2.6451	0.0358	1	10	
总数	9445	5.63	2.6194	0.027	1	10	

注：* $p<0.05$；** $p<0.01$；*** $p<0.001$。

表 14 城市居民政治面貌与生态安全感不同层面担心程度关系

因变量	政治面貌	N	均值	标准差	标准误	F	事后比较
	中共党员	1647	5.35	2.781	0.069		
	民主党派	158	5.04	2.422	0.193		
空气污染	共青团员	2181	5.09	2.731	0.059	3.885***	1,4>3
	群众	5462	5.28	2.747	0.037		
	总数	9448	5.25	2.746	0.028		

续表

因变量	政治面貌	N	均值	标准差	标准误	F	事后比较
饮用水源污染	中共党员	1644	5.36	2.806	0.069	6.881***	1,4>3
	民主党派	158	5.17	2.403	0.191		
	共青团员	2182	4.97	2.745	0.059		
	群众	5458	5.22	2.776	0.038		
	总数	9442	5.19	2.771	0.029		
生活垃圾状况	中共党员	1642	5.33	2.683	0.066	11.845***	1,4>3
	民主党派	158	5.39	2.447	0.195		
	共青团员	2179	4.96	2.679	0.057		
	群众	5456	5.35	2.703	0.037		
	总数	9435	5.26	2.695	0.028		
噪声污染	中共党员	1642	5.45	2.649	0.065	14.301***	1,4>3
	民主党派	158	5.53	2.407	0.192		
	共青团员	2179	5.04	2.590	0.056		
	群众	5454	5.46	2.649	0.036		
	总数	9433	5.36	2.637	0.027		

注：* $p<0.05$；** $p<0.01$；*** $p<0.001$。

如表13所示，显著性水平小于0.05，说明不同的政治面貌影响居民对生态安全感的认知与评价。如表14所示，生态安全感担心程度四个分项的显著性水平均小于0.001，说明政治面貌对生态安全感担心程度四个分项的影响呈显著性水平。根据Scheffe事后比较法分析得出以下结果，在空气污染、饮用水源污染、生活垃圾状况和噪声污染方面，共青团员组居民的担心程度显著高于中共党员和群众组居民，也就是说，中共党员和群众在这四个分项上的评价高于共青团员。原因可能为：共青团员可能受到年龄、网络信息等因素的影响，对生态问题表现得更为忧虑，对城市生态安全的评价也相对较低。

（5）基于个人月收入的生态安全感状况

一般来说，个人月收入水平与生态安全感有着紧密的关系。理论上讲，个人收入水平的提高对城市生态安全感会产生提振效应。通过将个人月收入分为六个层次，运用描述统计和单因素分析方法来对个人月收入与生态安全感及其不同层面担心程度进行相关关系分析，结果如表15及表16所示。

表 15 城市居民个人月收入与生态安全感的关系

个人收入水平	N	均值	标准差	标准误	极小值	极大值	F 值
2000 元以下	2143	5.49	2.676	0.058	1	10	
2001~3500 元	1887	5.45	2.655	0.061	1	10	
3501~5000 元	2785	5.68	2.555	0.048	1	10	7.008***
5001~8000 元	1712	5.80	2.591	0.063	1	10	
8001~12500 元	570	5.96	2.556	0.107	1	10	
12500 元以上	225	5.91	2.740	0.183	1	10	
总数	9322	5.63	2.619	0.027	1	10	

注：*$p<0.05$；**$p<0.01$；***$p<0.001$。

表 16 城市居民个人月收入与生态安全感不同层面担心程度的关系

因变量	个人月收入	N	均值	标准差	F	事后比较
空气污染	2000 元以下	2143	5.10	2.822		
	2001~3500 元	1887	5.17	2.755		
	3501~5000 元	2786	5.28	2.657	3.93***	4,5>1
	5001~8000 元	1715	5.42	2.713		
	8001~12500 元	570	5.51	2.814		
	12500 元以上	224	5.25	2.924		
	总数	9325	5.26	2.744		
饮用水源污染	2000 元以下	2143	5.07	2.820		
	2001~3500 元	1887	5.09	2.801		
	3501~5000 元	2783	5.19	2.687	4.11***	4,5>1,2
	5001~8000 元	1713	5.37	2.741		
	8001~12500 元	569	5.49	2.798		
	12500 元以上	225	5.32	2.948		
	总数	9320	5.20	2.767		
生活垃圾状况	2000 元以下	2142	5.06	2.738		
	2001~3500 元	1883	5.19	2.743		
	3501~5000 元	2781	5.30	2.606	6.39***	3,4,5>1;4>2
	5001~8000 元	1714	5.50	2.647		
	8001~12500 元	568	5.50	2.737		
	12500 元以上	224	5.15	2.856		
	总数	9312	5.27	2.691		

续表

因变量	个人月收入	N	均值	标准差	F	事后比较
噪声污染	2000 元以下	2143	5.15	2.672	6.504***	3,4,5>1;4>2
	2001~3500 元	1887	5.28	2.679		
	3501~5000 元	2777	5.42	2.565		
	5001~8000 元	1711	5.57	2.588		
	8001~12500 元	567	5.63	2.670		
	12500 元以上	225	5.40	2.771		
	总数	9310	5.37	2.633		

注：*p<0.05；**p<0.01；***p<0.001。

如表 15 所示，显著性水平小于 0.001，说明不同的个人月收入水平影响居民对生态安全感的认知与评价。如表 16 所示，生态安全感担心程度四个分项的显著性水平均小于 0.001，说明不同的个人月收入对生态安全感担心程度四个分项的影响呈显著性水平。根据事后比较法分析得出以下结果，在空气污染方面，2000 元以下组居民的担心程度显著高于 5001~8000 元和 8001~12500 元组居民；在饮用水源污染方面，2000 元以下组居民和 2001~3500 元组居民的担心程度显著高于 5001~8000 元和 8001~12500 元组居民；在生活垃圾状况、噪声污染方面，2000 元以下组居民的担心程度显著高于 3501~5000 元、5001~8000 元和 8001~12500 元组居民，2001~3500 元组居民的担心程度也显著高于 5001~8000 元组居民。可以看出，2000 元以下组居民在生态安全四项分项指标上的指数都显著低于 5001~8000 元和 8001~12500 元组居民。这符合生活中的一般经验，低收入群体可能会由于工作环境、生活环境而对生态问题更为关注，对城市生态安全的评价也较低。值得注意的是，在城市生态安全感四项分项指标上，发现这样一个特点：随着收入水平的提高，居民对空气污染、饮用水源污染、生活垃圾状况和噪声污染的担心程度呈现降低的趋势，但是收入在 12500 元以上组居民的担心程度却略高于 8001~12500 元组居民。可能的原因是在收入达到较高水平后，居民对城市生态问题更为关注，对良好生态环境的需求也更加强烈和迫切。

（6）基于身份职业的生态安全感状况

不同身份职业的居民所涉及的工作内容往往不一样，同样对于生态环境的诉求与感知也会不一样。因而，本文分析所调查居民的身份职业与生态安全感及其不同层次担心程度的相关性，结果如表17及表18所示。

表17　城市居民身份职业与生态安全感状况关系

身份职业	N	均值	标准差	标准误	极小值	极大值	显著性
公务员	328	5.765	2.573	0.1421	1	10	
事业单位人员	1195	5.665	2.5827	0.0747	1	10	
公司职员	2440	5.592	2.5524	0.0517	1	10	
进城务工人员	505	5.689	2.5581	0.1138	1	10	
学生	1845	5.604	2.5788	0.06	1	10	0.061
自由职业者	1355	5.694	2.692	0.0731	1	10	
离退休人员	701	5.837	2.8439	0.1074	1	10	
其他	1088	5.431	2.6768	0.0812	1	10	
总数	9457	5.629	2.6205	0.0269	1	10	

注：$*p<0.05$；$**p<0.01$；$***p<0.001$。

表18　城市居民身份职业与生态安全感不同层次担心程度关系

因变量	身份职业	N	均值	标准差	标准误	F值	事后比较
空气污染	公务员	328	5.52	2.748	0.152		
	事业单位人员	1196	5.21	2.763	0.080		
	公司职员	2441	5.14	2.662	0.054		
	进城务工人员	504	5.40	2.610	0.116		
	学生	1845	5.28	2.744	0.064	4.075***	7>3,8
	自由职业者	1355	5.31	2.801	0.076		
	离退休人员	703	5.59	2.898	0.109		
	其他	1088	5.02	2.782	0.084		
	总数	9460	5.25	2.746	0.028		
饮用水源污染	公务员	328	5.65	2.714	0.150		
	事业单位人员	1193	5.24	2.800	0.081		
	公司职员	2441	5.09	2.699	0.055		
	进城务工人员	504	5.30	2.654	0.118		
	学生	1843	5.21	2.741	0.064		

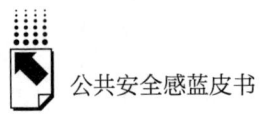

续表

因变量	身份职业	N	均值	标准差	标准误	F值	事后比较
饮用水源污染	自由职业者	1354	5.22	2.805	0.076	4.943***	1,7>3,8
	离退休人员	702	5.49	2.947	0.111		
	其他	1090	4.89	2.818	0.085		
	总数	9455	5.19	2.770	0.029		
生活垃圾状况	公务员	327	5.55	2.502	0.138	3.663***	7>5,8
	事业单位人员	1195	5.27	2.709	0.078		
	公司职员	2439	5.21	2.656	0.054		
	进城务工人员	502	5.49	2.596	0.116		
	学生	1844	5.14	2.660	0.062		
	自由职业者	1352	5.33	2.734	0.074		
	离退休人员	701	5.56	2.849	0.108		
	其他	1087	5.09	2.751	0.084		
	总数	9447	5.26	2.695	0.028		
噪声污染	公务员	328	5.77	2.610	0.144	4.878***	1>3,5,8;7>5
	事业单位人员	1191	5.48	2.641	0.077		
	公司职员	2439	5.27	2.588	0.052		
	进城务工人员	505	5.55	2.450	0.109		
	学生	1845	5.20	2.605	0.061		
	自由职业者	1353	5.46	2.708	0.074		
	离退休人员	699	5.61	2.790	0.106		
	其他	1085	5.21	2.668	0.081		
	总数	9445	5.36	2.637	0.027		

注：*** $p<0.001$。

如表17所示，显著性水平p值为0.061，大于0.05，表示不同身份职业对城市居民生态安全感并没有产生显著影响。如表18所示，不同身份职业对生态安全感四个分项的显著性水平均小于0.001，表示不同身份职业的居民在空气污染、饮用水源污染、生活垃圾状况和噪声污染四个变量上均具有显著性差异。这说明，虽然身份职业与生态安全感状况并没有在此次的调查中存在相关性，但是它影响居民对生态安全感四个分项指标的认知与感受。事后比较结果显示，在空气污染方面，公司职员和其他组居民的担心程度显著高于离退休人员组居民；在饮用水源污染方面，公司职员和其他组居民的担心程度都显著高于公务员组和离退休人员组居民;在生活垃圾状况方面,学生和其他组居民的担心程度显著高于离退休人员组居民;在噪声污染方面,公司职员、学生和其他组居民的担心程度显著高于公务员组居民,学生组居民的担心程度显著高于离退休人员组居民。可以看出,无论是在空气污染和饮用水源污染上,相较公司职员和其他组居民,还是在生活垃圾状况和噪声污染上,相较于学生组居民,离退休人员组居民都表现出了更高的安全感。这可能与离退休人员对城市安全各个方面宽容度较高有关。

(7) 基于文化程度的生态安全感状况

对于不同的文化程度——小学及以下、初中、高中（中职、中专）、大学（大专）、研究生及以上,根据此次调查数据,分析不同文化程度和生态安全感担心程度的相关关系,结果如表19及表20所示。

表19 全国城市居民文化程度与生态安全感状况关系

文化程度	N	均值	标准差	标准误	极小值	极大值	显著性
小学及以下	285	5.55	2.733	0.162	1	10	
初中	1059	5.72	2.813	0.086	1	10	
高中(中职、中专)	2521	5.63	2.683	0.053	1	10	0.614
大学(大专)	5052	5.62	2.551	0.036	1	10	
研究生及以上	547	5.52	2.502	0.107	1	10	
总数	9464	5.63	2.62	0.027	1	10	

表20 城市居民文化程度与生态安全感不同层面担心程度关系

因变量	文化程度	N	均值	标准差	标准误	F值	事后比较
空气污染	小学及以下	284	5.31	2.692	0.16	1.888	
	初中	1059	5.37	2.864	0.088		
	高中(中职、中专)	2521	5.31	2.778	0.055		
	大学(大专)	5055	5.2	2.709	0.038		
	研究生及以上	548	5.06	2.714	0.116		
	总数	9467	5.24	2.746	0.028		
饮用水源污染	小学及以下	285	5.32	2.72	0.161		
	初中	1060	5.32	2.951	0.091		
	高中(中职、中专)	2518	5.23	2.795	0.056		
	大学(大专)	5051	5.14	2.73	0.038		

续表

因变量	文化程度	N	均值	标准差	标准误	F值	事后比较
饮用水源污染	研究生及以上	547	5.13	2.675	0.114	1.412	
	总数	9461	5.19	2.77	0.029		
生活垃圾状况	小学及以下	285	5.27	2.624	0.155	4.788***	2>4,5
	初中	1058	5.48	2.838	0.087		
	高中（中职、中专）	2515	5.36	2.72	0.054		
	大学（大专）	5048	5.18	2.663	0.038		
	研究生及以上	548	5.03	2.582	0.11		
	总数	9454	5.26	2.694	0.028		
噪声污染	小学及以下	284	5.31	2.693	0.16	5.202***	2>4,5
	初中	1057	5.64	2.771	0.085		
	高中（中职、中专）	2519	5.44	2.661	0.053		
	大学（大专）	5044	5.29	2.596	0.037		
	研究生及以上	548	5.17	2.563	0.11		
	总数	9452	5.36	2.637	0.027		

注：*** $p<0.001$。

从理论层面来讲，居民的文化程度影响其生态安全评价。一般意义而言，学历越高、接受教育越多的居民，接触和掌握的生态安全知识更为丰富，生态安全素养更高，在维护公民生态权益方面以及对政府生态治理工作的要求也更加严格。因此，学历高的居民对城市生态安全的评价通常低于学历低的居民。

如表19所示，显著性水平p值为0.614，大于0.05，表示不同文化程度对城市居民生态安全感并没有产生显著性的影响。如表20所示，不同文化程度对生态安全感中的生活垃圾状况和噪声污染这两个分项的显著性水平均小于0.001，表示不同文化程度的居民在生活垃圾状况和噪声污染四个变量上均具有显著性差异。这说明，虽然文化程度与生态安全感并没有在此次的调查中存在相关性，但是它在一定程度上影响居民对生态安全感分项的认知与感受。事后比较结果显示，文化程度差异对空气污染、饮用水源污染这两个分项的影响没有在本次调查中得到证实。但是在生活垃圾状况、噪声污染方面，大学（大专）、研究生及以上组居民的担心程度显著高于初中组居民。这也符合上述推断。

二 城市生态安全感方面存在的问题与挑战

上述对此次调查的城市居民生态安全感数据的分析,揭示了我国居民生态安全感方面存在的诸多问题与挑战。本部分将从城市居民生态安全感低且存在明显的区域差异、主客观存在部分偏离、公共服务欠缺、生态安全行为动力不足四个方面对当前城市生态安全感方面存在的问题与挑战做进一步具体分析。

(一)城市居民生态安全感低且存在明显的区域差异

生态安全感是人们在日常生活中形成的对于人与自然、人与社会的感知与认识,是个体对生态安全问题的主观客观化的过程。由于城市自身的等级、所处的位置不同,不同地区的城市生态安全感指数排名呈现明显的差异。经过计算,昆明城市居民得分最高(7.44),哈尔滨城市居民得分最低(4.48),城市居民生态安全担心程度的均值为5.62,标准差为2.62,表明不同城市居民的生态安全担心程度存在明显的差异。为进一步区分各城市在生态安全层面的具体不同,对生态安全的四个题项进行具体分析。

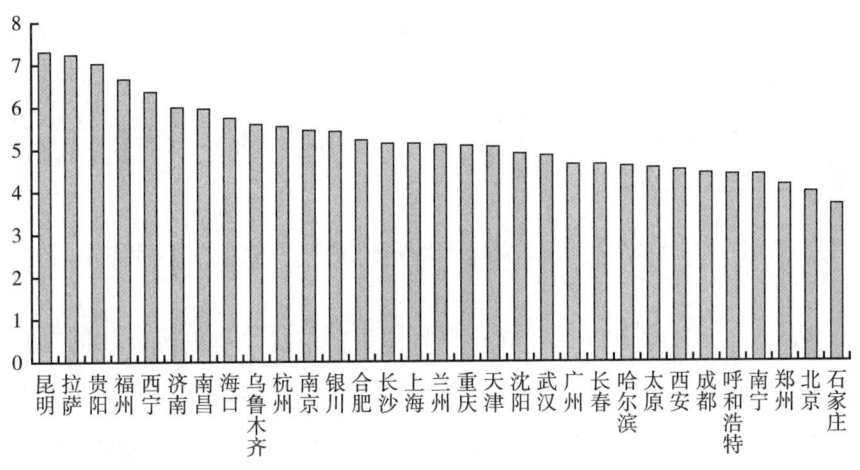

图3 "您担心本市的空气污染会损害您的身体健康吗?"题项均值统计结果

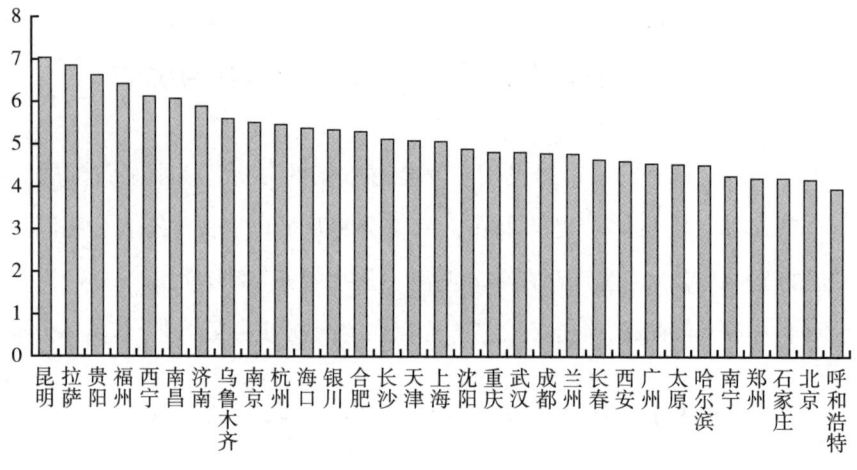

图4 "您担心本市的饮用水源被污染吗?"题项均值统计结果

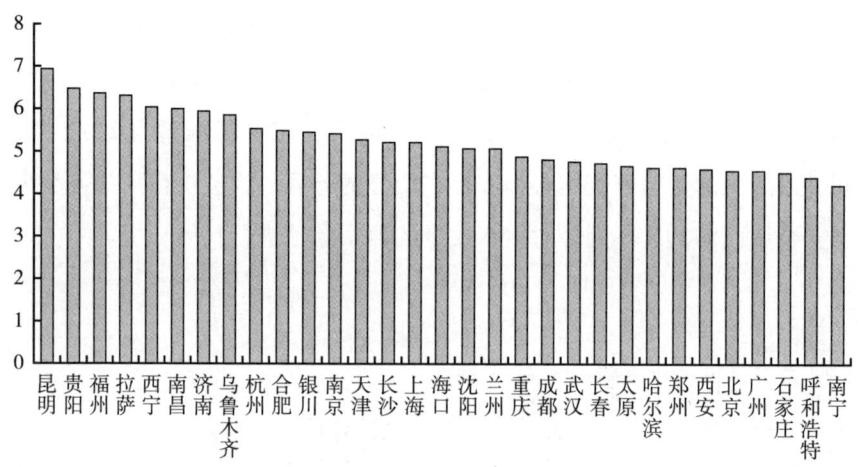

图5 "您担心生活垃圾最终得不到妥善处理吗?"题项均值统计结果

通过图3、图4、图5、图6可以具体看出,就"空气污染"而言,昆明城市居民得分指数最高(7.31),石家庄城市居民得分指数最低(3.68),城市居民空气污染担心程度的均值为5.24,标准差为2.75,表明不同城市居民对空气污染的担心程度存在明显的差异。就"饮用水源污染"而言,昆明城市居民得分指数最高(7.01),呼和浩特城市居民得分指数最低

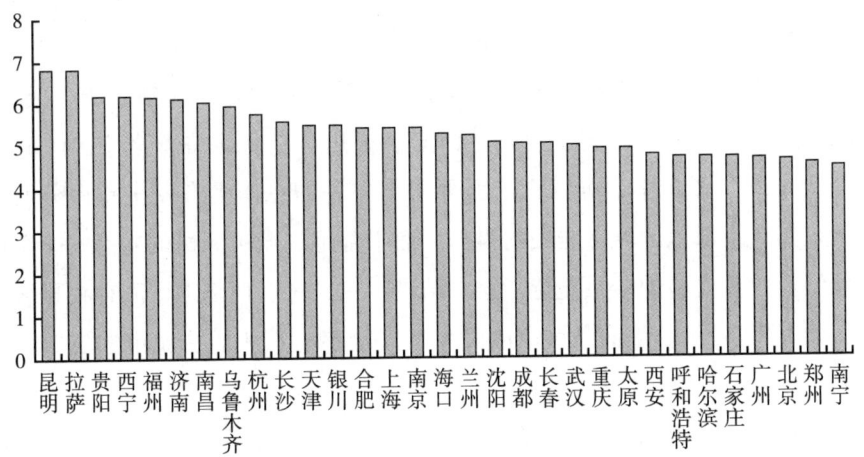

图 6 "您担心本市的噪声污染吗?"题项均值统计结果

(3.94),城市居民对饮用水源污染担心程度的均值为 5.18,标准差为 2.77,表明不同城市居民对饮用水源污染担忧程度存在明显差异。就"生活垃圾状况"而言,昆明城市居民得分指数最高(6.92),南宁城市居民得分指数最低(4.18),城市居民对生活垃圾状况担心程度的均值为 5.25,标准差为 2.70,表明不同城市居民对生活垃圾状况的担心程度存在明显的差异;就"噪声污染"而言,昆明城市居民得分指数最高(6.84),南宁城市居民得分指数最低(4.45),城市居民对噪声污染的担心程度的均值为 5.36,标准差为 2.64,表明不同城市居民对噪声污染的担心程度存在明显的差异。

通过上述分析可以看出,均值大于 6 的仅有 6 个城市,而一半以上的省会城市处于 31 个省会城市平均水平之下,表明城市被调查居民生态安全感偏低。为了更好地理解造成城市居民生态安全感偏低的原因,本文将 31 个省会城市按一定区域进行划分。普遍情况下,人们习惯将我国大陆地区划分为"东部、中部、西部"三个区域,本文结合各省会城市所属省份按照东、中、西三部分划分,将调查数据重新分组,采用方差分析比较三个区域间城市居民生态安全感的差异。其中,东部地区包括北京、天津、石家庄、沈阳、上海、南京、杭州、福州、济南、广州、海口;中部地区包括太原、长春、哈尔滨、合肥、南昌、郑州、武汉、长沙;西部地区包括重庆、成都、贵阳、昆明、拉萨、西安、兰州、西宁、银川、乌鲁木齐、南宁、呼和浩特。从表21、图7中,可以看出西部城市居民的总体生态安全感得分明显高于东部、中部地区城市居民的得分。而中部地区城市居民的生态安全感得分最低。方差检验的结果支持了这一结论:东、中、西部地区间存在显著差异,如表22所示。因而,城市居民生态安全感与其所居住城市的位置显著相关。

区域差异客观存在,但是导致这种区域间差异的原因是多方面的,比如东、中、西部地区经济基础上的差异,国家总体发展战略的影响,生态环境安全治理的投入与基础公共服务上的差异等,对此需要进一步分析与探讨。

表21 东部、中部、西部区域间城市居民生态安全感得分比较

题项		东部	中部	西部
空气污染	N	3367	2481	3674
	均值	5.15	4.87	5.57
	标准差	2.89	2.52	2.72
饮用水源污染	N	3365	2479	3672
	均值	5.15	4.89	5.41
	标准差	2.91	2.58	2.75
生活垃圾状况	N	3363	2475	3671
	均值	5.24	5.01	5.43
	标准差	2.82	2.56	2.65
噪声污染	N	3365	2474	3668
	均值	5.32	5.13	5.54
	标准差	2.78	2.51	2.58

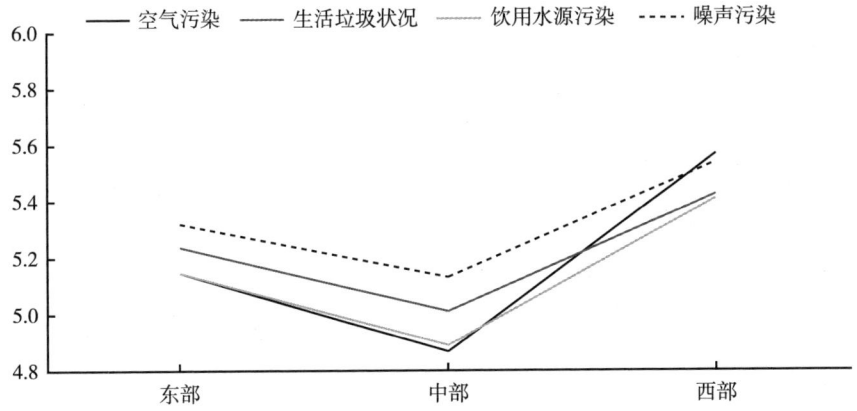

图 7 东部、中部、西部各分项得分比较

表 22 东部、中部、西部区域间城市居民生态安全感比较

区域	N	均值	标准差	标准误	F	事后比较
东部	3368	5.66	2.74	0.05	61.368***	1>2
中部	2478	5.16	2.47	0.05		
西部	3673	5.90	2.56	0.04		3>1,2

注：*** $p<0.001$。

（二）城市居民的生态安全感主客观存在部分偏离

生态安全感实际上反映的是城市居民个体微观层面上对生态环境安全及其治理的认知与判断，其结果更多地取决于个人主观因素的发挥。从上文的分析中，我们可以看出区域之间城市居民的生态安全感因其地理位置不同存在显著性差异。地理位置仅仅是影响居民生态安全感的一部分，因而我们将从 31 个省会城市生态安全的客观治理情况入手，将其与本次全国城市居民生态安全感的主观认知进行对比，以便更好地了解城市居民生态安全感存在差异的原因。

生态安全认知是人类在与自然交往的过程中对周遭世界各种自然事物和生态现象的感知与认识，是个体对生态安全问题的主观客观化的过程。人类对生态安全问题的认识和了解越全面、越具体、越客观理性,就越能自觉调适个体自身的生态安全感受并使之与行为相统一,从而达到主客观相符合的程度,促进生态安全良性运行。"生态安全"是人类在不断适应自然、谋求自身生存发展的历史实践中逐步形成的不受威胁的一种状态,具有一定的"保障"功能,即能支持或制约人类社会的发展。[①] 而生态安全认知作为一种主观客观化的过程,能够对生态环境本身造成影响。正确的生态安全认知能够促进生态环境的变迁;反之,错误的生态安全认知则抑制生态环境的变迁。在理想的状态下,居民的主观感受与客观状况间差异越小,越说明生态安全资源得到有效利用。可以将《2018中国生态环境状况公报》的数据与本次全国问卷调查的生态安全感数据进行城市层面的对比分析。

《2018中国生态环境状况公报》由生态环境部联合国家发改委、自然资源部等11个部门共同发布,以生态环境部监测网络数据为主,同时吸收相关部委的环境状况内容,按照国家现行相关生态安全的质量标准和技术规范,分析338个地级以上城市的生态环境。空气质量方面,338个地级及以上城市中,仅有121个城市空气质量达标,占全部城市的35.8%,比2017年增加6.5个百分点;生活饮用水源方面,337个地级及以上城市的906个在用集中式生活饮用水水源监测断面中,全年均达标的有814个,占89.8%;声环境方面,323个地级及以上城市昼间区域声环境的平均等效声级为54.4分贝,属于比较好的情况;生活垃圾状况方面,生活垃圾无害化处理能力72万吨/日,无害化处理率98.2%。这充分表明,从整体上我国的生态环境治理取得了一定的成效。

基于2017年和2018年两次城市公共安全的问卷调查分析发现(见表23),2017年的总体生态安全感的均值为6.46,标准差为1.94;而2018年的总体生态安全感的均值为5.62,同比上年下降13%,标准差为2.62,同比上年上升35.1%,这表明城市居民的生态安全感并未随着我国生态环境

---

① 肖笃宁、陈文波、郭福良:《论生态安全的基本概念和研究内容》,《应用生态学报》2002年第3期。

治理的客观状况的改善而提高。此次调查通过设置"您对生态安全的认知程度""您是否接受过社会组织(如公益团队)关于公共安全的教育或服务"这两个问题,详细地了解城市公民的生态安全感及其获得与维持的可能性。从表24中可以看出,31个省会城市的所有被调查者中,仅有6%的被调查者对生态安全认知程度上选择很了解,58.4%的被调查者选择了解一点,28.1%的被调查者选择不了解,7.5%的被调查者选择一点都不了解。这些数据从整体上说明被调查的居民较为缺乏对生态安全的了解。从表25中可以看出各省会城市居民的具体生态安全认知差异。关于居民对生态安全的认知程度,贵阳被调查的居民选择"很了解"这一选项的比例为12.9%,在此次调查的省会城市中居第一;居第二的是杭州居民,选择"很了解"的被调查居民占10.9%;而其他省会城市选择此项的被调查居民所占比例均不足10%,这深刻地说明了被调查居民严重缺乏生态安全认知。选择"了解一点"这一选项的所占比重,有4个城市达70%以上,分别为北京(76.7%)、呼和浩特(76.60%)南京(74.3%)、上海(70.2%);占比在70%以下但在此次调查的平均水平以上的城市有12个,分别为兰州(69.7%)、乌鲁木齐(69.4%)、沈阳(68.4%)、杭州(67.9%)、成都(67%)、昆明(65.6%)、郑州(65.5%)、银川(64.8%)、西安(63.5%)、贵阳(60.7%)、重庆(60.1%)、西宁(59.9%);在此次调查的平均水平以下的城市有15个,接近所调查省会城市的一半,分别为石家庄(57.6%)、太原(57.1%)、海口(54.5%)、长春(54.5%)、南昌(52.7%)、南宁(52.7%)合肥(52.5%)、天津(48.7%)、福州(47.1%)、济南(45%)、拉萨(44%)长沙(42.7%)、广州(42.6%)、哈尔滨(41.7%)、武汉(35.2%),其中武汉被调查的居民选择"了解一点"的所占比例,位居倒数第一。从以上数据我们认识到:一是城市居民的生态安全认知程度并不与经济发展水平相一致;二是城市居民的生态安全认知严重不足,对此需要认真对待。产生这种现象的原因可能是我国公共安全教育或服务的体系并未形成,民众缺乏正确的引导,这加剧了民众对生态安全的不完全认知。

表23　2017年与2018年总体生态安全感比较

年份	均值	N	标准差	极小值	极大值
2017	6.46	9252	1.94	1	10
2018	5.62	9519	2.62	1	10

表24　关于居民对生态安全的认知程度调查结果

认知程度	频率	百分比	有效百分比	累积百分比
一点都不了解	712	7.5	7.5	7.5
不了解	2678	28.1	28.1	35.6
了解一点	5561	58.4	58.4	94.0
很了解	574	6.0	6.0	100.0

表25　关于居民对生态安全的认知程度调查结果（分城市）

城市	一点都不了解	不了解	了解一点	很了解	合计
北京	2.10	13.20	76.70	8.00	100.00
沈阳	5.10	19.00	68.40	7.50	100.00
成都	4.40	23.10	67.00	5.40	100.00
福州	14.90	32.50	47.10	5.40	100.00
广州	13.50	39.60	42.60	4.30	100.00
贵阳	7.20	19.20	60.70	12.90	100.00
哈尔滨	10.30	43.60	41.70	4.40	100.00
海口	8.60	32.90	54.50	4.00	100.00
杭州	3.40	17.80	67.90	10.90	100.00
合肥	12.90	26.40	52.50	8.20	100.00
呼和浩特	4.20	15.60	76.60	3.60	100.00
济南	10.00	40.70	45.00	4.30	100.00
昆明	8.10	20.00	65.60	6.30	100.00
拉萨	13.70	35.30	44.00	7.00	100.00
兰州	3.50	22.30	69.70	4.50	100.00
南昌	9.40	32.60	52.70	5.40	100.00
南京	3.80	17.60	74.30	4.40	100.00
南宁	7.70	31.80	52.70	7.70	100.00
上海	5.00	19.70	70.20	5.00	100.00
石家庄	7.00	29.90	57.60	5.40	100.00

续表

城市	一点都不了解	不了解	了解一点	很了解	合计
太原	6.00	29.80	57.10	7.20	100.00
天津	12.10	35.60	48.70	3.70	100.00
乌鲁木齐	3.90	16.90	69.40	9.80	100.00
武汉	11.70	44.40	35.20	8.60	100.00
西安	3.70	26.80	63.50	6.00	100.00
西宁	5.20	30.60	59.90	4.20	100.00
银川	6.00	26.90	64.80	2.30	100.00
长春	6.70	32.40	54.50	6.40	100.00
长沙	10.90	42.70	42.70	3.60	100.00
郑州	5.90	24.10	65.50	4.60	100.00
重庆	5.00	29.90	60.10	5.00	100.00
合计	7.50	28.10	58.40	6.00	100.00

（三）城市生态安全公共服务不足

随着市场经济的发展、社会多元化的涌现，公共服务逐渐成为人们关心的重要问题，而"服务型政府"也成为政府改革的导向。上述我国生态环境质量取得的成效，表明在实践上我国政府转变过去片面发展经济、追求GDP的发展模式，向"绿水青山就是金山银山"发展理念转变，是我国政府对生态文明建设的重视和"服务型政府"的生动体现。十八大以来，党和中央政府为建设生态文明、美丽中国出台一系列的举措，如"无废城市"建设试点的推行。"无废城市"建设的目的是解决社会发展过程中产生的固体废物，以实现资源的再利用，同时满足人民对美好生活的需要，进而更好地实现公共服务的理想与价值。

城市生态安全建设不是生产发展一方面的结果，而是生产方式和生活方式共同作用的结果，因而城市生态安全建设主体不单是政府，还有居民和其他社会团体。居民是城市生活的主体，其对城市生态安全认知的程度，需要我们特别重视。居民由于自身存在局限性，需要政府提供公民教育服务以提升其参与生态安全建设的能力。从此次调查数据分析得出生态安全认知程度与生态安全教育或服务之间的显著性为0.000，小于0.001，这表明生态安全认知程度与生态安全教育或服务具有一定的相关性（见表26）。我们可以看出政府的公民教育服务存在不足，其在居民的生态安全建设中的作用并没有得到相应的发挥（见表27、表28）。因而我们要重视公民教育，提高城市居民参与生态文明建设的能力，进而提升城市居民的生态安全感。

表26 生态安全的认知程度＊接受公共安全教育或服务的卡方检验

项目	值	df	渐进Sig.（双侧）
Pearson 卡方	163.152	3	0
似然比	166.254	3	0
线性和线性组合	148.361	1	0
有效案例中的N	9519		

表27 您是否接受过社会组织（如公益团队）关于公共安全的教育或服务（有效百分比）

单位：%

选项	年份	
	2017	2018
没有	46.20	43.90
有	53.80	56.10

表28 您接受过社会组织关于公共安全教育或服务的情况（有效百分比）

单位：%

年份	选项	信息安全	自然安全	生态安全	公共卫生安全	食品安全	交通安全	公共场所设施安全	社会治安安全	社会保障安全
2017	没有接受教育	76	73.8	83.4	80.5	77.3	73.5	82.4	81.8	87.01
	接受教育	24	26.2	16.6	19.5	22.7	26.5	17.6	18.2	12.99
2018	没有接受教育	61.9	50.2	71	67.4	63.8	55.4	66.4	63.3	75.1
	接受教育	38.1	49.8	29	32.6	36.2	44.6	33.6	36.7	24.9

另外，分析 2017 年和 2018 年的调查数据可发现，2017 年城市居民认为自己接受过公共安全教育或服务的占比 53.8%，而 2018 年城市居民认为自己接受过公共安全教育或服务的占比为 56.1%，比 2017 年上升了 2.3 个百分点，一方面表明社会组织对公共安全教育或服务的重视加强，另一方面也表明公民参与生态安全建设的能力得到一定程度的增强。具体而言，2018 年的调查显示被调查居民接受各项公共安全教育或服务的情况较 2017 年都有所增加。就生态安全教育或服务而言，71% 的城市居民表示没有接受过生态安全方面的教育或服务，仅有 29% 的城市居民表示接受过相关教育或服务；这一数据位列倒数第二，仅优于接受过社会保障安全教育或服务者的占比（占比为 24.9%），表明生态安全方面的教育或服务仍然不被重视，原因可能是部分城市当前经济发展水平不能支持生态安全教育或服务方面所需要的投入，对此需要进一步分析。

对于不同的省会城市接受生态安全教育或服务的期望情况，城市居民的生态安全教育与服务表现出明显的不同，接受公共生态安全教育或服务的人数严重缺少。从表 29 可以看出，省会城市被调查的居民获得公共安全教育或服务的情况符合期望的城市有 13 个，分别为成都、广州、哈尔滨、海口、合肥、南京、南宁、石家庄、太原、武汉、银川、长春、重庆；而大多数城市并未满足居民对接受公共安全教育或服务的需求。从图 8 中可以更详细地看到各个省会城市被调查者是否接受过社会组织关于生态安全教育或服务的状况。从图 8 中可以看出，成都、广州、哈尔滨、海口、杭州、南宁等少数城市的被调查者中，有超过 50 人接受过社会组织的生态安全教育或服务；北京、上海、南京等发达城市并未达到 50 人。通过上述分析，我们可以发现城市的经济发展水平与是否接受公共安全教育或服务并没有必然联系。或许面对经济发展的客观性、政策制定的相对稳定性，以及当前我国的公共安全服务的多样性及资源的有限性等种种因素，通过相关社会组织提供的教育或服务来提升城市居民的公共安全认知和生态安全认知，为提高城市居民生态安全参与的能力提供了一定的可行性。

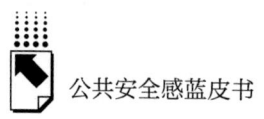

表29 关于各省会城市接受公共安全教育或服务的情况及其期望

城市	次数	否	是	合计
北京	计数	138	40	178
	期望的计数	126.4	51.6	178
沈阳	计数	121	25	146
	期望的计数	103.7	42.3	146
成都	计数	100	68	168
	期望的计数	119.3	48.7	168
福州	计数	110	28	138
	期望的计数	98	40	138
广州	计数	125	81	206
	期望的计数	146.3	59.7	206
贵阳	计数	171	53	224
	期望的计数	159.1	64.9	224
哈尔滨	计数	114	68	182
	期望的计数	129.2	52.8	182
海口	计数	113	85	198
	期望的计数	140.6	57.4	198
杭州	计数	166	57	223
	期望的计数	158.4	64.6	223
合肥	计数	96	40	136
	期望的计数	96.6	39.4	136
呼和浩特	计数	101	25	126
	期望的计数	89.5	36.5	126
济南	计数	120	48	168
	期望的计数	119.3	48.7	168
昆明	计数	162	49	211
	期望的计数	149.8	61.2	211
拉萨	计数	117	37	154
	期望的计数	109.4	44.6	154
兰州	计数	146	44	190
	期望的计数	134.9	55.1	190
南昌	计数	102	27	129
	期望的计数	91.6	37.4	129
南京	计数	109	49	158
	期望的计数	112.2	45.8	158

续表

城市	次数	否	是	合计
南宁	计数	128	58	186
	期望的计数	132.1	53.9	186
上海	计数	130	47	177
	期望的计数	125.7	51.3	177
石家庄	计数	82	46	128
	期望的计数	90.9	37.1	128
太原	计数	116	62	178
	期望的计数	126.4	51.6	178
天津	计数	131	41	172
	期望的计数	122.1	49.9	172
乌鲁木齐	计数	116	39	155
	期望的计数	110.1	44.9	155
武汉	计数	98	48	146
	期望的计数	103.7	42.3	146
西安	计数	134	51	185
	期望的计数	131.4	53.6	185
西宁	计数	133	36	169
	期望的计数	120	49	169
银川	计数	109	55	164
	期望的计数	116.5	47.5	164
长春	计数	113	78	191
	期望的计数	135.6	55.4	191
长沙	计数	134	44	178
	期望的计数	126.4	51.6	178
郑州	计数	140	46	186
	期望的计数	132.1	53.9	186
重庆	计数	122	75	197
	期望的计数	139.9	57.1	197
合计	计数	3797	1550	5347
	期望的计数	3797	1550	5347

（四）城市居民生态安全行为动力不足

生态安全行为是指在生态安全认知的基础上，对生态风险事件和生态安

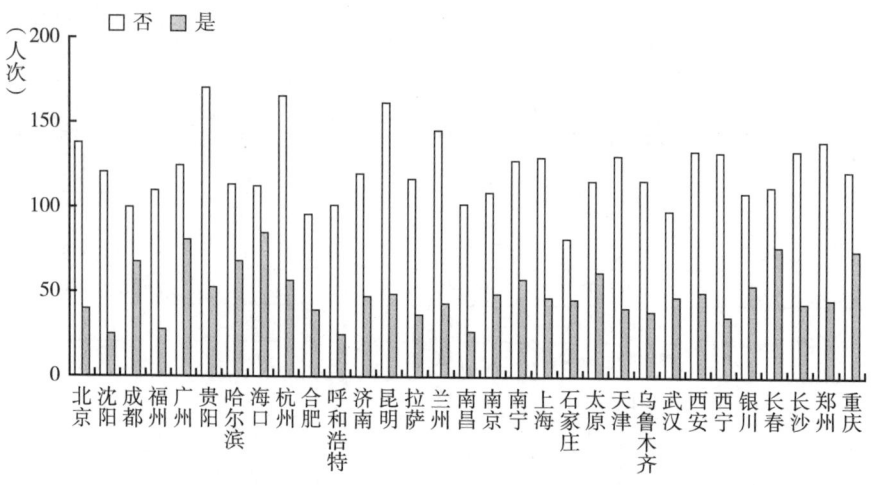

图 8 "是否接受过生态安全教育或服务"题项的统计结果

全问题所采取的应对措施,以实现人与自然和谐相处、社会可持续发展的目标。生态安全行为随着历史的发展具有丰富的内涵,不仅包含人类"对外部环境的行为",而且内在地包含人类"自身行为"。就"对外部环境的行为"而言,我国为应对生态问题,于十八大报告中将"生态文明建设"提升到与经济建设、政治建设、文化建设、社会建设并列的地位,从国家层面肯定了生态文明建设的重要性。在实践中,从《2018 中国统计年鉴》的数据可知,2017 年我国国内生产总值为 820754 亿元,工业污染治理投资总额为 6815345 万元,环境污染治理投资总额为 9538.95 亿元,从二者占 GDP 的比重可以看出,我国目前生态环境治理投资规模不足,针对外部环境的生态安全行为有待进一步加强。

就人类"自身行为"来看,本次调查通过了解城市居民生态安全具体行为如"在雾霾或空气质量差的日子里会戴口罩出行吗?"来分析城市居民自身应对生态安全问题的措施。根据 2017 年和 2018 年两次全国公共安全调查数据(见表 30),2017 年 31 个省会城市的所有被调查者中,27% 的被调查者选择从来不戴,47.9% 的被调查者选择偶尔戴,25.1% 的被调查者选择大多数情况下戴;2018 年 31 个省会城市的所有被调查者中,24.1% 的被调查者选择从来不戴，43.3%的被调查者选择偶尔戴，25%的被调查者选择大多数情况下戴，仅有7.6%的被调查者选择一直戴。从总体上来说，被调查居民的生态安全行为有一定的改善，初步形成一定的模式；然而，我们同样发现两次调查中接近7成的人并不经常戴口罩出门，这表明城市居民的生态安全行为方面仍存在问题，需要予以重视。

以下进一步了解各省会城市居民的生态安全行为具体差异。如图2所示，空气污染担心程度均值大于6的城市仅有5个，分别为昆明、拉萨、贵阳、福州、西宁，其余各城市的空气污染担心程度的均值皆在6以下，表明城市居民的空气安全感普遍较低。在雾霾或空气质量差的日子里居民戴口罩出行的比例中，武汉被调查居民中11.4%的选择一直戴，38.7%选择大多数情况下戴，都远远高于此次调查的全国平均水平（分别为7.6%、25%），两者合计占被调查居民一半以上的比例，居于31个省会城市的首位。这在一定程度上说明武汉居民已经形成较为良好的应对雾霾或空气质量差的行为习惯。而其他城市被调查居民经常戴口罩出行的行为并未超过半数，甚至远远低于半数。长沙仅次于武汉，居第二位；12.6%的被调查者选择一直戴，37.1%的被调查者选择大多数情况下戴，38.4%的被调查者选择偶尔戴，11.9%的被调查者选择从来不戴。西安居第三位，被调查者选择一直戴、大多数情况下戴的所占比例分别为10.4%和38.5%；而被调查者中仅有8.4%的选择了从来不戴，与其他省会城市相比所占比例最少，说明西安居民在雾霾或空气质量差的情况下选择戴口罩是较普遍的，也从侧面说明了西安雾霾或空气质量差较之其余省会城市的严重性。北京位于第四位，9.4%的被调查者选择一直戴，38%的被调查者选择大多数情况下戴，42.2%的被调查者选择偶尔戴，10.5%的被调查者选择从来不戴。石家庄位于第五位，其中16.6%的被调查者选择一直戴，与其余省会城市相比所占比例最多，27.7%的被调查者选择大多数情况下戴，38.5%的被调查者选择偶尔戴，17.2%的被调查者选择从来不戴。数据调查结果充分反映了武汉、长沙、西安、北京、石家庄是全国雾霾较为严重或空气质量较差的五大城市，同时也说明了这五个城市居民形成了一定的应对生态环境安全问题的行为习惯。

从表31中还可以看出，贵阳和昆明与上述城市形成了鲜明的对比。在这两个城市的调查结果中，选择在雾霾或空气质量差的日子里大多数情况下戴和一直戴口罩的被调查者比例居31个省会城市的倒数第一位和第二位。贵阳被调查的居民选择在雾霾或空气质量差的日子里大多数情况下戴和一直戴口罩的比例分别为11.9%和2.2%，远远低于此次调查的平均水平（25%和7.6%）；39%的被调查者选择偶尔戴，略低于此次调查的全国平均水平（43.3%）；46.9%的被调查者选择从来不戴，远远高于此次调查的全国平均水平（24.1%）。昆明居倒数第二位，被调查的居民选择在雾霾或空气质量差的日子里大多数情况下戴和一直戴口罩的比例分别为11.9%和2.8%，远远低于此次调查的全国平均水平；44.1%的被调查者选择偶尔戴，略低于此次调查的全国平均水平（43.3%）；41.3%的被调查者选择从来不戴，远远高于此次调查的全国平均水平（24.1%）。通过以上分析我们可以发现，武汉、长沙等五个城市与其他城市截然相反的原因，表面上是昆明、贵阳等城市空气质量相对较好，而更深一层来说是城市的经济结构、发展模式与程度不同使人们形成不同的行为习惯及生活方式。

表30 关于雾霾或空气质量差的日子里居民戴口罩出行调查结果比较

单位：%

选项	2017年有效百分比	2018年有效百分比
从来不戴	27	24.1
偶尔会戴	47.9	43.3
大多数情况下戴	25.1	25
一直戴	—	7.6

注：2017年未设置"一直戴"这一选项。

表31 关于雾霾或空气质量差的日子里居民戴口罩出行调查结果（分城市）

城市	从来不戴	偶尔会戴	大多数情况下戴	一直戴	合计
北京	10.50	42.20	38.00	9.40	100.00
沈阳	20.80	45.20	26.20	7.80	100.00
成都	15.00	49.70	31.30	4.10	100.00

续表

城市	从来不戴	偶尔会戴	大多数情况下戴	一直戴	合计
福州	33.60	40.30	14.60	11.50	100.00
广州	23.10	49.80	21.10	5.90	100.00
贵阳	46.90	39.00	11.90	2.20	100.00
哈尔滨	14.30	42.40	34.60	8.70	100.00
海口	38.90	36.90	19.60	4.70	100.00
杭州	26.80	47.70	20.20	5.30	100.00
合肥	20.40	49.70	25.20	4.70	100.00
呼和浩特	28.90	34.70	26.90	9.40	100.00
济南	21.70	39.70	30.00	8.70	100.00
昆明	41.30	44.10	11.90	2.80	100.00
拉萨	35.00	39.00	19.70	6.30	100.00
兰州	21.10	45.70	27.80	5.40	100.00
南昌	30.20	49.30	14.40	6.00	100.00
南京	19.70	45.10	26.60	8.50	100.00
南宁	32.80	37.90	22.50	6.80	100.00
上海	26.10	49.80	20.40	3.70	100.00
石家庄	17.20	38.50	27.70	16.60	100.00
太原	20.40	46.40	23.50	9.70	100.00
天津	21.10	41.60	29.90	7.40	100.00
乌鲁木齐	24.80	39.90	25.80	9.50	100.00
武汉	14.00	35.90	38.70	11.40	100.00
西安	8.40	42.80	38.50	10.40	100.00
西宁	37.50	38.80	19.20	4.60	100.00
银川	20.60	50.20	23.60	5.60	100.00
长春	11.00	50.80	29.10	9.00	100.00
长沙	11.90	38.40	37.10	12.60	100.00
郑州	19.20	47.60	23.10	10.10	100.00
重庆	33.20	43.00	17.80	6.00	100.00
合计	24.10	43.30	25.00	7.60	100.00

从这些数据分析结果可以看出，无论是从人们对外部环境的行为还是从人们自身行为的角度来看，人们虽然采取行动应对生态安全问题，但是生态环境问题的严重性及紧迫性，使得目前的生态安全行为并不能真正解

决生态问题，使居民的生态安全感得不到保障。因此，当前仍需要公民在形成良好的生态安全认知和坚实的生态安全保护基础设施、政策之上，养成良好的生态安全行为，以在提高公民生态安全感的基础上提高人民群众的幸福感。

三 提升城市生态安全感的对策与建议

生态安全是城市生态系统实现其服务功能、满足人类生存与发展的必备条件。[①] 面对日益频繁和严重的生态危机所带来的威胁和挑战，生态安全已经成为人类需要共同应对的一个重要课题。作为影响公民对城市生态系统评价与感知的主要因素以及衡量城市公共安全乃至国家公共安全的重要参考指标，一个城市的生态实力不仅关乎公众对于生存与发展最长远、最基本的安全需要，而且也直接影响一个国家和社会长期可持续发展的能力与前景。自然是人类赖以生存的基础，社会发展应当沿着尊重自然、保护自然和顺应自然的道路进行。[②] 针对城市生态领域出现的相关问题，要动员多方主体积极参与，通过多种应对措施相结合的方式，来切实增强城市生态实力，促进城市生态环境的改善，进而提升城市居民的生态安全感。

（一）加强对城市生态安全的整体性、均衡性治理

从宏观视角进行城市生态安全的规划与部署，提升生态环境的综合治理水平。生态环境治理工作是一项系统性工程，涉及经济发展、生产生活、社会问题等方方面面。因此，在生态治理上，必须从整体上兼顾经济、生产生活、文化等社会环境和生态系统之间的平衡与协调，以系统的思维来建构城市生态安全的综合治理体系。在生态环境保护与治理领域，要坚持人与自然

---

① 谢锋、张光生、周青：《生态安全对城市生态系统的影响》，《生态经济（中文版）》2007年第5期，第364~366页。
② 赵清文：《生态危机、生态安全与生态文明——应对全球生态危机视野下的生态文明建设》，《伦理与文明》2014年第1期，第197~204页。

和谐共生的基本方略,以绿色发展理念引领国民经济和社会发展,把绿色发展理念融入经济、政治、文化和社会生活等各方面,让绿色发展成为国民经济和社会发展的固有底色。[①] 要牢固树立生态系统是一个有机生命躯体这一理念,遵循生态系统的整体性、复杂性和多样性特征及其内在规律,综合考虑和保护生态系统中的每个环节、每个要素,以促进统筹山水林田湖草系统治理的整体系统观真正贯彻落实,进一步完善对城市生态治理制度和体系的顶层设计。

从区域协同的角度来看,要加强区域生态环境协同治理和协调机制的建设,促进区域生态安全治理水平的均衡提升。总体说来,东部、中部和西部地区面临着不同的自然条件和生态环境,再加上区域间经济社会发展水平的差异,故不同区域城市对环境保护和生态治理存在不同的期望和诉求。因此,基于不同区域的地理环境特征及其所面临的不同生态环境问题,要建立健全区域生态环境综合治理与协调机制。应当加强区域内部城市生态治理间的协同合作,以协同思维整体谋划、全面布局、细致落实,具体来讲,就是要推进各城市在生态治理理念、措施、方案等方面的信息共享,充分发掘利用区域内城市在资源、技术、经验等方面的优势,在区域内实行统一规划、统一标准、统一监测、统一的防治措施,实现区域内部各类要素的配置优化,促进区域生态治理内部的良性互动,来进一步凝聚生态治理智慧、形成生态治理合力,共同推动城市生态安全治理水平的均衡性提升。

(二)缩小主观生态安全感与客观生态安全之间的偏离程度

城市居民个体主观层面对城市生态安全状况的认知和判断存在差异,直接导致城市居民主观生态安全感和客观生态安全之间存在部分偏离。然而,此种偏离,不仅受到居民主观层面对生态环境风险和城市客观生态安全状况

---

① 罗顺元、李秋梅:《习近平新时代社会主义生态治理新理念论析》,《汕头大学学报》(人文社会科学版)2019 年第 35(03)期,第 5~11、94 页。

的感知、判断、认可程度等因素影响，同时也关涉政府职能部门在生态环境领域的治理投入、治理规划、治理方案和各项治理工作以及由此产生的客观绩效。因此，想要缩小居民主观生态安全感与客观生态安全之间的偏离程度，应当从作为城市生态治理主体的政府职能部门和作为个体的城市居民两方面着手进行努力。

一方面，就政府而言，要努力提升生态治理绩效，改善城市的客观生态安全状况，夯实城市生态安全的客观基础。首先，要完善生态环保地方立法，促进城市生态治理的制度化、常态化和规范化建设，即"用最严格制度、最严密法治保护生态环境，加快制度创新，强化制度执行，让制度成为刚性的约束和不可触碰的高压线"，通过法律和制度来保障城市生态治理工作的顺利进行。其次，要提升城市生态治理能力和水平，增强生态治理的实效。应当确立城市生态治理的总体目标，制定科学、合理且有效的生态环境治理政策，推动生态环境治理政策的细致落实；可以依托互联网技术和大数据分析，进行大气质量、水污染等各方面生态环境状况的实时监测，实现对生态问题的预报预警，以增强生态环保决策的预见性；应当进一步细化和明确城市生态治理的各项标准、具体治理手段和技术，促进具体生态环境领域中治理技术和治理方法的创新与运用。最后，要构建科学、合理、可行的城市生态环境保护绩效考核体系，可以由独立的第三方组织或机构对政府生态治理绩效进行客观、公正的评估，将评估结果纳入各级领导干部的政绩考核中。与此同时，要健全责任追究机制，明确生态治理责任追究的程序和惩戒方式，以绩效考核结果和责任追究机制来倒逼生态治理工作的切实开展。

另一方面，就居民个体而言，要了解和重视居民的生态环境期望与需求，积极回应居民生态诉求，引导居民形成更加合理的生态安全感。首先，由于居民个体的生态安全感受到风险认知及其自身应对风险能力和水平的影响，为帮助居民形塑更加合理的生态安全感，要引导城市居民形成正确的生态风险意识、树立正确的生态安全认知，在这个过程中既要避免居民对生态问题和生态风险的过度关注和过度紧张心理，也要警惕居民生态安全意识缺失的现象。其次,必须对居民的生态安全需求给予高度的重视。要满足人民群众日益增长的生态环境需求,积极回应人民群众对提高生态环境质量的期望和要求,尤其要了解不同城市突出显著的生态问题以及城市居民在这些问题上的迫切要求,既全面统筹推进城市生态建设,又要着力解决城市突出的生态问题,点面结合,切实提升城市居民的生态环境安全感和获得感。最后,要搭建生态治理信息公布平台,促进城市生态治理和生态环境等权威有效信息的及时公开。可以拓宽生态治理信息的动态公开发布渠道,广泛运用传统媒体、新媒体技术和工具来及时公布生态治理的相关信息,让广大居民及时了解城市生态治理工作的进展情况和实际效果,切实感受到城市生态治理的客观绩效。

(三)优化生态公共产品和服务供给

十八届三中全会首次提出政府的职能是:宏观调控、公共服务、市场监督、社会管理、环境保护,把"环境保护"与其他四项职能相提并论,作为政府的"第五职能",表明"生态职能"的确定有着深刻的现实依据,是国家"五位一体"战略总布局的必然选择,是党和政府为应对复杂严峻的生态环境形势做出的明智选择。[①]承担改善生态环境的公共责任,充分发挥依法为全社会提供优质的生态公共产品和良好的生态公共服务的职能作用,这是对政府切实履行生态职能所提出的要求。因此,政府要立足于公共服务,整合各种生态环境信息和资源,为社会、为公众提供和安排优质充足的生态公共物品和服务。

首先,要建立和完善由国家宏观把控,各级政府、市场和社会多元有序参与的生态公共服务供给机制。应当进一步明确各级政府在生态公共产品和服务上的职责和权力,划清中央和地方政府供给生态公共产品的范围和种类,理顺公共服务供给决策和监管体系,同时创新生态公共服务的供给方

---

① 顾杰、张述怡:《我国地方政府的第五大职能——生态职能》,《中国行政管理》2015年第10期,第43~46页。

式,积极探索政府、市场和社会共同合作供给生态公共产品的模式,形成国家宏观把控、多元主体有序参与的生态公共服务供给机制。例如,在国家层面,要加快构建环境要素统筹、标准规范统一、各方协同、信息共享的生态安全监测预警网络,动态监测和评估生态安全面临的宏观形势和潜在威胁,并及时有效地进行预警;在城市范围内,针对突出生态问题,可以向居民提供包括风险认知、风险防范、应对措施等在内的一系列相关教育培训活动,以增强居民面对此类生态问题的心理承受能力和行为应对能力。

其次,要了解公众在生态环境上的价值表达,积极回应公众关于生态产品和服务的真实诉求和期望,根据公众的需求变化,有针对性地提供优质生态公共产品和服务,切实提升生态公共服务供给和公众生态环境需求之间的耦合度。例如,要深入推进生态文明教育,可以在学校、社区、政府部门、企业等范围内大力推进生态文明教育,结合不同的群体特征,有针对性地开展生态安全意识、生态价值观、生态危机防范等知识教育;要加强城市生活垃圾、污水处理等环保基础设施建设。

最后,依托大数据以及现代化媒介平台与工具,进行生态公共产品和服务的创新供给。例如,可以在进行生态监测与管控的基础上,为居民提供有效的生态信息服务,让居民在第一时间了解城市相关的生态问题和状况,以便及时出台下一步的应对措施;可以通过运用VR技术来设计虚拟自然灾害体验游戏,通过创设真实逼真的自然灾难场景,让公众在不受人身危害的情况下真切地体验自然灾害,以懂得对自然生态的保护。

(四)提升居民的生态安全素养,培育居民的生态安全行为

生态安全行为是人们在自身生态认知、社会经济制度以及社会生态文化等因素的共同作用下,科学运用生态安全知识认识世界、改造世界的实践活动。公民是最广泛的生态责任主体,无论是公民对外部环境的行为,还是公民自身的生态安全行为,都能够在不同程度上作用于人类与自然生态之间的关系,对生态文明建设产生深刻影响。

在公民对外部环境的行为方面,首先,要建立健全生态安全维护体系,

从宏观上来讲,就是要建立包括生态安全监测与预警、决策与技术支持,预警和维护一体化的,具有应变能力的"生态安全维护体系",使生态安全维护形成定性与定量目标明确,具有充分技术、人力和物力保障,以养护和保育为主、兼有处理突发事件能力的体系。① 从微观上来讲,在这一体系中,公民要自觉承担对自然、对社会的生态责任,以实际行动来维护生态环境,主动参与到自然生态环境维护和治理中来。以城市生活垃圾为例,公民要了解垃圾分类常识、树立科学的垃圾分类意识,在此基础上主动承担垃圾分类责任,规范自身行为,以促进城市生活垃圾的有效回收利用,改善城市生活环境。其次,要健全生态安全的立法、执法、监督机制,可以从以下几个方面来加强:完善环保立法机制,规定环保主体各方的环保责任和义务;加大环保执法力度,对破坏环境资源的犯罪行为决不手软;健全环保监督机制,把法律监督、行政监督、专家监督、媒体监督、公众监督真正落到实处。通过生态安全的立法、执法、监督机制来督促环保主体各方在生产过程中落实生态环保责任,缓解对生态的不利影响和威胁。

在公民自身生态安全行为方面,公民生态安全行为的践行对城市生态安全具有重要的促进作用,但这有赖于公民广泛参与的前提条件。只有社会公众在日常生活中普遍养成并广泛实践生态安全行为,才能够汇聚起应对城市生态安全问题的强大合力,从而避免或减轻生态问题对公众生产生活产生的不利影响。一方面,要营造良好的生态安全宣传教育氛围,促进生态安全知识和行为的传播,使人们逐步加深对生态安全的认识,将生态安全行为自觉融入日常生活中。通过多种途径、多种形式开展生态安全教育。例如,可以将课堂教学、讲座培训等传统教学方式与生态体验教育、生态实践教育等教育形式相结合,促进人们更加高效地理解和获取生态安全知识;广泛利用媒体进行生态安全知识、生态安全行为、生态文明建设具体实践等相关内容的宣传,形成社会舆论,督促人们树立正确的生态价值观,养成生态安全行

---

① 郭中伟:《建设国家生态安全预警系统与维护体系——面对严重的生态危机的对策》,《科技导报》2001年第1期,第54~56页。

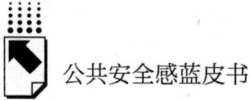

为。另一方面,公民要在日常生产、消费与社会交往活动等具体实践中,自觉承担生态安全责任,积极维护生态平衡与安全。要广泛引导公众开展绿色生活行动,践行绿色生活方式,推动公众养成勤俭节约、绿色低碳、文明健康的生活方式和消费习惯。引导公众合理利用资源能源、减少污染和浪费,以避免不恰当的生活方式对生态系统造成压力。

B.8 中国城市公共场所设施安全感调查报告（2019）

施炜 李欣*

摘　要： 2018年的全国城市公共安全感调查显示，公共场所设施安全感指数在全国城市公共安全感九个专项指标中位居第二，与2017年持平，反映出居民对公共场所设施现状认可度很高。通过对调查数据的分析发现，从总体来看，居民对设施安全感和校园安全感担心程度最低，对密集场所安全感和应急安全感的担心程度较高，从标准差和方差来看，居民对公共场所设施安全感的认知和感受的离散性较强，从影响变量来看，性别、年龄、政治面貌、个人月收入、身份职业、户口类型显著地影响居民公共场所设施安全感。文化程度对场所安全感、设施安全感这两个分项的影响没有在本次调查中得到证实，但在校园安全感、应急安全感方面存在显著差异。从宏观来看，城市居民公共场所设施安全感呈现不均衡、不稳定的特征，从中观来看，城市公共场所设施安全感敏感人群分布呈现新旧人群叠加和扩散现象，从微观来看，城市居民个体的安全行为倾向存在风险可能性，对这些问题需要采取多种有针对性的积极措施，如此才能有效地提升城市居民公共场所设施安全感。

---

* 施炜，博士，中国矿业大学公共管理学院副教授，研究方向：公共安全和应急管理；李欣，中国矿业大学公共管理学院硕士研究生。

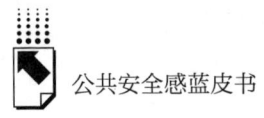

关键词： 城市安全　公共场所设施　安全感

城市公共场所的基础设施是一个城市发展的"硬核"，世界银行出版的《1994年世界发展报告》专门以"为发展提供基础设施"为主题定义了基础设施与发展之间的关系。① 城市基础设施之于城市而言，既承载着满足居民各种需求的多功能性，又因现代城市对公共场所基础设施的依赖度越来越高而存在高风险性。中国正处于城镇化快速发展时期，城市公共场所设施所承载的功能和风险也趋于复杂化，因此，调查与研究我国城市公共场所设施安全关系到城市居民的日常工作生活，关系到城市的经济健康发展，关系到社会和谐与稳定，对于城市安全具有极其重要的意义。鉴于本书已有专章研究交通、信息和环保系统，故如无特别说明，本文所涉及的公共场所基础设施皆指除交通设施、信息设施和环境保护设施之外的经济基础设施和社会基础设施。

本次全国问卷调查在全国31个省会城市中对居民进行抽样调查，从安全感受、安全认知和行为两个维度对城市居民公共场所设施安全感进行测评。主要包括：（1）居民对公共场所设施安全的感受，如人们对城市公共场所设施安全中的公共场所安全、市政设施安全、校园安全、应急安全等方面的担心和忧虑程度。（2）居民对公共场所设施安全的认知及行为，如居民在进入陌生公共场所时是否会留意逃生通道或避险标识、遇到突发事件会如何做等。并从性别、年龄、政治面貌、文化程度、个人月收入、身份职业、户口类型等方面分析对公共场所设施安全感的具体影响。

一　城市公共场所设施安全感指数及其排名

与全国公共场所设施安全感指数估算原理相同，利用求取的全国公共场

---

① 世界银行：《1994年世界发展报告——"为发展提供基础设施"》，毛晓威译，中国财政经济出版社，1994。

所设施安全分项指数，可以得出各城市公共场所设施安全感这一分项指标指数。对影响全国城市居民公共安全感的九个专项指标进行计算和排名。从表1中可以看出，2018年的全国城市公共安全感指标排名与2017年的相比，公共场所设施安全感指标排名持平，维持着一贯的高水平，显示出居民对城市公共场所设施现状的高度认可。

表1 全国城市公共安全感分项指标指数排名

年份	2018		2017	
分项指标	指数	排名	指数	排名
自然安全感	0.5089	1	0.5091	1
公共场所设施安全感	0.4978	2	0.4941	2
食品安全感	0.4972	3	0.4693	8
社会治安安全感	0.4957	4	0.4934	3
交通安全感	0.4939	5	0.4917	4
公共卫生安全感	0.4895	6	0.4799	7
公共场所设施安全感	0.488	7	0.484	6
社会保障安全感	0.4782	8	0.4843	5
信息安全感	0.4670	9	0.3835	9

将公共场所设施安全感与全国城市公共安全感进行比较，可以看出全国31个城市普遍呈现公共场所设施安全感指数对城市公共安全感指数的提振效应，具体可见表2和图1，除哈尔滨、呼和浩特、广州、南宁四个城市的公共场所设施安全感指数稍微弱于城市公共安全感指数外，其余城市公共场所设施安全感指数均明显高于全国公共安全感指数，说明城市居民对公共场所设施安全现状的认可在大多数城市中得到印证。

表2 2018年全国城市公共安全感与公共场所设施安全感的比较

城市	城市公共安全感指数	公共场所设施安全感指数
昆明	0.4946	0.5457
拉萨	0.4926	0.5349
贵阳	0.4907	0.5315
济南	0.4892	0.5243
西宁	0.4868	0.5241

续表

城市	城市公共安全感指数	公共场所设施安全感指数
福州	0.4868	0.5227
乌鲁木齐	0.4853	0.5216
南昌	0.4851	0.5208
南京	0.4827	0.5152
杭州	0.4825	0.5147
天津	0.4825	0.5090
长沙	0.4806	0.5078
上海	0.4800	0.5026
合肥	0.4793	0.4972
银川	0.4790	0.4963
沈阳	0.4772	0.4955
兰州	0.4762	0.4937
武汉	0.4748	0.4916
西安	0.4742	0.4894
重庆	0.4740	0.4881
长春	0.4740	0.4862
太原	0.4736	0.4852
成都	0.4730	0.4812
海口	0.4724	0.4809
郑州	0.4710	0.4764
北京	0.4707	0.4728
石家庄	0.4704	0.4720
哈尔滨	0.4691	0.4684
呼和浩特	0.4686	0.4681
广州	0.4684	0.4663
南宁	0.4620	0.4477

在全国城市公共场所设施安全感方面，各城市2018年的公共场所设施安全感指数排名由高到低依次是：昆明、福州、拉萨、乌鲁木齐、贵阳、济南、西宁、南昌、杭州、南京、合肥、天津、上海、兰州、银川、长沙、成都、沈阳、太原、重庆、北京、武汉、石家庄、长春、西安、海口、呼和浩特、郑州、哈尔滨、广州、南宁（见表3）。城市公共场所设施安全感指数越高，排名越靠前，表明该城市居民的公共场所设施安全感越高。

结合2017～2018年城市公共场所设施安全感指数及排名，其中福州、贵

中国城市公共场所设施安全感调查报告（2019）

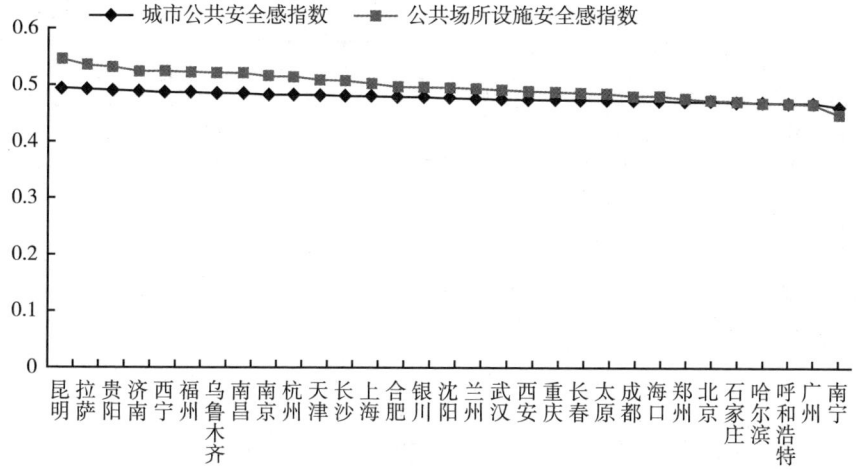

图1　2018年全国城市公共安全感与公共场所设施安全感的比较

阳、南昌排行前列，两年排名均为前10，保持了较高的安全感水平。郑州、哈尔滨排名靠后，两年排名均为倒数后十位。昆明、拉萨、乌鲁木齐、济南、杭州、兰州、太原排名上升幅度较大，名次上升达到10名以上。沈阳、重庆、西安、海口、广州、南宁下降幅度较大，名次下降达到10名及以上。南京、合肥、天津、石家庄等城市排名相对稳定，变化幅度不大（见图2）。

表3　全国城市公共场所设施安全感排名

城市	年份指数及排名	2018年		2017年	
		公共场所设施安全感指数	排名	公共场所设施安全感指数	排名
昆明		0.5457	1	0.4488	27
福州		0.5349	2	0.5276	6
拉萨		0.5315	3	0.5087	14
乌鲁木齐		0.5243	4	0.4759	23
贵阳		0.5241	5	0.5475	2
济南		0.5227	6	0.4983	17
西宁		0.5216	7	0.5083	15
南昌		0.5208	8	0.5251	7
杭州		0.5152	9	0.4417	28
南京		0.5147	10	0.5099	12
合肥		0.5090	11	0.5093	13

续表

年份 城市 指数及排名	2018年		2017年	
	公共场所设施安全感指数	排名	公共场所设施安全感指数	排名
天津	0.5078	12	0.5151	10
上海	0.5026	13	0.5155	9
兰州	0.4972	14	0.4365	30
银川	0.4963	15	0.4786	22
长沙	0.4955	16	0.5122	11
成都	0.4937	17	0.4721	24
沈阳	0.4916	18	0.5155	8
太原	0.4894	19	0.4105	31
重庆	0.4881	20	0.5641	1
北京	0.4862	21	0.4381	29
武汉	0.4852	22	0.4909	18
石家庄	0.4812	23	0.4834	21
长春	0.4809	24	0.5080	16
西安	0.4764	25	0.5445	3
海口	0.4728	26	0.5385	4
呼和浩特	0.4720	27	0.4853	20
郑州	0.4684	28	0.4537	26
哈尔滨	0.4681	29	0.4599	25
广州	0.4663	30	0.5277	5
南宁	0.4477	31	0.4861	19

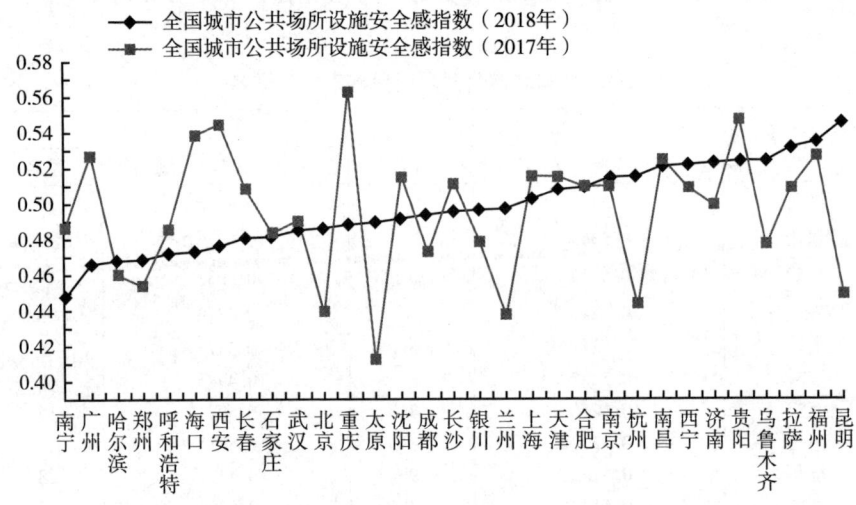

图2 全国城市公共场所设施安全感指数（2017~2018年）

二　城市公共场所设施安全感的基本数据统计

（一）基于描述性统计的城市公共场所设施安全感状况

全国城市调查问卷对城市公共场所设施安全感的测度主要设置了四个问题：针对公共场所安全感方面设置了"在人员密集场所，您担心会发生严重的突发事件吗？（火灾、爆炸、暴力袭击、拥堵踩踏、有毒气体……）"；针对基础设施安全感方面设置了"您会担心这些市政设施出现故障吗？（窨井盖、下水道、公用电梯、高压电线、燃气管道、高层水箱……）"；基于应急安全感方面设置了"遭遇突发事件时，您会担心得不到及时的疏散或救援吗？"；鉴于近年来校园不安全事件频发的考量，问卷特别针对校园安全感设置了"您会担心学校及周边环境不安全吗？"这一问题。通过这四个问题综合反映城市居民对公共场所设施安全的担心程度，评分越低代表担心程度越高，评分越高代表担心程度越低。

运用SPSS 21.0软件对四个指标进行描述性统计，结果如表4所示。

表4　公共场所设施安全担心程度描述性统计结果

类型	N	极小值	极大值	和	均值	标准差	方差
场所安全感	9521	1	10	51757	5.44	2.568	6.593
设施安全感	9522	1	10	51173	5.37	2.51	6.301
校园安全感	9507	1	10	51190	5.38	2.661	7.083
应急安全感	9511	1	10	51348	5.40	2.594	6.731
有效的N（列表状态）	9483						

如表4所示，全国城市居民对公共场所设施安全感上述四个分项的担忧程度有所差异，场所安全感、设施安全感、校园安全感和应急安全感相比，居民对设施安全感和校园安全感担心程度最低，对密集场所安全感和应急安全感的担心程度较高，从标准差和方差来看，居民对公共场所设施安全感的

认知和感受的离散性较强，大部分的数值和平均值之间的差异较大，这表明被调查者的意见存在两极分化的现象，这就需要组间分析来进一步探究。

不同城市的居民公共场所设施安全感又呈现何种状态呢？具体城市居民对所在城市公共场所设施安全的四个层面的担心程度指数详见表5，为了显示得更加清晰明了，笔者将四个层次的指数在相同换算单位下进行整体换算，得到图3①。如图3所示，在整体趋势方面，城市居民的公共场所设施安全感四个分项曲线的走势大致呈现一致性，变化趋势较为趋同。就具体城市而言，广州、呼和浩特、南宁三座城市设施安全感指数较低，表明这三座城市对城市设施安全的担心程度在全国31个省会城市中较高，其中广州、南宁城市设施安全感指数最低，一南一北的分布，这之间的规律有待进一步探究；福建、贵阳、济南、昆明、拉萨、乌鲁木齐、西藏七座城市设施安全感指数较高，其中昆明最高，表明昆明居民对公共场所设施安全的认可程度最高，看来"春城"不仅自然风光令人心旷神怡，而且城市设施也让人心里踏实。

表5　各城市居民对公共场所设施安全不同层面的担心程度指数

城市	场所安全感	设施安全感	校园安全感	应急安全感
北京	4.875	5.202	5.028	5.010
沈阳	5.386	4.988	5.142	5.139
成都	5.310	5.122	5.255	5.303
福州	6.312	6.339	6.505	6.536
广州	4.502	4.498	4.535	4.531
贵阳	6.198	6.170	6.259	6.047
哈尔滨	4.561	4.704	4.573	4.648
海口	4.711	4.688	4.707	4.843
杭州	5.726	5.844	5.941	5.822
合肥	5.925	5.489	5.649	5.783
呼和浩特	4.945	4.377	4.679	4.653
济南	6.184	5.993	5.990	6.321

① 图3数值不是各个城市公共场所设施安全感的实际指数，而是整体在相同换算单位下的趋势图。

续表

城市	场所安全感	设施安全感	校园安全感	应急安全感
昆明	6.616	6.734	6.863	6.806
拉萨	6.220	6.233	6.793	6.397
兰州	5.459	5.341	5.441	5.308
南昌	6.064	6.245	5.859	6.017
南京	6.003	5.755	5.829	5.840
南宁	4.051	4.013	3.823	4.035
上海	5.472	5.508	5.458	5.462
石家庄	5.076	4.949	4.573	4.827
太原	5.295	5.304	5.013	5.047
天津	5.711	5.778	5.755	5.583
乌鲁木齐	5.928	5.961	6.272	6.380
武汉	5.133	5.057	5.029	5.016
西安	4.963	4.812	4.732	4.652
西宁	6.156	6.026	6.078	6.007
银川	5.495	5.329	5.074	5.369
长春	4.890	5.000	5.013	4.983
长沙	5.298	5.462	5.294	5.422
郑州	4.706	4.616	4.586	4.534
重庆	5.305	5.077	5.172	5.060

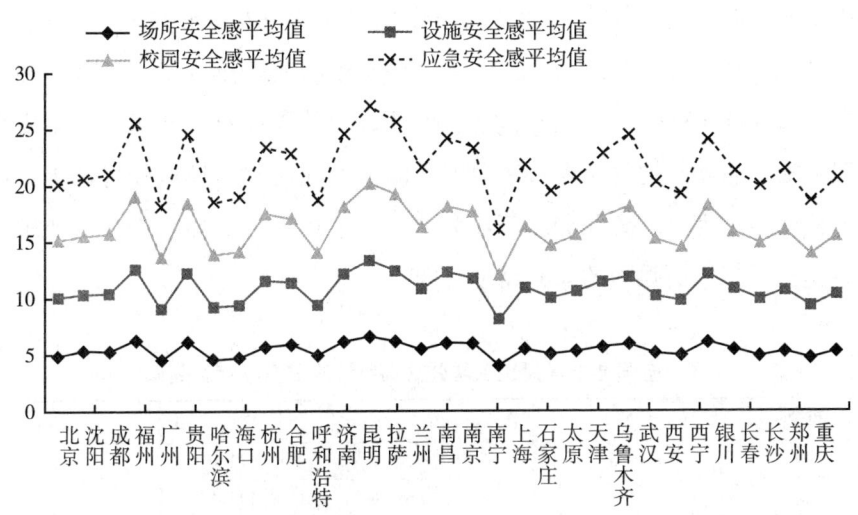

图3　各城市居民对公共场所设施安全不同层面的担心程度指数

（二）基于组间对比的城市公共场所设施安全感状况

接下来将从性别、年龄、政治面貌、文化程度、个人月收入、身份职业、户口类型等因素对公共场所设施安全感做进一步影响分析。

1. 基于性别的公共场所设施安全感状况

通过单因素分析了解性别变量与公共场所设施安全状况及不同层面担心程度的相关关系，结果如表6和表7所示。全国城市居民性别与公共场所设施安全感状况关系的F值为34.817，显著性水平p值小于0.001，表示性别显著影响公共场所设施安全感。从表7中可以发现，不同性别居民的场所安全感、设施安全感、校园安全感和应急安全感四个变量显著性水平p值均小于0.001，表明不同性别的居民对场所安全感、设施安全感、校园安全感和应急安全感的担心程度都有显著的不同。指标值最大为10分，表示完全不担心；最小为1分，表示极为担心，数据显示，男性居民对公共场所设施安全感（M=5.77）、场所安全感（M=5.61）、设施安全感（M=5.52）、校园安全感（M=5.61）和应急安全感（M=5.61）的担心程度显著低于女性居民对公共场所设施安全感（M=5.46）、场所安全感（M=5.24）、设施安全感（M=5.22）、校园安全感（M=5.14）和应急安全感（M=5.17）的担心程度。也就是说，男性对公共场所设施安全感四项指标的评价均优于女性。原因可能是女性对周围环境较男性更为敏感，且女性作为家庭育儿养老等任务的主要承担者，对环境安全的要求会更高，从而产生更强烈的公共设施感知。

表6 全国城市居民性别与公共场所设施安全感状况关系

性别	N	均值	标准差	F值
男	4985	5.77	2.472	34.817***
女	4485	5.46	2.493	
总计	9470	5.62	2.486	

注：* p<0.05；** p<0.01；*** p<0.001。

表7 不同性别居民对公共场所设施安全感不同层面担心程度的差异比较

因变量	性别	N	均值	标准差	均值的标准误	F值
场所安全感	男	4987	5.61	2.57	0.036	49.659***
	女	4486	5.24	2.55	0.038	
设施安全感	男	9473	5.52	2.491	0.035	32.631***
	女	4988	5.22	2.525	0.038	
校园安全感	男	4486	5.61	2.642	0.037	73.667***
	女	9474	5.14	2.661	0.04	
应急安全感	男	4978	5.61	2.565	0.036	70.516***
	女	4482	5.17	2.607	0.039	

注：$*p<0.05$；$**p<0.01$；$***p<0.001$。

2. 基于年龄的公共场所设施安全感状况

运用描述性统计和单因素方差分析方法得到城市居民年龄变量与公共场所设施安全感的相关关系。结果如表8和表9所示。全国城市居民年龄与公共场所设施安全感状况关系的F值为14.908，显著性水平p值小于0.001，表示年龄显著影响公共场所设施安全感。如表9所示，年龄与公共场所设施安全感不同层面的担心程度的显著性水平均小于0.001，表示不同年龄段的居民在场所安全感、设施安全感、校园安全感和应急安全感四个变量上均具有显著性差异。根据Scheffe事后比较法，18~29岁年龄组在场所安全感、设施安全感、校园安全感和应急安全感四个方面的分值均显著低于30~44岁、45~59岁、60岁及以上年龄组居民，表明其担心程度显著高于其他年龄组居民；其可能的原因在于：一是青年人正处于由学校向社会过渡或职业生涯的初期，所面临的生存压力普遍较大，因此对社会的不满情绪可能较多；二是青年人深谙互联网和新媒体技术，在外进行学习、工作、锻炼等活动的机会和时间更多，活动的范围更广泛、频次更多，更容易获知发达国家或发达城市比较好的公共设施安全知识，对所在地公共设施安全性的期望值提高，要求也更为严苛；三是青年人处于价值观不稳定期，加之自身能力和经验有限，对网络上一些负面情绪或不实信息的辨识能力较弱，极易受负面言论的蛊惑或煽动。而相较于18~29岁年龄组的年轻人，老年人往往有着更多的人生阅历和生活经验，并且经历了新中国成立以来的艰苦奋斗岁月，今昔对比之下，更容易对现有的城市发展现状产生满足和感恩之感，因此对于公共设施安全的担心程度会相对偏低。

表8 全国城市居民年龄与公共场所设施安全感状况关系

年龄	N	均值	标准差	标准误	极小值	极大值	F值
18~29岁	4207	5.46	2.495	0.038	1	10	
30~44岁	2817	5.66	2.391	0.045	1	10	
45~59岁	1693	5.8	2.528	0.061	1	10	14.908***
60岁及以上	745	6.01	2.618	0.096	1	10	
总数	9462	5.62	2.486	0.026	1	10	

注：***p<0.001。

表9 城市居民年龄与公共场所设施安全感不同层面担心程度的差异比较

因变量	年龄	N	均值	标准差	F值	事后比较
场所安全感	18~29岁	4208	5.25	2.589		
	30~44岁	2818	5.51	2.469		
	45~59岁	1693	5.64	2.591	15.004***	1>2,3,4
	60岁及以上	746	5.73	2.665		
	总数	9465	5.44	2.566		
设施安全感	18~29岁	4208	5.25	2.498		
	30~44岁	2818	5.45	2.428		
	45~59岁	1694	5.53	2.577	6.677***	1>2,3
	60岁及以上	746	5.45	2.689		
	总数	9466	5.38	2.51		
校园安全感	18~29岁	4197	5.25	2.681		
	30~44岁	2821	5.33	2.577		
	45~59岁	1689	5.68	2.674	15.369***	1>3,4
	60岁及以上	745	5.73	2.745		
	总数	9452	5.39	2.66		
应急安全感	18~29岁	4200	5.22	2.608		
	30~44岁	2816	5.41	2.483		
	45~59岁	1693	5.65	2.646	18.021***	1>2,3,4
	60岁及以上	746	5.81	2.706		
	总数	9455	5.4	2.593		

注：***p<0.001。

3. 基于户口类型的公共场所设施安全感状况

本次调查将城市居民划分为本地城市、本地农村、外地城市、外地农村四大户口类型，并分析其与公共场所设施安全感及其不同层面的担心程度的相关关系。结果如表10及表11所示。全国城市居民户口类型与公共场所设施安全感状况关系的F值为6.722，显著性水平p值小于0.001，表示户口类型影响公共场所设施安全感。如表11所示，公共场所设施安全感中的四个分项的显著性水平小于0.001或0.01，表明户口类型影响居民的场所安全感、设施安全感、校园安全感和应急安全感。总体而言，城市组明显高于农村组，外地农村的均值最低，其原因可能在于城乡二元化所带来的城市与农村的发展差距，本地城市与外地农村的发展差距越大，外地农民心中的不安全感可能就会随之提升。事后比较结果显示：在设施安全感方面，本地城市组居民的担心程度显著低于其他组居民；除此之外，城市居民的公共场所设施安全感呈现高度同质性，本地城市居民和外地城市居民在公共场所设施安全四个分项指标上的平均数也非常接近。

表10 全国城市居民户口类型与公共场所设施安全感状况关系

户口类型	N	均值	标准差	标准误	F
本地城市	5237	5.7	2.48	0.034	
本地农村	1482	5.41	2.436	0.063	6.722***
外地城市	1638	5.65	2.473	0.061	
外地农村	1107	5.48	2.579	0.078	
总数	9464	5.62	2.486	0.026	

注：* $p<0.05$；** $p<0.01$；*** $p<0.001$。

表11 全国城市居民户口类型与公共场所设施安全感不同层面担心程度的关系

因变量	户口类型	N	均值	标准差	F	事后比较
场所安全感	本地城市	5237	5.54	2.55		
	本地农村	1484	5.25	2.497		
	外地城市	1639	5.41	2.586	8.048***	1>2,4
	外地农村	1107	5.23	2.675		
	总数	9467	5.44	2.566		

续表

因变量	户口类型	N	均值	标准差	F	事后比较
设施安全感	本地城市	5238	5.43	2.507	2.906**	
	本地农村	1485	5.31	2.454		
	外地城市	1638	5.38	2.493		
	外地农村	1107	5.21	2.619		
	总数	9468	5.38	2.51		
校园安全感	本地城市	5232	5.43	2.652	3.159**	
	本地农村	1482	5.26	2.603		
	外地城市	1635	5.47	2.648		
	外地农村	1105	5.25	2.794		
	总数	9454	5.39	2.661		
应急安全感	本地城市	5231	5.48	2.586	4.278***	1>4
	本地农村	1481	5.3	2.493		
	外地城市	1637	5.39	2.591		
	外地农村	1108	5.22	2.753		
	总数	9457	5.4	2.594		

注：*$p<0.05$；**$p<0.01$；***$p<0.001$。

4. 基于政治面貌的公共场所设施安全感状况

问卷还调查了中共党员、民主党派、共青团员、群众等政治面貌对安全感的影响，结果发现政治面貌在一定程度上影响居民对公共场所设施安全感的认知，如表12及表13所示。显著性水平小于0.001，说明不同的政治面貌影响居民对公共场所设施安全感的认知与评价。如表13所示，公共场所设施安全感不同层面担心程度的显著性水平均小于0.001，说明政治面貌对公共场所设施安全感不同层面担心程度的影响呈显著性水平。其中，均值最高的为中共党员，其次为群众，再次为民主党派，共青团员居末。共青团员与前三类差异较大，其可能原因是共青团员是以青年人为主体，青年人本身的能力、阅历、人格特征等因素导致这一群体对周围环境较为敏感。耐人寻味的是群众的安全感较党员略低，却高于民主党派，这与我国普通群众对国家和政府的较强认同可能存在一定关联。根据事后比较法分析得出以下结果：在场所安全感、设施安全感、校园安全感和应急安全感方面，

表12 全国城市居民政治面貌与公共场所设施安全感状况关系

政治面貌	N	均值	标准差	标准误	极小值	极大值	F
中共党员	1646	5.73	2.515	0.062	1	10	
民主党派	158	5.61	2.307	0.184	1	10	10.612***
共青团员	2182	5.36	2.484	0.053	1	10	
群众	5459	5.7	2.475	0.033	1	10	
总数	9445	5.62	2.485	0.026	1	10	

注：* $p<0.05$；** $p<0.01$；*** $p<0.001$。

表13 全国城市居民政治面貌与公共场所设施安全感不同层面担心程度关系

因变量	政治面貌	N	均值	标准差	标准误	F	事后比较
场所安全感	中共党员	1644	5.51	2.61	0.064		
	民主党派	158	5.56	2.377	0.189		
	共青团员	2182	5.2	2.578	0.055	8.004***	1>3>4
	群众	5463	5.51	2.548	0.034		
	总数	9447	5.44	2.566	0.026		
设施安全感	中共党员	1647	5.42	2.564	0.063		
	民主党派	158	5.46	2.449	0.195		
	共青团员	2181	5.2	2.478	0.053	4.953***	1>3>4
	群众	5463	5.44	2.505	0.034		
	总数	9449	5.38	2.51	0.026		
校园安全感	中共党员	1642	5.47	2.673	0.066		
	民主党派	158	5.44	2.372	0.189		
	共青团员	2180	5.11	2.681	0.057	10.26***	3>4
	群众	5454	5.48	2.65	0.036		
	总数	9434	5.39	2.661	0.027		
应急安全感	中共党员	1646	5.5	2.626	0.065		
	民主党派	158	5.7	2.469	0.196		
	共青团员	2178	5.14	2.583	0.055	10.423***	1>3>4
	群众	5455	5.47	2.585	0.035		
	总数	9437	5.4	2.594	0.027		

注：* $p<0.05$；** $p<0.01$；*** $p<0.001$。

中共党员组居民与民主党派组居民间不相关，且分值显著高于其他组居民，即担心程度显著低于其他组居民，一方面可能因为中共党员基于工作关系更了解政府在其中的投入，另一方面也反映出中共党员群体对国家和政府在城市设施建设方面所做出的努力和取得的成效是高度认可的。

5. 基于个人月收入的公共场所设施安全感状况

随着生活条件的改善和收入水平的提高，一个城市的物质基础设施会率先得到改善，并进而提升居民对公共场所设施安全性的认可和评价。本调查通过将个人月收入分为六个层次，运用描述统计和单因素分析方法来对个人月收入与公共场所设施安全感及其不同层面进行相关关系分析。如表14所示，显著性水平小于0.001，说明不同的个人月收入水平影响居民对公共场所设施安全感的认知与评价。如表15所示，公共场所设施安全感不同层面担心程度的显著性水平均小于0.001，说明不同的个人月收入对公共场所设施安全感不同层面担心程度的影响具有显著性。具体表现为随着居民个人收入水平提高，居民对城市公共场所设施安全状况的担心愈加淡化，对城市公共场所设施的安全评价也就越高；反之，月收入水平越低，对公共场所设施安全状况的担忧情绪逐渐增强，尤其是月收入低于2000元的低收入者对其现实生活中的公共场所设施有着较为强烈的不安全感，对公共场所设施的安全需求相对更多。这种趋势不仅体现在公共场所设施的总体安全感上面，也体现在四个分项上。根据事后比较法分析得出以下结果，在场所安全感方面，2000元以下组、2001～3500元组居民的担心程度都显著高于5001～8000元和8001～12500元组居民；在设施安全感方面，2000元以下组、2001～3500元组居民的担心程度显著高于3501～5000元、5001～8000元和8001～12500元组居民；在校园安全感，2000元以下组、2001～3500元组居民的担心程度显著高于8001～12500元组居民；在应急安全感方面，2000元以下组居民的担心程度显著高于3501～5000元、5001～8000元和8001～12500元组居民，2001～3500元组居民的担心程度也显著高于5001～8000元和8001～12500元组居民。可以看出，2000元以下组居民在公共场所设施安全四项分项指标上的指数都显著低于5001～8000元和8001～12500元组居民。但是，有一个层次则有所不同，即收入在12500元以上组居民的均值要低于5001～8000元和8001～12500元组居民，反映出其担心程度要略高于这两组居民，这个现象可用马斯洛需求理论来加以解释,即当生存的需求得以满足后,其他更高层次的需求就会占据主流。

表14 全国城市居民个人月收入与公共场所设施安全感状况关系

个人收入水平	N	均值	标准差	标准误	极小值	极大值	F值
2000元以下	2143	5.47	2.531	0.055	1	10	
2001~3500元	1885	5.42	2.553	0.059	1	10	
3501~5000元	2786	5.68	2.419	0.046	1	10	8.743***
5001~8000元	1713	5.81	2.425	0.059	1	10	
8001~12500元	569	5.95	2.469	0.104	1	10	
12500元以上	225	5.8	2.524	0.168	1	10	
总数	9321	5.62	2.484	0.026	1	10	

注:* $p<0.05$;** $p<0.01$;*** $p<0.001$。

表15 全国城市居民个人月收入与公共场所设施安全感不同层面担心程度关系

因变量	个人月收入	N	均值	标准差	F	事后比较
场所安全感	2000元以下	2142	5.29	2.637		
	2001~3500元	1889	5.26	2.599		
	3501~5000元	2786	5.46	2.485	8.006***	1>4,5、2>4,5
	5001~8000元	1712	5.7	2.503		
	8001~12500元	570	5.71	2.601		
	12500元以上	225	5.46	2.681		
	总数	9324	5.44	2.564		
设施安全感	2000元以下	2144	5.22	2.545		
	2001~3500元	1888	5.13	2.546		
	3501~5000元	2786	5.49	2.435	10.87***	1>3,4,5、2>3,4,5
	5001~8000元	1713	5.6	2.482		
	8001~12500元	569	5.67	2.522		
	12500元以上	225	5.27	2.603		
	总数	9325	5.38	2.508		
校园安全感	2000元以下	2138	5.23	2.73		
	2001~3500元	1883	5.24	2.689		
	3501~5000元	2785	5.46	2.576	5.781***	1>4、2>4
	5001~8000元	1713	5.57	2.629		
	8001~12500元	569	5.64	2.672		
	12500元以上	223	5.35	2.725		
	总数	9311	5.39	2.658		

续表

因变量	个人月收入	N	均值	标准差	F	事后比较
应急安全感	2000元以下	2138	5.19	2.66	8.04***	1>3,4,5、2>4,5
	2001~3500元	1883	5.27	2.629		
	3501~5000元	2787	5.51	2.52		
	5001~8000元	1713	5.59	2.516		
	8001~12500元	569	5.68	2.641		
	12500元以上	224	5.32	2.659		
	总数	9314	5.41	2.59		

注：*$p<0.05$；**$p<0.01$；***$p<0.001$。

6. 基于身份职业的公共场所设施安全感状况

职业是人类在劳动过程中的分工现象，反映了居民不同的社会属性。本调查将居民的身份职业分为八大类，分析其与公共场所设施安全感的相关性，如表16所示，显著性水平低于0.001，表示不同身份职业对城市居民公共场所设施安全感产生了显著性的影响。如表17所示，不同身份职业对公共场所设施安全感不同层面担心程度的显著性水平均小于0.001，表示不同身份职业的居民在场所安全感、设施安全感、校园安全感和应急安全感四个变量上均具有显著性差异。事后比较结果显示，在校园安全感方面，公司

表16 全国城市居民身份职业与公共场所设施安全感状况关系

身份职业	N	均值	标准差	标准误	极小值	极大值	F
公务员	328	5.88	2.489	0.137	1	10	4.201***
事业单位人员	1195	5.64	2.478	0.072	1	10	
公司职员	2441	5.61	2.424	0.049	1	10	
进城务工人员	504	5.78	2.339	0.104	1	10	
学生	1844	5.51	2.458	0.057	1	10	
自由职业者	1353	5.59	2.512	0.068	1	10	
离退休人员	703	6	2.638	0.1	1	10	
其他	1088	5.49	2.59	0.079	1	10	
总数	9456	5.62	2.487	0.026	1	10	

注：*$p<0.05$；**$p<0.01$；***$p<0.001$。

职员、学生和其他组居民的担心程度显著高于离退休人员组居民;在应急安全感方面,公司职员、学生和其他组居民的担心程度同样显著高于离退休人员组居民。可以看出,无论是在校园安全感,还是在应急安全感上,相较公司职员、学生组居民和其他组居民,离退休人员组居民都表现出了更高的安全感,这可能与离退休人员大多经历了新中国成立以来的艰苦岁月,相较过去,现在的生活水平已有质的变化,他们普遍存在感恩与幸福之感,对国家和个人所获得的发展成果更为认可。

表17 全国城市居民身份职业与公共场所设施安全感不同层面担心程度关系

因变量	身份职业	N	均值	标准差	标准误	F值	事后比较
场所安全感	公务员	327	5.76	2.565	0.142	4.096***	
	事业单位人员	1194	5.49	2.548	0.074		
	公司职员	2440	5.38	2.512	0.051		
	进城务工人员	505	5.62	2.356	0.105		
	学生	1845	5.3	2.571	0.06		
	自由职业者	1356	5.51	2.615	0.071		
	离退休人员	703	5.773	2.68	0.101		
	其他	1089	5.29	2.636	0.08		
	总数	9459	5.44	2.567	0.026		
设施安全感	公务员	328	5.7	2.533	0.14	3.394***	
	事业单位人员	1196	5.48	2.507	0.072		
	公司职员	2441	5.29	2.433	0.049		
	进城务工人员	505	5.65	2.365	0.105		
	学生	1845	5.29	2.477	0.058		
	自由职业者	1354	5.43	2.582	0.07		
	离退休人员	703	5.48	2.685	0.101		
	其他	1088	5.25	2.573	0.078		
	总数	9460	5.38	2.51	0.026		
校园安全感	公务员	328	5.8	2.574	0.142	5.211***	3>7、5>7、7>8
	事业单位人员	1195	5.44	2.622	0.076		
	公司职员	2440	5.3	2.568	0.052		
	进城务工人员	502	5.63	2.573	0.115		
	学生	1840	5.27	2.68	0.062		
	自由职业者	1354	5.37	2.717	0.074		
	离退休人员	702	5.78	2.828	0.107		
	其他	1085	5.25	2.733	0.083		
	总数	9446	5.39	2.662	0.027		

续表

因变量	身份职业	N	均值	标准差	标准误	F值	事后比较
应急安全感	公务员	328	5.77	2.543	0.14	5.229***	3>7、5>7、7>8
	事业单位人员	1196	5.45	2.637	0.076		
	公司职员	2438	5.32	2.502	0.051		
	进城务工人员	503	5.61	2.473	0.11		
	学生	1840	5.27	2.583	0.06		
	自由职业者	1354	5.44	2.597	0.071		
	离退休人员	703	5.79	2.752	0.104		
	其他	1087	5.25	2.697	0.082		
	总数	9449	5.4	2.595	0.027		

注：* $p<0.05$；** $p<0.01$；*** $p<0.001$。

7. 基于文化程度的公共场所设施安全感状况

此次调查将区分了五种文化程度：小学及以下、初中、高中（中职、高专）、大学（大专）、研究生及以上。如表18所示，显著性水平p值为0.126，大于0.05，表示不同文化程度对城市居民公共场所设施安全感并没有产生显著性影响。如表19所示，不同文化程度对公共场所设施安全感中的校园安全感和应急安全感这两个分项的显著性水平均小于0.001，表示不同文化程度的居民在校园安全感和应急安全感这两个变量上均具有显著性差异。这说明，虽然文化程度与公共场所设施安全感状况并没有在此次的调查中存在相关性，但它在一定程度上影响着居民对公共场所设施安全感分项的认知与感受。事后比较结果显示，文化程度差异对场所安全感、设施安全感这两个分项的影响没有在本次调查中得到证实。但是在校园安全感、应急安全感方面，大学（大专）和研究生及以上组居民的担心程度显著高于初中组居民。可能的原因在于接受过或正在接受高等教育的大学生及研究生，对于自身权益的保护会明显强于文化水平较低的居民，因而对公共设施提出了更高的要求，且大学（大专）生和研究生等普遍度过了至少16年的学习生涯，学校已经成为他们最为重要的成长场所，故而对校园安全方面的感知更为敏感。

表18 全国城市居民文化程度与公共场所设施安全感状况关系

文化程度	N	均值	标准差	标准误	极小值	极大值	显著性
小学及以下	285	5.64	2.475	0.147	1	10	
初中	1056	5.75	2.664	0.082	1	10	
高中(中职、中专)	2521	5.67	2.55	0.051	1	10	0.126
大学(大专)	5054	5.58	2.433	0.034	1	10	
研究生及以上	547	5.47	2.317	0.099	1	10	
总数	9463	5.62	2.486	0.026	1	10	

表19 全国城市居民文化程度与公共场所设施安全感不同层面担心程度关系

因变量	文化程度	N	均值	标准差	标准误	F值	事后比较
场所安全感	小学及以下	285	5.39	2.515	0.149	1.932	
	初中	1060	5.57	2.701	0.083		
	高中(中职、中专)	2521	5.51	2.619	0.052		
	大学(大专)	5052	5.38	2.53	0.036		
	研究生及以上	548	5.41	2.411	0.103		
	总数	9466	5.44	2.567	0.026		
设施安全感	小学及以下	285	5.32	2.494	0.148	1.744	
	初中	1060	5.52	2.667	0.082		
	高中(中职、中专)	2520	5.43	2.575	0.051		
	大学(大专)	5054	5.33	2.458	0.035		
	研究生及以上	548	5.3	2.372	0.101		
	总数	9467	5.38	2.51	0.026		
校园安全感	小学及以下	283	5.52	2.625	0.156	4.611***	2>4
	初中	1057	5.66	2.815	0.087		
	高中(中职、中专)	2519	5.45	2.722	0.054		
	大学(大专)	5046	5.3	2.611	0.037		
	研究生及以上	548	5.32	2.518	0.108		
	总数	9453	5.39	2.662	0.027		
应急安全感	小学及以下	285	5.34	2.564	0.152	4.826***	2>4
	初中	1058	5.63	2.74	0.084		
	高中(中职、中专)	2518	5.5	2.655	0.053		
	大学(大专)	5047	5.32	2.547	0.036		
	研究生及以上	548	5.23	2.429	0.104		
	总数	9456	5.4	2.594	0.027		

注：***p<0.001。

三 城市公共场所设施安全感方面存在的问题

上述对此次调查的城市居民公共场所设施安全感数据的分析,揭示了我国居民公共场所设施安全感存在的诸多问题。

(一)从宏观来看,城市公共场所设施安全感区域分布呈现不均衡、不稳定的特征

根据第一财经·新一线城市研究所对中国城市的等级划分,全国31个省会城市中,一线城市3个(北京、上海、广州),新一线城市10个(成都、杭州、武汉、重庆、南京、天津、西安、长沙、沈阳、郑州),二线城市14个(福州、合肥、昆明、哈尔滨、济南、长春、石家庄、南宁、南昌、乌鲁木齐、兰州、海口、贵阳、太原),三线城市3个(呼和浩特、西宁、银川),五线城市1个(拉萨)。

如表20所示,2018年一线城市在"公共场所设施安全感"排名中均跌出前十,将2017年和2018年相比较,北京上升了8名,而上海、广州排名均下降,且此次广州名次下降幅度较大。新一线城市的相应排名则有升有降。2017年排名前十的重庆、西安和沈阳在2018年均出现较大幅度的排名下滑,其中重庆由第一名滑落至第20名,西安由第三名滑落至第25名。天津和南京则保持稳定,出现换位情况,郑州依旧在20多名徘徊。长沙、武汉则有小幅回落。唯有杭州表现亮眼,由原来的第28名跃升至第九,成都也前进了七名。2018年二线城市的排名却可圈可点,除哈尔滨、长春、石家庄、南宁有回落外,其余城市均出现上升趋势,尤其是昆明在2018年荣登榜首,乌鲁木齐挺进前五,福州和贵阳、南昌保持在前十,济南首次跻身前十,合肥、太原、兰州的排名也有不错的提升,海口等却出现了较大幅度的下降。三线城市则表现出较为明显的两极分化现象,呼和浩特下降明显,银川、西宁的排名则上升了。最令人印象深刻的是拉萨,拉萨在2017年的排名就非常不错,位居第14名,2018年则跃居第三。

表20　城市等级划分与公共场所设施安全感排名

等级	城市	2018	2017
一线城市	上海	13	9
	北京	21	29
	广州	30	5
新一线城市	成都	17	24
	杭州	9	28
	重庆	20	1
	武汉	22	18
	西安	25	3
	天津	12	10
	南京	10	12
	郑州	28	26
	长沙	16	11
	沈阳	18	8
二线城市	昆明	1	27
	合肥	11	13
	福州	2	6
	哈尔滨	29	25
	济南	6	17
	长春	24	16
	石家庄	23	21
	南宁	31	19
	贵阳	5	2
	南昌	8	7
	太原	19	31
	乌鲁木齐	4	23
	兰州	14	30
	海口	26	4

续表

等级	城市	2018	2017
三线城市	呼和浩特	27	20
	银川	15	22
	西宁	7	15
五线城市	拉萨	3	14

为进一步探究我国城市居民公共场所设施安全感的分布情况，本部分将各省会城市按照所属省份进行东、中、西部划分，其中，东部地区包括北京、天津、石家庄、沈阳、上海、南京、杭州、福州、济南、广州、海口；中部地区包括太原、长春、哈尔滨、合肥、南昌、郑州、武汉、长沙；西部地区包括重庆、成都、贵阳、昆明、拉萨、西安、兰州、西宁、银川、乌鲁木齐、南宁、呼和浩特。

从表21、表22、图4可以看出，无论是城市居民的公共场所设施安全感总体还是分项指标，均呈现西部高于东部、中部地区，而中部地区城市居民的公共场所设施安全感得分最低。方差检验的结果也支持了这一结论：东、中、西部地区间存在显著差异，中部城市成为城市公共场所设施安全感的"洼地"（见表22）。

表21　东部、中部、西部区域间城市居民公共场所设施安全感得分比较

题项	类别	东部	中部	西部
场所安全感	N	3366	2478	3677
	均值	5.45	5.23	5.56
	标准差	2.641	2.476	2.553
设施安全感	N	3368	2481	3673
	均值	5.41	5.23	5.44
	标准差	2.600	2.394	2.500
校园安全感	N	3363	2476	3668
	均值	5.40	5.12	5.54
	标准差	2.764	2.508	2.653
应急安全感	N	3361	2480	3670
	均值	5.44	5.18	5.51
	标准差	2.695	2.480	2.568

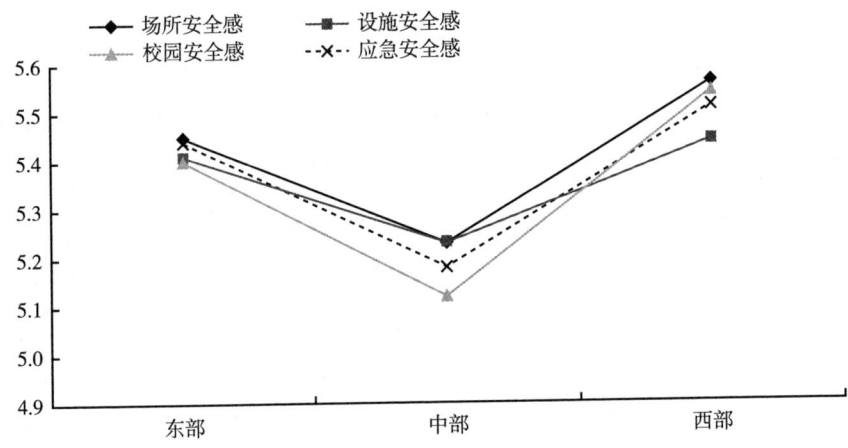

图4 东部、中部、西部各题项得分比较

表22 东部、中部、西部区域间城市居民公共场所设施安全感比较

区域	N	均值	标准差	标准误	F	事后比较
东部	3368	5.59	2.474	0.043	19.429***	1,3>2
中部	2478	5.87	2.638	0.053		
西部	3672	5.48	2.378	0.039		

（二）从中观来看，城市公共场所设施安全感敏感人群分布呈现新旧人群叠加和扩散现象

根据上文的数据分析结果，女性、青年和低收入人群是我国城市公共场所设施安全的敏感人群。调查显示，年龄段在18～29岁的居民的担心程度评分均显著小于其他年龄阶段的居民，个人月收入水平在2000元及以下的居民在设施安全感知和设施应急安全感知两个方面的担心程度评分均显著小于其他收入阶段的居民。在现实生活中，这三类人群往往是叠加的，一旦叠加，这些敏感人群不安全感知度可能会进一步降低，这不得不引起政府的重视。还有一些新趋势也值得政府关注，如我们一直认为外来的农民工是城市的不安全敏感人群，但在此次调查中发现，农村组在安全感知方面确实要低于城市组，但最低值不是外来农民工，而是本市农民，其背后的原因还应归

为我国长期存在的城乡二元化，户籍的人为划归，导致农民户籍人口无权享受很多城市福利，但随着各大城市扩张市区面积，很多原来的农村已经变成城郊，在浅层生活方面农民看似与城市户籍人口无异，但是深层生活体验则仍然城乡有别，如医保问题、教育问题、养老问题等等，加上现在交通发达、网络便利，农村户籍人口更加向往城市户籍人口所享受的便利的生活设施，因此，这就为政府提出了如何加快新型城镇化建设、缩小城乡差异的这一老话题、新问题。另一个新敏感群体就是率先进入高收入阶段的这一群体，数据显示，收入在12500元以上组居民的该均值要低于5001~8000元和8001~12500元组居民，成为公共场所设施安全感中的一块新洼地。这对我国政府的管理提出了新挑战，当我们还在努力弥补传统敏感人群的安全短板时，一些反映新时代新需求的问题也同频出现，这就要求政府具有平衡好传统问题和新型问题的能力。

（三）从微观来看，城市居民个体的安全行为倾向存在风险可能性

当问到"当进入陌生的公共场所时，您是否会留意逃生通道或避险标识？"这一测试居民公共场所安全意识的问题时，调查结果显示，从不关注和偶尔去观察的比例高达75.3%（见表23），占有效调查总数的3/4，而公共场所的逃生通道或避险标识是一旦发生公共危险事件时紧急避难的最有效通道，如果连逃生通道或避险标识都不清楚，当危机来临，其脱险将无法保证。调查中进一步追问"如果发现道路上的窨井盖不见了，您会怎样做？""如果在公共场所遇到突发事件（如电梯故障、火灾、拥挤踩踏），您第一时间会怎么做？"这两个问题来测评居民的公共场所安全行为倾向，结果发现，当居民发现道路上的窨井盖不见了时，将近一半的居民（43.4%）选择了避开绕行，而选择提醒的人群中绝大部分人只是用了口头提醒或放个东西提醒这两种影响范围较小且比较随意的方式，其有效提醒和解除风险的效果比较差，而只有10.4%的人选择了提醒大家并向市政部门反映等具有公共行为特征的提醒和解决风险的方式（见表24），由此可见，我国居民在面临日常生活中非紧急的突发事件时的行为比较随意且公共性有所缺乏。当面

临紧急性的公共危机事件时，居民又会怎么做呢？调查结果显示，选择自己找逃生出口的比例最多，但结合上文中3/4的居民平时并不多留意公共场所的逃生标识来看，选择自己找逃生出口的居民绝大多数是不知道出口在哪里的，事到临头才去找逃生出口显然会延误非常多的逃生时间，甚至会错过黄金逃生时间。而选择随人群走和向他人求助这两项比较被动的逃生行为的占比非常高，令人惊讶的是，竟然还有6.6%的居民选择在危难来临时先拍照这一枉顾自身安全的非理智行为，从整体结果来看，对我国城市居民在突发事件中能否科学自救的答案是否定的，更不要提科学救助他人了（见表25）。而结果不如人意的原因可能与我国居民的安全意识和安全教育缺乏有关。当被问到"在最近一年时间内，公共场所的不安全事件多吗？（如电梯伤人、火灾、踩踏等）"时，77.6%的居民认为极少或不大多（见表26），而这与客观实际情况大相径庭，实际上各大媒体对此的报道也是层出不穷，为何还会有如此高比例的人群认为不多？其可能的原因与我国传统的"趋利避害"意识有关，更愿意听好事、吉祥事，而有意识规避一些不好的事、所谓的坏事。另一个可能原因在于公共安全教育的缺乏。当被问到"是否接受过社会组织（如公益团体）关于公共安全的教育或服务？"时，有56.1%的被调查者选择没有，说明大部分居民较为缺乏公共安全方面的教育；并且在这项调查中，选择接受过公共场所设施安全教育或服务的居民仅有1799人，除去空白问卷后，没有接受过的人达3548人（共9527人），几乎是接受过相关教育或服务的人的两倍，这些数据从整体上说明我国公共安全教育之匮乏。

表23 关于"居民进入陌生的公共场所时，是否会留意逃生通道或避险标识"调查结果

	频率	百分比	有效百分比	累积百分比
从不关注	1527	16.0	16.0	16.0
偶尔会去观察	5638	59.2	59.2	75.3
经常留意	2351	24.7	24.7	100.0

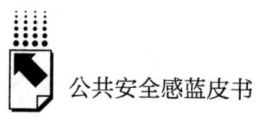

公共安全感蓝皮书

表24 关于"居民发现道路上的窨井盖不见了，会怎样做"调查结果

选项	频率	百分比	有效百分比	累积百分比
避开绕行	4131	43.4	43.4	43.4
口头提醒后面的人	2428	25.5	25.5	69.0
放个东西提醒大家	1958	20.6	20.6	89.6
提醒大家，并向市政部门反映	991	10.4	10.4	100.0

表25 关于"居民在公共场所遇到突发事件，会怎么做"调查结果

选项	频率	百分比	有效百分比	累积百分比
随人群走	2583	27.1	27.2	27.2
拍照	628	6.6	6.6	33.8
自己找逃生出口	3171	33.3	33.3	67.1
打电话求助	2329	24.4	24.5	91.6
救助他人	799	8.4	8.4	100.0

表26 关于"居民了解的公共场所的不安全事件"调查结果

	频率	百分比	有效百分比	累积百分比
极少	2371	24.9	24.9	24.9
不太多	5006	52.5	52.6	77.6
经常	1662	17.4	17.5	95.1
极为普遍	470	4.9	4.9	100.0

四 提升城市公共场所设施安全水平的建议

城市公共场所基础设施安全关系到城市的经济健康发展，关系到城市居民的日常工作生活，关系到社会和谐与稳定。针对城市公共场所设施安全感所存在的问题、面临的挑战及其原因，我们提出了加强城市公共场所设施安全的若干对策建议，具体如下。

（一）创新安全理念，加强"三制"建设，构建常态化的公共场所设施安全治理体系

首先，公共场所基础设施大多属于公共产品或准公共产品，政府负有不

可推卸的主要职责，因此城市基础设施的管理要以人民群众为主体，以人民的幸福为追求，以人民满意为标准，不断创新思维和方法，提供创新管理成果来满足人民群众不断增长的需要。

其次，政府要营造绝对的政策优势，加大资金投入，积极改善公共基础设施建设环境，营造社会公众参与的良好氛围，拓宽筹资渠道，从政策、投入等方面给予强力支持，并要逐步缩小城乡之间的基础设施建设差距。

再次，应健全城市公共场所基础设施危机应急管理的机制、体制与法制，如建立基础设施公共安全应急能力评价指标，将达到这些指标要求作为地方公共安全应急能力建设的目标，并将评价结果作为地方政府业绩考核的依据之一；建立基础设施安全预警系统；加强应急管理基础工作，落实事故应急预案基本要素及应急预案编制与管理；根据基础设施规模、技术特点及安全事故特征，建立一套切实可行的安全应急预案；实行统分结合的公共安全治理结构；建立重大危险源确认、评价和动态监控体系；建立重大与大型活动备案和安全风险评估制度[①]等等。

最后，在城市公共场所设施安全治理中，应消解过分行政化色彩，鼓励公众参与，变政府包揽一切向政企、政事、政社分开转变，增强社会的自治功能，应结合当前公共服务供给治理的网络化大潮，立足城市公用设施开放性、公平性、人本性、智能性、系统性等特点，改变以往社会公共安全科层治理的模式，基于多元主体间的协商合作，通过各组织间的合作与协商，形成公共场合基础设施安全风险治理的整体协同的网络化治理模式。

（二）广泛搜集居民安全需求，解决敏感人群需求痛点

政府应在传统方式的基础上，充分利用互联网、大数据、新媒体等现代化、信息化的手段全面而广泛地收集居民需求和意见，利用各种现代化手段积极排查和化解社会矛盾，按照"预防为主，教育疏导，依法处理，防止

---

① 何寿奎：《基础设施公共安全风险管理制度研究》，《生态经济》（学术版）2012年第1期，第425~428页。

各类矛盾激化"的原则,重点了解敏感人群的需求重点,及时发现和解决其需求痛点。在敏感人群关注上仍应以传统敏感人群为主,即青年与低收入人群。首先,应促进青年就业和生活环境的改善,引导其树立正确的公共安全价值观。社会转型与青年人价值观形塑的碰撞,使得青年人易陷入不安全、自我否定的泥淖,此时家庭、学校应成为青年人成长路上的引路人,帮助青年"一分为二"地看问题,促使他们融入社会的进步之中,将个人的能力同社会的需求进行横向对比,拾遗补缺;助其把社会需要同个人志趣相结合,摒弃幻想,树立正确的人生观、世界观。其次,应完善低收入人群的公共安全保障,加快建立健全适合低收入人群特点的公共安全保障制度,通过各种方式,使低收入人群不因教致贫、因病致贫,从心理上和现实收入上摘掉贫穷的帽子。最后是对新敏感人群的关注,尤其是针对本市农民对城乡有别的不公平抱怨,有条件的城市应率先打破原有户籍限制,逐步实行城乡无差别公共产品与公共服务的供给。而高收入人群尽管尚属小众,但其反映出来的是我国社会发展阶段的新矛盾,预示着未来的趋势,现阶段政府可提供平台或进行政策引导,鼓励企业或非政府组织提供个性化、定制化的产品和服务,以满足这类人群的新需求。

(三)加大公共场所设施安全宣传与教育力度,提升居民公共安全行为能力

当前建设公共安全基础设施的观念淡薄,致使群众对公共安全基础设施了解甚少。以消防梯为例,很少有人了解消防梯的设置目的和使用方法;再比如在公路上设置应急车道作为交通安全的专用基础设施,很多人却将其当作普通车道行驶,"任何人不得占用应急车道"的约束命令缺乏效力。因此,为强化对公共安全基础设施的使用,应做好以下几方面的工作[①]:一是普遍宣传,普及公众教育。当前群众对公共安全基础设施知之甚少,甚至不

---

① 王晨:《城市公共安全基础设施建设研究》,《辽宁警察学院学报》2017年第19(02)期,第52~58页。

了解相关标识和标志，缺乏对一般基础设施和公共安全基础设施的常识，导致公共安全基础设施与一般基础设施混用的局面。因此，相关建设部门应当加强宣传教育，通过各大媒体增强群众对公共安全基础设施的了解认识，特别是在事故发生后，应抓住有利时机，向人们说明建设的必要性，以引起人们的重视。二是具体指导，掌握使用方法。当人们在头脑中形成公共安全基础设施的观念后，就应逐步强化对公共安全基础设施的使用。各相关领域应专门配备一定数量的安全指导人员，负责公关安全基础设施的使用指导工作，可采用授课、讲座等方式，丰富教学方法，使每个成员都能对公共安全基础设施学以致用，提升维护自身安全的能力。三是系统培训，熟练操作技能。像KTV、宾馆、饭店等某些特定行业，相关部门应定期组织对这些人员聚集量大的特定场所的相关人员的培训，不定期组织实战演练，模拟并熟练操作和使用防灾设施和设备，模拟并熟悉灾难发生时的情景，以保证在灾难来临之时能保持清醒、从容与淡定，积极地应对灾难。

B.9
中国城市社会保障安全感调查报告（2019）

陈 静*

摘 要： 2018年"中国城市公共安全感"调查数据显示，我国城市居民的社会保障安全感呈现总体评价偏低，城市之间变动较大且规律性不明显，职业、户籍类型、收入分化显著，居民自我责任意识不足等特点。其原因主要在于基本社会保障制度尚未实现全覆盖，制度的碎片化运行和服务的非均等化供给，以及政策信息沟通不畅等在一定程度上削减了安全效应。对此，应进一步完善基本社会保障的制度设置，推动制度子系统之间的对接整合，发展多层次多支柱的社会保障体系，转变政府管理理念，搭建政民沟通交流的平台，以有效提升城市居民社会保障安全感。

关键词： 城市 社会保障 社会保障安全感

"总体国家安全观"，是习近平新时代中国特色社会主义思想的重要内容。习近平总书记指出，必须坚持总体国家安全观，以人民安全为宗旨，以政治安全为根本，以经济安全为基础，以军事、文化、社会安全为保障，以促进国际安全为依托，走出一条中国特色国家安全道路。在总体安全观的视

---

* 陈静，管理学博士，中国矿业大学公共管理学院副教授。

野下，社会安全（social security）处于一个非常重要且关键的位置。社会安全是由和谐、有序的社会运行状态和确定、回应的心理预期所构成的。社会保障安全是社会安全的重要内容，社会保障制度能够保障个人的经济安全，满足个人及其家庭的食物、衣着、住房、医疗和必要的社会服务免于匮乏的需要；能够在一定程度上调节国家经济运行状况，促进经济安全；能够缩小贫富差距，缓解社会矛盾，稳定国家政权。社会保障安全既是公共安全的基础，在实践中，又是城市公共安全体系的重要组成部分。社会保障作为一种机制性的预防框架，其部分制度设置，如临时救助制度、特殊福利项目等，也能够作为特殊性危机事件——地震、暴雨、台风、塌陷、火灾、新型传染病、有毒食品、药品不良反应、污染、交通事故、群体性事件等的应援机制，从而与其他安全机制联结在一起，共同构成城市公共安全制度网络。

对某一区域、某一群体社会保障安全状态的评价一般由两个指标体系构成。一是客观状态指标。即从客观统计数据出发，讨论社会保障制度体系完整程度、各子系统的覆盖面、福利给付水平、经办体系、群体落差等问题，以评价社会保障制度及其安全效应；二是主观感受指标，指不同群体对某一保障制度的主观心理感受（如安全感、满意度、获得感等），形成对社会保障制度的主观评价体系，二者共同建构了对社会保障安全的评价框架。本文通过对我国31个省会城市居民的大规模问卷调查，着重了解现行养老、医疗、社会救助制度所给予城市居民的心理感受及安全评价，以深入描绘和展现我国城市社会保障安全感状态。

一　中国城市社会保障安全感基本状况与特点

在2017年中国城市居民社会保障安全感调查及数据分析的基础上，本文通过对2018年"中国城市公共安全调查"数据的统计分析，持续跟踪了解我国省会城市居民在养老、医疗、社会救助等社会保障基础层面的安全感，以及对社会保障安全的总体感受，并通过年度数据对比展现不同城市居民社会保障安全感的变化情况。

（一）中国城市社会保障安全感测量指标与指数排行

1. 评价体系建构、指标选取与资料来源

在我国，社会保障体系包括社会救助、社会保险和社会福利三个层面，涵盖了养老、医疗、失业、工伤、生育、住房、残疾人服务、妇女儿童服务等诸多领域，其安全感评价也相应地涉及了所有的社会群体及内容。在考虑问卷承载题量与待测指标的基础上，为延续年度调查的持续性及数据可比较性，本次调查仍然选取社会保障体系中与公众安全感受相关性最为密切的两个层面——社会救助和社会保险作为测量的主要项目，以养老、医疗和社会救助为主体设计问题和指标。其内容包括两个层面：一是中国城市居民社会保障总体安全感及分项安全感主观测量指标。对最终数据的相关性分析显示，本研究所选取的城市社会保障安全感测量指标之间存在显著相关关系，如表1所示。二是用于解释被调查者安全感程度的行为测量指标，通过询问被调查者是否参加养老、医疗等社会保险，以及是否另外购买商业保险等问题，以深入理解被调查者安全感高低的原因。除此之外，笔者还通过各城市统计年鉴、官方年度公报、统计数据等文献，搜集在社会保险、社会救助层面具有核心评价价值的客观数据，包括31个省会城市的城镇职工基本养老保险参保率及给付水平、城镇职工基本医疗保险参保率及报销比率、社会救助覆盖面、低保给付水平、城镇单位在岗职工平均工资等，以帮助解读主观数据的形成缘由。

本文所使用的数据来自中国工程院咨询研究项目子课题组、江苏省公共安全创新研究中心、中国矿业大学城市公共安全管理智库于2018年7~8月开展的"中国城市公共安全感调查"。2018年的调查基本延续2017年的调查模式，调查小组由13个增加至18个，分赴全国31个省会城市对居民进行问卷调查，内容上涵盖了城市安全的众多层面。调查采用多阶段随机抽样

表1 城市社会保障安全感测量指标相关性（2018）

项目		社会保障总体安全感	老年安全感	医疗安全感	社会救助安全感	社会保障安全感指数
社会保障总体安全感	皮尔逊相关性	1	0.762	0.648	0.651	0.752
	显著性（双尾）	—	0.000	0.000	0.000	0.000
	个案数	9505	9495	9492	9498	9475
老年安全感	皮尔逊相关性	0.762	1	0.749	0.718	0.899
	显著性（双尾）	0.000	—	0.000	0.000	0.000
	个案数	9495	9516	9502	9509	9495
医疗安全感	皮尔逊相关性	0.648	0.749	1	0.782	0.925
	显著性（双尾）	0.000	0.000	—	0.000	0.000
	个案数	9492	9502	9513	9506	9495
社会救助安全感	皮尔逊相关性	0.651	0.718	0.782	1	0.913
	显著性（双尾）	0.000	0.000	0.000	—	0.000
	个案数	9498	9509	9506	9520	9495
社会保障安全感指数	皮尔逊相关性	0.752	0.899	0.925	0.913	1
	显著性（双尾）	0.000	0.000	0.000	0.000	—
	个案数	9475	9495	9495	9495	9495

方法，城市与市辖区为普查层，抽样从街道一级开始，按照街道办事处——社区居委会——居民小区——居民楼——家户——被调查者的逻辑逐层展开，由居民填写问卷的方式获得资料。为获得有代表性的概率样本，此次调查严格按照科学抽样程序进行。调查小组在每个调研城市发放300份居民调查问卷。本次调查在问卷设计、抽样方法、调查方式等方面与2017年一致。经过各小组在每个城市10多天细致艰苦的工作，获得了大量真实可靠的一手数据。在资料收集工作完成后，课题组经过为期两个月、先后三次的数据集中清洗，为减少缺失值和极值对分析结果的影响，共剔除变量缺失较多和少数极值的无效问卷95份。最终，实际测算全国城市公共安全感指数的有效样本为9527个。

2. 因子提取与指标权重

本项研究通过探索性因子分析对城市居民公共安全感的9个方面、41

个变量进行分析,最终提取出 15 个公因子作为测量指标。其中城市社会保障安全感测量包括 2 个公因子与 4 个变量,如表 2 所示。并进一步通过公因子的方差贡献率计算二级指标权重,见表 3。

表 2 城市社会保障安全感测量公因子（2018）

目标	一级指标	公因子	变量
城市社会保障安全感	社会保障	总体状况	社会保障总体满意度
		社会保障分项安全感	年老后的经济来源及生活照顾问题
			看病问题
			家庭因意外陷入困境时能否得到必要救济

表 3 全国城市社会保障安全感指标权重（2018）

一级指标	权重	二级指标	权重	三级指标
				（极为担心—完全不担心：1~10）
社会保障	0.1295	总体状况	0.0607	社会保障总体评价
		社会保障分项安全感	0.0688	年老后经济来源及生活照顾问题
				看病问题
				家庭因意外陷入困境能否得到必要救济

3. 2019年中国城市社会保障安全感指数排行

（1）中国城市社会保障安全感指数及排名

根据对数据的指数化计算,2018 年全国城市公共安全感九个分项指标的指数分别为：自然安全感指数 0.5089、生态安全感指数 0.4880、公共卫生安全感指数 0.4895、食品安全感指数 0.4972、交通安全感指数 0.4939、公共场所设施安全感指数 0.4978、社会治安安全感指数 0.4957、社会保障安全感指数 0.4782、信息安全感指数 0.4670,如表 4 所示。

由表 4 可见,较之于 2017 年的调查数据,社会保障安全感由 0.4843 降至 0.4782,指数排名由 2017 年的第五位降至第八位,仅略高于公众对信息安全的感知评价。由此可见,城市居民对社会保障安全的主观评价偏低,且下降幅度较大。

表4　全国城市公共安全感分项指标指数排名（2017~2018）

年份	2018		2017	
分项指标	指数	排名	指数	排名
自然安全感	0.5089	1	0.5091	1
公共场所设施安全感	0.4978	2	0.4941	2
食品安全感	0.4972	3	0.4693	8
社会治安安全感	0.4957	4	0.4934	3
交通安全感	0.4939	5	0.4917	4
公共卫生安全感	0.4895	6	0.4799	7
生态安全感	0.4880	7	0.4840	6
社会保障安全感	0.4782	8	0.4843	5
信息安全感	0.4670	9	0.3835	9

表5　全国城市社会保障安全感分项均值比较（2017~2018）

年份	2018			2017		
分项指标	N	均值	标准差	N	均值	标准差
老年安全感	9354	5.27133	2.680008	9419	5.45769	2.706102
医疗安全感	9354	4.91565	2.776550	9422	5.12598	2.787630
社会救助安全感	9358	4.88235	2.620108	9417	5.12350	2.677381
社会保障总体安全感	9347	6.06740	2.349140	9411	6.28902	2.300299

由表5可知，2018年数据显示，被调查者对老年安全感、医疗安全感、社会救助安全感以及社会保障总体安全感的评价均值皆低于2017年的数值，这与社会保障安全感指数排名的下降呈现一致趋势，显现出城市居民在社会保障方面的低安全感受状态。在当前政府民生工程持续推进、民生投入连续增加的情况下，城市居民对基本生活的安全认知却有所下降，其中的影响因素需引起政府部门和学者的重视与思考。

（2）各城市社会保障安全感指数、排名及变动情况

与全国社会保障安全感指数估算原理相同，利用求取的全国社会保障安全感分项指数，可以得出各城市社会保障安全感这一分项指标指数。如表6、图1所示。在全国城市社会保障安全感方面，被调查城市2018年的社会保障安全感指数排名由高到低依次是：拉萨、福州、贵阳、乌鲁木齐、昆

明、济南、南昌、天津、杭州、西宁、南京、合肥、长沙、上海、银川、长春、成都、西安、兰州、武汉、太原、海口、重庆、北京、沈阳、广州、郑州、哈尔滨、呼和浩特、石家庄、南宁。城市社会保障安全感指数越高，排名越靠前，表明该城市居民的社会保障安全感越高。

表6　全国城市社会保障安全感排名（2017~2018）

年份 城市	2018年		2017年	
	社会保障安全感指数	排名	社会保障安全感指数	排名
拉萨	0.5373	1	0.5091	9
福州	0.5249	2	0.4681	21
贵阳	0.5237	3	0.4899	13
乌鲁木齐	0.5227	4	0.3722	31
昆明	0.5207	5	0.4896	15
济南	0.5109	6	0.4756	19
南昌	0.5056	7	0.4931	12
天津	0.4979	8	0.4517	25
杭州	0.4950	9	0.5831	1
西宁	0.4936	10	0.5353	3
南京	0.4932	11	0.5212	6
合肥	0.4859	12	0.5033	10
长沙	0.4841	13	0.4851	17
上海	0.4794	14	0.5259	5
银川	0.4764	15	0.4464	28
长春	0.4719	16	0.4890	16
成都	0.4703	17	0.5768	2
西安	0.4689	18	0.5142	8
兰州	0.4686	19	0.4898	14
武汉	0.4646	20	0.5156	7
太原	0.4600	21	0.4444	29
海口	0.4599	22	0.5344	4
重庆	0.4568	23	0.5004	11
北京	0.4566	24	0.4167	30
沈阳	0.4558	25	0.4519	24

续表

年份	2018年		2017年	
城市	社会保障安全感指数	排名	社会保障安全感指数	排名
广州	0.4511	26	0.4647	23
郑州	0.451	27	0.4728	20
哈尔滨	0.4483	28	0.4660	22
呼和浩特	0.4460	29	0.4498	26
石家庄	0.4307	30	0.4805	18
南宁	0.4173	31	0.4492	27

结合2017~2018年城市社会保障安全感指数及排名进行数据对比，其中拉萨、杭州、西宁位居前列，两年排名均为前10，保持了较高的水平。北京、沈阳、哈尔滨、呼和浩特、南宁等排名靠后，两年排名均位居倒数前10。福州、贵阳、乌鲁木齐、昆明、济南、天津、银川等排名上升幅度较大，名次上升达到10名及以上；成都、西安、武汉、海口、重庆、石家庄下降幅度较大，名次下降达到10名及以上。合肥、长春、广州等城市排名相对稳定，变化幅度不大。如表6、图1所示。

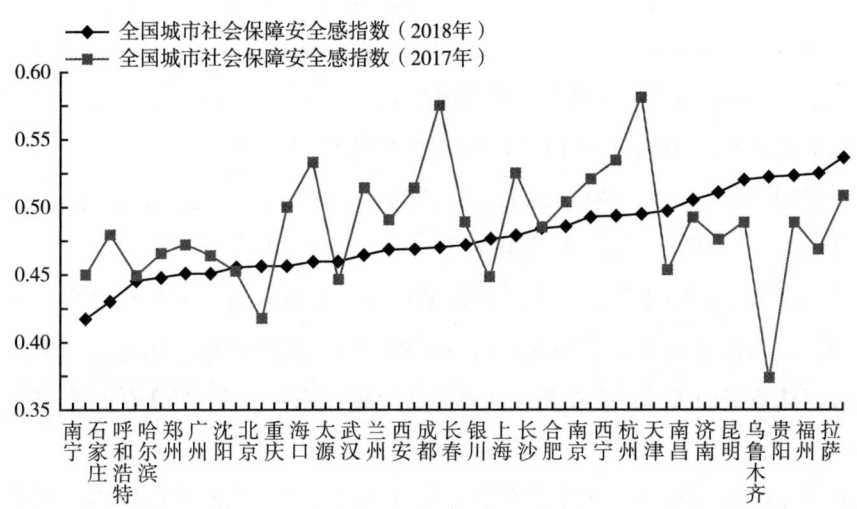

图1 全国城市社会保障安全感指数（2017~2018）

在经济学范畴内，社会保障是社会财富二次分配的重要路径，其制度发展对公共资源投入有较高的需求。因此，一般说来，某一地区社会保障水平的高低往往与其经济发达程度相关。但就2017、2018年连续两年的调查数据分析而言，作为一线城市的北京、上海、广州三地的排名都与其经济地位不相符。北京市居民的社会保障安全感在31个城市中分别排名24位（2018年）和30位（2017年），广州市居于26位（2018年）和23位（2017年）。上海市居民的社会保障安全感状况相对较好，但较之于2017年第5的排位，2018年下降至第14位。作为新一线城市的成都、杭州、武汉、重庆、南京、天津、西安、长沙、沈阳、郑州十地中，除天津、杭州、南京外，其他城市居民的社会保障安全感水平都相对较低，且成都、杭州、武汉、重庆、西安、郑州在2018年都呈现较为明显的下降趋势。福州、合肥、昆明、哈尔滨、济南、长春、石家庄、南宁、南昌、乌鲁木齐、兰州、海口、贵阳、太原等二线城市居民的社会保障安全感状态则有较为明显的区别，如贵阳、乌鲁木齐、昆明、济南、南昌城市居民的社会保障安全感较高，而南宁、石家庄、哈尔滨、海口、太原等城市居民的社会保障安全感相对较低。在经济欠发达的城市群中，拉萨居民的社会保障安全感却在2018年高居第1位（2017年为第9位），西宁城市居民的社会保障安全感也较高，银川居于中间水平，呼和浩特的排名与2017年相比变化不大，仍居末端。总体看来，城市经济发展水平与居民社会保障安全感之间的相关关系并不显著。

逻辑上，居民对其社会保障安全感的评价本质上是一种价值判断，是用来考察某一项或几项社会保障制度是否能够给政策客体带来"稳定、安全"的心理预期，以及是否符合先验价值的过程。根据既有研究的理论演绎，对于公共政策的主观评价一般受到居民心理预期、感知绩效、沟通、公平性以及评价体系等因素的综合影响。在本项研究中，综合表6、图1的数据与排名进行分析，我国城市居民社会保障安全感作为一种对政策的主观认知，既受所在城市经济发展与财富分配所带来的保障项目及待遇水平的影响，也受到诸如居民心理期待值、评价标准、主客体沟通状况、公平性等因素的影响，因此被调查城市的社会保障安全感排名也呈现不规律的变动性。

(二)中国城市居民社会保障安全感描述统计

1. 中国城市居民社会保障总体安全感描述统计

在对有效样本中有关社会保障安全的专项数据进行整理之后,首先需要对其总体安全感进行描述性统计,以了解被调查者的总体态度和感受。运用SPSS2.0软件对数据进行分析,所得结果如表7所示。

表7 中国城市居民社会保障安全感描述统计(2018)

分项指标	N	极小值	极大值	均值	标准差
社会保障总体安全感	9347	1.000	10.000	6.06740	2.349140
老年安全感	9354	1.000	10.000	5.27133	2.680008
医疗安全感	9354	1.000	10.000	4.91565	2.776550
社会救助安全感	9358	1.000	10.000	4.88235	2.620108

如表7所示,根据对基础数据的均值计算和方差描述,在测量项目中,城市居民的老年安全感最高,医疗安全感和社会救助安全感次之且取值相近,社会保障总体安全感评价高于单项评价,该状况与2017年调查结果近似。就其总体而言,样本对社会保障安全感的态度趋于离散。

2. 中国城市居民社会保障分项安全感描述统计

(1)中国城市居民老年安全感描述统计

老年安全涉及经济、服务两个层面,分别指向居民年老之后的制度化经济收入能否满足其老年生活的需求,以及来自家庭与社会的老年照顾体系能否为其提供必要的生活照护服务与精神慰藉,其中前者更具基础性意义。本项调查对这一问题的测量主要着眼于城市居民对年老后经济安全的心理预期及感受现状。根据2018年的数据统计,在被调查的31个城市中,拉萨延续2017年的排位,老年安全感仍为最高,贵阳、福州、乌鲁木齐三市的城市居民对年老后收入安全的主观评价亦较高,南宁、石家庄、哈尔滨、广州四地居民的老年安全感偏低,其中石家庄连续两年的居民老年安全感均处于末列。海口、重庆、武汉、广州、哈尔滨、乌鲁木齐、贵阳、昆明、福州等市的排名变化较大。2018年中国各城市居民老年安全感数据及与2017年的比较状况如表8所示。

表8 中国城市居民老年安全感描述统计及排名（2017～2018）

城市	2018年				2017年			
	均值	排名	极小值	极大值	均值	排名	极小值	极大值
拉萨	6.503	1	1	10	6.513	1	1	10
杭州	5.741	10	1	10	6.309	2	1	10
上海	5.562	13	1	10	6.203	3	1	10
成都	5.299	16	1	10	6.173	4	1	10
海口	4.924	25	1	10	5.821	5	1	10
重庆	4.970	22	1	10	5.806	6	1	10
南京	5.991	6	1	10	5.700	7	1	10
武汉	4.968	23	1	10	5.544	8	1	10
南昌	5.923	8	1	10	5.530	9	1	10
广州	4.644	28	1	10	5.514	10	1	10
合肥	5.714	12	1	10	5.498	11	1	10
西安	5.207	17	1	10	5.440	12	1	10
西宁	5.725	11	1	10	5.428	13	1	10
长沙	5.384	15	1	10	5.412	14	1	10
天津	5.765	9	1	10	5.310	15	1	10
济南	5.960	7	1	10	5.294	16	1	10
哈尔滨	4.514	29	1	10	5.267	17	1	10
贵阳	6.462	2	1	10	5.255	18	1	10
兰州	5.076	20	1	10	5.220	19	1	10
北京	4.780	26	1	10	5.210	20	1	10
长春	5.104	18	1	10	5.143	21	1	10
南宁	3.958	31	1	10	5.134	22	1	10
昆明	6.250	5	1	10	5.120	23	1	10
银川	5.435	14	1	10	5.033	24	1	10
福州	6.434	3	1	10	4.966	25	1	10
沈阳	5.088	19	1	10	4.887	26	1	10
郑州	4.935	24	1	10	4.857	27	1	10
石家庄	4.304	30	1	10	4.791	28	1	10
乌鲁木齐	6.384	4	1	10	4.564	29	1	10
呼和浩特	4.685	27	1	10	4.530	30	1	10
太原	5.041	21	1	10	4.393	31	1	10

(2) 中国城市居民医疗安全感描述统计

调查中发现,由于医疗问题与绝大多数被调查者的日常生活切身相关,因此被调查者对这一问题的感受尤为深刻。2017~2018年连续两年的统计数据显示,我国城市居民对现行医疗保障及医疗卫生体系所带来的安全感受评价普遍较低。在调查城市中,仅有拉萨、福州、乌鲁木齐城市居民的医疗安全感较高,均值高于6,南宁、石家庄、北京、沈阳四地的医疗安全感最低,杭州、成都、上海、海口、广州、重庆、哈尔滨、济南、昆明、福州、天津、银川、乌鲁木齐等市居民医疗安全感的变动较为显著,如表9所示。

需要指出的是,尽管调查中的问题指向医疗保险制度,但由于医疗卫生在任何国家都是包括医疗、医药、医保在内的综合体系,因此调查所显示的居民医疗安全感实际上是居民对我国现行医疗保险制度、医药体系和医疗体系综合评价后的主观感受。

表9 中国城市居民医疗安全感描述统计及排名(2017~2018)

城市	2018年				2017年			
	均值	排名	极小值	极大值	均值	排名	极小值	极大值
拉萨	6.523	1	1	10	6.287	1	1	10
杭州	5.243	11	1	10	6.121	2	1	10
成都	4.684	20	1	10	5.823	3	1	10
上海	4.856	19	1	10	5.820	4	1	10
南京	5.226	12	1	10	5.813	5	1	10
海口	4.653	21	1	10	5.515	6	1	10
西宁	5.309	9	1	10	5.425	7	1	10
广州	4.545	23	1	10	5.422	8	1	10
重庆	4.513	24	1	10	5.328	9	1	10
武汉	4.984	14	1	10	5.314	10	1	10
哈尔滨	4.492	25	1	10	5.150	11	1	10
长沙	5.298	10	1	10	5.104	12	1	10
贵阳	5.947	4	1	10	5.086	13	1	10
兰州	4.860	18	1	10	5.080	14	1	10
合肥	4.965	16	1	10	5.057	15	1	10
西安	4.862	17	1	10	5.007	16	1	10
南昌	5.688	7	1	10	4.977	17	1	10
济南	5.759	6	1	10	4.868	18	1	10

续表

城市	2018年				2017年			
	均值	排名	极小值	极大值	均值	排名	极小值	极大值
长春	4.970	15	1	10	4.850	19	1	10
北京	4.203	29	1	10	4.850	20	1	10
昆明	5.800	5	1	10	4.803	21	1	10
福州	6.095	3	1	10	4.765	22	1	10
南宁	3.630	31	1	10	4.710	23	1	10
沈阳	4.257	28	1	10	4.703	24	1	10
天津	5.502	8	1	10	4.670	25	1	10
石家庄	3.758	30	1	10	4.535	26	1	10
郑州	4.294	26	1	10	4.445	27	1	10
银川	4.993	13	1	10	4.373	28	1	10
太原	4.619	22	1	10	4.243	29	1	10
乌鲁木齐	6.098	2	1	10	4.179	30	1	10
呼和浩特	4.269	27	1	10	4.150	31	1	10

(3) 中国城市居民社会救助安全感描述统计

社会救助安全感是指城市居民认为自己在遭遇失业、贫困、大病、灾害等突发事件或特殊危机的情况下获得社会支持和有效援助，以保障个人和家庭生活不受威胁的可能性，以及由此产生的安全与否的心理感受。2018年调查数据统计显示，被调查城市中拉萨、昆明、福州、贵阳四地的社会救助安全感最高，南宁、石家庄、呼和浩特、郑州四市居民在社会救助层面的安全感最低。上海、成都、武汉、海口、西安、重庆、广州、哈尔滨、济南、贵阳、福州、昆明、天津、乌鲁木齐等地的变动较为显著。2018年中国各城市居民社会救助安全感描述统计及其与2017年的对比状况如表10所示。

表10 中国城市居民社会救助安全感描述统计及排名（2017~2018）

城市	2018年				2017年			
	均值	排名	极小值	极大值	均值	排名	极小值	极大值
杭州	5.324	9	1	10	6.315	1	1	10
拉萨	6.367	1	1	10	6.064	2	1	10
上海	4.920	14	1	10	5.971	3	1	10
成都	4.833	16	1	10	5.837	4	1	10

续表

城市	2018年				2017年			
	均值	排名	极小值	极大值	均值	排名	极小值	极大值
武汉	4.764	17	1	10	5.571	5	1	10
海口	4.671	19	1	10	5.566	6	1	10
南京	4.984	13	1	10	5.540	7	1	10
西宁	5.293	10	1	10	5.513	8	1	10
西安	4.621	22	1	10	5.470	9	1	10
重庆	4.399	26	1	10	5.388	10	1	10
广州	4.426	25	1	10	5.382	11	1	10
合肥	5.194	11	1	10	5.144	12	1	10
哈尔滨	4.502	23	1	10	5.023	13	1	10
南昌	5.577	7	1	10	4.973	14	1	10
长沙	5.182	12	1	10	4.956	15	1	10
兰州	4.755	18	1	10	4.923	16	1	10
长春	4.876	15	1	10	4.850	17	1	10
济南	5.940	5	1	10	4.841	18	1	10
北京	4.659	21	1	10	4.850	19	1	10
贵阳	6.009	4	1	10	4.789	20	1	10
郑州	4.228	28	1	10	4.726	21	1	10
福州	6.014	3	1	10	4.687	22	1	10
沈阳	4.293	27	1	10	4.630	23	1	10
昆明	6.134	2	1	10	4.613	24	1	10
石家庄	3.842	30	1	10	4.554	25	1	10
南宁	3.621	31	1	10	4.497	26	1	10
银川	4.671	19	1	10	4.497	26	1	10
天津	5.426	8	1	10	4.493	28	1	10
乌鲁木齐	5.889	6	1	10	4.313	29	1	10
太原	4.489	24	1	10	4.287	30	1	10
呼和浩特	3.916	29	1	10	4.217	31	1	10

(4) 中国城市居民社会保障总体安全感描述统计

社会保障总体安全感是指在一定地域范围内，社会保障相关制度及其实施效果作用于城市居民所产生的心理感受及其评价。数据统计显示,各城市被调查者对社会保障安全感的总体评价与分项评价基本一致,其中拉萨、贵阳、乌鲁木齐、福州四地居民社会保障安全感总体评价最高,南宁、哈尔滨、广州、武汉四地居民的主观评价最低。较之于2017年的结果,上海、成都、北京、武汉、重庆、广州、南宁、海口、哈尔滨、乌鲁木齐、南昌、福州、贵阳、昆明、银川的排名变动较大。相关数据如表11所示。

表11 中国城市居民社会保障总体安全感评价描述统计及排名(2017~2018)

城市	2018年				2017年			
	均值	排名	极小值	极大值	均值	排名	极小值	极大值
上海	5.706	14	1	10	7.634	1	1	10
拉萨	6.730	1	1	10	7.545	2	1	10
杭州	6.146	7	1	10	7.407	3	1	10
成都	5.333	19	1	10	7.293	4	1	10
北京	5.341	18	1	10	7.240	5	1	10
西宁	5.951	10	1	10	7.205	6	1	10
武汉	4.783	28	1	10	7.204	7	1	10
长沙	5.452	15	1	10	7.090	8	1	10
济南	6.077	9	1	10	7.085	9	1	10
重庆	5.054	24	1	10	7.057	10	1	10
广州	4.700	29	1	10	7.044	11	1	10
南京	6.174	6	1	10	6.893	12	1	10
南宁	4.125	31	1	10	6.867	13	1	10
沈阳	5.369	17	1	10	6.856	14	1	10
海口	4.879	26	1	10	6.842	15	1	10
哈尔滨	4.492	30	1	10	6.833	16	1	10
乌鲁木齐	6.551	3	1	10	6.811	17	1	10
兰州	5.269	21	1	10	6.756	18	1	10
合肥	5.746	12	1	10	6.709	19	1	10
天津	5.936	11	1	10	6.669	20	1	10
南昌	6.131	8	1	10	6.660	21	1	10
西安	5.381	16	1	10	6.628	22	1	10

续表

城市	2018年				2017年			
	均值	排名	极小值	极大值	均值	排名	极小值	极大值
福州	6.519	4	1	10	6.613	23	1	10
长春	5.278	20	1	10	6.520	24	1	10
贵阳	6.563	2	1	10	6.515	25	1	10
昆明	6.494	5	1	10	6.507	26	1	10
呼和浩特	5.231	22	1	10	6.433	27	1	10
郑州	5.013	25	1	10	6.264	28	1	10
银川	5.709	13	1	10	6.253	29	1	10
太原	5.076	23	1	10	6.167	30	1	10
石家庄	4.793	27	1	10	6.020	31	1	10

（三）中国城市居民社会保障安全感组间描述

既有研究显示，在性别、户口类型、职业、收入水平等变量上有所区别的群体，由于制度覆盖、待遇给付、个体抗风险能力、心理预期等方面的不同，会对当前所享有的社会保障制度及其带来的安全性有不同的心理感受。本研究假设中国城市居民的性别、户口类型、政治面貌、职业、收入、年龄与其社会保障安全感之间具有相关关系，通过对不同组别进行T检验和方差检验，证实或证伪研究假设，以帮助政策部门和学者们了解中国城市居民社会保障安全感的群体差异，发现制度的缺失与不足，推动各地社会保障事业进一步发展。

1. 性别与社会保障安全感相关状况

由于先天生理因素及后天社会化的深刻影响，"性别"变量下群体的社会保障安全感呈现不同特点。男性群体和女性群体往往因社会经济地位、职业、收入水平的差异，以及性别心理和政策期待绩效的不同，而对社会保障制度安全效应的评价不同。运用2018年调查数据描述并推论中国城市居民性别变量与社会保障总体安全感及分项安全感之间的关系，结果如表12、表13所示。

表 12 性别与城市居民社会保障安全感相关关系（2018）

独立样本检验

分项指标	假设	方差方程的 Levene 检验		均值方程的 t 检验					差分的 95% 置信区间	
		F	Sig.	t	df	Sig.（双侧）	均值差值	标准误差值	下限	上限
老年安全感	假设方差相等	3.933	.047	4.538	9307	.000	.251816	.055489	.143047	.360586
	假设方差不相等			4.539	9305.627	.000	.251816	.055484	.143056	.360577
医疗安全感	假设方差相等	.031	.860	3.519	9306	.000	.202380	.057503	.089661	.315099
	假设方差不相等			3.520	9304.367	.000	.202380	.057499	.089670	.315091
社会救助安全感	假设方差相等	.612	.434	4.540	9310	.000	.246085	.054203	.139834	.352335
	假设方差不相等			4.540	9307.084	.000	.246085	.054201	.139839	.352330
社会保障总体安全感	假设方差相等	25.393	.000	1.964	9299	.050	.095553	.048654	.000180	.190926
	假设方差不相等			1.965	9296.882	.049	.095553	.048634	.000220	.190886

表 13 不同性别城市居民社会保障分项安全感描述统计（2018）

分项指标	性别	N	均值	标准差	均值的标准误
老年安全感	男	4702	5.39877	2.687643	.039195
	女	4607	5.14695	2.665516	.039271
医疗安全感	男	4702	5.01914	2.783864	.040598
	女	4606	4.81676	2.763393	.040717
社会救助安全感	男	4707	5.00765	2.620562	.038196
	女	4605	4.76156	2.609554	.038455
社会保障总体安全感	男	4702	6.12186	2.388780	.034837
	女	4599	6.02631	2.301437	.033937

如表 12 所示，运用 t 检验比较城市中不同性别居民的社会保障安全感可知，性别是影响居民社会保障安全感的重要变量。无论是总体评价或是某一分项评价，男性城市居民的社会保障安全感要显著高于女性。这一结果与 2017 年的数据相同。由表 14、表 15 可知，被调查者中男性与女性参与社会保险以及购买补充商业保险的人数并无明显区别。因此可推论，社会保障制度本身对不同性别群体的社会保障安全感水平可能无显著影响，男性城市居民的社会保障安全感高受到这一群体的经济能力、社会地位、个体抗风险能力、心理预期等因素的影响。

表 14 性别 * 参加基本社会保险情况 交叉制表

性别 \ 参加基本社会保险情况		养老保险和医疗保险都有	只有养老保险	只有医疗保险	都没有	不清楚	合计
男		2152	379	1266	488	421	4706
女		1977	355	1287	547	445	4611
合计		4129	734	2553	1035	866	9317

表 15 性别 * 商业保险购买情况 交叉制表

性别 \ 商业保险购买情况		没买过	没买过,打算购买	购买过	合计
男		1689	1266	1752	4707
女		1746	1188	1678	4612
合计		3435	2454	3430	9319

2. 户口类型与社会保障安全感相关状况

我国的社会保障制度一直以来都具有显著的行政区域性和户籍特征，受制度碎片化、职业化、城乡二元化以及统筹层次低的影响，与户口类型直接关联的制度差异与保障差异，及其所引发的群体不公平感一直是社会保障领域研究的焦点问题。对不同户口类型——本地城市、本地农村、外地城市、外地农村在社会保障不同领域的安全感受进行均值及相关性分析，所得结果如表16、表17所示。

表16 不同户口类型城市居民社会保障分项安全感描述统计（2018）

户口类型		社会保障总体安全感	老年安全感	医疗安全感	社会救助安全感
本地城市	均值	6.09869	5.35446	5.01713	4.96108
	N	4904	4906	4904	4907
	标准差	2.379129	2.687859	2.785651	2.632373
本地农村	均值	5.81207	4.98960	4.73440	4.83945
	N	1442	1442	1442	1445
	标准差	2.320902	2.527962	2.611733	2.474069
外地城市	均值	6.29134	5.42397	5.10310	4.96000
	N	1675	1677	1678	1675
	标准差	2.240582	2.704363	2.816508	2.637420
外地农村	均值	5.99371	5.09875	4.51332	4.56930
	N	1272	1276	1276	1277
	标准差	2.355159	2.755893	2.821872	2.675958
总计	均值	6.07457	5.27535	4.91968	4.88822
	N	9293	9301	9300	9304
	标准差	2.346385	2.680311	2.776683	2.618445

表17 户口类型与城市居民社会保障安全感相关关系（2018）

类型		平方和	df	均方	F	显著性
社会保障总体安全感 * 户口类型	组间（组合）	189.246	3	63.082	11.497	.000
	组内	50968.076	9289	5.487		
	总计	51157.321	9292			

续表

类型			平方和	df	均方	F	显著性
老年安全感 * 户口类型	组间	（组合）	225.291	3	75.097	10.485	.000
	组内		66586.546	9297	7.162		
	总计		66811.837	9300			
医疗安全感 * 户口类型	组间	（组合）	363.227	3	121.076	15.779	.000
	组内		71331.772	9296	7.673		
	总计		71694.999	9299			
社会救助安全感 * 户口类型	组间	（组合）	167.995	3	55.998	8.186	.000
	组内		63615.754	9300	6.840		
	总计		63783.749	9303			

由表16、表17可知，户口类型不同的城市居民对社会保障安全的主观感受有显著差异。城市户口的居民样本在社会保障各领域的安全感普遍高于农村户口居民。相对而言，本地城市与外地城市、本地农村与外地农村之间的区别并不明显。这一结果基本上能够验证社会保障研究中的普遍假设，即公众对社会保障制度主观评价的差异与当前的城乡二元分化、公共服务非均等化等问题联系在一起，一方面使得农村户籍群体抵御风险能力不足，社会保障安全感愈加薄弱；另一方面也是产生相对剥夺感、引发社会矛盾和社会不稳定的重要因素之一。需要指出的，我国户籍制度改革的推进为从根本上解决这一延续多年的问题奠定了基础，随着城乡户籍制度的逐渐消亡与政府公共服务均等化的推进，可以预期这种区别在未来将逐渐弱化。

3. 政治面貌与社会保障安全感相关状况

对2018年调查数据的分析显示，城市居民政治面貌与其社会保障安全感之间并无显著的相关关系，如表18、表19所示。这一结果与2017年相比有所不同，2017年的数据分析显示，中共党员和民主党派成员的社会保障安全感明显高于其他群体。

表18 不同政治面貌城市居民社会保障分项安全感描述统计（2018）

政治面貌		社会保障总体安全感	老年安全感	医疗安全感	社会救助安全感
中共党员	均值	6.17614	5.36566	5.00866	4.98332
	N	1618	1619	1617	1619
	标准差	2.274159	2.657118	2.753697	2.578622
民主党派	均值	6.12554	5.38095	5.35217	5.28696
	N	231	231	230	230
	标准差	2.400507	2.222881	2.476504	2.267158
共青团员	均值	6.13605	5.27091	4.85800	4.69624
	N	2499	2499	2500	2502
	标准差	2.318490	2.683132	2.800031	2.630302
群众	均值	6.00955	5.24310	4.90667	4.93611
	N	4921	4928	4929	4930
	标准差	2.380073	2.702515	2.783046	2.633372
总计	均值	6.07563	5.27541	4.92238	4.88837
	N	9269	9277	9276	9281
	标准差	2.346587	2.678499	2.776220	2.617481

表19 政治面貌与城市居民社会保障安全感相关关系（2018）

类型			平方和	df	均方	F	显著性
社会保障总体安全感＊政治面貌	组间	（组合）	47.533	3	15.844	2.879	.035
	组内		50986.451	9265	5.503		
	总计		51033.984	9268			
老年安全感＊政治面貌	组间	（组合）	20.954	3	6.985	.974	.404
	组内		66528.367	9273	7.174		
	总计		66549.322	9276			
医疗安全感＊政治面貌	组间	（组合）	66.101	3	22.034	2.860	.035
	组内		71420.013	9272	7.703		
	总计		71486.114	9275			
社会救助安全感＊政治面貌	组间	（组合）	154.727	3	51.576	7.544	.000
	组内		63419.629	9277	6.836		
	总计		63574.356	9280			

上述结果从侧面说明,随着我国经济社会的发展与政治民主化进程,传统上政治面貌与学历、职业、社会地位和经济收入之间的强相关关系在弱化。这一关系延伸到社会生活领域,中共党员、民主党派成员的社会保障安全感与其他群体之间的区别亦不再明显。

4. 年龄与社会保障安全感相关关系

由于所感受到的风险、危机和压力的区别,以及社会保障缴费与待遇领取的年龄错位,不同年龄阶层的城市居民对社会保障制度及其效应的安全性评价有所差异,居民年龄与社会保障安全感之间呈现相关关系。根据2018年调查数据分析中国城市居民年龄与社会保障安全感之间的关系,结果如表20、21所示。

表20 不同年龄城市居民社会保障分项安全感描述统计(2018)

年龄		社会保障总体安全感	老年安全感	医疗安全感	社会救助安全感
18~29岁	均值	6.08156	5.28852	4.92575	4.78488
	N	4377	4374	4377	4379
	标准差	2.343740	2.672277	2.799552	2.625792
30~44岁	均值	5.97641	5.16144	4.79402	4.85029
	N	2713	2713	2709	2712
	标准差	2.278579	2.619932	2.693272	2.573251
45~59岁	均值	6.14367	5.25485	4.89925	5.09393
	N	1587	1597	1598	1597
	标准差	2.373302	2.697497	2.736701	2.584404
60岁以上	均值	6.29870	5.71637	5.46591	5.23539
	N	616	617	616	616
	标准差	2.546810	2.887885	2.983228	2.778801
总计	均值	6.07586	5.27406	4.91860	4.88682
	N	9293	9301	9300	9304
	标准差	2.345197	2.679079	2.774870	2.617503

表21 年龄与城市居民社会保障安全感相关关系（2018）
ANOVA表

类型			平方和	df	均方	F	显著性
社会保障总体安全感＊年龄	组间	（组合）	64.861	3	21.620	3.935	.008
	组内		51040.655	9289	5.495		
	总计		51105.516	9292			
老年安全感＊年龄	组间	（组合）	156.619	3	52.206	7.288	.000
	组内		66593.811	9297	7.163		
	总计		66750.430	9300			
医疗安全感＊年龄	组间	（组合）	227.387	3	75.796	9.872	.000
	组内		71373.994	9296	7.678		
	总计		71601.382	9299			
社会救助安全感＊年龄	组间	（组合）	192.466	3	64.155	9.389	.000
	组内		63545.359	9300	6.833		
	总计		63737.824	9303			

从上表中可以看出，30～44岁年龄段的群体对社会保障总体及各子领域的安全感评价最低，相对应的，60岁以上老年人的安全感最高。这一结果与2017年的结论完全一致。在社会保障的制度框架内，30～44岁群体因年龄、生理状况、需求与工作等因素的影响，支出（各项社会保险缴费）多而待遇享受少（尤其是养老方面），其生活经历使其尚未切身感受到社会保障制度的保护效应，因而评价较低。而退休群体从养老保障、医疗保障等制度中获益颇多，大部分老年人借助社会保障制度获得了基本的生活保障与医疗保护，因此这一群体的社会保障安全感评价最高。

5. 职业与社会保障安全感相关关系

职业是与社会保障制度效能评价密切相关的另外一个重要变量。我国社会保障制度从建立之初即实行"多轨制"框架，公务员、事业单位职工、公司职员、进城务工人员、自由职业者等各有制度，不同职业群体所享有的保障项目、缴费与待遇水平有较大差异，相应地从制度中获得的心理安全效应也有所区别。根据2018年调查数据对职业与社会保障安全感之间的关系进行计算和分析，所得结果如表22、表23所示。

表22 不同职业城市居民社会保障分项安全感描述统计（2018）

身份职业		社会保障总体安全感	老年安全感	医疗安全感	社会救助安全感
公务员	均值	6.29195	5.50836	5.10067	5.06020
	N	298	299	298	299
	标准差	2.275326	2.688984	2.698659	2.648867
事业单位职工	均值	6.03077	5.30498	5.01265	4.96745
	N	1105	1105	1107	1106
	标准差	2.376469	2.649553	2.776129	2.582718
公司职员	均值	5.90945	5.10239	4.71800	4.73232
	N	2308	2305	2305	2305
	标准差	2.361194	2.657360	2.709511	2.575411
进城务工人员	均值	6.17408	5.17726	4.95367	5.04432
	N	517	519	518	519
	标准差	2.268051	2.622921	2.724233	2.576243
学生	均值	6.29825	5.43107	5.12875	4.91056
	N	2166	2169	2167	2169
	标准差	2.259119	2.648012	2.777621	2.600795
自由职业者	均值	6.03817	5.19083	4.80389	4.84569
	N	1336	1331	1336	1335
	标准差	2.300147	2.740606	2.817365	2.681243
离退休人员	均值	6.31683	5.71921	5.29441	5.24466
	N	606	609	608	609
	标准差	2.542585	2.828714	2.921347	2.753152
其他	均值	5.80084	5.11297	4.67505	4.80294
	N	949	956	954	954
	标准差	2.403268	2.643930	2.776242	2.616629
总计	均值	6.07561	5.27462	4.91994	4.88694
	N	9285	9293	9293	9296
	标准差	2.345826	2.680609	2.776672	2.618718

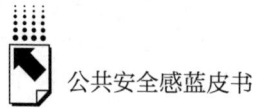

表23 职业与城市居民社会保障安全感相关关系（2018）

ANOVA表

类型			平方和	df	均方	F	显著性
社会保障总体安全感*身份职业	组间	（组合）	301.049	7	43.007	7.856	.000
	组内		50787.875	9277	5.475		
	总计		51088.925	9284			
老年安全感*身份职业	组间	（组合）	298.443	7	42.635	5.955	.000
	组内		66470.738	9285	7.159		
	总计		66769.182	9292			
医疗安全感*身份职业	组间	（组合）	368.776	7	52.682	6.863	.000
	组内		71271.660	9285	7.676		
	总计		71640.435	9292			
社会救助安全感*身份职业	组间	（组合）	172.249	7	24.607	3.595	.001
	组内		63569.925	9288	6.844		
	总计		63742.175	9295			

2018年数据分析结果与2017年一致，都能够检验现行社会保障"多轨制"的运行结果。由于不同职业者参加的养老保障制度、医疗保障制度在框架设计、缴费、待遇给付等方面的巨大差异，公务员、事业单位职工群体的社会保障安全感大多高于公司职员、进城务工人员和自由职业者群体。离退休人员由于年龄和制度设计因素，处于享有权利时期，在养老、医疗、社会救助等方面的获得感高于其他群体，因此其安全感最高。除此之外，需要特别注意的是，在2017、2018年连续两年的统计数据中，公司职工的社会保障安全感，尤其是在养老和医疗领域，不但低于公务员和事业单位人员，还低于进城务工人员和自由职业者，这一方面说明随着我国居民养老保险、居民医疗保险覆盖面的扩大和基本民生福利的推进，进城务工人员、自由职业者等传统社保弱势群体的保障待遇及其所带来的心理安全效应不断提升，另一方面也说明企业职工这一群体对现行制度的不满意、不安全状态，这一问题需要引起政策部门和学者的关注。

6.收入水平与社会保障安全感相关关系

居民的收入水平与社会保障需求紧密相关。理论上，收入越低的人，由于自我保障能力差，更容易受到风险事件的侵扰，对社会保障的需求愈发明显。但由于社会保障权利义务相对应的特性，许多项目，尤其是作为主体的社会保险项目的待遇给付与缴费具有一定的关联性，即收入低的居民，由于缴费水平低，保障待遇往往也相对较低，这就更加影响了低收入群体的社会保障安全感。数据分析显示，中国城市居民的收入水平与社会保障安全感之间呈现普遍的正相关关系。大体上，居民收入越高，在养老、医疗、社会救助等方面的安全感也就越高，如表24、表25所示。

表24　不同收入层次城市居民社会保障分项安全感描述统计（2018）

个人月收入		社会保障总体安全感	老年安全感	医疗安全感	社会救助安全感
2000元以下	均值	6.19576	5.20692	4.87215	4.78560
	N	2452	2455	2456	2458
	标准差	2.327705	2.731751	2.835752	2.677634
2001~3500元	均值	5.98099	5.09925	4.72877	4.77107
	N	1999	2005	2002	2005
	标准差	2.388377	2.747640	2.832816	2.679664
3501~5000元	均值	5.92818	5.27380	4.92778	4.92025
	N	2534	2531	2534	2533
	标准差	2.315853	2.598210	2.662321	2.523968
5001~8000元	均值	6.15797	5.45292	5.10096	5.10316
	N	1456	1455	1456	1454
	标准差	2.304585	2.553489	2.697862	2.535980
8001~12500元	均值	6.17273	5.53288	5.12301	4.99318
	N	440	441	439	440
	标准差	2.428416	2.794383	2.858680	2.727979
12500元以上	均值	6.33778	5.80000	5.35556	5.08889
	N	225	225	225	225
	标准差	2.475170	2.876940	2.962229	2.674468
总计	均值	6.07050	5.27151	4.91670	4.88799
	N	9106	9112	9112	9115
	标准差	2.345471	2.681299	2.773326	2.618418

表 25　收入与城市居民社会保障安全感相关关系（2018）
ANOVA 表

类型			平方和	df	均方	F	显著性
社会保障总体安全感*个人月收入	组间	（组合）	137.626	5	27.525	5.014	.000
	组内		49951.111	9100	5.489		
	总计		50088.737	9105			
老年安全感*个人月收入	组间	（组合）	210.601	5	42.120	5.874	.000
	组内		65291.683	9106	7.170		
	总计		65502.284	9111			
医疗安全感*个人月收入	组间	（组合）	187.344	5	37.469	4.882	.000
	组内		69888.434	9106	7.675		
	总计		70075.778	9111			
社会救助安全感*个人月收入	组间	（组合）	137.084	5	27.417	4.005	.001
	组内		62349.551	9109	6.845		
	总计		62486.635	9114			

7. 受教育程度与社会保障安全感

根据一般经验可知，在大样本统计中，受教育程度与职业、收入之间存在强烈的正相关关系。因此，本研究假设居民的受教育程度与其社会保障安全感之间存在正相关关系，即受教育程度越高，社会保障安全感越高。但2018年调查数据的均值及方差分析显示，除社会救助安全感外，城市居民的受教育程度与其社会保障安全感之间不存在显著相关关系，而在社会救助领域则存在负相关关系，即受教育程度最高的研究生及以上群体的社会救助安全感最低，如表26、表27所示。笔者认为，上述结果的出现可能与不同受教育程度居民的评价标准和心理预期有关。

表 26　不同受教育程度城市居民社会保障分项安全感描述统计（2018）

受教育程度		社会保障总体安全感	老年安全感	医疗安全感	社会救助安全感
小学及以下	均值	6.00330	5.08553	4.87417	4.93421
	N	303	304	302	304
	标准差	2.487716	2.631227	2.757785	2.630542

续表

受教育程度		社会保障总体安全感	老年安全感	医疗安全感	社会救助安全感
初中	均值	6.12790	5.18081	4.88879	4.94922
	N	1079	1084	1079	1083
	标准差	2.453718	2.793370	2.890175	2.715773
高中(中职、中专)	均值	6.15997	5.40795	5.05882	5.06805
	N	2513	2515	2516	2513
	标准差	2.357710	2.683626	2.788452	2.637566
大学(大专)	均值	6.05221	5.25290	4.87169	4.80964
	N	4827	4828	4832	4833
	标准差	2.309409	2.654476	2.740198	2.585415
研究生及以上	均值	5.85664	5.15412	4.77797	4.59091
	N	572	571	572	572
	标准差	2.300630	2.671631	2.790653	2.558004
总计	均值	6.07650	5.27489	4.91861	4.88630
	N	9294	9302	9301	9305
	标准差	2.345784	2.680133	2.775534	2.617688

表27 受教育程度与城市居民社会保障安全感相关关系（2018）

ANOVA 表

类型			平方和	df	均方	F	显著性
社会保障总体安全感*受教育程度	组间	（组合）	52.479	4	13.120	2.386	.049
	组内		51084.129	9289	5.499		
	总计		51136.608	9293			
老年安全感*受教育程度	组间	（组合）	75.688	4	18.922	2.636	.032
	组内		66734.425	9297	7.178		
	总计		66810.114	9301			
医疗安全感*受教育程度	组间	（组合）	72.972	4	18.243	2.370	.050
	组内		71570.416	9296	7.699		
	总计		71643.388	9300			
社会救助安全感*受教育程度	组间	（组合）	166.304	4	41.576	6.081	.000
	组内		63587.399	9300	6.837		
	总计		63753.703	9304			

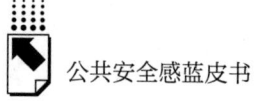

综上，2018年"中国城市公共安全感"调查显示，中国城市居民社会保障安全感呈现一些普遍性规律，性别、职业、户籍状态、收入水平、年龄等变量与居民对自身社会保障安全性的主观评价相关，受教育程度、政治面貌、宗教信仰变量与居民的社会保障安全感之间的关系不显著。上述结果对于地方政府相关部门采取针对性措施、进一步增强评价较低的居民群体的社会保障安全感、完善城市公共安全体系具有参考意义。

二 问题与挑战

社会保障是指当公民在遭遇诸如生活难以为继、疾病、失业、生育、老年、残疾等问题时，能够从政府、社会获得制度化的帮助和保护，防止个人及家庭陷入危机的制度设置。在社会保障的所有价值理念中，安全是其基础性价值。社会保障安全是城市公共安全体系的重要组成部分，社会保障制度能够与其他安全机制联结在一起，共同构成公共安全制度网络，成为城市公共安全集合体中重要的子系统和组成部分。近些年来，在习近平总书记一系列战略思想的引导下，各级政府深入贯彻十九大"坚持社会主义核心价值体系"、"坚持在发展中保障和改善民生"的精神，发展民生工程，持续改革、完善社会保障制度。当前我国社会保障事业快速发展，"四梁八柱"性质的主体框架已经搭建起来，社会保障覆盖面持续扩大、待遇水平不断提高，有力地保障了民生。在此基础上不断推出新政策助推供给侧结构性改革，取得了伟大的成就。但同时我们也要承认，我国社会保障体系建设还存在一些不容忽视的发展期问题，这些问题在连续两年的"中国城市公共安全感调查"中有所显现，直接影响到城市居民对社会保障的主观心理评价与安全感受，需要引起各市相关政府部门的重视。

（一）中国城市居民社会保障安全感评价中存在的问题

1. 城市居民对社会保障安全感的评价总体偏低且呈下降趋势

近些年来，我国社会保障事业呈现积极发展的良性态势，各子系统和具体制度的客观数据水平逐年提升，如基本养老保险制度不断扩面，基本医疗保险近乎覆盖全民，各项救助、保险、福利待遇给付水平逐年提高，制度之间的整合持续推进等。但是，在公共资源持续投入、公众实际所得不断增加的同时，城市居民的社会保障安全感总体偏低且呈现明显的下降趋势。

如表4、表5所示，2017年社会保障安全感指数为0.4843，在城市公共安全感九项分项指标指数排名中居第五位。2018年社会保障安全感指数为0.4782，在城市公共安全感九项分项指标指数排名中仅居第八位。2018年城市居民的社会保障总体安全感均值为6.07，老年安全感均值为5.27，医疗安全感和社会救助安全感均值仅为4.91和4.88，皆低于2017年的数据。结果显示，政府在社会保障领域的资源持续投入并没有相应带来居民主观感受和评价的提升，政策绩效与居民心理预期之间有所落差。因此，有必要深入探讨这一问题形成的原因，提升资源投入的精准性和有效性，以助推政策效能的提升。

2. 各城市居民社会保障安全感评价的变动性较大，规律性不显著

对比2017年被调查城市居民社会保障安全感指数后发现，各城市居民社会保障安全感评价的变动性较大，规律性不显著。2018年拉萨市社会保障安全感指数为0.5373，居于首位，南宁市社会保障安全感指数为0.4173，居于末位。研究年度变化状况，发现唯有拉萨、杭州、西宁三市居民的社会保障安全感两年排名均为前10，保持了较高的水平，北京、沈阳、哈尔滨、呼和浩特、南宁五市连续两年排名靠后，合肥、长春、广州三市排名相对稳定，变化幅度不大。其余城市如福州、贵阳、乌鲁木齐、昆明、济南、天津、银川排名上升幅度较大，名次上升达到10名及以上；成都、西安、武汉、海口、重庆、石家庄等下降幅度较大，名次下降达到10名及以上（见表6、图1），各个城市在社会保障制度上的安全感差异显著。

此外，无论是将此次调查的31个省会城市按所属省份进行东、中、西部划分，还是按照一线、二线、三线城市进行层次划分，各城市居民的社会保障安全感都未呈现明显的规律性。在地域上，属于东部地区的北京、石家庄、沈阳、广州、海口等市居民的社会保障安全感都位于后10位，而属于

西部地区的贵阳、昆明、拉萨、西宁、乌鲁木齐五市居民的社会保障安全感居于前10。在层次上,作为一线城市的北京、上海、广州三地的排名都与其经济地位不相符,而排位最前的拉萨、福州、贵阳、乌鲁木齐等城市的经济发展水平与一线城市比尚有较大差距。这一情况充分说明,经济发达与较高的社会保障项目待遇给付水平未必一定给城市居民带来较高的社会保障安全感。经济发达和社会保障资源投入较多的城市,相关部门更应积极探索影响本市居民社会保障安全感的多重因素,制定并实施针对性政策,以提升本地区居民在社会保障层面的主观心理感受。

3. 城市居民对社会保障不同层面的安全感评价不一,医疗和社会救助安全感相对较低

在社会保障的的众多项目中,社会救助立意"救人于危难",是公民基本生活安全的"最后屏障",而养老保障和医疗保障与所有社会成员的生活密切相关,三者在我国的社会保障体系中具有基础性意义。2017~2018年的调查数据显示,城市居民在医疗和社会救助层面的安全感明显低于老年安全感。2017年老年安全感指数均值为5.46,医疗安全感和社会救助安全感指数均值分别为5.13和5.12。2018年老年安全感指数均值为5.27,医疗安全感和社会救助安全感指数均值分别为4.92和4.88,如表5所示。医疗保障与社会救助安全感偏低,意味着在某种程度上,城市居民在面对疾病、贫困、突发危机事件等风险时,能够获得政府和社会保护的心理预期不高以及信心不足,这可能直接影响到居民的生活幸福感与获得感。

4. 居民社会保障安全感评价在职业、户籍类型、收入方面分化显著

前文数据显示,性别、职业、户籍状态、收入水平、年龄等变量与居民对自身社会保障安全的主观评价相关,其中的职业、户籍类型和收入变量在社会保障绩效评价上具有较强的政策意义。在职业变量中,公务员、事业单位职工的安全感在社会保障的不同层面均高于其他社会成员,与此相对应的,公司职员的社会保障安全感较低(见表24)。在户口类型变量中,城市户口居民的各项社会保障安全感皆高于农村户口居民(见表16)。在收入变量中,总体上低收入群体的社会保障安全感显著低于高收入群体(见表

26）。上述分化较之于由年龄、性别变量而引起的社会保障安全感的不同，更加受到社会保障制度设计和实施的制约，属于政策影响的范畴。因此，对与职业、户籍、收入因素相关的社会保障安全感群体分化应特别予以关注，政府部门需思考如何通过制度整合以及政策的有效调整进行干预。

5. 城市居民自我保障意识不足，生活安全感获得过度依赖政府主导的制度性保障

在理论及实践中，各国由政府主导及组织实施的社会保障制度体系的目标是保护公民的基本生活不受各类风险的威胁。但对公民个体而言，要达到以及维持可接受以至于体面的生活水平，则需要政府主导的社会保障、市场主导的企业保障以及个人自我保障共同作用，构建多层次立体保障体系。市场保障和个人自我保障对公民社会生活安全感的建立具有至关重要的意义。但是，我国以企业年金为代表的市场保障发展极其缓慢，难以起到应有的补充作用。根据西方发达国家的经验，购买补充商业保险是居民进行有计划的自我保障的主要途径，但调查数据显示，我国城市居民的自我保障意识还相当薄弱。2017年的被调查者中购买了商业医疗或养老保险的比例仅为33.2%，2018年该比例略有上升，为36.9%，如表28所示。由于大部分居民缺乏自我保障意识，其在老年生计及医疗支付方面对制度性社会性保障体系的依赖性较强，因此，当社会保障制度所提供的待遇给付不能完全满足其心理预期和现实需求的时候，居民的安全感受也随之弱化。

表28 养老、医疗商业保险购买情况（2017～2018）

	类型	频率(2018)	百分比(2018)	频率(2017)	百分比(2017)
有效	没买过	3448	36.8	3630	39.2
	没买过,打算购买	2456	26.2	2553	27.6
	购买过	3461	36.9	3076	33.2
	合计	9365	99.9	9259	99.8
缺失	系统	7	.1	14	.2
	合计	9372	100.0	9273	100.0

（二）原因分析

如前文所述，在我国社会保障事业资源投入不断加大、理念制度不断完善、居民实际所得不断增加的同时，城市居民对社会保障安全的主观评价并不高。究其原因，笔者认为主要有如下几个方面。

1. 社会保障项目覆盖面仍有不足，部分居民缺乏基本风险防范机制

我国社会保障制度，尤其是社会保险制度的发展目标经历了从"广覆盖"到"全覆盖"的原则转变。党的十八大报告提出"全覆盖、保基本、多层次、可持续"的社会保障工作方针，要求实现人人享有基本社会保障的目标。近些年来，中央及地方各级政府通过建制度、提待遇、增补贴等方式，大力推进基本社会保障的全覆盖，并取得了巨大成就。2019年6月人社部发布的《2018年度人力资源和社会保障事业发展统计公报》指出，当前全国参加基本养老保险的人数为94293万人，经计算参保率约为68%；同时国家医保局发布的《2018年全国基本医疗保障事业发展统计公报》显示，2018年参加全国基本医疗保险的有134459万人，参保率稳定在95%以上，基本实现人员全覆盖。

但从这两年的调查数据来看，我国城市居民所享有的基本保障项目距离全覆盖的发展目标还有一定差距。以最重要的养老保险、医疗保险为例，2017年被调查城市居民中参加基本养老保险的比例为49.4%，参加基本医疗保险的比例为69.9%；2018年被调查城市居民中参加基本养老保险的比例为52.2%，参加基本医疗保险的比例为71.7%，如表29所示。在职业群体中，进城务工人员和自由职业者的社会保险参保率远低于公务员、事业单位职工及公司职员，如表30所示。这就使得相当部分居民在面对老年或疾病风险时，缺乏基本的应对和保护机制，这直接影响到居民的社会保障安全感。

表29 城市居民参加基本社会保险情况描述统计（2017~2018）

	类型	频率(2018)	百分比(2018)	频率(2017)	百分比(2017)
有效	养老保险与医疗保险都有	4155	44.3	3798	41.0
	只有养老保险	738	7.9	781	8.4
	只有医疗保险	2564	27.4	2676	28.9
	都没有	1036	11.1	1106	11.9
	不清楚	869	9.3	900	9.7
	合计	9362	99.9	9261	99.9
缺失	系统	10	.1	11	.1
	合计	9372	100.0	9272	100.0

表30 身份职业 * 社会保险购买情况 交叉制表

身份职业	社会保险购买情况					合计
	养老保险与医疗保险都有	只有养老保险	只有医疗保险	都没有	不清楚	
公务员	171	38	67	10	13	299
事业单位职工	730	76	195	68	38	1107
公司职员	1355	179	457	199	118	2308
进城务工人员	181	50	148	91	49	519
学生	295	117	1044	295	417	2168
自由职业者	521	116	368	208	121	1334
离退休人员	435	55	63	33	24	610
其他	433	100	208	130	85	956
合计	4121	731	2550	1034	865	9301

2. 社会保障制度碎片化所带来的群体差异是影响城市居民安全感评价的重要原因

众所周知，我国社会保障制度的覆盖范围经历了由政府雇佣人员、国有企业职工到其他经济类型雇佣人员，再到农民、自由职业者和无职业居民的过程，这期间制度建设呈现"碎片化"状况：城市与农村分割，私人部门与公共部门分立，不同人群根据不同的身份拥有不同的社保制度，形成多种制度并存状况。以基本社会养老保险为例，长期以来我国存在四种主要的养老保险制度：公务员事业单位退休制度、企业职工基本养老保险制度、新型农村养老保险制度以及城镇居民基本养老保险制度（后两项制度2016年开始合并为城乡居民社会养老保险制度）。不同制度在主管机构、缴费结构、缴费标准、待遇水平、增长机制等方面存在很大差异，严重影响居民的公平感和社会和谐。尤其是政府机关、事业单位运行的"国拨"退休轨制和社会企业单位运行的"缴费型"统筹机制之间的矛盾更加突出。在不同的制度框架与实施效应下，受众的心理感受必然有所差异，基本社会医疗保险也存在类似问题。由于制度本身不公平，相当部分的城市居民，如企业职工、自由职业者、进城务工人员在实际所得较低与相对剥夺的双重效应下，对现行保障制度的主观评价偏低，总体安全感水平不高。连续两年"中国城市居民公共安全感调查"数据中对职业与居民安全感之间关系的统计分析都证明了事业单位人员、公务员群体的社会保障安全感明显高于其他职业群体，如表24所示。尤其是公司职员，一方面缴费比例高，另一方面待遇所得远低于公务员，其不公平感更加影响到这一群体对社会保障制度及安全感的主观评价。

3. 转型期社会结构及公共服务的非均等化消减了城市外来农村人口的安全感受

自新中国成立之初形成的城乡"二元结构"使得我国城乡之间区域界限分明。与城乡二元户籍制度相适配，社会保障的各子系统都遵循"城市有城市的制度，农村有农村的制度"这一基本原则，从而形成了包括最低生活保障、医疗保障、养老保障、公共服务等主要制度项目在内的城乡二元分化。21世纪以来，随着社会流动性的增加，我国的社会结构除了旧有的城乡二元外，又增加了新的城市二元结构，即城市原居民和城市外来农民工所形成的二元结构，城市里形成了农民工与城市人、"城中村"与城市社区的新二元分野。新二元化给我国社会带来新的经济问题和社会割裂，引发社会不稳定和不安全。

由于本次调查在城市社区中进行抽样，样本结构更加符合城市"新二元"的界定和特征。不同户口类型——本地城市、本地农村、外地城市、外地农村在社会保障不同领域的安全感不同。前文显示，农村户籍人口的社会保障安全感明显低于城市户籍人口。在职业变量与居民城市安全感的相关测量中,也显示进城务工人员的社会保障安全感相对较低。任何城市社会保障安全感的整体提升都不能忽略其结构问题,随着我国城镇化进程不断加快,城市外来人口持续增加,外来人口市民化的现实需求要求社保相关部门加速推动公共服务均等化供给,将城市外来人口等社保边缘群体悉数纳入制度范围内,保护所有居民的基本生活安全不受威胁。

4."管理"理念下政策主客体沟通不畅消减了城市居民社会保障安全感

在传统政府"管理"理念下,社会保障相关制度和政策的制定与实施逻辑都是自上而下的,由相关部门定义"需求"与"供给"。研究者和政府部门一般更加关注制度自身存在的各种问题,并通过政策调整和制度整合不断化解矛盾,着力解决之。在此理念与模式下,相关部门在日常工作中勤于出台政策、做好管理、理顺流程,而对主动与政策对象沟通交流、解释具体政策的目标意义、回应群众疑问等方面的工作则相对投入不多,由此所导致的信息不透明、沟通不畅在很大程度上影响到居民对社会保障安全效能的认知,从而影响到居民的社会保障安全感。例如,连续两年的调查都显示被调查者的医疗安全感并不高,除参保比例不高的原因外,这一结果还与相当部分居民对于社会医疗保险"保大病"和防止"因病致贫"的基本理念和功能的认知不充分相关。这一问题在养老方面更加凸显。由于缺乏充分的信息沟通,部分居民对社会养老保险制度本身存在着严重的不信任感,怀疑自己所缴纳的养老保险金的用途,个别人甚至将其视为"政府敛财"的手段之一。相当部分公司职员在"老龄化"及"养老金穿底"等信息的影响下,对于自己退休后养老金是否能够按时足额发放有所怀疑,甚至以讹传讹,导致部分成员对制度的信任度和安全感偏低。此外,大部分未达退休年龄的居民因为自己还没有开始享受待遇,对养老保险的运行机制并不了解,对相关信息所知甚少,不了解养老保险社会统筹和互助共济的性质,也不清楚养老金待遇计算的基本原则等,由此形成不了解、不信任、不安全的心理状态。由此可知,在制度自身缺陷之外,由政策主客体沟通不足所引起的信息盲区和误区对城市居民社会保障安全感具有显著的消减效应,这一问题应特别引起相关部门和政策制定者的注意。

三 提升对策与建议

2017~2018年"全国城市居民公共安全感调查"展现了当前我国城市居民社会保障安全感的基本状态,并较为全面地揭示了其中存在的问题。在深入剖析原因的基础上,我们应从完善制度与管理的角度,提出具有操作性的应对思路与策略建议,为各城市及相关部门提升居民保障安全感提供参考。

(一)持续扩大制度覆盖面,推进基本社会保障项目全覆盖,合理提高部分项目的待遇水平,提升城市居民应对风险的能力

实现主要社会保障项目全覆盖是保障城市居民基本生活、提升公共安全感的必要条件。如上文所述,当前我国城市中的基本社会保障项目,如养老保险和医疗保险的参保率距离覆盖全民的政策目标尚有一定距离,因此,各地方政府必须重视持续扩大社会保障制度覆盖面的工作。扩大参保覆盖范围的重点应该是中小微企业员工和广大农民工、灵活就业人员、新就业形态人员、未参保居民等群体。各市政府要通过全面实施全民参保计划,对各类人员参加社会保险情况进行登记补充完善,建立全面完整准确的社会保险参保基础数据库。要采取有效措施,促进中小微企业和重点群体积极参保、持续缴费,促进和引导各类单位和符合条件的人员长期持续参保。此外,还要重视扩大与居民生活密切相关的社会救助和社会福利项目的覆盖面,如医疗救助、住房救助、临时救助、公租房等。

提升居民社会保障安全感,还要在坚持客体普惠性原则的基础上,朝着"提质"的层面下功夫,即要关注保障待遇给付的合理化以及相对公平性,增强城市居民的抗风险能力。对我国社会而言,要逐步建立待遇正常调整机制,统筹有序提高退休人员基本养老金和城乡居民基础养老金标准,使其养老保障待遇能够在一定程度上满足老年生活所需,强化经济安全功能。要通过政策调整促使不同职业和群体的保障待遇的差别维持在一个相对合理的水平上,降低群众的相对剥夺感。应继续推进公务员和事业单位公费医疗制度

改革，加大城乡居民医疗保险的政府资金投入，提高实际报销比例。此外，还应考虑经济发展与物价上涨的情况，规范最低生活保障等社会救助制度的待遇水平及增长机制；继续发展老年福利、儿童福利、残疾人福利等社会福利事业；提高住房公积金结存利用率，探索住房公积金更加积极有效的作用方式等。

（二）整合完善社会保障制度，促进地区公平和群体公平

当前，我国社会保障事业发展所面临的各种问题中，群体和地区之间的不公平性一直是政府、社会和群众关注的焦点，2017~2018年的安全感调查也深刻地反映了这一问题。因此，需要在实践层面坚定不移地推进相关制度的整合与完善，实现制度和待遇在群体之间的相对平衡和公平。例如，要在合并农村养老/医疗保险与城镇居民养老/医疗保险的基础上，积极推进机关事业单位与企业基本社会保险制度的并轨，建立居民在不同制度之间流动的通道，妥善处理改革之后各类人员养老保障权益问题；要继续加大对部分保障项目，如企业职工养老保险、社会救助、住房保障等的财政投入，提高待遇水平，增强政策对象的获得感，促进群体公平。

此外，还应从顶层设计入手，以保障全体公民的基本生活安全为宗旨，在"扩面"与"提质"的基础上，通过"调剂金"等政策工具的运用，持续提升包括社会救助、社会保险、社会福利在内的各子系统的统筹层次，加大不同制度之间的无障碍转移力度，促进社会保障待遇的地区公平，缩小由历史负债、经济发展水平、政府作用、心理期望值等因素所导致的不同城市居民对社会保障制度安全感的评价的差异，合理均衡各地区间基金负担，提高社会保险基金整体抗风险能力，逐步缩小城乡之间、职业之间、区域之间的保障待遇差别，推动我国城市居民整体社会保障安全感的均衡提升。

（三）发展多层次多支柱的保障体系，建构立体化风险防控机制

社会保障多层次化是指整个制度体系的多层次化，就是要在保障项目上，坚持以社会保险为主体，社会救助保底层，积极完善社会福利、慈善事

业、优抚安置等制度；在组织方式上，坚持以政府为主体，积极发挥市场作用，促进社会保险与补充保险、商业保险相衔接。其中的关键是养老保险、医疗保障、养老服务、社会救助、住房保障等骨干项目的多层次化。根据国际共识，现代社会保障体系应该是包括政府、企业、社会、个人在内的多支柱体系。以老年经济保障为例，应至少包括政府主导的法定基本养老保险、政策支持的企业年金或职业年金、市场自愿成交的商业性养老金三个层次。换言之，城市居民所需要的足以应对生活风险的安全感应至少来源于政府社会保障、企业市场保障以及个人和家庭保障三条渠道。但从当前官方统计数据及调查资料看来，我国社会保障的多层次、多支柱模式尚未建立起来，国家承担了绝大部分保障责任，以企业年金为代表的市场保障和以商业保险为代表的个人保障发展极其缓慢，所占比例低，使得居民将生活安全的希望大多寄托在政府主导的社会保障制度上，期望值高，且形成了强烈的依赖心理。

因此，在继续发展政府主导的社会保障事业的同时，也要大力促进市场竞争与慈善事业发展。地方政府应出台相关优惠政策鼓励企业积极建立企业年金，或者可以在大中型国有企业强制建立企业年金制度，同时积极引导社会组织介入养老、医疗、弱势群体服务等领域，使市场主体与社会组织成为多层次社会保障体系建设的重要力量。同时要强化居民的自我责任与自我保障意识，尝试以更大的税收优惠等工具辅以行政力量，大力支持商业养老保险支撑起社会保障体系的第三支柱，增强居民个人应对生活风险的能力。

（四）转变政府管理理念，搭建政民沟通交流的平台，解民之所惑，纾民之所困，提升居民的主观感受

长期以来，政府部门以及学术界习惯于站在管理者和给予者的立场上，通过客观指标来衡量某一地区社会保障的发展绩效，重视的客观指标包括制度的健全性、覆盖面、政府财政投入的比例和模式、给付水平、增长幅度、管理机制、经办平台建设等，而相对忽略保障对象的主观需求、感受与评价。通过两年的调查，笔者认为，包括所有子系统在内的社会保障制度是否

为公民提供了充分的心理安全感也是衡量我国社会保障事业的发展状况的重要指标。城市居民"我可以得到保护"、"我是安全的"等心理感受的获得，既与制度的完善与健全程度有关，也与政民之间的信息公开、有效沟通、平等交流、积极参与有密切关系。居民对与自身生活密切相关的社会救助、保险、福利等信息不了解、不理解乃至错误解读，都会直接影响居民对制度、政策的价值判断和安全感的获得。社会保障制度的实施应该使公民对社会保障的性质、功能有明确的认知，了解到个人在遭遇风险和困难时，是否能够得到来自政府和社会的帮助，通过何种途径以及能够得到何种程度的帮助等，从而避免个体陷入生活困境，获得生活安全的切实感受。

因此，各市社会保障相关部门应伴随服务型政府的建设步伐，以公民本位、社会本位为理念，以为公民服务为宗旨，搭建政社民沟通交流的平台，如微信公众号、政务 APP、微博等，并设专人认真经营，使之真正成为政民互动的有效工具。此外，各市县政府部门还应当充分发挥街道和社区的作用，通过宣传栏发布、印刷分发社会保障项目小手册、聘请专家开展社会保障实用讲座、座谈会等形式，传播社会保障相关知识，将社会保障的积极意义、民众应承担的义务、当前以及未来可享有的权益、政府的责任和投入等逐一剖析说明。既要突出社会保障的正面效应，也不回避实际存在的问题，帮助民众了解并逐渐树立对社会保障的信心，认同社会保障制度的重要性及作用，增强应对生活风险的信心，提升社会生活安全感。

B.10
中国城市信息安全感调查报告（2019）

周云圣*

摘　要： 在公共安全感指数的9个分项指标中，信息安全感连续两年排名垫底，但差距有所缩小。2018年信息安全感指数排名前十的城市依次是：昆明、济南、拉萨、福州、西宁、贵阳、长沙、南昌、乌鲁木齐、杭州，与2017年相比，排序有较大变化。信息安全感偏低的群体包括：女性、青年人、共青团员、外地农村户口、受教育程度高、学生群体、低收入者和高收入者。信息安全感高低与安全行为的谨慎程度不存在直接或线性的对应关系。城市信息安全感的提升仍然面临多方挑战：首先，城市实力还不是城市居民信息安全感的基本保证；其次，信息安全感的群体间差异强化了治理困境；再次，各群体的安全行为与安全感不存在严格对应关系；最后，城市信息安全治理基础仍然薄弱。为提升城市居民的信息安全感，应按照习近平总书记形成综合治网格局的要求，首先明确信息依赖与技术逻辑背景下的源头治理路径，再进一步基于生活场景设计信息安全防范机制。

关键词： 信息安全　安全行为　城市实力　生活场景

---

* 周云圣（1980~），区域经济学硕士学位，讲师，研究方向为公共安全理论与实践。

在5G通信时代即将开启之时，更多居民"触网"使得信息安全越发具有互联网特征。万物互联进一步模糊了个人隐私与公共信息的边界，人们较以往更轻松地接受各种手机App和微信小程序获取个人信息的请求，指纹识别和身份绑定也逐渐成为很多人的默认操作。无论是信息安全治理部门，还是居民个人，都面临着信息技术双面性的挑战。由此，居民的信息安全感也有了一番新图景。

据中国互联网络信息中心（CNNIC）发布的《第44次中国互联网络发展状况统计报告》，我国互联网普及率超过六成，移动互联网使用持续深化。截至2019年6月，我国网民规模达8.54亿，较2018年底增长2598万，互联网普及率达61.2%，较2018年底提升1.6个百分点；我国手机网民规模达8.47亿，较2018年底增长2984万，网民使用手机上网的比例达99.1%。网络用户与交易规模继续扩张。我国网络购物用户规模达6.39亿，较2018年底增长2871万，占网民整体的74.8%；我国互联网理财用户规模达1.70亿，较2018年底增长1835万，占网民整体的19.9%。我国网络支付用户规模达6.33亿，较2018年底增长3265万，占网民整体的74.1%；手机网络支付用户规模达6.21亿，较2018年底增长3788万。以中小城市及农村地区为代表的下沉市场拓展了网络消费增长空间；在模式方面，直播带货、工厂电商、社区零售等新模式蓬勃发展，成为网络消费增长新亮点。①

乐观的是，网民遭遇的各类网络安全问题有所缓和。该报告调查结果显示，2019年上半年，在上网过程中未遭遇过任何网络安全问题的网民比例进一步提升。数据显示，55.6%的网民表示过去半年在上网过程中未遭遇过网络安全问题，较2018年底提升6.4个百分点。通过分析网民遭遇的网络安全问题发现：遭遇网络诈骗的网民比例较2018年底下降明显，降幅为

---

① 中国互联网络信息中心（CNNIC）《第44次中国互联网络发展状况统计报告》［EB/OL］，http：//www.cnnic.net.cn/hlwfzyj/hlwxzbg/hlwtjbg/201908/P020190830356787490958.pdf，2019年8月30日。本文中，除特殊说明外，所有截至2019年6月的互联网发展状况及信息安全数据均出自该报告。

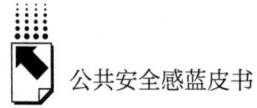

6.6个百分点;遭遇账号或密码被盗、个人信息泄露等网络安全问题的网民比例也有所降低。

近一年来,我国借鉴国际经验,持续回应人民关切,积极规范个人数据收集行为,加大个人隐私保护力度,确保互联网在法制化轨道上平稳运行。一方面,中共中央网络安全和信息化委员会办公室、工业和信息化部、公安部、市场监管总局联合开展App违法违规收集使用个人信息专项治理,要求App运营者收集使用个人信息时要严格履行《网络安全法》规定的责任义务,对获取的个人信息安全负责,采取有效措施加强个人信息保护;另一方面,为维护国家安全、社会公共利益,保护公民、法人和其他组织在网络空间的合法权益,保障个人信息和重要数据安全,国家互联网信息办公室会同相关部门先后起草了《数据安全管理办法(征求意见稿)》《个人信息出境安全评估办法(征求意见稿)》和《儿童个人信息网络保护规定(征求意见稿)》,向社会公开征求意见。这些举措能否保障广大网民的切身利益,营造一个更加安全的上网环境,将直接影响居民的信息安全感。

为全面了解城市居民的信息安全感状况,测度信息安全客观现状与个人主观安全感受之间的差别,比较不同地域及群体的居民安全感差异,以及弥补前述网络在线调查的样本代表性不足,本文将基于全国31个中心城市(含直辖市和省会级城市)的居民问卷调查数据进行分析。

本文共分为三个部分。第一部分,城市信息安全感基本状况的统计分析。概述全国城市安全感的总体水平,进行各城市的指数排名,以及不同群体间信息安全感的对比分析;第二部分,概述城市信息安全感的问题与挑战。结合有关信息安全行为的调查数据,分析居民信息安全感受的问题表现及影响因素,概括信息安全行为与感受之间的关联性;第三部分,提出改善城市居民信息安全感的对策建议。主要包括递进的两个层面:一是信息安全感的提升需要明确信息依赖与技术逻辑背景下的源头治理路径;二是进一步基于生活场景设计信息安全防范机制。

一 城市信息安全感基本状况

根据 2017~2018 年全国城市公共安全感分项指数及排名（见表1），在9个分项指标中，信息安全感连续两年排名垫底，但与其他方面的安全感差距大幅缩小。从指数得分来看，2018 年信息安全感与排名第一的自然安全感指数差距为 0.0419，约低 8.2%，远小于 2017 年的指数差距（0.1256，约低 24.7%）。作为公共安全领域最具个体意义的维度，居民每时每刻都会感受到信息安全问题，因此，指数向好确实是个积极信号，信息安全感的短板效应正在消减，城市居民对信息安全的总体感受更为乐观。

表1 全国城市公共安全感分项排名

分项指标	2018 年		2017 年	
	指数	排名	指数	排名
自然安全感	0.5089	1	0.5091	1
公共场所设施安全感	0.4978	2	0.4941	2
食品安全感	0.4972	3	0.4693	8
社会治安安全感	0.4957	4	0.4934	3
交通安全感	0.4939	5	0.4917	4
公共卫生安全感	0.4895	6	0.4799	7
生态安全感	0.4880	7	0.4840	6
社会保障安全感	0.4782	8	0.4843	5
信息安全感	0.4670	9	0.3835	9

从三个分项指标来看（见表2），居民的信息安全感存在结构性差异，对隐私泄露的顾虑最为严重（4.585），其次是财产信息泄露及信息犯罪，安全感平均值分别为 4.615 和 4.696。这种差异可能与居民不同的信息应用情景有关。随着人脸识别、实名认证、身份绑定等信息服务要求越来越普遍，居民的隐私信息不断上传至网络服务商，并被反复分发出去，居民的隐私空间不断被压缩，由此引发持续的心理压力和紧张情绪，使安全感逐渐降低。比较而言，财产信息的采集和传播者会更为谨慎。例如，支付宝、微信等网络支付平台为了便利消

费者的在线支付,纷纷推广指纹支付,但容易导致消费者分不清信息确认还是支付确认,从而频繁发生支付错误。现在,各支付平台普遍增加了支付确认环节,确认无误后再行指纹支付,避免误操作。信息犯罪的发生频率远低于前两种情况,很多受访者因没有相关经历而对信息安全做出更乐观的评价。

表2 信息安全感分项指标的描述性统计

指标	N	平均值	标准误差	标准差
信息安全感指数	9518	0.403	0.003	0.282
隐私泄露安全感	9520	4.585	0.028	2.690
财产信息泄露安全感	9527	4.615	0.028	2.744
信息犯罪安全感	9524	4.696	0.028	2.764

注:信息安全感指数采用主成分方法,由三项指标加权平均计算而得,取值在0~1之间。三项具体指标直接由量表数值(1~10分)计算得出。

进一步考察信息安全感三项指标之间的相关性(见表3),隐私泄露与财产信息泄露的相关系数高达0.832,高于与信息犯罪的相关性(0.769),也高于财产信息泄露与信息犯罪的相关性(0.789),符合三者应用情景存在差异的逻辑判断。三个分项指标与信息安全感总体的相关性均超过0.900,说明三项指标能较好地测度信息安全感,也表明不同领域的信息安全问题关联性较强,具有系统性防范的必要性。

表3 主要信息安全指标的Pearson相关性统计(N=9527)

指标		财产信息泄露安全感	信息犯罪安全感	信息安全感指数
隐私泄露安全感	皮尔逊相关性	0.832	0.769	0.933
	显著性(双尾)	0.000	0.000	0.000
	个案数	9520	9518	9518
财产信息泄露安全感	皮尔逊相关性		0.789	0.941
	显著性(双尾)		0.000	0.000
	个案数		9524	9518
信息犯罪安全感	皮尔逊相关性			0.916
	显著性(双尾)			0.000
	个案数			9518

（一）城市信息安全感指数排行

与全国信息安全感指数估算原理相同，利用求取的全国信息安全分项指数，可以得出各城市信息安全感指数（见表4）。各城市2018年的信息安全感指数排名由高到低依次是：昆明、济南、拉萨、福州、西宁、贵阳、长沙、南昌、乌鲁木齐、杭州、兰州、天津、合肥、太原、长春、武汉、银川、南京、哈尔滨、上海、海口、成都、北京、石家庄、西安、广州、郑州、沈阳、重庆、呼和浩特、南宁。然而，2018年的城市信息安全感指数排名与2017年相比有较大变化。其中昆明、拉萨、西宁、贵阳、杭州排行前列，两年排名均为前10，保持了较高的水平。北京、石家庄、郑州、南宁排名靠后，两年排名均位居倒数前10。济南、福州、长沙、南昌、乌鲁木齐、太原排名上升幅度较大，名次上升达到10名及以上；南京、上海、西安、广州、沈阳、重庆、呼和浩特下降幅度较大，名次下降达到10名及以上。南京、西安、重庆等市的动态排名变化较大，可能的原因在于，信息安全问题无处不在，居民对信息安全问题的敏感度显著高于其他维度的安全感。某些特殊事件的发生，或某些重大网络安全事件的爆发对这些城市的影响较大，都会大幅改变其安全感受。兰州、武汉、银川、成都等城市排名相对稳定，变化幅度不大。

表4　全国城市信息安全感排名

城市	2018年		2017年	
	信息安全感指数	排名	信息安全感指数	排名
昆明	0.5182	1	0.4538	10
济南	0.5134	2	0.4439	12
拉萨	0.5023	3	0.5153	1
福州	0.5008	4	0.3603	25
西宁	0.4953	5	0.4618	8
贵阳	0.4922	6	0.469	5
长沙	0.4920	7	0.3550	26
南昌	0.4896	8	0.3398	28

续表

城市	2018年		2017年	
	信息安全感指数	排名	信息安全感指数	排名
乌鲁木齐	0.4883	9	0.3040	30
杭州	0.4789	10	0.4766	4
兰州	0.4733	11	0.4501	11
天津	0.4686	12	0.4196	18
合肥	0.4666	13	0.4644	6
太原	0.4651	14	0.3309	29
长春	0.4645	15	0.3936	21
武汉	0.4616	16	0.4393	14
银川	0.4596	17	0.3975	19
南京	0.4594	18	0.5013	2
哈尔滨	0.4577	19	0.3717	23
上海	0.4558	20	0.4601	9
海口	0.4546	21	0.4271	17
成都	0.4516	22	0.3947	20
北京	0.4509	23	0.3507	27
石家庄	0.4495	24	0.3863	22
西安	0.4475	25	0.4618	7
广州	0.4452	26	0.4337	16
郑州	0.4446	27	0.3667	24
沈阳	0.4432	28	0.4356	15
重庆	0.4403	29	0.4920	3
呼和浩特	0.4319	30	0.4438	13
南宁	0.4143	31	0.2979	31

总体上，各城市居民在三项具体指标上的表现较为一致（见图1）。较为特殊的是，福州居民的信息犯罪安全感显著高于隐私及财产信息泄露安全感，而上海居民的隐私泄露安全感较低。也就是说，福州居民对严重信息安全问题顾虑较少，更担心隐私及财产信息相关的安全问题；上海居民则相对担心隐私泄露问题。这种差异表明，城市间的居民信息安全感存在结构性差异，对上海居民而言，隐私是个严重问题，而对福州居民而言，隐私及财产信息问题更严重。

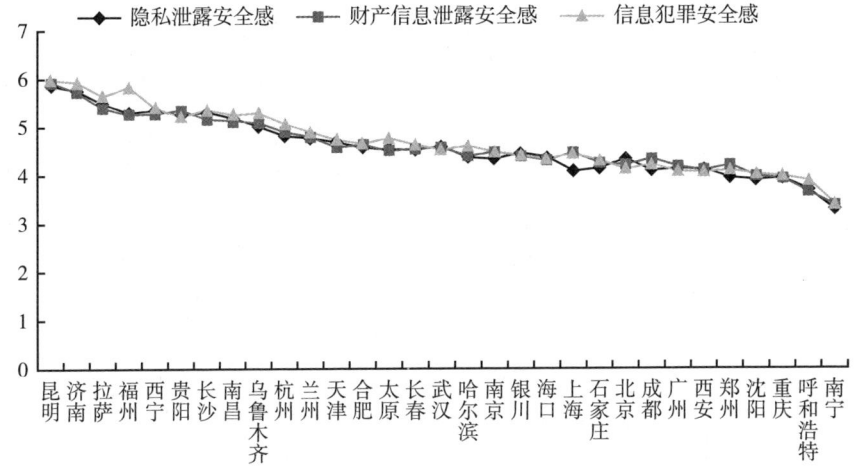

图 1　各城市居民对信息安全不同层面的担心程度指数

（二）城市信息安全感的群体间对比

信息安全感的高低往往取决于人群特征和应用场景，有必要做进一步的对比分析。对不同群体进行描述性统计、独立样本 t 检验及单因素方差分析，确定不同群体的信息安全感差异程度，能为信息安全政策设计提供更为明确的指导。本次调查仍然沿用九个人口统计学背景变量来进行群体间对比，包括：①性别、年龄等自然情况变量，②政治面貌等社会性变量，③户口类型、文化程度、身份职业、个人月收入等个体能力变量（变量取值及样本分布详见第二部分）。

1. 基于性别的信息安全感状况

如表 5 所示，男性群体的信息安全感指数为 0.425，低于 0.5 的平均水平，而女性群体的信息安全感指数更低，只有 0.381，且这种群体性差距同样体现在三项具体指标上。其中，女性的隐私泄露安全感指数为 4.410，财产信息泄露安全感指数为 4.398，信息犯罪安全感指数为 4.475，均显著低于男性群体。这表明信息安全感存在全方位的性别差异，需要政策制定者对女性群体予以更多关照。

表5　基于性别的居民信息安全感差异比较

指标	性别	个案数	平均值	标准差	标准误差平均值	t
信息安全感指数	男	4984	0.425	0.280	0.004	7.568*
	女	4486	0.381	0.283	0.004	
隐私泄露安全感	男	4985	4.749	2.707	0.038	6.137*
	女	4487	4.410	2.657	0.040	
财产信息泄露安全感	男	4990	4.816	2.739	0.039	7.438*
	女	4489	4.398	2.732	0.041	
信息犯罪安全感	男	4988	4.899	2.767	0.039	7.464*
	女	4488	4.475	2.741	0.041	

* 用于组间对比的 t 检验显著性标准为 $p<0.05$，下同。

2. 基于政治面貌的信息安全感状况

总体上，居民的政治面貌与信息安全感相关性较强，其中，共青团员的信息安全感最低，民主党派的最高。如表6所示，共青团员的信息安全感指数为0.366，远低于0.5的中位水平，也显著低于中共党员（0.409）、民主党派（0.435）和群众（0.417）等其他三个群体。这种差距同时体现在信息安全的三个分项指标上。

表6　基于政治面貌的居民信息安全感差异比较

指标	群体	个案数	平均值	标准差	F^a	多重比较
信息安全感指数	中共党员	1645	0.409	0.290	18.165*	1>3[b]
	民主党派	158	0.435	0.251		2>3
	共青团员	2182	0.366	0.281		4>3
	群众	5459	0.417	0.280		
隐私泄露安全感	中共党员	1646	4.603	2.752	14.553*	1>3
	民主党派	158	4.949	2.538		2>3
	共青团员	2182	4.271	2.663		4>3
	群众	5460	4.705	2.676		
财产信息泄露安全感	中共党员	1647	4.643	2.796	13.293*	1>3
	民主党派	158	4.823	2.472		2>3
	共青团员	2183	4.300	2.757		4>3
	群众	5465	4.732	2.721		

续表

指标	群体	个案数	平均值	标准差	F[a]	多重比较
信息犯罪安全感	中共党员	1646	4.790	2.818	20.405*	1>3
	民主党派	158	4.962	2.732		2>3
	共青团员	2183	4.297	2.751		4>3
	群众	5463	4.825	2.738		

注：a 在信息安全感四个层面的单因素方差分析中，均采用判定标准较为灵敏的 LSD 法进行多重比较。F 检验的显著性水平为 $p<0.05$。

b 多重比较中的 1、2、3、4 分别代表四个群体。后续表格中多重比较单元格的数字含义与此用法相同。

3. 基于年龄的信息安全感状况

不同年龄段的居民在信息安全感方面存在显著差异，且年龄段越高，信息安全感越高。从信息安全感指数的多重比较结果来看（见表7），18~29 岁的年轻人群体最担心信息安全问题（0.382），60 岁及以上年龄段的居民最为乐观（0.451）。30~44 岁与 45~59 岁这两个年龄段的组别不存在显著差异，安全感也居于中间水平，分别为 0.411 和 0.425。具体来看，隐私泄露和财产信息泄露安全感方面也具有同样的相对关系。而在信息犯罪安全感方面，则略有区别，45~59 岁与 60 岁及以上群体的安全感相近，分别为 4.972 和 5.074。进一步做三个分项指标的横向对比，各年龄段的安全感差异也呈现高度的一致性。总体上，年龄因素对信息安全感的影响较为稳健，可以作为信息风险防范的一个重要考量。

表7 基于年龄段的居民信息安全感差异比较

指标	群体	个案数	平均值	标准差	F	多重比较
信息安全感指数	18~29 岁	4206	0.382	0.285	19.322*	2=3
	30~44 岁	2820	0.411	0.275		
	45~59 岁	1692	0.425	0.281		
	60 岁及以上	744	0.451	0.287		
隐私泄露安全感	18~29 岁	4206	4.402	2.709	17.330*	2=3
	30~44 岁	2820	4.661	2.604		
	45~59 岁	1693	4.734	2.713		
	60 岁及以上	745	5.075	2.753		

续表

指标	群体	个案数	平均值	标准差	F	多重比较
财产信息泄露安全感	18~29岁	4209	4.441	2.792	13.876*	2=3
	30~44岁	2822	4.677	2.632		
	45~59岁	1694	4.786	2.729		
	60岁及以上	746	5.024	2.841		
信息犯罪安全感	18~29岁	4209	4.478	2.779	19.698*	3=4
	30~44岁	2822	4.766	2.679		
	45~59岁	1693	4.972	2.770		
	60岁及以上	744	5.074	2.860		

4. 基于户口类型的信息安全感状况

总体上，居民的户口类型与信息安全感显著相关，尤以外地农村居民的信息安全感为最低。在信息安全感指数层面（见表8），本地城市、本地农村及外地城市户口的居民对信息安全的感受接近，指数值分别为0.410、0.414和0.398，外地农村户口的居民最为担心信息安全问题，指数值仅为0.369。同样，在隐私露泄与财产信息泄露方面，外地农村户口的居民也比其他组别更担心信息安全问题。对于信息犯罪安全感，本地居民的评价要高于外地居民。在城市场景下，持有外地农村户口的群体流动性强，面临较高的信息风险，需要政策制定者对该群体予以特殊的关注。

表8 基于户口类型的居民信息安全感差异比较

指标	群体	个案数	平均值	标准差	F	多重比较
信息安全感指数	本地城市	5239	0.410	0.282	7.327*	1=2=3>4
	本地农村	1481	0.414	0.273		
	外地城市	1637	0.398	0.281		
	外地农村	1107	0.369	0.296		
隐私泄露安全感	本地城市	5240	4.651	2.686	7.374*	1=2=3>4
	本地农村	1482	4.697	2.592		
	外地城市	1637	4.516	2.689		
	外地农村	1107	4.269	2.811		

续表

指标	群体	个案数	平均值	标准差	F	多重比较
财产信息泄露安全感	本地城市	5241	4.669	2.728	5.467*	1=2=3>4
	本地农村	1485	4.676	2.630		
	外地城市	1639	4.616	2.761		
	外地农村	1108	4.310	2.921		
信息犯罪安全感	本地城市	5240	4.762	2.753	6.856*	1=2>3
	本地农村	1484	4.810	2.674		1=2>4
	外地城市	1638	4.600	2.743		
	外地农村	1108	4.396	2.935		

5. 基于受教育程度的信息安全感状况

考察受教育程度因素，不同群体的信息安全感仍与之显著相关，且学历越高，安全感越低。如表9所示，在信息安全感总体层面，五个群体可分成两个部分，安全感较低的是大学（大专）与研究生及以上这两个高学历群体，指数值分别为0.389和0.367，高中（中职、中专）、初中和小学及以下这三组的安全感明显较高，指数值分别为0.425、0.438和0.429。这种分野同时出现在隐私泄露、财产信息泄露和信息犯罪这三个分项指标上。

表9 基于受教育程度的居民信息安全感差异比较

指标	群体	个案数	平均值	标准差	F	多重比较
信息安全感指数	小学及以下	283	0.429	0.272	13.791*	1=2=3>4
	初中	1057	0.438	0.289		1=2=3>5
	高中（中职、中专）	2522	0.425	0.285		
	大学（大专）	5053	0.389	0.280		
	研究生及以上	548	0.367	0.271		
隐私泄露安全感	小学及以下	284	4.803	2.640	12.428*	1=2=3>4>5
	初中	1058	4.895	2.770		
	高中（中职、中专）	2522	4.768	2.734		
	大学（大专）	5053	4.467	2.654		
	研究生及以上	548	4.184	2.556		

续表

指标	群体	个案数	平均值	标准差	F	多重比较
财产信息泄露安全感	小学及以下	285	4.765	2.621	12.338*	1=2=3>4>5
	初中	1060	4.939	2.820		
	高中(中职、中专)	2523	4.808	2.793		
	大学(大专)	5056	4.488	2.712		
	研究生及以上	548	4.243	2.592		
信息犯罪安全感	小学及以下	284	5.004	2.674	11.392*	1=2=3>4=5
	初中	1059	4.983	2.875		
	高中(中职、中专)	2522	4.892	2.773		
	大学(大专)	5056	4.548	2.735		
	研究生及以上	548	4.484	2.694		

6.基于身份职业的信息安全感状况

从表10可知,居民的身份职业与其信息安全感水平有显著相关性。进城务工人员的信息安全感最高(0.465),其后依次是公务员(0.452)、离退休人员(0.443)、自由职业者(0.412)、事业单位人员(0.400)、公司职员(0.392)和其他(0.389),信息安全感最低的是学生群体(0.384)。各群体在隐私泄露、财产信息泄露及信息犯罪这三个分项指标上的安全感也呈相似的排序。

表10 基于身份职业的居民信息安全感差异比较

指标	群体	个案数	平均值	标准差	F	多重比较
信息安全感指数	公务员	328	0.452	0.277	9.233*	略[a]
	事业单位人员	1194	0.400	0.287		
	公司职员	2440	0.392	0.279		
	进城务工人员	503	0.465	0.268		
	学生	1845	0.384	0.283		
	自由职业者	1354	0.412	0.281		
	离退休人员	702	0.443	0.286		
	其他	1090	0.389	0.285		

续表

指标	群体	个案数	平均值	标准差	F	多重比较
隐私泄露安全感	公务员	328	4.997	2.682	8.872*	
	事业单位人员	1194	4.563	2.709		
	公司职员	2440	4.466	2.668		
	进城务工人员	504	5.159	2.610		
	学生	1845	4.438	2.677		
	自由职业者	1354	4.650	2.692		
	离退休人员	703	4.997	2.727		
	其他	1090	4.433	2.681		
财产信息泄露安全感	公务员	328	5.027	2.731	6.773*	
	事业单位人员	1196	4.528	2.775		
	公司职员	2442	4.520	2.681		
	进城务工人员	505	5.107	2.587		
	学生	1845	4.468	2.775		
	自由职业者	1356	4.728	2.739		
	离退休人员	703	4.943	2.838		
	其他	1090	4.502	2.764		
信息犯罪安全感	公务员	328	5.195	2.749	8.691*	
	事业单位人员	1195	4.726	2.781		
	公司职员	2442	4.604	2.721		
	进城务工人员	504	5.282	2.639		
	学生	1845	4.466	2.758		
	自由职业者	1356	4.760	2.766		
	离退休人员	702	5.009	2.842		
	其他	1090	4.583	2.783		

注：a 因身份职业变量的组别较多，多重比较的结果不便于呈现，本表从略。

不同身份职业的群体在信息安全感三项指标中变异程度大于其他变量（见图2）。除学生、离退休人员、自由职业者等群体之外，各群体对隐私泄露和财产信息泄露问题的担心甚于信息犯罪问题。这种分化可能与两类群体的收入差异有关。在企事业单位工作的居民通常获取计时工资或计件工资，当期收入与个人工作绩效息息相关，从而对财产得失和隐私信息较为敏感。而学生、离退休人员、自由职业者这三类群体的收入为非工薪收入，对当期收入的敏感性较弱，从而对信息安全三个方面的担心较为接近。

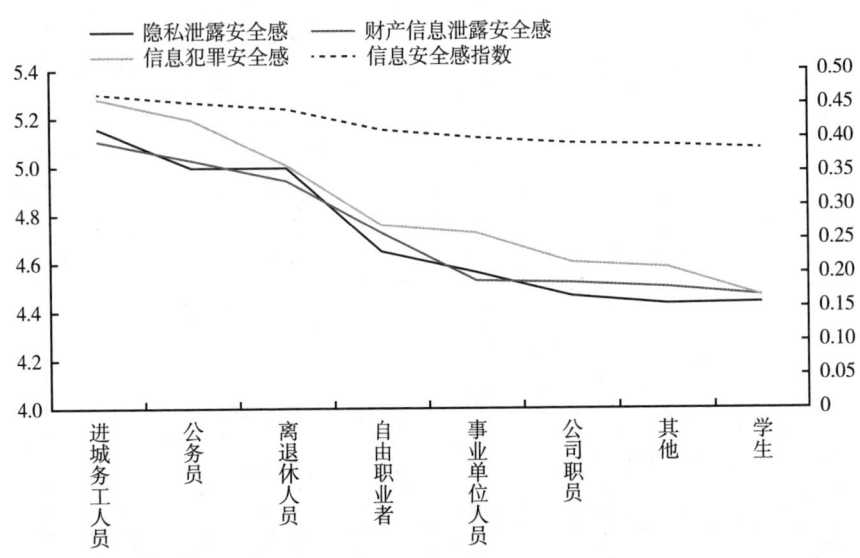

图2　不同身份职业居民在信息安全感不同层面担心程度的差异比较

7.基于个人月收入的信息安全感状况

从信息安全感总指数看，个人月收入与信息安全感水平具有显著相关性，二者呈倒U型关系（见表11）。其中，"5001~8000元"组别的安全感最高（0.433），其余组别的安全感随收入水平的降低而降低，比之低的"3501~5000元"组为0.417，"2001~3500元"组为0.392，"2000元以下"组为0.381。同样，比之高的"8001~12500元"组为0.417，"12500元以上"组为0.365。这种倒U型关系同样体现在隐私泄露、财产信息泄露和信息犯罪等三个分项指标上。显然，导致低收入群体和高收入群体信息安全感偏低的逻辑是有区别的。

表 11 基于个人月收入的居民信息安全感差异比较

指标	群体	个案数	平均值	标准差	F	多重比较
信息安全感指数	2000 元以下	2142	0.381	0.288	9.441*	略[a]
	2001~3500 元	1886	0.392	0.286		
	3501~5000 元	2784	0.417	0.271		
	5001~8000 元	1714	0.433	0.281		
	8001~12500 元	570	0.417	0.288		
	12500 元以上	225	0.365	0.303		
隐私泄露安全感	2000 元以下	2142	4.430	2.724	7.801*	
	2001~3500 元	1887	4.459	2.703		
	3501~5000 元	2785	4.714	2.581		
	5001~8000 元	1714	4.838	2.710		
	8001~12500 元	570	4.681	2.773		
	12500 元以上	225	4.151	2.950		
财产信息泄露安全感	2000 元以下	2144	4.424	2.833	6.916*	
	2001~3500 元	1889	4.505	2.748		
	3501~5000 元	2787	4.747	2.623		
	5001~8000 元	1715	4.850	2.725		
	8001~12500 元	570	4.702	2.818		
	12500 元以上	225	4.373	2.992		
信息犯罪安全感	2000 元以下	2144	4.439	2.796	10.587*	
	2001~3500 元	1888	4.612	2.806		
	3501~5000 元	2786	4.804	2.642		
	5001~8000 元	1714	5.010	2.766		
	8001~12500 元	570	4.875	2.865		
	12500 元以上	225	4.333	2.894		

注：a 因个人月收入变量的组别较多，多重比较的结果不便于呈现，本表从略。

如图3所示，各收入水平的居民群体在三个分项指标上的表现较为一致，进一步说明收入水平的绝对值与安全感不存在线性关系。

二 城市信息安全感问题与挑战

综合前述调查结果，最主要的问题是城市居民的信息安全感总体偏低。

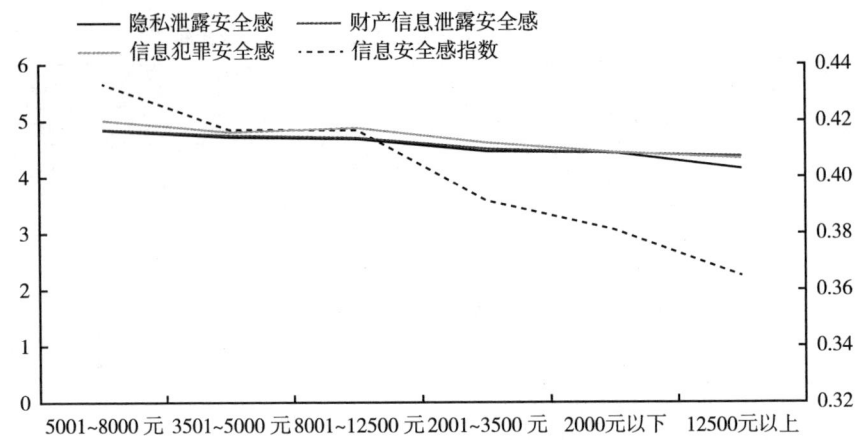

图3 不同月收入水平居民在信息安全感不同层面担心程度的差异比较

在公共安全指数的9个分项指标中,信息安全感连续两年排名垫底,这与增强居民安全感的政策目标仍然有很大差距。下面将进一步剖析信息安全感方面存在的问题。

(一)城市实力还不是城市居民信息安全感的基本保证

动态来看,2018年的城市信息安全感指数排名与2017年相比有较大变化,而这些省会城市及直辖市的综合实力排序不会发生实质性变化,这就意味着居民信息安全感可以在一定程度上独立于城市实力。

根据第一财经·新一线城市研究所对中国城市的等级划分结果①,除拉萨外,其余样本城市分属于新一线城市、二线城市和三线城市。从表12来看,北京、上海、广州这三个一线城市排名均靠后;在新一线城市中,长沙、杭州的排名进入前十,其余的新一线城市大多排名居中或靠后。昆明、

---

① 2019年5月24日,第一财经·新一线城市研究所举办"新一线城市峰会",峰会的主题为"城市的一万种可能",峰会上发布了《2019城市商业魅力排行榜》,通过收集170个主流消费品牌的商业门店数据和18家各领域头部互联网公司的用户行为数据和数据机构的城市大数据,按照商业资源集聚度、城市枢纽性、城市人活跃度、生活方式多样性和未来可塑性五大维度指数来评估城市的商业魅力。该排行榜已连续发布四年,获得广泛的社会认可。

济南、福州、贵阳、南昌和乌鲁木齐等二线城市排名前十,而南宁排名末位。列入三线城市的省会城市中,西宁排名第 5 位,银川和海口分别排名 17 和 21 位,呼和浩特则排名第 30 位。仅从调查数据尚无法确定城市实力与信息安全感的内在关联机制。就信息的传播特性而言,实施信息违法行为可以不受空间限制,而信息鉴别与风险防范又需要足够的知识储备和安全的使用习惯。此外,实力较强的一、二线城市拥有更为复杂的信息应用场景,安全维度的复杂性也会非线性地增加。这些因素共同造成了我们所关心的问题,即常规的城市实力不足以保证居民拥有较高的信息安全感。这也给城市公共安全的治理者提出了挑战。

表 12 不同等级城市信息安全感指数排名变动情况

城市	2018 年排名	2017 年排名	等级
昆明	1	10	二线城市
济南	2	12	二线城市
拉萨	3	1	五线城市
福州	4	25	二线城市
西宁	5	8	三线城市
贵阳	6	5	二线城市
长沙	7	26	新一线城市
南昌	8	28	二线城市
乌鲁木齐	9	30	二线城市
杭州	10	4	新一线城市
兰州	11	11	二线城市
天津	12	18	新一线城市
合肥	13	6	二线城市
太原	14	29	二线城市
长春	15	21	二线城市
武汉	16	14	新一线城市
银川	17	19	三线城市
南京	18	2	新一线城市
哈尔滨	19	23	二线城市
上海	20	9	一线城市
海口	21	17	三线城市

续表

城市	2018年排名	2017年排名	等级
成都	22	20	新一线城市
北京	23	27	一线城市
石家庄	24	22	二线城市
西安	25	7	新一线城市
广州	26	16	一线城市
郑州	27	24	新一线城市
沈阳	28	15	新一线城市
重庆	29	3	新一线城市
呼和浩特	30	13	三线城市
南宁	31	31	二线城市

（二）信息安全感的群体间差异强化了治理困境

根据上文的数据分析结果，不同群体的城市居民对信息问题的安全感有多重差异，再次概述如下：

（1）男性的信息安全感高于女性。女性更为担心财产信息泄露问题，而男性则较为担心隐私泄露问题。

（2）不同年龄段的居民在信息安全感方面存在显著差异，且年龄段越高，信息安全感越高。

（3）居民的政治面貌与信息安全感的相关性是显著的，以共青团员的信息安全感为最低，民主党派人士最高。

（4）居民的户口类型与信息安全感显著相关，尤以外地农村居民为最低。

（5）学历越高，安全感越低。在信息安全感总体层面，五个群体可分成两个部分，安全感较低的是大学（大专）与研究生及以上这两个高学历群体。

(6) 进城务工人员的信息安全感最高，其后依次是公务员、离退休人员、自由职业者、事业单位人员、公司职员和其他职业人群，信息安全感最低的是学生群体。

(7) 个人月收入变量与信息安全感水平具有显著相关性，二者呈倒 U 型关系。

综合第一节的统计结果可知，女性、青年人、共青团员、外地农村户口、受教育程度高、学生群体、低收入者和高收入者等群体的信息安全感偏低。提升居民的信息安全感需要差异化策略，其前提就在于减少一刀切的治理措施，面向上述群体采用格外有效的信息风险防范措施。当这些影响信息安全感的因素汇集于某一群体时，就会产生复杂而严峻的叠加效应。

（三）各群体的安全行为与安全感不存在严格对应关系

若城市的信息安全主管部门采取了较为周全的安全防范措施，且居民的信息使用行为较为谨慎，则可以预见，居民的信息安全感会比较强。为考察居民的信息行为是否安全，本调查中设置了一个客观题目：您是否在银行卡账户、邮箱、QQ 等涉及个人信息安全的服务上使用相同的密码？答案从"都不一样"到"完全一样"共四个等级。居民的回答情况及不同群体的分类统计见表 13。如何设置诸多账户的登录密码，能直观反映出市民的信息安全意识。总体上，密码设置完全一样的居民占样本人数的 8.7%，大部分相同的为 33.1%，少部分相同的为 33.2%，密码设置都不一样的为 17.2%。记不清或不愿认真回答者占 7.8%，较 2017 年的 9.4% 有所降低。综合对比来看，有意将密码差异化的偏谨慎市民占 50% 以上，出于便利而放松安全要求的市民约占 40%。与 2017 年相比，密码设置更为随意的居民比例有所增加。与此同时，城市居民的信息安全感总体好转，说明信息环境让居民更放心地进行信息交互，为获得信息传播的便利性而设置重复的账号及密码。这为大规模的信息违法行为提供了客观便利。

表 13 居民账号密码设置情况分组统计

变量	类别	N	完全一样	大部分相同	少部分相同	都不一样	记不清
性别(9459)	男	4990	9.0%	32.7%	33.0%	17.9%	7.5%
	女	4489	8.5%	33.8%	33.2%	16.5%	8.0%
政治面貌(9451)	中共党员	1647	9.4%	33.4%	32.3%	18.8%	6.1%
	民主党派	158	7.0%	38.2%	38.2%	10.8%	5.7%
	共青团员	2183	7.2%	36.7%	36.5%	14.4%	5.3%
	群众	5465	9.1%	31.7%	31.9%	18.0%	9.3%
年龄(9433)	18~29岁	4209	8.0%	35.8%	35.0%	14.9%	6.3%
	30~44岁	2822	7.1%	33.9%	34.3%	18.8%	5.9%
	45~59岁	1694	8.6%	29.3%	31.0%	19.9%	11.2%
	60岁及以上	746	19.2%	25.8%	22.1%	18.1%	14.8%
户口类型(9453)	本地城市	5241	9.4%	32.2%	33.0%	17.7%	7.7%
	本地农村	1485	8.5%	36.5%	31.5%	14.2%	9.4%
	外地城市	1639	7.6%	33.1%	34.6%	18.0%	6.7%
	外地农村	1108	7.6%	34.0%	33.5%	18.2%	6.8%
受教育程度(9452)	小学及以下	285	14.1%	26.1%	25.4%	18.7%	15.5%
	初中	1060	11.9%	28.5%	26.9%	19.1%	13.6%
	高中(中职、中专)	2523	10.0%	32.8%	31.3%	17.5%	8.4%
	大学(大专)	5056	7.4%	34.8%	35.5%	16.4%	5.9%
	研究生及以上	548	6.2%	33.6%	35.1%	19.0%	6.0%
身份职业(9446)	公务员	328	12.2%	35.1%	31.1%	15.2%	6.4%
	事业单位人员	1196	7.4%	37.2%	34.1%	16.7%	4.6%
	公司职员	2442	7.4%	33.2%	36.2%	17.3%	5.9%
	进城务工人员	505	9.5%	31.7%	32.7%	16.1%	9.9%
	学生	1845	7.3%	36.5%	36.5%	13.6%	6.1%
	自由职业者	1356	8.3%	31.7%	31.6%	20.5%	7.9%
	离退休人员	703	18.4%	26.7%	22.1%	17.6%	15.1%
	其他	1090	8.6%	29.5%	28.8%	20.6%	12.4%
个人月收入(9311)	2000元以下	2144	8.4%	32.9%	33.3%	16.3%	9.1%
	2001~3500元	1889	10.1%	32.9%	29.7%	16.7%	10.7%
	3501~5000元	2787	8.3%	34.9%	33.6%	16.4%	6.8%
	5001~8000元	1715	8.9%	32.7%	34.1%	18.8%	5.5%
	8001~12500元	570	7.7%	30.3%	36.8%	20.4%	4.8%
	12500元以上	225	9.3%	32.4%	34.2%	20.0%	4.0%
合计(2018年)		9527	8.7%	33.1%	33.2%	17.2%	7.8%
合计(2017年)		9273	7.9%	31.6%	31.7%	19.5%	9.4%

进一步针对密码设置情况做群体间对比分析，见表13。

（1）男性与女性的设置习惯较为一致，各种情形的差异不足2个百分点。17.9%的男性会设置不同的账户密码，女性则为16.5%。相比之下，男性的信息安全感显著高于女性。这表明，男性拥有较高的信息安全感，并保持了良好的信息行为。

（2）在年龄上，30~44岁、45~59岁两个组别的居民比较谨慎，设置不同密码的比例较高。60岁及以上的老年人中，19.2%的人密码完全一样。

（3）在政治面貌上，共产党员和群众的信息行为相对谨慎，密码不一样的比例在18%或以上。而民主党派人士密码设置不一样的比例只有10.8%。其他群体的设置情况差异不大。

（4）在户口类型上，本地农村户口的群体设置不同密码的比例为14.2%，低于其他三个组别约4个百分点。

（5）在受教育程度上，信息行为的安全性与学历正相关。学历越高的，密码完全一样的比例越低，且记不清密码设置情况的比例也呈现同样的变化趋势。

（6）在身份职业上，离退休人员群体中，密码设置一致的比例为18.4%，而自由职业者的密码不一样的比例为20.5%，表明不同职业群体信息行为的谨慎程度有明显区别。

（7）在个人月收入水平上，收入最高的两个群体的信息行为更为安全，设置相对谨慎的比例约为55%，高出一般水平约10个百分点。

前文已经识别出信息安全感偏低的群体包括：女性、青年人、共青团员、外地农村户口、受教育程度高、学生群体、低收入者和高收入者。与本节所识别出的信息行为谨慎群体相对照，安全感高低与安全行为的谨慎程度不存在直接或线性的对应关系。一方面，安全感与行为的因果关系需要进一步判定；另一方面，改善信息安全状况的措施能否与不同群体的信息行为相匹配，仍面临不确定性。

（四）城市信息安全治理基础仍然薄弱

为考察各城市信息安全治理的基本情况，本调查设置了相应的客观题目：您的社区有没有防范网络、电话诈骗的提醒和宣传？

回答包括三个选项，分别为"没看到过"、"有一些简单提醒"、"有针对性的宣传和培训"。调查结果表明（见图4），全国总体情况不容乐观，尚未形成主动、系统的个人信息防范格局。回答"有针对性的宣传和培训"的占23.2%，比2017年提高了1个百分点；回答"有一些简单提醒"的占60.5%，与2017年持平；回答"没看到过"的占16.3%，略低于2017年。

进一步观察发现，各城市在开展防骗服务上的表现也较为悬殊。杭州、长春、海口、天津、贵阳等市表现较好，有30%左右的居民回答"有针对性的宣传和培训"，而2017年超过30%的城市只有石家庄、杭州和南京；呼和浩特、南昌的表现较差，回答"有针对性的宣传和培训"的居民不足15%，政府和社区各层面的信息安全公共服务较为欠缺。

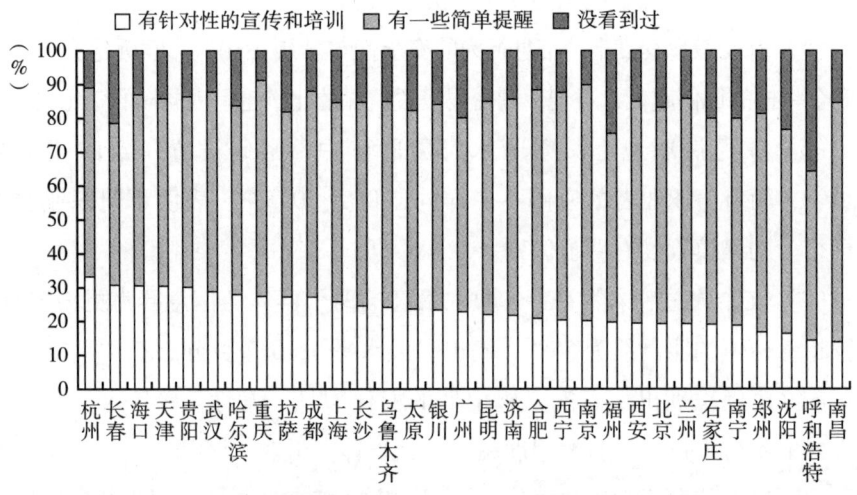

图4　信息安全防范：社区有无防骗提醒和宣传（N=9527）

三　城市信息安全感提升对策

习近平总书记在全国网络安全和信息化工作会议上的重要讲话中指出，要提高网络综合治理能力，形成党委领导、政府管理、企业履责、社会监督、网民自律等多主体参与，经济、法律、技术等多种手段相结合的综合治网格局。根据国家互联网络信息中心发布的《2019年上半年我国互联网网络安全态势》，当前的网络安全形势仍然面临多重挑战——个人信息和重要数据泄露风险严峻，多个高危漏洞曝出给我国网络安全造成严重安全隐患，针对我国重要网站的DDoS攻击事件高发，基于钓鱼邮件的有针对性的攻击频发。2019年上半年，CNCERT协调处置网络安全事件约4.9万起，同比减少7.7%，其中安全漏洞事件最多，其次是恶意程序、网页仿冒、网站后门、网页篡改、DDoS攻击等事件。为此，2019年以来，我国有关部门针对移动应用违法违规收集使用个人信息、互联网网站安全等开展专项治理工作，以规范市场秩序、维护我国网络安全。

（一）信息依赖与技术逻辑背景下的源头治理

由于网络没有地域甚至国界的划分，一起网络犯罪往往跨数省或者跨国，警方动辄需要联合作战、跨国取证，动用大量社会资源，打击网络违法犯罪成本很高，从源头上打击网络违法犯罪已成大势所趋。

理解互联网及信息传播的本质，才能找到信息安全治理的源头。一方面，信息的隐私性与公共性矛盾难以调和。随着大数据时代的到来，隐私主体原本可以有效控制的私人信息实际上已全部进入公共信息领域。于是，合法有效地利用公民的隐私信息，就面临着多重困境：视频监控与隐私信息的透明化，数据挖掘与隐私信息的整合，信息交换与隐私信息的失控，信息分享与隐私信息的自我扩散。[①] 面对大数据时代隐私信息的多重安全困境，保护隐私信息是确保公民"过有尊严的生活"的题中应有之义。另一方面，技术逻辑在信息安全治理中至关重要。研究发现，技术门槛低下导致信息内容失真，技术匿名性导致网络舆论安全偏离，技术赋权导致隐私安全失控，技术便车导致信息版权侵权法不责众。移动媒体信息安全治理是在信息利益

[①] 顾理平：《大数据时代隐私信息安全的四重困境》，《社会科学辑刊》2019年第1期，第96~101页。

的理念指导下,采取"政府主导"为基础、"自我规制"为手段、"技术治理"为核心的治理框架。以技术使用权作为主体责任的边界框架,决定决策权分配和承担责任。即以技术为核心手段,把控信息内容生产、推送、发布、运用的各个环节,以对技术的使用与承担作为移动媒体治理的路径。需要移动媒体服务商承担技术治理的重责。[①]

从我国在线政务发展现状来看,信息基础设施有了长足进步。在线政务普及率近六成,服务水平持续提升。截至2019年6月,我国在线政务服务用户规模达5.09亿,占网民整体的59.6%。在政务公开方面,2019年上半年,各级政府着力提升政务公开质量,深化重点领域信息公开;在政务新媒体发展方面,我国297个地级行政区政府已开通"两微一端"等新媒体传播渠道,总体覆盖率达88.9%;在一体化在线政务服务平台建设方面,各级政府加快办事大厅线上线下融合发展,"一网通办""一站对外"等逐步实现;在新技术应用方面,各级政府以数据开放为支撑、新技术应用为手段,服务模式不断创新;在县级融媒体发展方面,各级政府坚持移动化、智能化、服务化的建设原则,积极开展县级融媒体中心建设工作,成效初显。

(二)基于生活场景的信息安全防范机制

根据前述信息安全感及信息行为的统计分析,确实存在一些纳入政策考虑的目标群体,如低学历、低收入及农村户口的居民群体。旨在增强这些群体信息识别能力的措施需要考虑其面临信息风险的生活场景。移动端重度使用者面临的隐私信息被过度采集问题,就需要严格软件服务商的行业监管,明确过度采集而导致的法律责任,或通过增加确认及反悔环节来规避信息风险。然而,农村场景的信息治理形势仍然严峻。截至2019年6月,我国非网民规模为5.41亿,其中城镇地区非网民占比37.2%,农村地区非网民占比62.8%,非网民仍以农村地区人群为主。使用技能缺乏和文化程度限制

---

① 刘琴、张贤平:《移动媒体信息安全失范的技术原罪及治理》,《理论月刊》2018年第2期,第111~115页。

是非网民不上网的主要原因。那么，农村场景的诈骗问题、无甄别能力问题，就需要基础性的教育手段。

利用互联网开展在线教育，可以有效弥补乡村教育短板，从而让更多居民具备防范信息风险的能力。截至2019年6月，我国在线教育用户规模达2.32亿，较2018年底增长3122万，占网民整体的27.2%。2019年《政府工作报告》明确提出发展"互联网+教育"，促进优质资源共享。随着在线教育的发展，部分乡村地区视频会议室、直播录像室、多媒体教室等硬件设施不断完善，名校名师课堂下乡、家长课堂等形式逐渐普及，为乡村教育发展提供了新的解决方案。以互联网手段弥补乡村教育短板，为偏远地区青少年通过教育改变命运提供了可能，为我国各地区教育均衡发展提供了条件。

由于知识和年龄局限，以及生活孤独等心理困扰，城市社区的老年群体很容易成为信息诈骗等违法行为的受害者。调查也表明城市社区层面的信息风险警示工作尚未普遍开展，这就形成了一个政策真空。基层治理有关部门可以利用社区广场、楼宇物业、电梯广告等媒体开展信息安全警示教育活动，包括单项的信息传播和互动性较强的社区宣传讲解。

由于大数据技术的发展，靠概率的撒网式信息违法行为甚嚣尘上。由于潜在受害者的分布异常分散，基于个案的诉讼维权行动很难奏效。若能从政策层面为集体诉讼提供便利条件，则可以在民法层面形成有效的信息风险约束机制。这需要并案处理机制、诉讼管辖权转接等配套措施的改革。

附 录

Appendix

B.11
2018年城市公共安全感认知与行为问卷题目

第三部分为附件。该部分收录了2018年城市公共安全感认知与行为问卷题目、全国城市公共安全感调查小组信息及后记内容。附上问卷题目、调研人员名录及后记用以更好地介绍2019版蓝皮书的科研团队和成书过程。

1. 您所在的社区或单位有没有组织过自然灾害方面的应急演练？
①没有　　　　②没印象　　　　③偶尔有　　　　④经常有
2. 在雾霾或空气质量差的日子里，您会带口罩出行吗？
①从来不带　　②偶尔会带　　　③大多数情况下带　　④一直带
3. 您对生态安全的认知程度如何？
①一点都不了解　②不了解　　　　③了解一点　　　　④很了解
4. 您会使用酒店、宾馆提供的一次性洗漱用品吗？
①自带用品　　②偶尔会使用　　③经常使用
5. 据您观察，市民随地吐痰的现象多吗？

①几乎没见到　　②偶尔见到　　③经常见到　　　　④十分普遍

6. 您认为目前的食品安全违法信息公开程度怎么样？

①非常不透明　　②不太透明　　③比较透明　　　　④非常透明

7. 从去年 7 月份到现在，您有几次吃坏肚子的情况（如拉肚子，甚至严重到去医院）？

①没有过　　　　②1～2 次　　③3～4 次　　　　④5 次以上

8. 在过马路等红灯时，如果没有车辆通行，你会提前过马路吗？

①不会，等绿灯亮了再过　　②看情况，抢时间的时候会提前过

③会，观察确定没车就提前过

9. 据您观察，周围的人开车过程中接打电话的情况普遍吗？

①没见到有人打电话　　②少部分人会打电话　　③很多人会打电话

④十分普遍

10. 当进入陌生的公共场所时，您是否会留意逃生通道或避险标识？

①从不关注　　②偶尔会去观察　　③经常留意

11. 如果发现道路上的窨井盖不见了，您会怎样做？

①避开绕行　　②口头提醒后面的人　　③放个东西提醒大家

④提醒大家，并向市政部门反映

12. 请问您居住地周围的巡逻（包括警察、联防、治保等人员）次数？

①很高，经常见巡逻　　②较高，见过几次

③较低，基本碰不着　　④很低，治安也很差　　⑤不是很清楚

13. 您经常路过的主要街面（社区）是否有各类视频监控设施？

①很多　　　　②有，但很少　　③没见过　　　　④没注意

14. 您认为主要影响社会治安的是？

①社会闲散人员、无业人员　　②问题少年

③流动人员　　④有心理疾病人员　　⑤其他人群

15. 您所在小区发生的或您听说的治安问题能不能得到及时的解决？
（治安问题指盗窃、抢劫、打架斗殴、拐卖妇女儿童、敲诈勒索、吸毒等问题）

①能及时得到有效解决　　　②反映了，没有处理

③处理了，但反复性强　　　④不清楚

16. 您买过商业性人寿保险或大病保险吗？

①没买过，不清楚　　　②还没买，打算购买　　　③购买过

17. 您有社会养老保险和社会医疗保险吗？

①都有　　　②只有养老保险　　　③只有医疗保险

④都没有　　　⑤不清楚

18. 您是否在银行卡账户、邮箱、QQ 等涉及个人信息安全的服务上使用相同的密码？

①完全一样　　　②大部分相同　　　③少部分相同

④都不一样　　　⑤记不清

19. 您的社区有没有防范网络、电话诈骗的提醒和宣传？

①没看到过　　　②有一些简单提醒　　　③有针对性的宣传和培训

20. 当出现食品安全事件时，您认为消费者维权容易吗？

①非常麻烦　　　②比较麻烦　　　③比较容易　　　④非常容易

21. 就您所知，在最近一年时间内，公共场所的不安全事件多吗？（如电梯伤人、火灾、踩踏等）

①极少　　　②不太多　　　③经常　　　④极为普遍

22. 如果在公共场所遇到突发事件（如电梯故障、火灾、拥挤踩踏），您第一时间会怎么做？

①随人群走　　　②拍照　　　③自己找逃生出口　　　④打电话求助

⑤救助他人

23. 您对本市政府解决公共安全问题有信心吗？

①完全没信心　　　②没信心　　　③一般　　　④比较有信心

⑤非常有信心

24. 您是否接受过社会组织（如公益团体）关于公共安全的教育或服务？

①没有　　　②有

如果有,有哪些呢?(多选)
①信息安全　　②自然灾害防治　　③生态安全　　④公共卫生安全
⑤食品安全　　⑥交通安全　　⑦公共场所设施安全
⑧社会治安　　⑨社会保障

B.12
2018年全国城市公共安全感调查小组名单

第 一 组：广州、南宁
带队教师：段鑫星
小组成员：李冀蒙（组长）　迪　娜　马嘉宁　胡安迪　王南迪
　　　　　周梦钰　杨　牺　石　颢　沈岱松　马瑞光

第 二 组：武汉、长沙
带队教师：陈　静
小组成员：周翔宇（组长）　李桂鑫　周任青　刘乃齐　陆超超
　　　　　柴文博　颜玮婷　张文萱　蒋文倩

第 三 组：海口
带队教师：施　炜
小组成员：熊亮州（组长）　黄雪林　刘　琰　朱嘉杰　刘莞毓
　　　　　王　蓉　张明霞

第 四 组：太原、石家庄
带队教师：曹惠民
小组成员：鲍　晖（组长）　华　鹏　李超　杜威　李丹
　　　　　罗丹　王伟桥　罗婧涵　刘学敏

第 五 组：哈尔滨、长春

带队教师：周云圣
小组成员：李淑清（组长）　马跃强　李含笑　陈晓洁　胡昊天
　　　　　钱星辰　李　洁　王　智　徐细润　王玲丫

第 六 组：南京、合肥
带队教师：于海平
小组成员：高敏佳（组长）　张子杰　姚彦琛　何　军　尹绍静
　　　　　高子惠　杨无双　蒋　琛　廖明慧

第 七 组：郑州、西安
带队教师：张　辉
小组成员：张少康（组长）　刘博源　匡　鹏　董欣静　王　乔
　　　　　李雨嘉　葛雅林　朱群芳　李怡萱　朱勤俭

第 八 组：兰州、西宁
带队教师：陈世民
小组成员：赵弘轩（组长）　汪喆贤　石　卓　邓红飞　付　健
　　　　　周　康　王　洁　柴思嫒　于亚囡　孙　琦

第 九 组：重庆、成都
带队教师：张　阳
小组成员：陈　华（组长）　李　松　王志祥　周倩玉　潘晓凤
　　　　　潘　婕　邹雨欣　赵一迪　丁曼婷　吕凯淇

第 十 组：上海、杭州
带队教师：韩　莹
小组成员：孙林林（组长）　赵丽秀　陈　妍　李莹涵　王蓓瑶
　　　　　于　童　林铭娴　王斐然　冀欢欢　王晨光

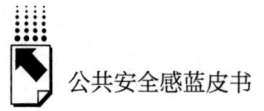

第十一组：北京、沈阳
带队教师：马亚静
小组成员：王 镖（组长） 程 伟 李炳日 马晓慧 李 蜜 吴欣同 郑淇丹 杨 晨 武雨婷 颜佳胤

第十二组：济南、天津
带队教师：韦长伟
小组成员：于有为（组长） 刘 奇 孟仕超 曹春雨 王佳欣 季滢樱 吉 洺 赵雨晰 崔 畅

第十三组：银川
带队教师：翟军亮
小组成员：黄晓萱（组长） 单广然 刘 灿 龚李清 杨 楠 白星彬 计超凡

第十四组：昆明、贵阳
带队教师：李全彩
小组成员：杨 阳（组长） 汪心睿 翟 婵 李予希 赵沁钰 杨萍萍 田家峻 扎西罗布 李亚鑫 王胜仙

第十五组：南昌、福州
带队教师：张彦华
小组成员：王 云（组长） 罗 亮 邓逸雯 简国蕾 刘 璇 史梦鸽 肖欣怡 张文培 赵雅琼 周祉含

第十六组：呼和浩特
带队教师：时如义

小组成员：李文翰（组长） 张晶晶 顾齐苗 刘丽欢 董 洁
沈金晶

第十七组：乌鲁木齐
带队教师：王义保
小组成员：吕倩楠（组长） 加娜·也里满 王晓萱 胡泽峰
李皓宇 王春杰 武迎香

第十八组：拉萨
带队教师：苗 锦
小组成员：刘 林（组长） 卢 庆 马 昕 拉巴桑珍 石佳鑫
秦洪怡 张 静

第十九组：督导组
带队教师：杨得利 郭昌清 任世存
小组成员：庆 文（组长） 张 睿 于鹏程 徐潇蓉 许兴兴
甘洋龙

B.13 后　记

本书是中国矿业大学城市公共安全管理智库和"江苏省公共安全创新研究中心"在城市安全感研究方面的第三部年度成果（2017发布了《江苏城市公共安全蓝皮书》，2018发布了首部《中国城市公共安全感调查报告》）。本书的出版标志着我们的城市安全感研究迈上一个新台阶。一方面这将使我们的安全感研究从年度截面数据研究走向跨年度面板数据研究。通过不同年度的数据对比和数据挖掘，探究影响我国城市安全感变化的深层次要素，将会把我国城市安全研究进一步向纵深推进，从而为我国的安全城市建设提供更有价值的决策参考。另一方面将会使我们研究的社会影响力进一步提升。2018年首部"公共安全感蓝皮书"发布后，产生了广泛的社会效应，也收到了来自社会各界不同的反馈。虽然这是一部严肃的学术著作，但社会可能更关注著作中的城市排名，因为城市排名更容易带来"流量"，更容易吸引眼球，媒体聚焦于此也并不令人惊讶。不过对于所在城市政府来说，这种排名也可能会给他们带来一定的社会压力，尤其是城市排名靠后的城市会感觉研究结果与事实不符，甚至发来质疑函，向我们要一个"说法"。其实这种学术与社会之间的互动不见得是坏事，学术不是躲在学术圈内自娱自乐的游戏，它还能辐射社会。正是有了这种相互反馈，学术和社会才能不断调整各自的姿态，从而起到相互促进的效果。对于我们来说需要做的就是不断深化理论认知、完善研究方法，使研究结论更客观、研究方法更科学。基于这样的态度，在过去一年中，我们汲取了来自各方的反馈意见，重新规划了研究内容和研究路线。从这个意义上说，本书并非2018年成果的简单再现，而是被赋予了新的内涵。首先是扩大了调研覆盖面，在2018年31个城市的基础上2019年又增加了五个非省会计划单列市（厦门、宁波、深圳、大连、青岛），使城市样本更具代表性。其次，丰富了研究内容，基于连续两年的数据进行了年度比较研究，使研究更具科学性。最后，改进了调研方式。由于调研工作量越来越大，2019年我们尝试与兄弟院校及地方政府进行合作，使调研更为顺利。同时也希望通过这种方式使我们的城市安全感研究走出来，从我们研究中心"自己"的事业变成"大家"的事业，只有通过共同努力，才能使城市公共安全感研究走稳走远，才有不断激活它的生命力。

本书为中国应急管理学会蓝皮书系列之一，在出版发布过程中，得到了中国应急管理学会蓝皮书指导委员会的支持、指导和帮助。本书也是中国矿业大学科学技术研究院、中国矿业大学公共管理学院、中国矿业大学能源资源战略发展研究院、中国矿业大学城市公共安全管理智库共同打造的成果。同时本书是中国工程院咨询研究项目"新形势下我国城市安全发展战略研究"子课题"新形势下我国城市风险评估与预防发展战略研究"的阶段性研究成果之一。该项目也得到了中国矿业大学双一流建设自主创新专项"城市与公共安全"（2018ZZCX10）、江苏高校人文社会科学校外研究基地"江苏省公共安全创新研究中心"、中国矿业大学"五位一体"实习教学工作体系研究与实践项目、"行政管理"品牌培育专业的经费资助。项目在数十位专家学者和教师的咨询、指导及参与下，发动了200多名本科生、研究生参加调研及数据整理等工作，历时近一年得以付梓，是一本集体智慧、汗水和时间的结晶。在此向所有参与蓝皮书统筹规划、咨询指导、项目调研、书稿写作的专家和师生表示衷心的感谢！特别值得指出的是，社会科学文献出版社皮书分社陈颖副社长、皮书研究院吴丹院长和薛铭洁编辑的精心指导、热情策划和耐心编校等工作为本书顺利出版提供了保障，在此给予特别的感谢和敬佩。

本书是集体劳动的成果，也是分工协作的贡献，书稿写作具体分工为：B.1总报告第一节（刘蕾、吴欣同），第二节（王义保、张睿），第三节（杨超），第四节（许超 李昶）；专题报告B.2（曹惠民 邓婷婷 杨怡文）；B.3（韦长伟）；B.4（陈世民）；B.5（张辉、王天宇）；B.6（曹明、赵文秀);B.7(翟军亮、饶梦彤、王艳);B.8(施炜、李欣);B.9(陈静);B.10(周云圣)。虽然秉持这种尽心竭力、精益求精的追求,但科学研究的道路上没有终点。城市安全感研究本身是一项永无止境的征程,时代的变迁和社会的发展时刻都会给研究者带来新的课题和挑战。由于团队成员学识和经验所限,面对这一宏大事业难免力有不逮,疏漏之处在所难免,还望学界同仁和社会各界给予批评指正。同时也欢迎各位加入我们的研究队伍中来,投入到城市安全感研究这项事业中来,共同创造更高质量的成果,共同促进研究的发展和繁荣。

编者

2019 年 10 月

社会科学文献出版社

皮 书
智库报告的主要形式
同一主题智库报告的聚合

❖ 皮书定义 ❖

皮书是对中国与世界发展状况和热点问题进行年度监测,以专业的角度、专家的视野和实证研究方法,针对某一领域或区域现状与发展态势展开分析和预测,具备前沿性、原创性、实证性、连续性、时效性等特点的公开出版物,由一系列权威研究报告组成。

❖ 皮书作者 ❖

皮书系列报告作者以国内外一流研究机构、知名高校等重点智库的研究人员为主,多为相关领域一流专家学者,他们的观点代表了当下学界对中国与世界的现实和未来最高水平的解读与分析。截至2020年,皮书研创机构有近千家,报告作者累计超过7万人。

❖ 皮书荣誉 ❖

皮书系列已成为社会科学文献出版社的著名图书品牌和中国社会科学院的知名学术品牌。2016年皮书系列正式列入"十三五"国家重点出版规划项目;2013~2020年,重点皮书列入中国社会科学院承担的国家哲学社会科学创新工程项目。

中国皮书网

(网址：www.pishu.cn)

发布皮书研创资讯，传播皮书精彩内容
引领皮书出版潮流，打造皮书服务平台

栏目设置

◆ 关于皮书
何谓皮书、皮书分类、皮书大事记、
皮书荣誉、皮书出版第一人、皮书编辑部

◆ 最新资讯
通知公告、新闻动态、媒体聚焦、
网站专题、视频直播、下载专区

◆ 皮书研创
皮书规范、皮书选题、皮书出版、
皮书研究、研创团队

◆ 皮书评奖评价
指标体系、皮书评价、皮书评奖

◆ 互动专区
皮书说、社科数托邦、皮书微博、留言板

所获荣誉

◆ 2008年、2011年、2014年，中国皮书网均在全国新闻出版业网站荣誉评选中获得"最具商业价值网站"称号；
◆ 2012年，获得"出版业网站百强"称号。

网库合一

2014年，中国皮书网与皮书数据库端口合一，实现资源共享。

权威报告・一手数据・特色资源

皮书数据库
ANNUAL REPORT(YEARBOOK) DATABASE

分析解读当下中国发展变迁的高端智库平台

所获荣誉

- 2019年,入围国家新闻出版署数字出版精品遴选推荐计划项目
- 2016年,入选"'十三五'国家重点电子出版物出版规划骨干工程"
- 2015年,荣获"搜索中国正能量 点赞2015""创新中国科技创新奖"
- 2013年,荣获"中国出版政府奖·网络出版物奖"提名奖
- 连续多年荣获中国数字出版博览会"数字出版·优秀品牌"奖

成为会员

通过网址www.pishu.com.cn访问皮书数据库网站或下载皮书数据库APP,进行手机号码验证或邮箱验证即可成为皮书数据库会员。

会员福利

- 已注册用户购书后可免费获赠100元皮书数据库充值卡。刮开充值卡涂层获取充值密码,登录并进入"会员中心"—"在线充值"—"充值卡充值",充值成功即可购买和查看数据库内容。
- 会员福利最终解释权归社会科学文献出版社所有。

数据库服务热线:400-008-6695
数据库服务QQ:2475522410
数据库服务邮箱:database@ssap.cn
图书销售热线:010-59367070/7028
图书服务QQ:1265056568
图书服务邮箱:duzhe@ssap.cn

卡号:536463735399
密码:

S 基本子库
SUB DATABASE

中国社会发展数据库（下设12个子库）

整合国内外中国社会发展研究成果，汇聚独家统计数据、深度分析报告，涉及社会、人口、政治、教育、法律等12个领域，为了解中国社会发展动态、跟踪社会核心热点、分析社会发展趋势提供一站式资源搜索和数据服务。

中国经济发展数据库（下设12个子库）

围绕国内外中国经济发展主题研究报告、学术资讯、基础数据等资料构建，内容涵盖宏观经济、农业经济、工业经济、产业经济等12个重点经济领域，为实时掌控经济运行态势、把握经济发展规律、洞察经济形势、进行经济决策提供参考和依据。

中国行业发展数据库（下设17个子库）

以中国国民经济行业分类为依据，覆盖金融业、旅游、医疗卫生、交通运输、能源矿产等100多个行业，跟踪分析国民经济相关行业市场运行状况和政策导向，汇集行业发展前沿资讯，为投资、从业及各种经济决策提供理论基础和实践指导。

中国区域发展数据库（下设6个子库）

对中国特定区域内的经济、社会、文化等领域现状与发展情况进行深度分析和预测，研究层级至县及县以下行政区，涉及地区、区域经济体、城市、农村等不同维度，为地方经济社会宏观态势研究、发展经验研究、案例分析提供数据服务。

中国文化传媒数据库（下设18个子库）

汇聚文化传媒领域专家观点、热点资讯，梳理国内外中国文化发展相关学术研究成果、一手统计数据，涵盖文化产业、新闻传播、电影娱乐、文学艺术、群众文化等18个重点研究领域。为文化传媒研究提供相关数据、研究报告和综合分析服务。

世界经济与国际关系数据库（下设6个子库）

立足"皮书系列"世界经济、国际关系相关学术资源，整合世界经济、国际政治、世界文化与科技、全球性问题、国际组织与国际法、区域研究6大领域研究成果，为世界经济与国际关系研究提供全方位数据分析，为决策和形势研判提供参考。

法律声明

"皮书系列"（含蓝皮书、绿皮书、黄皮书）之品牌由社会科学文献出版社最早使用并持续至今，现已被中国图书市场所熟知。"皮书系列"的相关商标已在中华人民共和国国家工商行政管理总局商标局注册，如LOGO（ ）、皮书、Pishu、经济蓝皮书、社会蓝皮书等。"皮书系列"图书的注册商标专用权及封面设计、版式设计的著作权均为社会科学文献出版社所有。未经社会科学文献出版社书面授权许可，任何使用与"皮书系列"图书注册商标、封面设计、版式设计相同或者近似的文字、图形或其组合的行为均系侵权行为。

经作者授权，本书的专有出版权及信息网络传播权等为社会科学文献出版社享有。未经社会科学文献出版社书面授权许可，任何就本书内容的复制、发行或以数字形式进行网络传播的行为均系侵权行为。

社会科学文献出版社将通过法律途径追究上述侵权行为的法律责任，维护自身合法权益。

欢迎社会各界人士对侵犯社会科学文献出版社上述权利的侵权行为进行举报。电话：010-59367121，电子邮箱：fawubu@ssap.cn。

社会科学文献出版社